Live2D 모델링 & 애니메이션 팁

지은이 카라아게마루 | 칸부츠히모노 | 노논. | 후미
옮긴이 김모세 / **협력** 주식회사 Live2D

이 책의 내용에 관해

○ 이 책에서는 주식회사 Live2D의 'Live2D Cubism Editor ver.5.1'을 사용해 설명합니다. 이 책에 기재된 정보는 2024년 8월 31일 현재의 것입니다. 책을 읽는 시점에 소프트웨어 등이 변경되었을 가능성이 있습니다. 소프트웨어 버전이 다른 경우에는 이 책에서 설명하는 기능의 내용이나 화면 등이 다를 수 있습니다. 책을 구입하기 전에 반드시 소프트웨어 버전을 확인합니다.

● 이 책에는 Adobe 주식회사의 Photoshop, After Effects, 주식회사 셀시스Celsis의 CLIP STUDIO PAINT 사용 예시가 일부 포함되어 있습니다.

● 이 책에는 VTube Studio를 사용해 설명하는 부분이 있습니다.

※ VTube Studio는 Windows, macOS, iPhone, iPad에서 이용할 수 있습니다.

○ 이 책은 정보 제공만을 목적으로 합니다. 책의 내용에 따른 운용에 관한 책임은 독자 개인에게 있습니다. 책의 내용에 따라 운용한 결과에 대해 출판사 및 저자는 일체의 책임을 지지 않습니다. 또한, 책의 내용 범위를 벗어난 개별 교육에 관해서도 대응하지 않습니다. 미리 양해 부탁드립니다.

○ 이 책의 내용 중 지적재산권 관점에서 문제를 일으킬 수 있는 생성형 AI는 일체 사용하지 않았습니다(2024년 8월 31일 기준). 또한 이 책에 기재된 내용을 생성형 AI의 학습을 위한 소재로 사용해 얻은 결과 및 관련 내용에 관한 공개와 배포 등의 행위는 일체 금지합니다.

▶ 파일 다운로드에 관해

○ 이 책의 설명에서 사용하는 파일들은 샘플 데이터로 제공합니다(작례 파일 다운로드 방법은 p.6 참조). 작례 파일을 이용하려면 Live2D Cubism Editor를 설치해야 합니다. 이 책은 Live2D Cubism Studio ver.5.1 기준으로 작성했으며, 다른 버전을 사용할 때는 샘플 데이터를 이용할 수 없거나 조작 방법이 다를 수 있습니다.

○ 이 책에서 사용한 작례 파일의 이용에 관한 모든 책임과 판단은 독자에게 있습니다. 이 파일을 사용한 결과에 따라 발생하는 모든 직/간접적 손해에 대해 출판사, 저자, 프로그램 개발자 및 파일 제작에 관여한 모든 개인과 기업은 일체의 책임을 지지 않습니다.

○ 다운로드 데이터는 이 책을 구입한 독자에 한해 개인 학습 목적으로만 사용할 수 있습니다. 특히 다음과 같은 경우에는 소송의 대상의 되므로 주의해야 합니다. 개인 목적 이외의 사용은 금지합니다.

● 패키지 디자인, 포스터 등 광고물에 사용하는 경우
● 데이터를 사용해 영리 목적으로 인쇄/발매하는 경우
● 데이터를 전재/배포하는 경우
● 데이터를 고객의 저작물이나 스트리밍용 아파타로 발표하는 경우
● 특정 기업의 로고 마크 또는 기업 이념을 표현하는 캐릭터로 사용하는 경우
● 특정 기업의 상품 또는 서비스를 상징하는 이미지로 사용하는 경우
● 미풍양속에 반하는 목적으로 사용하는 경우
● 지적재산권 관점에서 문제를 가지고 있는 생성형 AI(2024년 8월 31일 시점)의 학습 소재로 데이터를 학습시킨 결과 및 관련 내용에 관해 공개, 배포하는 경우

Live2D Cubism Editor는 직접 준비해야 합니다.

- 주식회사 Live2D 웹사이트에서 Live2D Cubism Editor 체험판(42일 동안 Pro 버전의 모든 기능 무료 사용 가능)을 다운로드 할 수 있습니다. 자세한 내용은 Live2D 웹사이트를 참조합니다.
  https://www.live2d.com/

▶Live2D Cubism Editor(~ver.5.1) 실행에 필요한 시스템 구성 (버전은 변경될 수 있습니다).

	Windows	Mac
OS	Windows 10, 11 (64비트 버전, 데스크탑 모드 한정)	macOS Monterey (※1), macOS Ventura (※1), macOS Sonoma (※1), macOS Sequoia (※1)
CPU	Intel® Core™ i5-6600 동등한 성능 (AMD 포함) 권장: i5-8600, i7-7700, 쿼드 코어 이상	Intel® Core™ i5-8500 동등한 성능 (AMD 포함) 권장: i5-10600, i7-9600, 쿼드 코어 이상 Apple M 시리즈 칩 (※2)
메모리	4GB 이상(권장: 8GB 이상)	8GB 이상
하드 디스크	약 1GB의 여유 공간	약 1GB의 여유 공간
GPU	OpenGL 3.3 상당 또는 그 이상 (※3) NVIDIA GeForce GTX 950 이상의 그래픽 카드를 권장	OpenGL 3.3 상당 또는 그 이상 (※3) Apple M 시리즈 칩
디스플레이	1440×900 픽셀 이상, 32bit 컬러 이상 (권장 1920×1080 픽셀)	1440×900 픽셀 이상, 32bit 컬러 이상 (권장 1920×1080 픽셀)
입력 대응 형식	이미지 데이터: PSD (※4), PNG 음성 데이터: WAV	이미지 데이터: PSD (※4), PNG 음성 데이터: WAV
출력 대응 형식	이미지 데이터: PNG, JPEG, GIF동영상 데이터: MP4, MOV	이미지 데이터: PNG, JPEG, GIF동영상 데이터: MP4, MOV
인터넷 연결 환경	라이선스 인증을 받기 위해 필수	라이선스 인증을 받기 위해 필수

※1 macOS에서는 폭 4096 픽셀, 높이 2304 픽셀 중 한 가지를 초과하는 경우 동영상을 출력할 수 없습니다.
※2 Apple 실리콘 시리즈 칩을 탑재한 경우에는 Apple 실리콘 시리즈에 대응하는 Cubism Editor를 설치해야 합니다. Apple 실리콘 칩에서는 Rosetta2 기반으로 동작합니다.
※3 온보드 GPU(Intel HD Graphics 등)에서는 올바르게 동작하지 않을 가능성이 있습니다.
※4 PSD 파일 작성 시에는 Adobe® Photoshop® software, 셀시스 CLIP STUDIO PAINT 사용을 권장합니다.
※ macOS에 일부 소프트웨어가 설치되어 있는 경우 Cubism 4 Editor가 올바르게 동작하지 않을 수 있습니다. 자세한 내용은 다음을 참조합니다.

위 주의사항을 숙지한 뒤 이 책을 이용합니다. 위 주의사항들에 관한 문의에 대해 출판사 및 저자는 대응할 수 없습니다. 양해 부탁드립니다.
책 본문에 기재된 제품명, 회사명, 작품명은 모두 관련 기업의 상표 또는 등록상표입니다. 분문에서는 ™, ® 등의 기호는 생략합니다.

들어가며

<Live2D 모델링 & 애니메이션 팁>을 구입해 주셔서 감사합니다.

이 책은 중급~상급 Live2D 크리에이터가 되고자 하는 분들을 위한 팁들을 모은 책입니다.

저자인 카라아게마루(唐揚丸) 님, 칸부츠히모노(乾物ひもの) 님, 노논.(ののん。) 님, 후미(fumi) 님(일본어 가나다 순)는 모두 일선에서 활약하고 있는 Live2D 크리에이터들입니다. 일상에서 사용할 수 있는 손쉬운 테크닉, 퀄리티를 높이고 작업 시간을 단축할 수 있는 숨겨진 테크닉들을 소개합니다. 캐릭터 모델이나 배경 모델의 모델링은 물론, 애니메이션 제작까지 다양하고 풍부한 내용을 담았습니다.

이 책이 여러분의 수준을 한 단계 끌어올리는 데 힌트가 되기를 바랍니다.

2024년 8월 편집자 난바 토모히로(難波智裕) (주식회사 레믹)

카라아게마루
(唐揚丸/からあげまる)

배경에서 Live2D를 활용하는 방법을 소개했습니다. 세계관을 보다 잘 연출하기 위한 예술적 요소가 강한 내용들도 포함하고 있습니다. 캐릭터 모델링과는 완전히 다른 접근 방식으로 재미있게 읽어 주십시오.

칸부츠히모노
(乾物ひもの/かんぶつひもの)

주로 캐릭터 모델링이나 물리 연산에 관한 팁들을 담당했습니다. 기초적인 도구 사용 방법부터 숨겨진 기법까지 다양한 내용을 다루었습니다. 조금 복잡한 기법들도 있지만 꼭 여러 번 읽으면서 실제로 도전해 보시면 좋겠습니다!

노논.
(ののん。)

책을 구입해 주셔서 감사합니다. 이번에는 특히 X(구 Twitter) 등에서 인기가 있었던 아티클 소개 외에도 처음 공개하는 팁들을 가능한 쉽게 이해할 수 있도록 간략하게 정리했습니다. 이 팁들이 작은 아이디어의 계기, Live2D 창작에 도움이 되길 바랍니다.

후미
(fumi)

스트리밍용 모델 팁과 1장짜리 일러스트를 애니메이션으로 만드는 팁, 알고 있으면 제작할 때 도움이 되는 팁들을 모았습니다. Live2D를 사용한 표현의 폭을 넓히는 데 조금이라도 도움이 되면 좋겠습니다.

이 책의 사용 방법

이 책은 Part 1, Part 2로 나눠져 있습니다. 파츠별 움직임, 배경을 만드는 힌트와 물리 연산 구현하는 팁까지 Live2D 크리에이터에게 도움이 되는 즉시 사용할 수 있는 시간 단축 기법, 고급 기법 등 101개의 힌트를 제공합니다.

Part 1　……　인터넷 스트리밍을 염두에 둔 Live2D 모델을 중심으로 한 팁을 소개합니다. 후반에서는 게임, 영상에서의 사용을 고려한 캐릭터 모델에 관해 설명합니다.

Part 2　……　자연 표현, 실내 표현과 같은 움직이는 배경 모델에 관해 설명합니다.

이 책을 읽는 방법

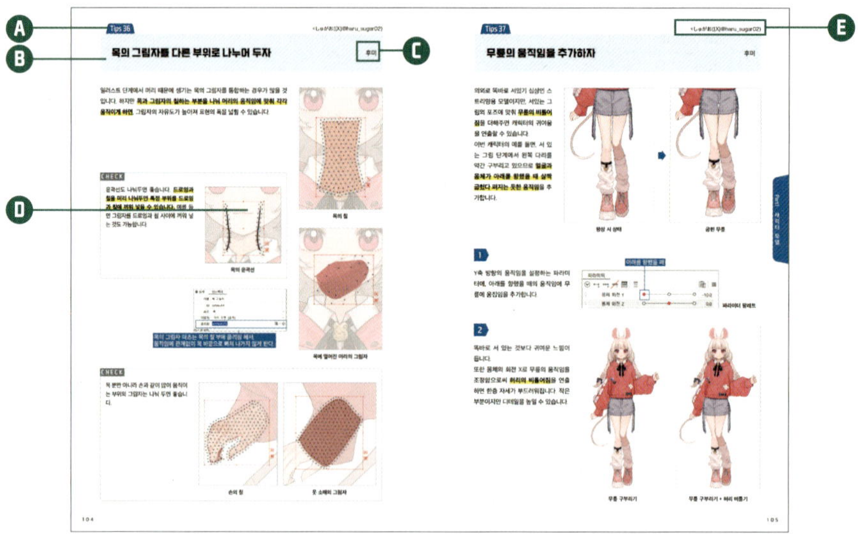

Ⓐ 팁 번호

팁 번호입니다. 이 책에서는 총 101개의 팁을 소개합니다.

Ⓑ 팁 이름

설명하는 팁의 이름입니다.

Ⓒ 저자 이름

팁을 설명하는 저자의 이름을 기재합니다.

Ⓓ 설명

문장과 그림을 사용해 설명합니다.

Ⓔ 크레딧 표기

일러스트나 모델의 저작권자, 제작자 등의 크레딧을 기재합니다. 팁을 설명하는 저자가 모든 권리를 가지고 있을 때는 기재하지 않습니다.

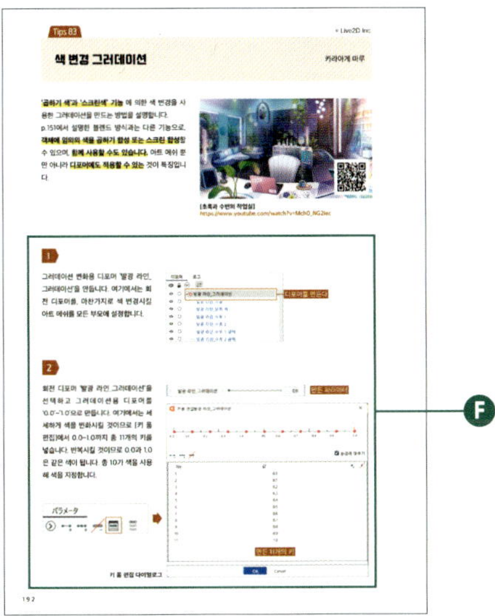

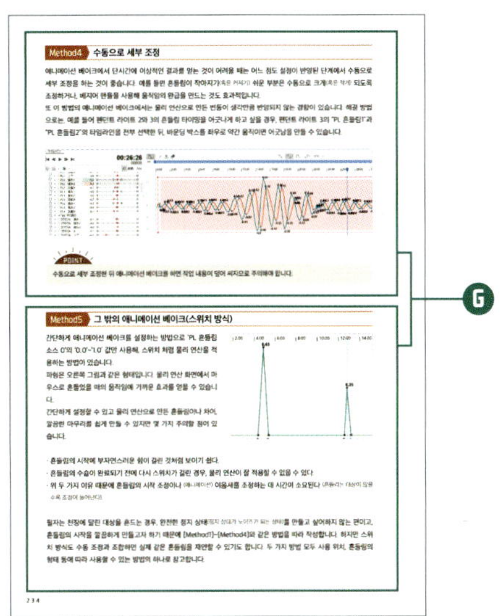

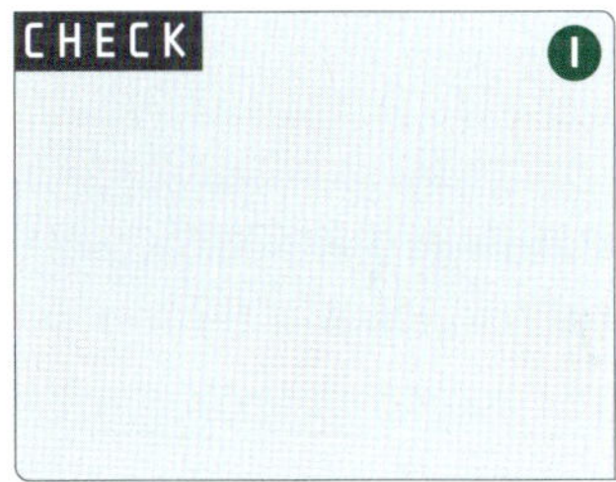

ⓕ 단계 설명

문장과 그림을 사용해 설명합니다. 설명 앞에 순서를 번호로 표시합니다.

ⓖ 메서드 설명

팁과 관련된 여러 다른 설명이 있을 때는 'Method1', 'Method2' 같이 항목을 나누었습니다.

ⓗ POINT

Live2D Cubism Editor와 관련된 도움이 되는 기법, 사소한 팁, 알아두면 편리한 지식들을 소개합니다.

ⓘ CHECK

Live2D Cubism Editor와 직접적인 관련은 없지만 도움이 되는 기법, 사소한 팁, 알아두면 편리한 지식들을 소개합니다.

Windows 버전과 macOS 버전의 키 표기 차이

키보드의 키는 CTRL, Z와 같이 기재합니다. 책 본문은 Windows 버전을 기준으로 설명합니다. macOS 버전을 사용할 때는 키 설정을 다음과 같이 바꿔 읽어 주십시오.

Windows	macOS
CTRL	command
ALT	option

다운로드 파일에 관해

이 책에서 사용한 작례 파일 중 일부는 당사 웹사이트의 지원 페이지에서 다운로드 할 수 있습니다. 다운로드 할 때는 ID 와 비밀번호를 입력해야 합니다. ID와 비밀번호는 반각 영문자로 정확하게 입력합니다.

파일 다운로드 방법

1 웹 브라우저를 실행하고 다음 웹사이트에 접속합니다.

https://gihyo.jp/book/2024/978-4-297-14429-6

2 웹사이트가 표시되면 이 책의 [지원 페이지] 버튼을 클릭합니다.

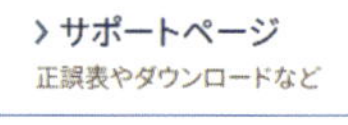

3 작례 데이터 다운로드 페이지가 표시됩니다. 아래 ID 와 비밀번호를 입력하고 '다운로드' 버튼을 클릭합니다.

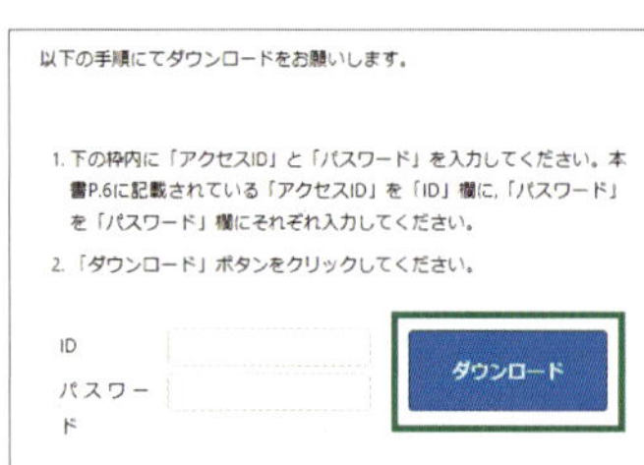

접속 ID …… Live2D_Tips

비밀번호 …… Qk9CRwUE

4 브라우저에 따라 확인 다이얼로그가 표시될 수 있습니다. [저장]을 클릭하면 다운로드가 시작됩니다. macOS의 경우 다운로드 된 파일은 자동의 압축이 풀리고 '다운로드' 폴더에 저장됩니다.

5 다운로드 폴더에 저장된 ZIP 파일에서 마우스 우클릭 후, [압축 풀기]를 클릭합니다. 압축을 푼 폴더가 표시됩니다.

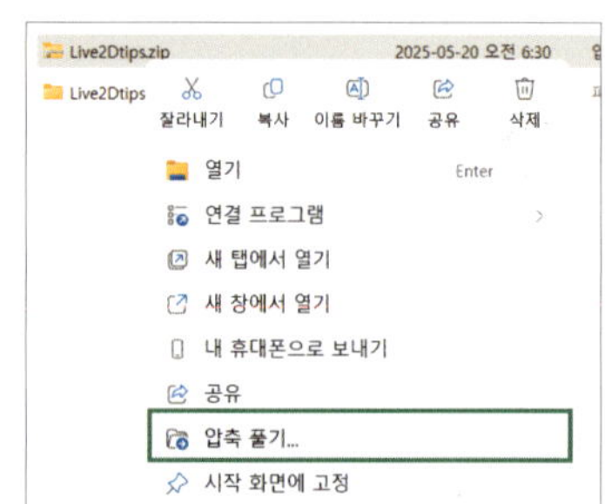

다운로드 시 주의점

· 파일 용량은 약 120M 정도이며 다운로드에 시간이 걸릴 수 있습니다. 브라우저가 정지한 것처럼 보일 수 있으나 잠시 기다려 주십시오.

· 인터넷 연결 상태에 따라 다운로드가 잘 되지 않을 수 있습니다. 그 때는 잠시 기다렸다가 다시 시도해 주십시오.

· 사용하는 운영체제 또는 웹 브라우저에 따라 다운로드 조작 방법이 다를 수 있습니다.

· macOS에서 자동으로 압축이 풀리지 않을 때는 다운로드 받은 파일을 더블 클릭해 압축을 풀 수 있습니다.

<에이케이커뮤니케이션즈> 출판사의 다음 링크를 통해서도 작례 파일을 다운로드할 수 있습니다.

● https://www.amusementkorea.co.kr > 자료실

● https://ak-it.tistory.com > 자료실

다운로드 파일의 내용

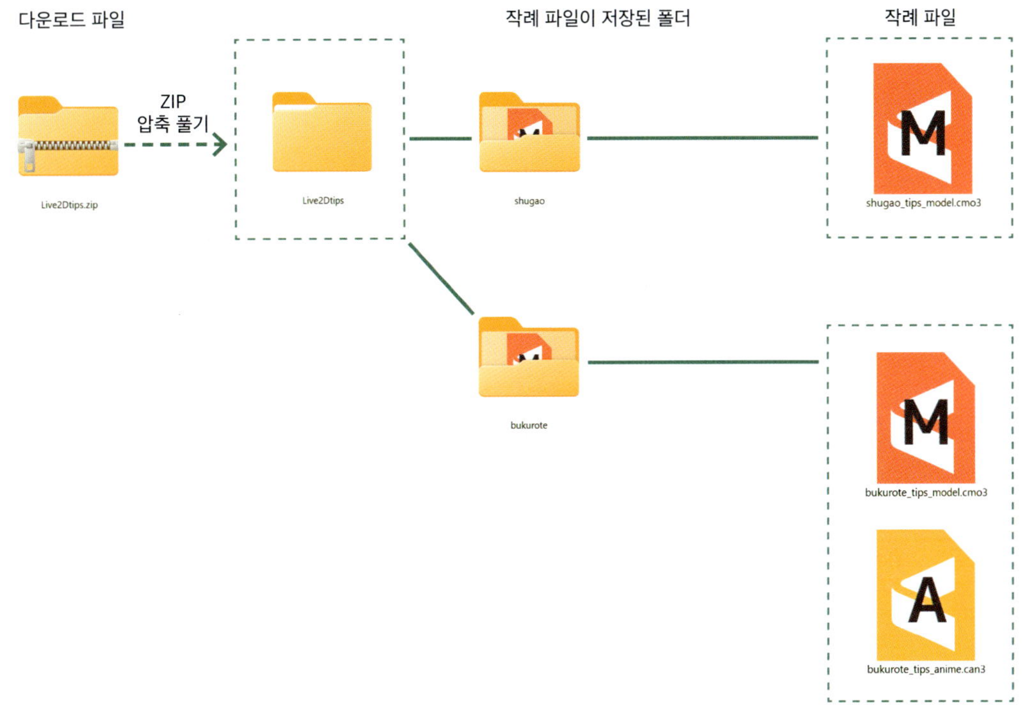

· 다운로드 한 ZIP 파일의 압축을 풀면, 작례 파일이 저장된 폴더가 표시됩니다.
· 'shugao' 폴더의 작례는 Tips 34, 35, 36, 37, 61, 62에서 사용합니다.
· 'bukurote' 폴더의 작례는 Tips 63, 64, 65, 66, 67, 68, 69, 70에서 사용합니다.

다운로드 폴더의 사용 방법

1 .cmo3(Live2D 모델 데이터 형식) 파일

Live2D Cubism Editor의 모델링 워크스페이스에서 사용합니다.

2 .can3(Live2D 애니메이션 데이터 형식) 파일

Live2D Cubism Editor의 애니메이션 워크스페이스에서 사용합니다.

※ 사용할 파일을 찾지 못해 치환을 요구하는 때는 해당 파일을 직접 지정해서 열어 주십시오.

3 .mp4(MP4 형식) 파일

Windows Media Player나 QuickTime 등의 미디어 플레이어세 사용합니다. 또한, PC 환경에 따라 설치되어 있는 코덱의 영향으로 사용하지 못할 수도 있습니다.

Contents

Part1 캐릭터 모델 · 017

Part2 배경 모델

Live2D Cubism Editor 기본 기능

후미

모델링 워크스페이스

Live2D Cubism Editor를 실행하면 모델링 작업을 하는 **'모델링 워크스페이스'**가 표시됩니다. 소재 일러스트를 임포트 하고, 움직임의 범위를 설정하는 **'모델링'** 작업을 수행하기 위한 워크스페이스입니다.

다음 그림은 모델링 워크스페이스 화면입니다.

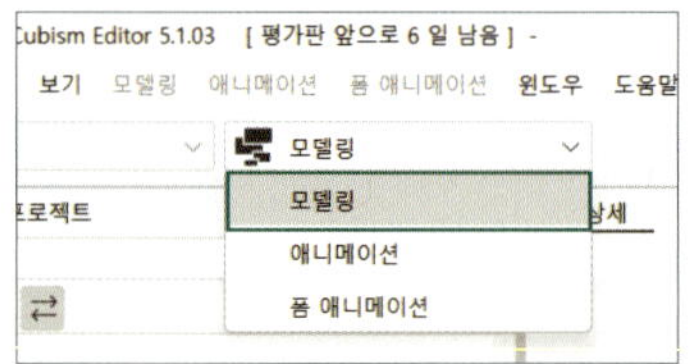

모델링 워크스페이스는 툴바의 [워크스페이스 전환]에 [모델링]으로 표시된다.

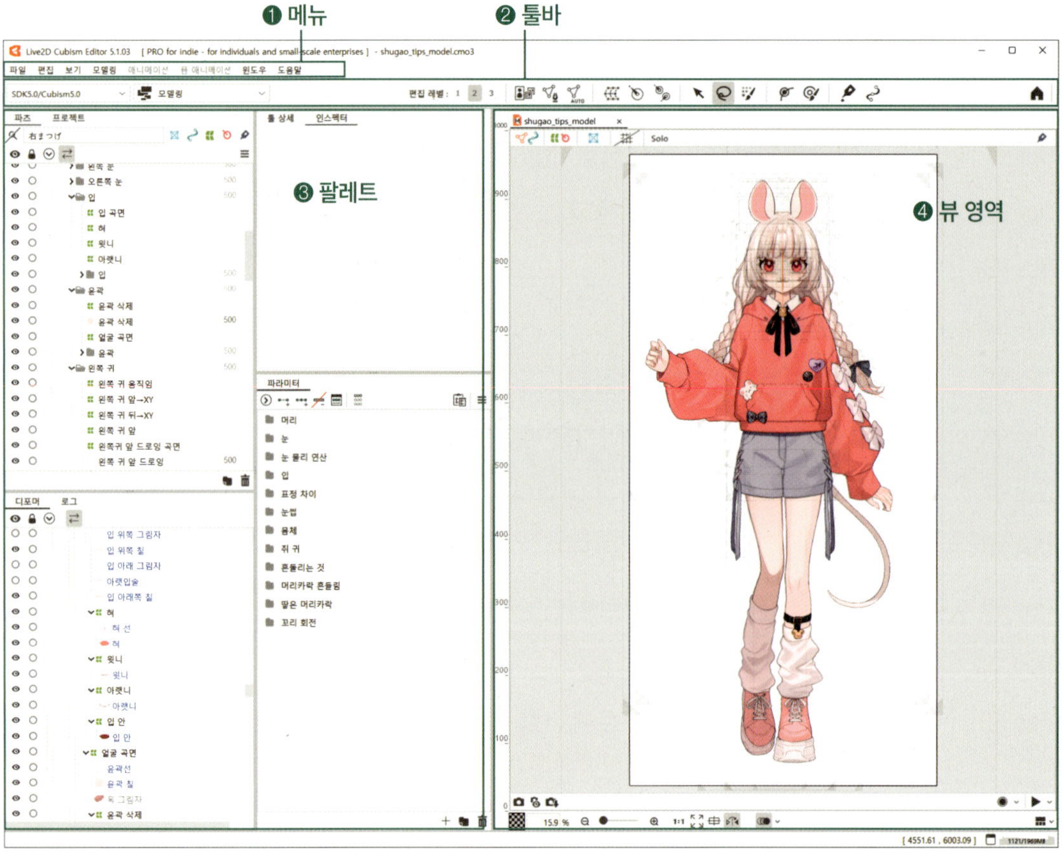

❶ 메뉴

'파일', '편집', '표시' 같은 조작 항목을 제공합니다.

❷ 툴바

모델링에 사용하는 다양한 도구 기능을 제공합니다.

❸ 팔레트

아트 메쉬art mesh, 디포머deformer 같은 객체 관리 및 툴 상세 설정 등 용도별 팔레트를 제공합니다.

❹ 뷰 영역 (모델링 뷰)

만들고 있는 모델이 표시됩니다.

애니메이션 워크스페이스

툴바의 [워크스페이스 전환]에서 '애니메이션'을 선택하면 '**애니메이션 워크스페이스**'로 전환됩니다. 여기에서는 모델링한 캐릭터에 연기, 표정 같은 모션을 붙여 '**애니메이션**'을 만듭니다.

다음 그림은 애니메이션 워크스페이스 화면입니다.

애니메이션 워크스페이스는 툴바의 [워크스페이스 전환]에 [애니메이션]으로 표시된다.

❶ 메뉴

모델링 워크스페이스와 같은 메뉴입니다.

❷ 툴바

애니메이션 워크스페이스에서는 [워크스페이스 전환], [편집 수준 전환], [홈 열기], [nizima 링크]만 선택할 수 있습니다.

❸ 팔레트

아트 메쉬, 디포머 같은 객체 관리 및 툴 상세 설정 등, 용도별로 팔레트를 제공합니다.

❹ 뷰 영역(모델링 뷰)

여기에서 움직임을 확인하면서 애니메이션을 만듭니다.

❺ 타임라인 팔레트

모델이 '어느 시점에, 어떤 움직임을 하고 있는지'를 설정할 수 있습니다. 애니메이션을 만들 때는 대부분의 작업을 타임라인 팔레트에서 하게 됩니다.

아트 메쉬

Live2D Cubism Editor에 임포트 한 소재 일러
스트 부위에 만들어지는 '**정점**'vertex, 정점과 정
점을 연결하는 '**에지**'edge 로 구성된 **다각형의 집
합**(메쉬)**로 분할된 이미지를 '아트 메쉬'**art mesh
라 부릅니다. Live2D Cubism Editor에 임포트
한 상태의 소재 일러스트에서 각 부위를 클릭해
보면 정점의 수를 최소한으로 억제한 아트 메쉬
가 만들어집니다.

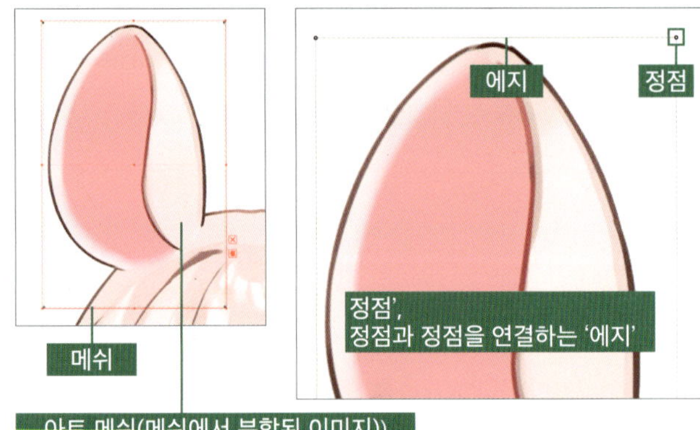

이 아트 메쉬를 변형 및 이동
해 각 부위의 동작을 만듭니
다. 기본 상태에서는 상상했던
움직임이 되지 않을 것입니다.
이 **아트 메쉬의 메쉬를 격자
형태로 분할해 보다 세세한 움
직일 수 있도록** 만들어야 합니
다.

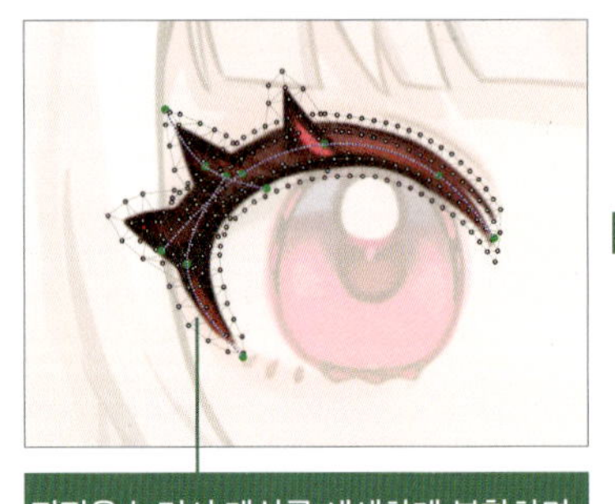

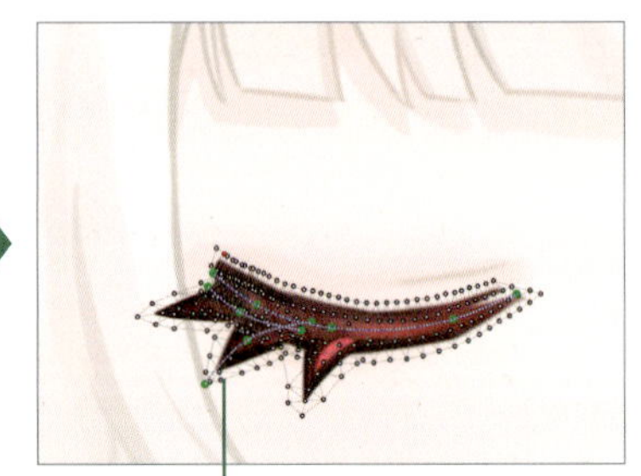

아트 메쉬를 편집할 때는 주로 2가지 도구를 사용합니다.

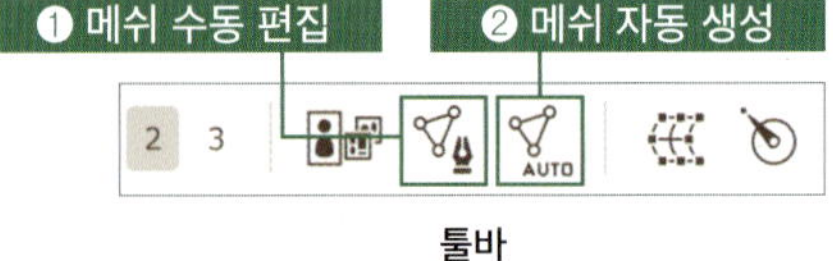

❶ 메쉬 수동 편집
마우스 클릭으로 정점을 추가할 수 있고 원하는 형태의 메쉬를 만들 수 있는 도구입니다. 그리고 이미 추가되어 있는 정
점을 이동시켜 메쉬 자체를 편집할 수도 있습니다. 또한, 마우스를 드래그해 메쉬를 만들 수 있는 '스트로크를 사용한 메
쉬 분할' 기능도 제공합니다. 작업 중에는 '**메쉬 편집 모드**'가 됩니다.

❷ 메쉬 자동 생성
표시된 [메쉬 자동 생성] 다이얼로그 설정을 기반으로 메쉬를 자동 분할할 수 있는 도구입니다. 각 설정값은 수동으로 입
력하거나, 제공되는 프리셋에서 선택할 수도 있습니다.

파라미터

아트 메쉬나 디포머 등 객체의 움직임은 '파라미터' 설정을 통해 작성합니다. 파라미터 팔레트에서 항목별로 설정할 수 있으며 **각 객체의 변형 정도를 수치에 연결해 움직임을 표현**합니다.

예를 들면 다음 그림은 [오른쪽 눈 뜨고 감기]라는 항목에서 파라미터의 키 값이 1.0일 때 '눈을 뜬다', 값이 0.0일 때 '눈을 감는다'는 움직임을 표현하도록 설정한 것입니다.

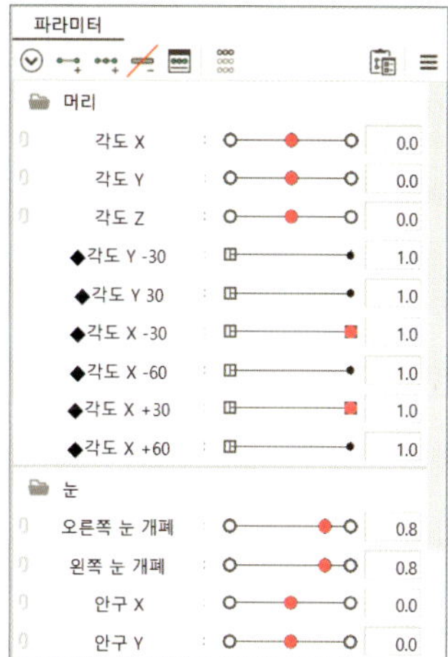

파라미터 팔레트

Live2D Cubism Editor에서는 아트 메쉬, 디포머 등 캔버스 위에 배치되어 있는 것을 **'객체'**라 부릅니다.

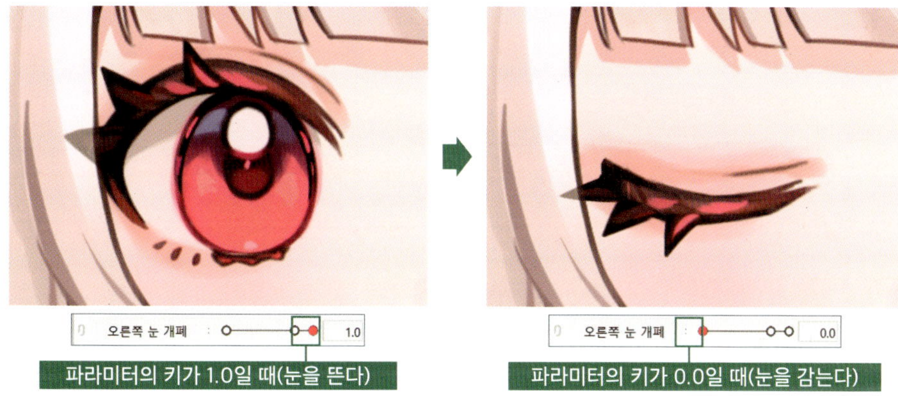

파라미터의 키가 1.0일 때(눈을 뜬다)

파라미터의 키가 0.0일 때(눈을 감는다)

이렇게 각 객체에 움직임을 붙이기 위해서는 파라미터에 **'키'**를 추가해야 합니다.

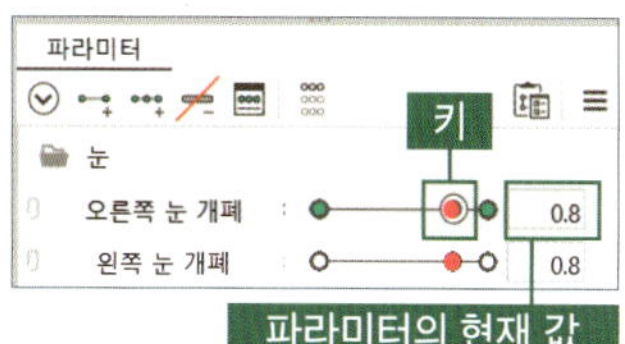

추가한 키의 위치에서 객체를 변형시켜 움직임을 설정할 수 있습니다.

여기에서는 파라미터의 가장 왼쪽의 키(파라미터 값 0.0)에서 객체를 변형시킵니다.

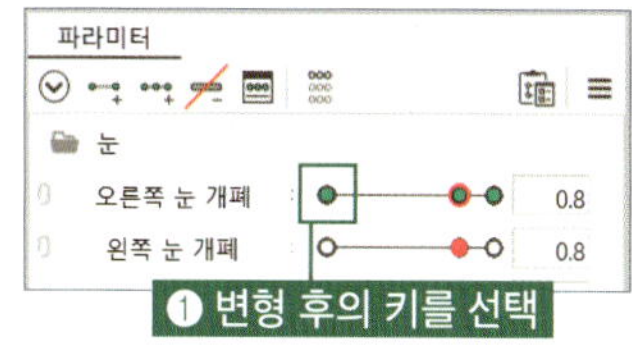

[키 2개 추가], [키 3개 추가], [키 폼 추가] 등의 버튼을 클릭해 키를 추가할 수 있습니다. [키 폼 편집] 버튼을 클릭하면 표시되는 키 폼 편집 다이얼로그에서도 키를 추가할 수 있습니다.

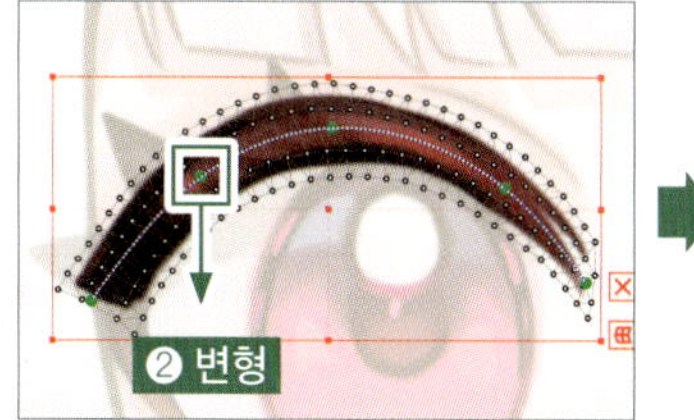

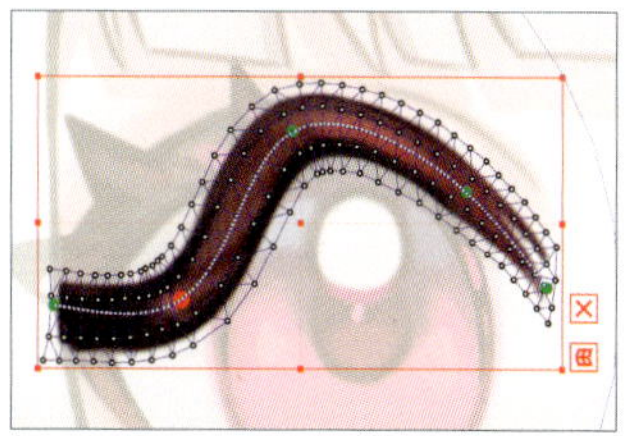

워프 디포머

균등한 비율로 움직이고 싶은 부위 또는 큰 부위를 움직이고 싶을 때는 '디포머'deformer를 사용하면 편리합니다. **디포머를 사용하면 정점을 모아서 움직일 수 있어**, 변형하는 데 드는 수고를 줄일 수 있습니다.
디포머 안에는 아트 메쉬가 들어 있습니다. 상위 계층에 있는 디포머를 '**부모**'parent, 하위 계층에 있는 아트 메쉬를 '**자식**'child 이라 부릅니다. 디포머 안에 자식 디포머를 넣을 수도 있습니다.

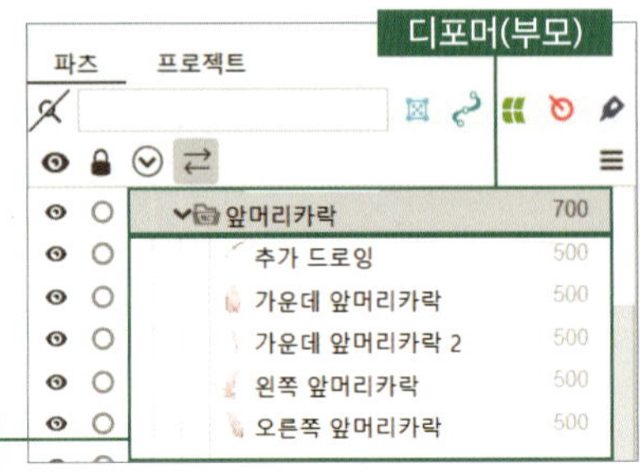

디포머 팔레트

Live2D Cubism Editor에서는 크게 2가지 종류의 디포머를 제공합니다. 그 중 하나는 '워프 디포머'warp deformer입니다. 부모가 되는 워프 디포머 안에 아트 메쉬를 넣으면, **워프 디포머를 움직이는 것만으로 안에 포함되어 있는 아트 메쉬를 깔끔하게 변형**할 수 있습니다. **여러 아트 메쉬를 모아서 워프 디포머를 사용해 변형시킬 수 있어** 머리카락이나 옷의 펄럭임, 얼굴의 방향으로 바꾸는 등의 움직임을 손쉽게 만들 수 있습니다.

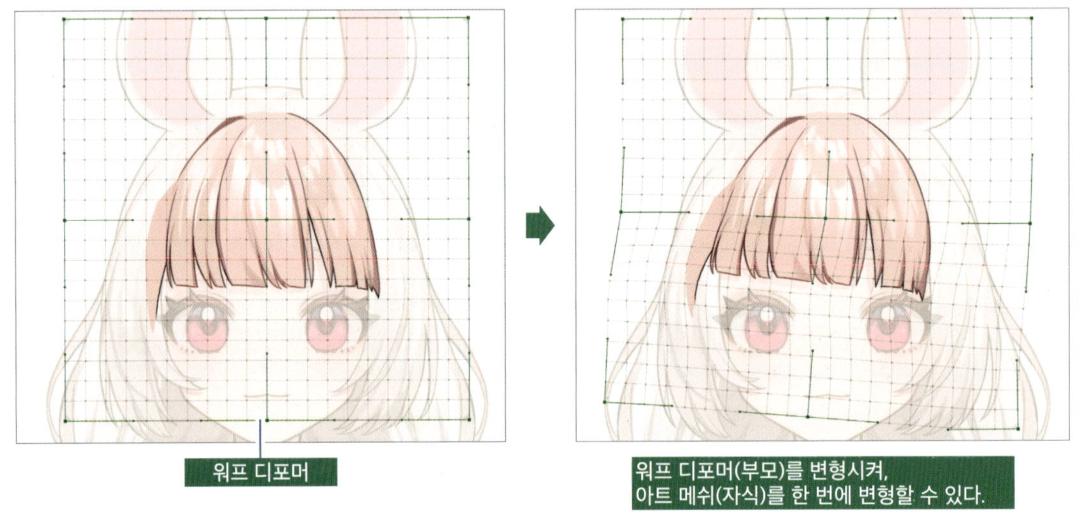

회전 디포머

회전 디포머rotation deformer는 객체를 회전할 수 있는 디포머입니다. **부모가 되는 회전 디포머 안에 객체를 넣으면 포함된 자식 객체를 함께 회전**할 수 있습니다. 회전의 시작점이 되는 위치도 자유롭게 설정할 수 있으며 **팔이나 손의 자연스러운 움직임이나 머리를 기울이는 등의 움직임을 손쉽게 만들 수** 있습니다.

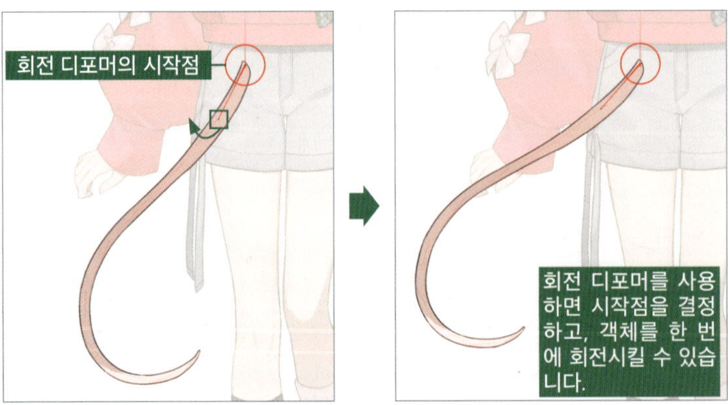

캐릭터 모델

인터넷 스트리밍용 모델의 퀄리티를 높일 수 있는 기법,
작업 시간을 단축할 수 있는 방법 등의 팁을 소개합니다.
후반에는 일러스트를 움직이거나 게임 또는 영상에서 사용할 수 있는 서있는 캐릭터
그림의 모델링 및 애니메이션 기법에 관해서도 설명합니다.

권장하는 일러스트 크기

후미

스트리밍용 모델은 일반적으로 정면을 바라보고 있는 캐릭터를 사용합니다. 캐릭터를 그리는 캔버스의 크기는 **가로 3000~6000 px x 세로 4500~9000 px,** 해상도는 **350dpi**를 권장합니다.

CHECK

CLIP STUDIO PAINT는 주식회사 셀시스가 개발 및 제공하는 페인트 소프트웨어입니다. Live2D Cubism Editor에서 임포트 할 수 있는 **psd 파일 형식으로 저장**할 수 있습니다. 정면을 바라보고 있는 일러스트를 그릴 때 편리하게 사용할 수 있는 **좌우 대칭으로 그리는 기능**을 제공합니다.

CLIP STUDIO PAINT 공식 사이트
https://www.clipstudio.net/kr/

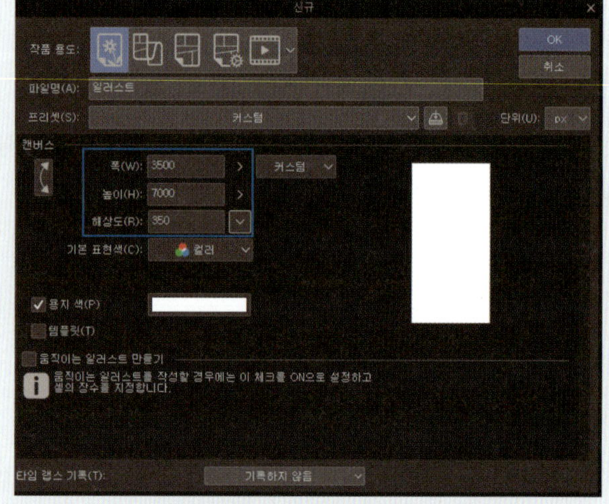

CLIP STUDIO PAINT의 새 캔버스 만들기 다이얼로그

캐릭터 일러스트는 **캔버스 중심에 그리는 것**이 좋습니다. 정면을 바라보고 있는 좌우 대칭의 캐릭터를 쉽게 그릴 수 있고 [Tips 4]에서 설명할 중심선을 그릴 때도 편리합니다.
일러스트레이터에게 의뢰할 때도 미리 전달해 두면 좋습니다.

오른쪽 모델은 가로 3500px X 세로 7000px, 해상도 350dpi로 작성.

CLIP STUDIO PAINT에서는 CTRL + R 키를 눌러 캔버스 위와 왼쪽에 수치가 표시된 **룰러**ruler를 표시할 수 있습니다. 룰러를 드래그 앤 드롭 하면 가이드라인을 꺼낼 수 있습니다.
가이드라인을 객체 도구에서 선택하면 도구 속성 팔레트에서 수치를 입력해 가이드라인을 옮길 수 있습니다. 여기에서는 캔버스의 가로 크기가 3500 px이므로 '중심 X'의 값에 크기의 절반인 1750 px를 입력해 가이드라인을 캔버스에 중심에 위치하게 했습니다.

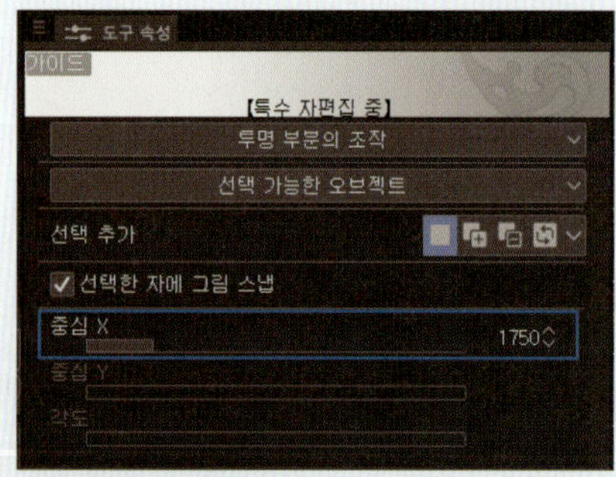

가이드라인을 선택한 상태에서의 도구 속성 팔레트

Live2D Cubism의 좌우

노논.

Live2D Cubism Editor에서 캐릭터의 좌우는 화면을 본 그대로가 아니라 캐릭터의 시점을 기준으로 합니다. 즉, (사람이 봤을 때) 캐릭터의 **오른쪽이 '왼쪽'**, **왼쪽이 '오른쪽'** 이 됩니다.
이를 정확하게 인식하지 않으면 트래킹 소프트웨어의 기준 설정이 반대가 되므로 작업하기 전에 확실하게 인지해야 합니다.

CHECK

일러스트레이터에게 그림을 의뢰하는 경우 **좌우로 나눠져 있는 부위의 레이어 이름을 붙이는 규칙을 결정해 두면** 효율적으로 대응할 수 있습니다. 필자는 '┘', '└' 화살표 기호를 선호합니다.

바운딩 박스를 지우자

노논.

워프 디포머 등을 편집하는 경우 바운딩 박스 bounding box가 편집에 방해될 때가 있습니다(한가운데를 편집할 때 등). 예를 들면 워프 디포머의 중심을 조작하지 않을 때는 바운딩 박스 오른쪽 아래에 있는 **[X]를 클릭**해 바운딩 박스를 지울 수 있습니다.

POINT

빨간색 프레임을 제거하는 경우에는 단축키를 설정해 키 조작으로 제거할 수도 있습니다. [파일] 메뉴 → [키보드 단축키]에서 단축키를 설정할 수 있습니다.

단축키 설정 다이얼로그

중심선을 그리자

노논.

가이드라인 기능을 사용해 중심선을 그릴 수 있습니다. 오른쪽 그림과 같이 선이 표시되므로 **좌우 대칭인 모델링을 할 때 시각적으로 한가운데를 볼 수 있어** 편하게 작업할 수 있습니다. 좌우 대칭인 모델의 경우 이 중심선에 맞춰 워프 디포머 또는 회전 디포머를 배치하면 모델의 한쪽만 만들어도 반대쪽을 동시에 만들 수 있습니다.

중심선

1

[보기] 메뉴 → [가이드라인] → [가이드라인(모델링 뷰) 설정]을 선택합니다.

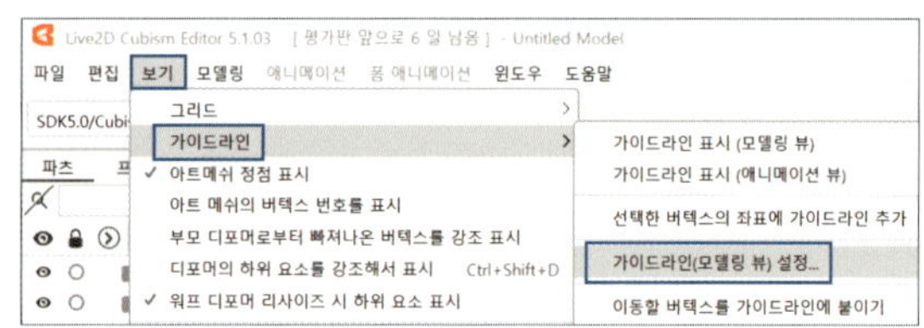

2

가이드라인 설정 다이얼로그가 표시됩니다. [새 가이드라인]을 클릭하고 '유형'을 '수직'으로 설정해 중심선을 만듭니다. 중심선의 '위치'는 캔버스 크기의 중간으로 설정합니다(예를 들면 가로 폭이 5000 px이라면 그 값을 1로 나눈 2500 px이 캔버스의 한가운데가 됩니다). 여기에서는 '2500'을 입력해 중심선을 그릴 수 있습니다.

POINT

선의 색은 '색' 항목에서 자유롭게 설정합니다.

3

좌우의 눈이나 몸 등의 워프 디포머를 만들 때는 중심선에 맞춥니다. 예를 들면 눈은 오른쪽 그림과 같이 워프 디포머의 중심에 (가이드) 선이 오게 합니다.

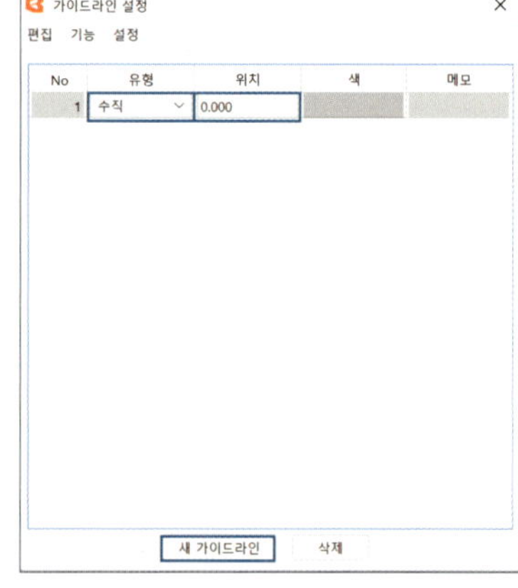

POINT

중심선이 표시되지 않을 때는 [보기] 메뉴 → [가이드라인] → [가이드라인을 표시(모델링 뷰)] 항목에 체크합니다.

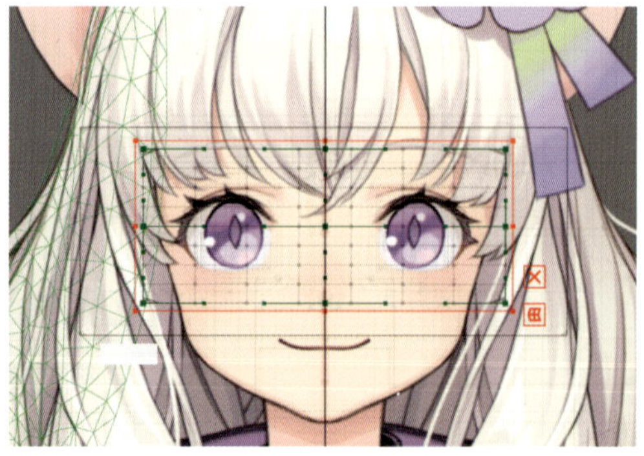

의장 디자인 : 樋口このみ([X]@CO_NO2162)

아트 메쉬는 서로 다르게, 깔끔한 삼각형을 의식하자

칸부츠히모노

메쉬는 부위를 변형할 때 만드는 정점(꼭지점)과 에지(선)로 구성된 폴리곤(삼각형)의 집합입니다. 그리고 메쉬가 할당된 상태의 이미지를 '아트 메쉬'라 부릅니다. 메쉬는 자동으로 만들 수 있지만 '깔끔하고 쉽게 움직일 수 있는 메쉬'의 법칙을 기억해 두면, 메쉬를 자동으로 만들어야 할지 아니면 수동으로 만들어야 할지 파악할 수 있게 되어 퀄리티를 높이는 동시에 효율적으로 작업할 수 있습니다. 이 기법을 꼭 마스터합시다.

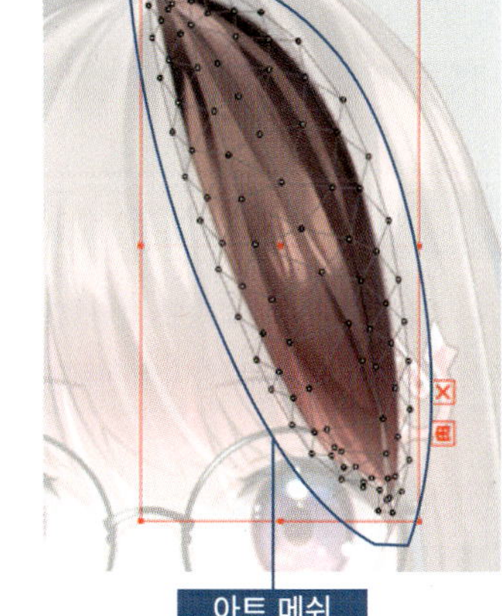

POINT

Cubism 5.0부터 메쉬 자동 생성 기능이 크게 강화되어 단순한 형태의 아트 메쉬라면 자동 생성만으로 '깔끔한 메쉬'를 만들 수 있게 되었습니다. 하지만 복잡한 형태의 아트 메쉬는 수동으로 조정해야 합니다.

눈썹, 입에서 서로 다른 아트 메쉬 A, B를 준비했습니다. '깔끔하고 쉽게 움직일 수 있는 메쉬'는 어느 쪽일까요? 정답은 **A**입니다. A는 '**축이 되는 한가운데의 정점**'과 '**주변을 둘러싼 정점**'이 서로 다르고 **정삼각형 또는 이등변 삼각형**에 가까운 깔끔한 형태를 갖고 있습니다. 눈썹과 같은 단순한 부위의 변형이라면 A, B 모두 퀄리티에 큰 차이는 없습니다. 하지만 입과 같이 움직임이 많은 부위는 메쉬를 할당하는 방법에 따라 퀄리티에 큰 차이가 발생합니다.

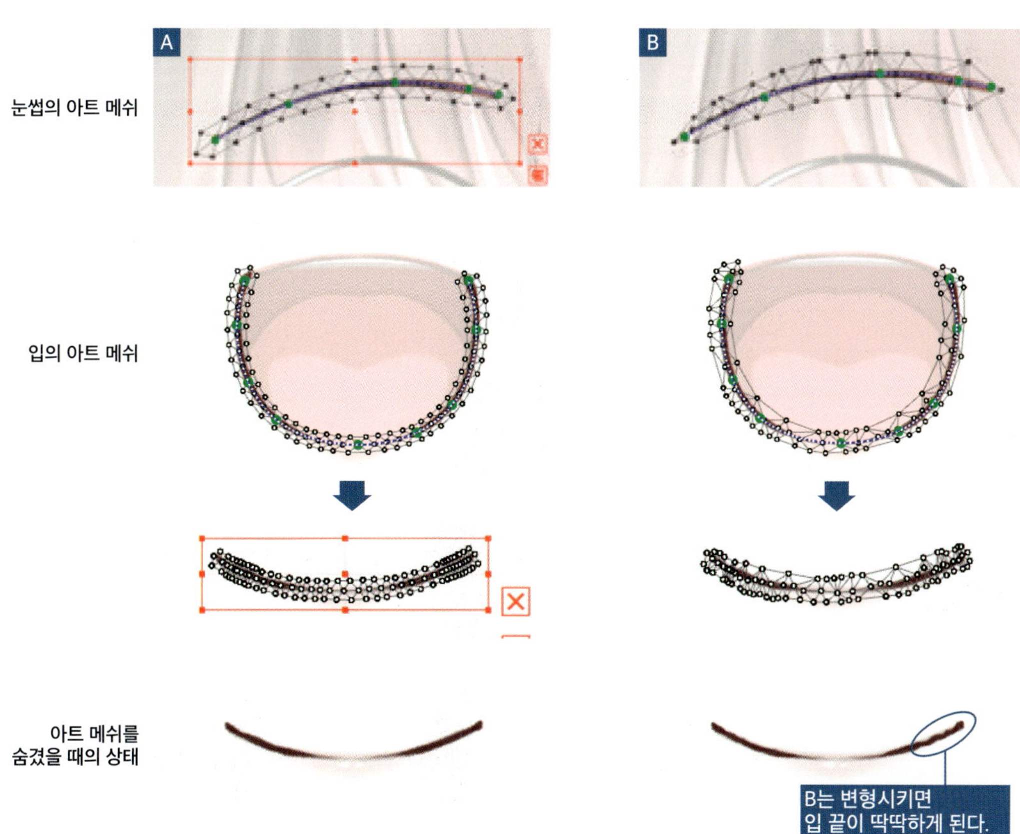

의장 디자인 : 樋口このみ([X]@CO_NO2162)

메쉬는 드로잉을 따라 깔끔하게 나누자

칸부츠히모노

눈썹, 아랫입술 등 '선 형태의 아트 메쉬'를 움직이는 것뿐이라면 [Tips 5]의 법칙만 지켜도 충분합니다. 하지만 속눈썹, 윤곽, 머리카락 등 부피가 있는 부위의 아트 메쉬를 크고 복잡하게 움직이는 대부분의 경우에는 그 법칙만으로 변형하기 어렵습니다. 그럴 때 사용할 수 있는 효과적인 메쉬 분할 방법에 관해 설명합니다.

Method1 　속눈썹의 메쉬

속눈썹의 경계를 정확하게 감싸고, 동시에 그 주변을 감싸 **4열**로 메시를 분할합니다. 이렇게 하면 세세하게 변형을 할 수 있습니다. 4열로 메쉬를 나눌 때도 [Tips 5]에서 설명한 **서로 다른 삼각형**을 만드는 것을 생각합니다.

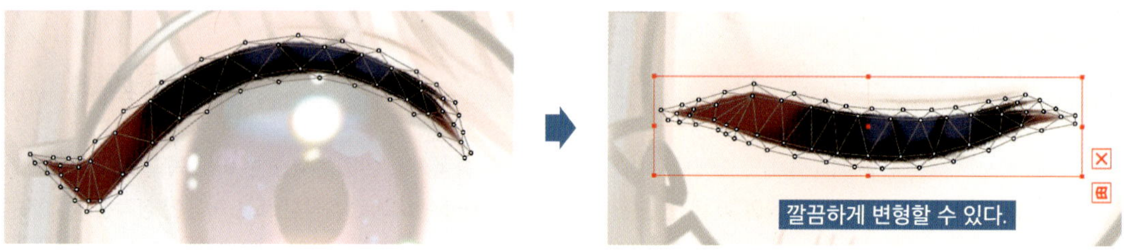

POINT

위부터 두 번째 열, 세 번째 열 정점을 넣을 때는 '부위의 경계에 정확하게' 맞추지 말고 **부위의 경계보다 조금 안쪽**'에 넣습니다. 예를 들면 속눈썹과 같이 큰 곡선을 그리는 아트 메쉬의 경우, 경계에 정확하게 맞춰 정점을 넣으면 반대쪽으로 구부렸을 때 형태가 깨집니다.

두 번째 열, 세 번째 열의 정점은 부위의 경계보다 조금 안쪽에 넣는다.

Method2 　얼굴 윤곽의 메쉬

얼굴 윤곽처럼 칠한 부분과 선으로 그린 부분이 확실하게 구분되는 아트 메쉬의 경우에는 선으로 그린 부분 안쪽에도 **정점을 한 바퀴 둘러서 늘리는 것**이 좋습니다. 선으로 그린 부분 안쪽의 정점을 넣어두면 변형했을 때 선이 찌그러지거나 굵어져도 쉽게 수정할 수 있습니다. 반대로 칠한 부분은 정점을 많이 넣어도 변형했을 때 형태가 달라지지 않으므로 **내부의 정점의 수는 최소한으로** 해도 좋습니다.

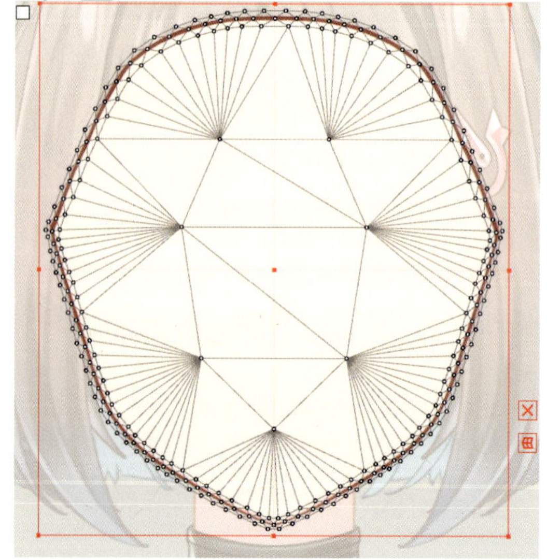

POINT

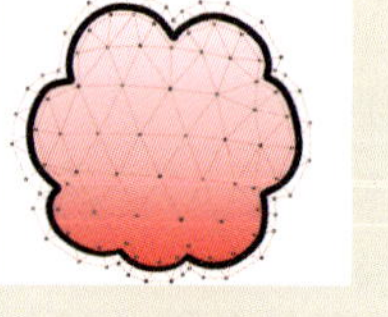

그러데이션에서는 정점을 가능한 **같은 간격**으로 넣습니다. 메쉬를 자동 생성한 뒤, 경계 부분만 수동으로 조정하는 방법을 권장합니다.

메쉬는 소재나 입체에 맞춰 나누자

칸부츠히모노

[Tips 5], [Tips 6]의 노하우는 모든 부위에 통용되는, 아트 메쉬에 관한 기본 사고 방식입니다. 그러나 모든 기본 노하우에는 '예외'가 있기 마련입니다. 여기에서는 금속, 보석과 같은 단단한 재질의 부위, 곡선이 있는 부위 등의 메쉬를 나눌 때의 팁에 관해 설명합니다.

Method1 　단단한 재질로 된 부위의 아트 메쉬

단단한 재질로 된 부위는 기본에 따라 메쉬를 할당하면 직선적으로 변경하기 어렵게 됩니다. **여기에서는 직선적인 부분의 정점은 최대한 줄여 변형 자체를 간결하게 하는** 것이 포인트입니다.

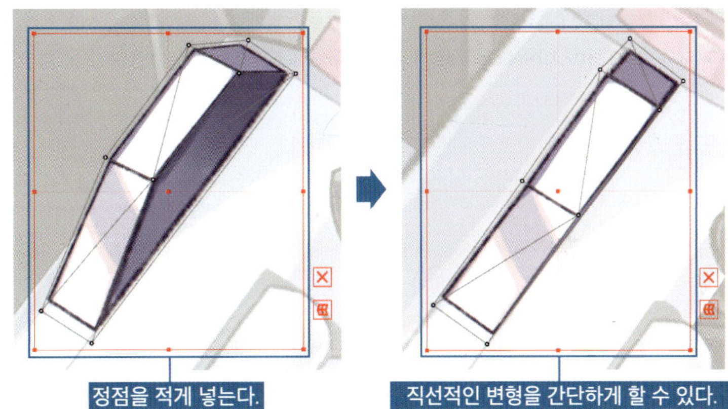

Part1 캐릭터 모델

Method2 　곡선이 있는 부위의 아트 메쉬

곡선이 있는 부위의 **한가운데 정점을 1개만 넣으면** 쉽게 변형할 수 있습니다. 둥근 부분의 정점을 조금 움직이는 것만으로 간단하게 입체감을 표현할 수 있습니다.

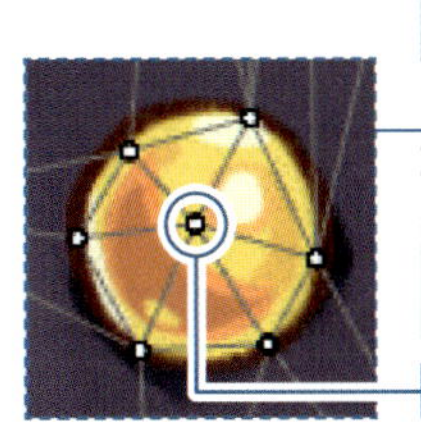

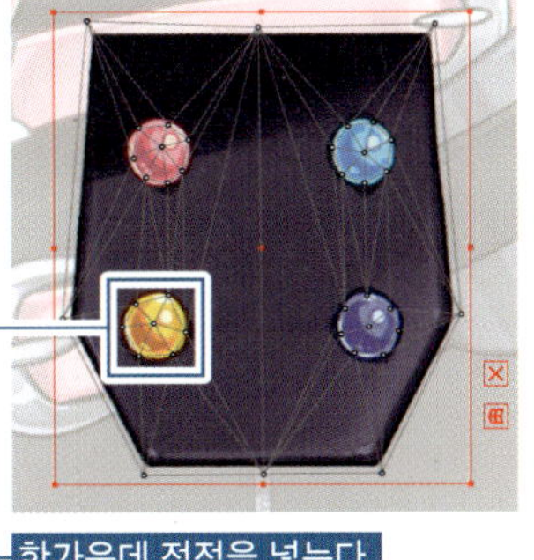

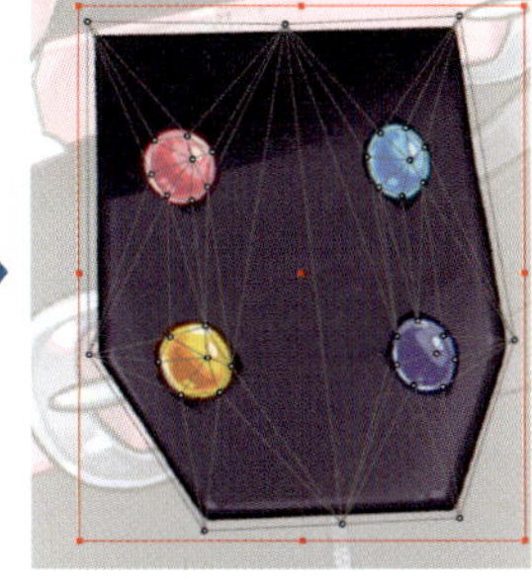

POINT

의장 디자인:樋口このみ([X]@CO_NO2162)

한가운데 정점을 하나만 사용했을 때 찌그러질 때는 동공이나 그림자, **하이라이트에 따라 안쪽에도 정점을 넣으면** 좋습니다.

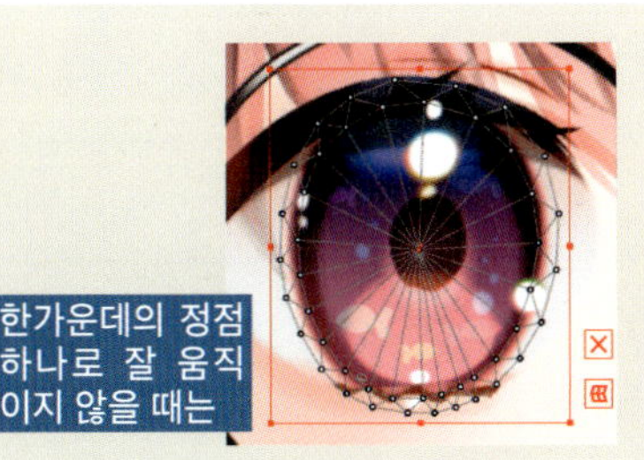

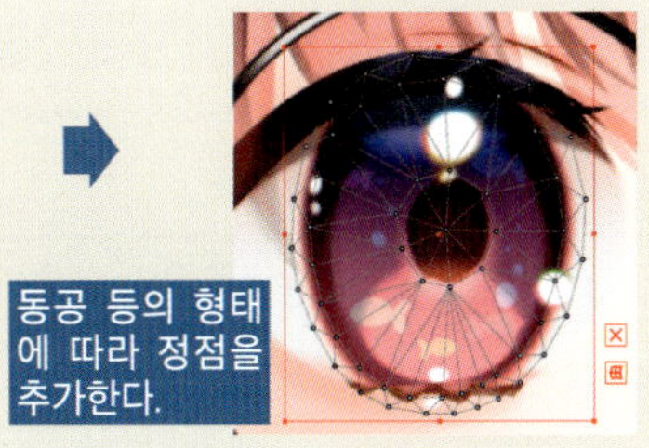

원형 메쉬를 깔끔하게 나누자

노논.

원형 메쉬를 깔끔하게 간단하게 나누는 방법을 소개합니다.

참고 동영상(일본어)
https://x.com/nonon_yuno/status/1676442731189784576

1

메쉬의 정점을 연결하는 에지(선)을 삭제합니다. 4개의 정점만 남았다면, 정점들을 모두 선택한 상태에서 복사합니다.

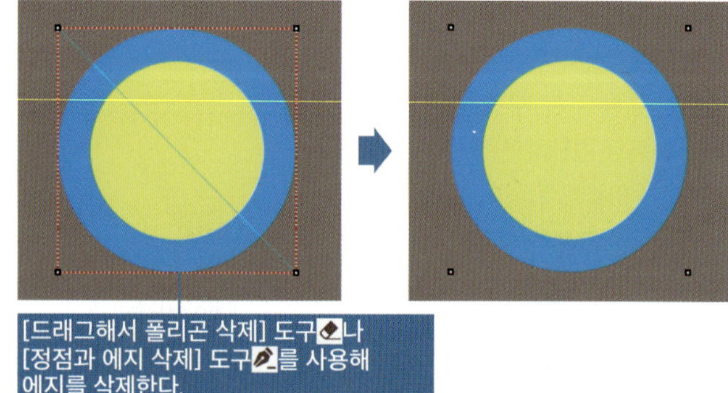

2

복사한 메쉬의 정점을 붙여 넣고 SHIFT 키를 누른 상태에서 45도 간격으로 회전시킵니다.

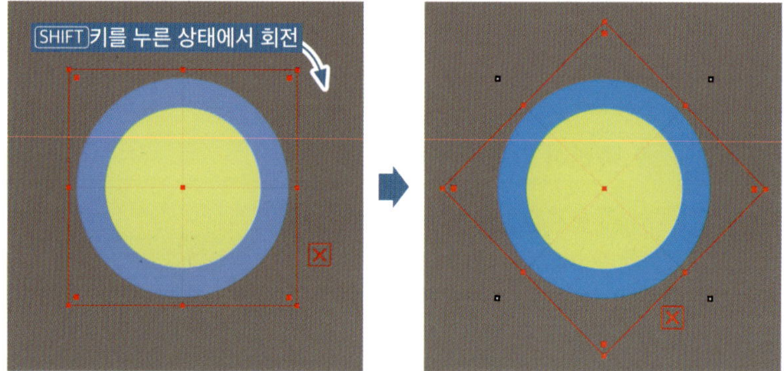

3

회전시킨 정점을 모두 선택한 뒤 복사해서 붙여 넣습니다. **2** 와 같이 회전시킵니다. 정점과 정점이 같은 간격으로, 가까워지지 않도록 수동으로 조정합니다.

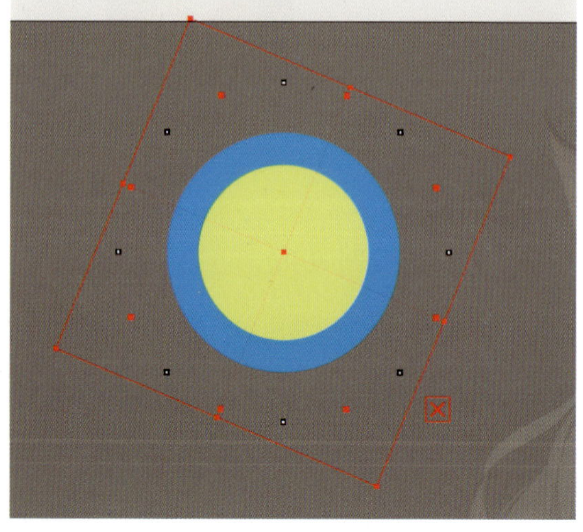

4

한번 더 모든 정점을 복사해서 붙여 넣습니다. 정점의 간격을 조정한 뒤 모든 정점을 선택합니다. [SHIFT]키를 누른 상태에서 정점을 축소시켜 원에 맞춥니다.

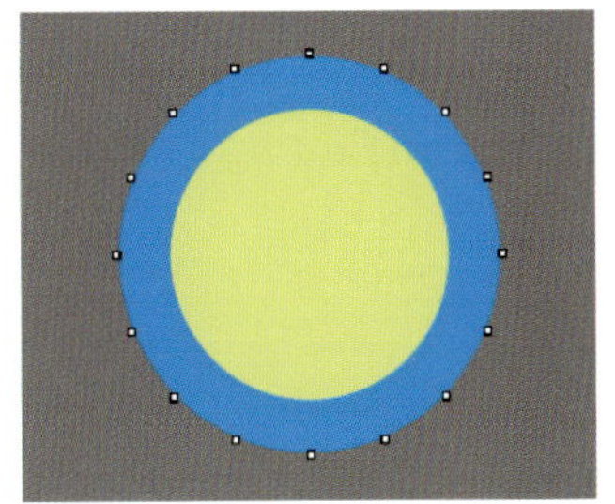

5

모든 정점을 복사한 뒤 다시 붙여 넣습니다. 여기에서는 안쪽 원과, 바깥쪽 원의 정점을 준비합니다.

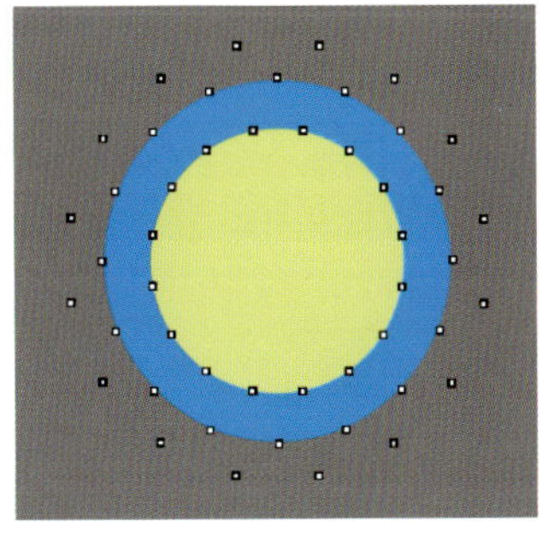

6

오른쪽 그림과 같이 정점을 배치한 뒤 한가운데 정점을 추가합니다. 원을 감싸도록 정점을 4개 더 추가합니다.

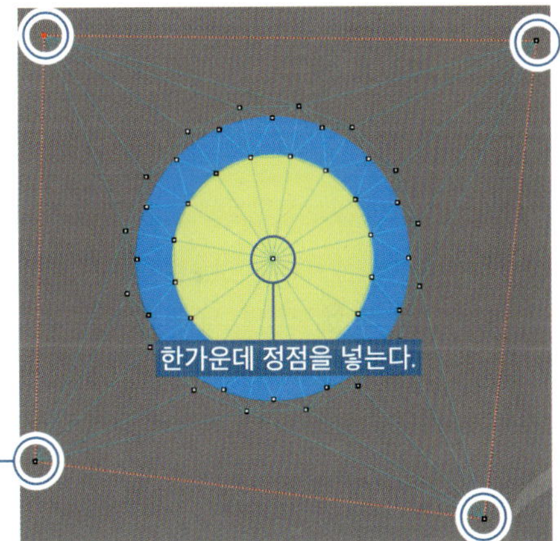

7

[자동 연결]을 실행해서 모든 정점을 연결합니다. 주변에 배치한 정점을 삭제해서 완성합니다.

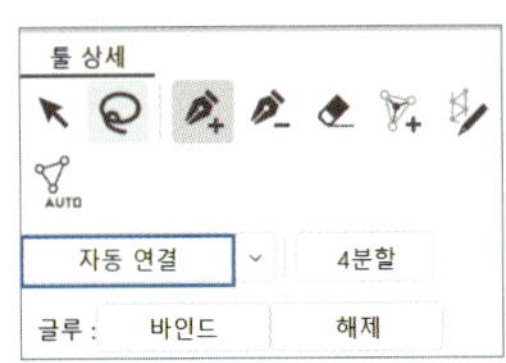

툴 상세 팔레트

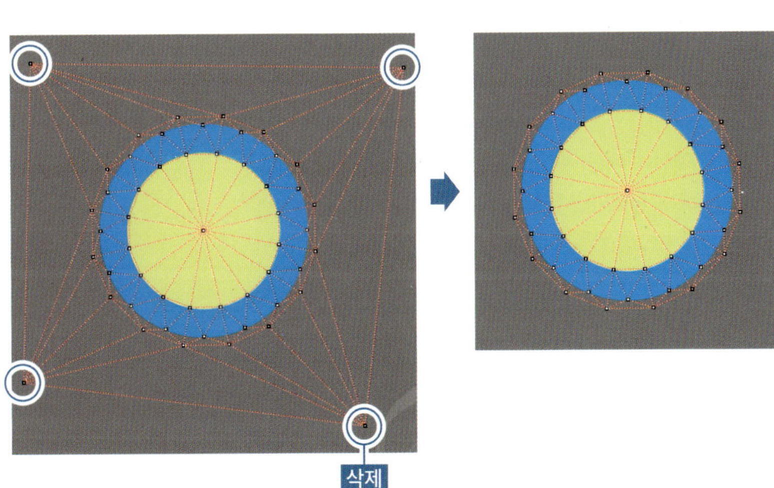

스트로크를 사용해 메쉬를 나누자

노논.

[스트로크를 사용한 메쉬 분할] 기능을 사용하면 **부위를 따라 그린 선에서 메쉬를 자동으로 만들 수 있습니다.** 직선 형태의 메쉬를 넣을 때 편리합니다. 작업 효율을 높일 수 있으므로 꼭 기억해 둡시다.

참고 동영상(일본어)
https://x.com/nonon_yuno/status/1681499224297582592

1

툴바에서 [메쉬 수동 편집]을 선택(p.14)합니다. 메쉬 편집 화면에서 툴 상세 → [스트로크에 의한 메쉬 분할]을 클릭합니다. 부위를 따라 선을 그리면 자동으로 메쉬가 만들어 집니다.

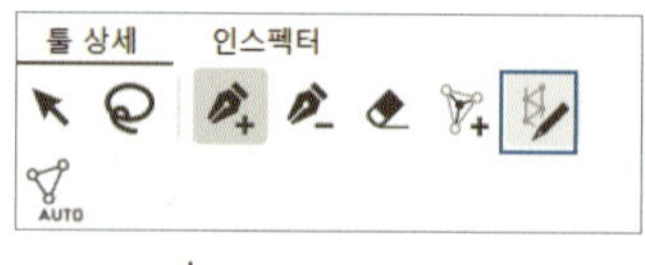
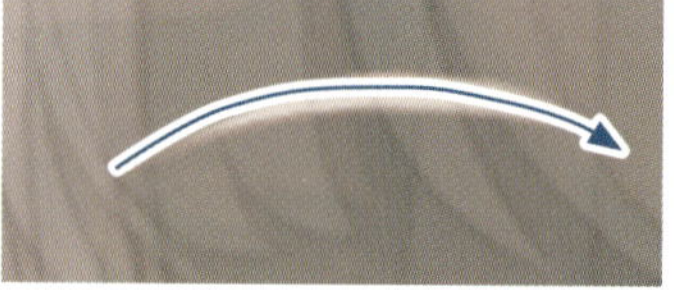
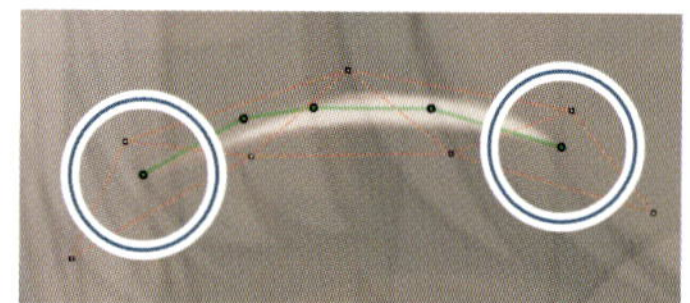

곡선 부위는 **선을 따라 점을 찍듯 스트로크 하면** 깔끔하게 구부릴 수 있습니다. 경우에 따라서는 한 번에 선을 그리는 것보다 쉬우므로 꼭 시도해 보기 바랍니다.

2

이 상태에서는 형태가 정리되어 있지 않으므로 깔끔하게 조정합니다. 먼저 툴 상세 팔레트의 [메쉬 분할 설정] → [메쉬 폭의 정점 수]를 '3'으로 변경합니다. 정점의 수가 변하면서 메쉬의 형태도 함께 변합니다. 정점의 수는 '1', '2', '3' 중에서 변경할 수 있습니다. **'3'을 선택했을 때 메쉬의 세세한 설정을 가장 쉽게** 할 수 있으므로 권장합니다.

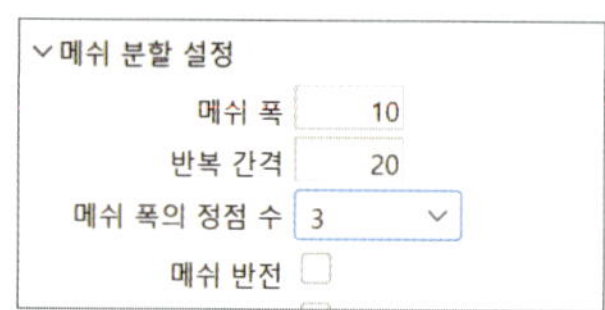

툴 상세 팔레트

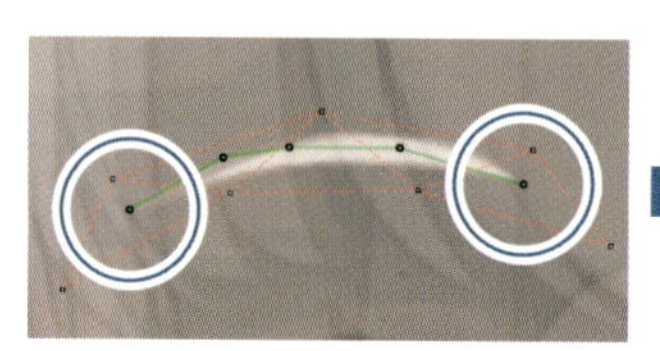
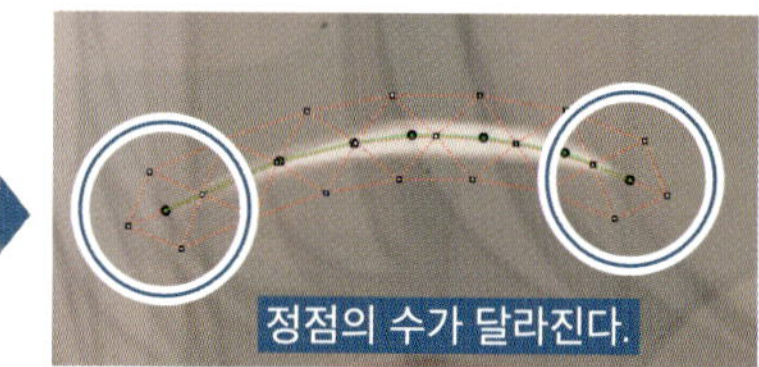

3

다음으로 메쉬 형태를 정리합니다. 파란색 원 부분을 CTRL **키 + 클릭으로 움직이면 메쉬 폭을 직감적으로 변경할 수 있습니다.** 녹색 점을 클릭한 상태로 움직이면 메쉬의 정점 위치를 이동할 수 있습니다. 정점은 **클릭으로 추가,** ALT **+ 클릭으로 삭제**할 수 있습니다.

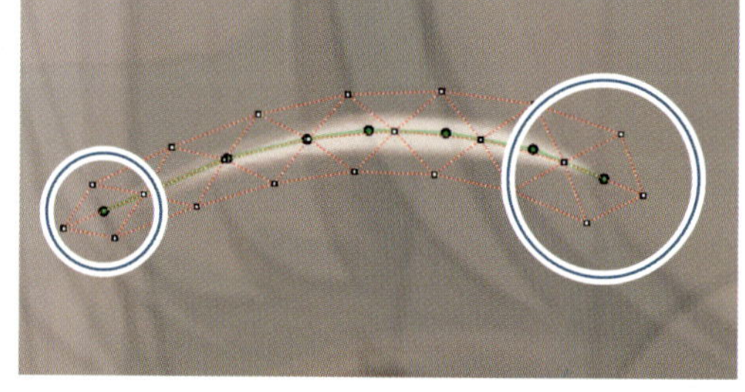

툴 상세 팔레트의 [메쉬 할당 설정]에서도 정점의 수를 입력해 메쉬 폭을 변경할 수 있습니다. [반복 간격]의 수치를 변경하면 메쉬 수를 조정할 수 있습니다. 여러분의 마음에 드는 설정을 찾아 봅시다.

일러스트를 캔버스 한가운데 배치하자

노논.

Live2D Cubism에서 작업을 하기 전에 반드시 두 가지를 확인해야 합니다. 첫 번째, **일러스트의 가로 폭 크기가 짝수인가**, 두 번째, **일러스트가 캔버스 한가운데 있는가**입니다. **가로 폭 크기가 짝수이면, 크기를 2로 나누었을 때의 숫자가 한가운데**가 됩니다. **일러스트를 반전해 다른 한쪽의 움직임도 만들 수 있어**, 훨씬 효율적이고 깔끔하게 모델링 할 수 있습니다.

참고 동영상(일본어)
https://x.com/nonon_yuno/
status/1668815533989564416

1

psd 파일 형식의 일러스트 데이터의 가로 폭 크기가 짝수인지 확인합니다. 다음으로 뷰 영역과 psd 파일 이미지의 크기가 같은지 확인합니다.

뷰 영역의 한가운데 부근에서 마우스 우클릭 → [가이드라인] → [수직선 추가]를 클릭해 수직선을 표시합니다.

다음으로 [가이드라인] → [가이드라인 설정 열기]를 클릭해 가이드라인 설정을 표시하고, [위치]에 뷰 영역의 가로 폭 크기를 2로 나눈 수치를 입력합니다. 뷰 영역의 한가운데 중심선이 그려집니다.

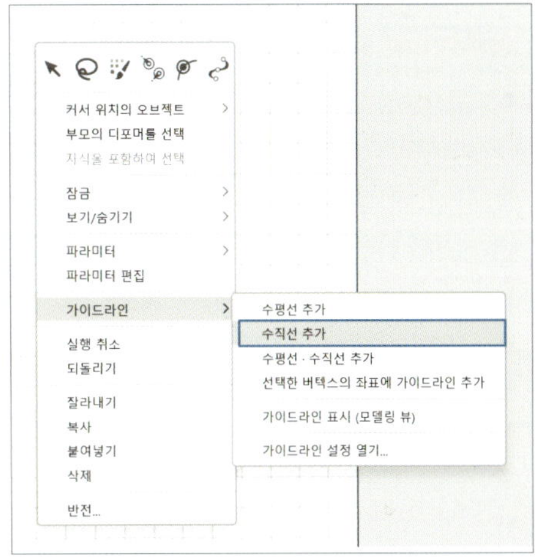

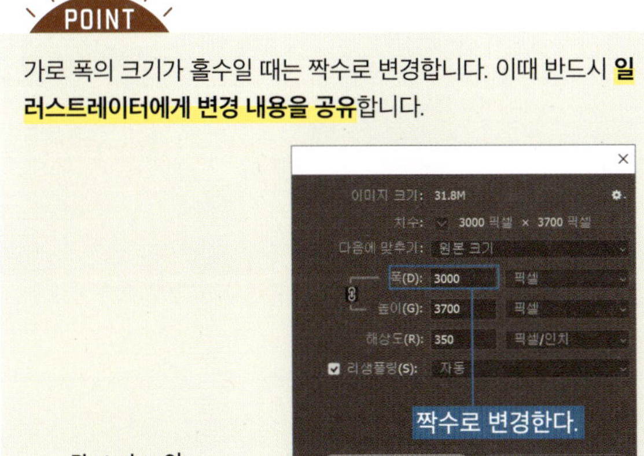

POINT

가로 폭의 크기가 홀수일 때는 짝수로 변경합니다. 이때 반드시 **일러스트레이터에게 변경 내용을 공유**합니다.

Photoshop의
이미지 해상도 다이얼로그

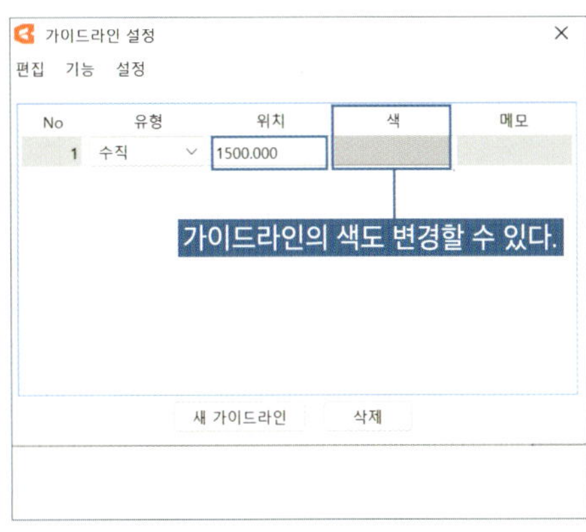

가이드라인 설정 다이얼로그

한가운데에서 어긋나 있는 일러스트를 한가운데로 이동합니다. 한가운데에서 어긋나 있는 상태에서는 파츠를 바꾸었을 때 어긋나기 때문에, 모든 파츠를 선택한 뒤 회전 디포머를 사용해 모읍니다.

3

위치 조정용 새 파라미터를 만듭니다. [범위]의 최솟값은 0.0, 최 댓값은 1.0으로 설정합니다.

회전 디포머를 일러스트 중심에 배치하고, 위치 조정용 파라미터 의 0.0과 1.0에 키를 넣습니다. 중심선에 맞춰 회전 디포머를 배 치합니다. 이것으로 파츠가 어긋나지 않고 일러스트를 중심으로 이동할 수 있습니다.

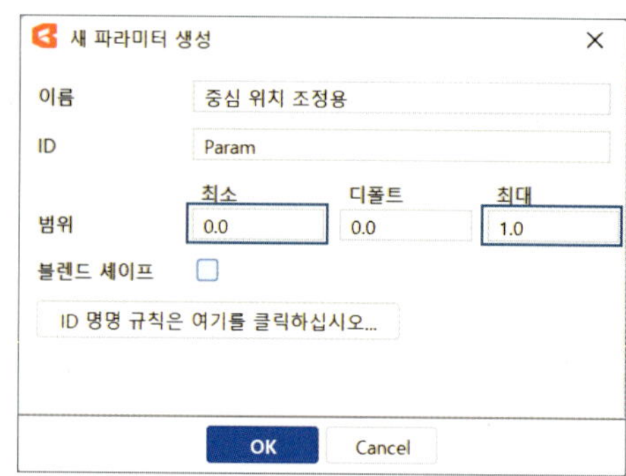

POINT

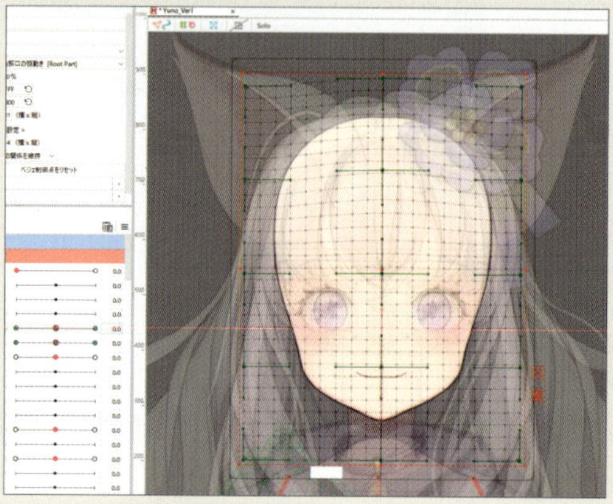

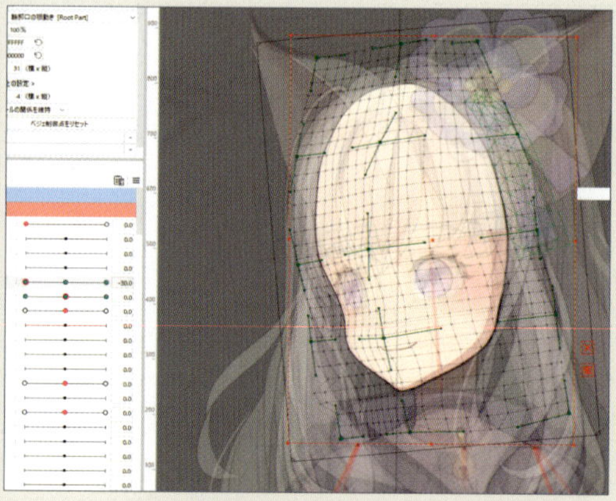

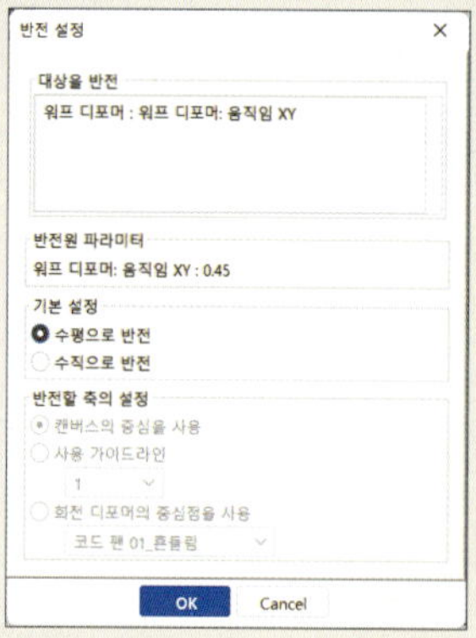

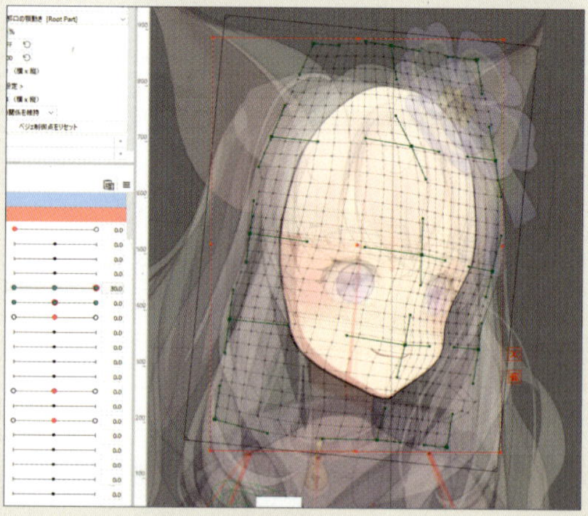

[워프 디포머]를 배치할 때도 중심선에 맞춰 배치하면, 한 쪽의 움직임을 만든 뒤 반전하는 것만으로 다른 한쪽의 움 직임을 만들 수 있습니다. 위 그림의 예를 들면 중심 선에 맞춰 윤곽의 워프 디포머를 배치하고 왼쪽의 움직임을 만 든 뒤, [모델링] 메뉴 → [파라미터] → [움직임 반전]을 선 택해 오른쪽에 동일한 형태의 워프 디포머를 만들 수 있습 니다.

메쉬 자동 생성 시의 권장 수치

노논.

Live2D Cubism 5.0에서는 메쉬 분할 기능이 강화되었습니다. [메쉬 자동 생성] (p.14)을 사용해 깔끔하고 좋은 형태의 메쉬를 만들 수 있게 되었습니다. 모든 메쉬를 자동 생성해도 상당히 준수한 모델을 만들 수 있기도 합니다. 기본 수치를 사용해 메쉬를 자동 생성하는 것도 좋지만, 수치를 커스터마이즈 하면 보다 완성도가 높은 메쉬를 만들 수 있습니다. 여기에서는 **메쉬를 자동 생성할 때 권장하는 수치**를 메쉬의 변형 정도 순서(소형, 표준, 대형)로 세 가지를 소개합니다. 캔버스 크기나 파츠 크기에 따라 달라지지만 이 세 가지 값을 활용하면 간단하게 메쉬를 만들 수 있으므로 사용해 보기 바랍니다.

● 변형 정도 (소형)

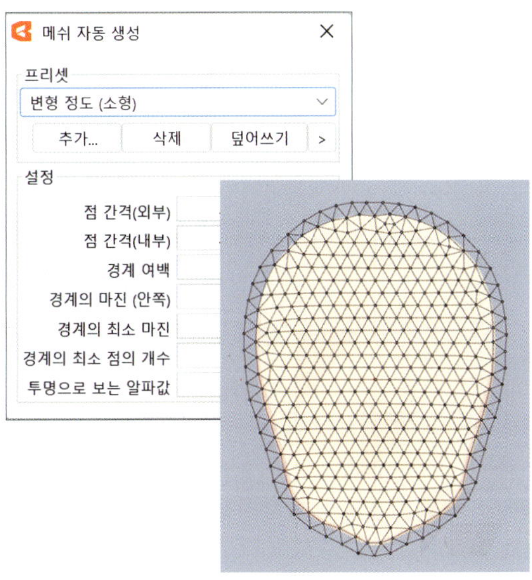

● 변형 정도 (표준)

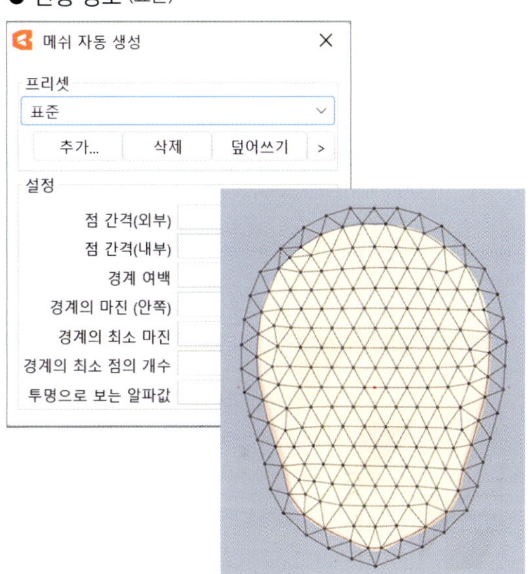

● 변형 정도 (대형)

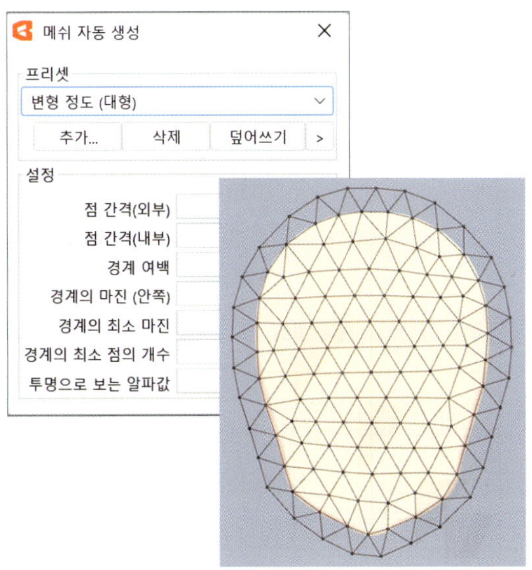

POINT

기능이 강화되었지만 메쉬 수동 편집과 비교해 보면 아무래도 성능이 미치지 못합니다. 윤곽, 머리카락, 눈, 입 같은 세세한 파츠는 수동으로 만드는 것이 더욱 쉽기 때문에 초보자일 때는 자동으로 만들고 익숙해진 뒤에는 수동으로 만들어 보는 것이 좋습니다. 팔, 발 같이 단순한 형태 또는 눈에 띄지 않는 부분 등 형태를 크게 신경 쓰지 않아도 되는 파츠는 자동으로 생성하고 얼굴 파츠 등 깔끔하게 보이는 것이 중요한 파츠는 수동으로 만드는 등 구분해서 사용하는 것이 좋습니다.

미러 편집을 사용해
좌우 대칭 모델링을 하자

노논.

정점을 넣어 메쉬를 분할할 때 **미러 편집**이라 불리는 기능을 사용할 수 있습니다. 이 기능을 사용하면
좌우 대칭의 정점을 넣을 수 있어 모델링 작업 효율이 높아집니다. 꼭 활용해 보기 바랍니다.

참고 동영상(일본어)
https://x.com/nonon_yuno/status/1537610802877693952

1

메쉬 수동 편집의 툴 상세 팔레트에서 [미러 편집]을
활성화합니다. 캔버스 위에 녹색 축이 표시됩니다.

POINT

오른쪽 그림과 같이 모
델이 축에서 어긋났을
때는 캔버스 크기를 확
인하고 축이 모델의 중
심에 오도록 조정합니
다.

2

모델을 축 중심에 설정했다면 정점을
넣어 메쉬를 분할합니다. 한쪽에 정점
을 넣으면 반대쪽에도 정점이 추가됩
니다.

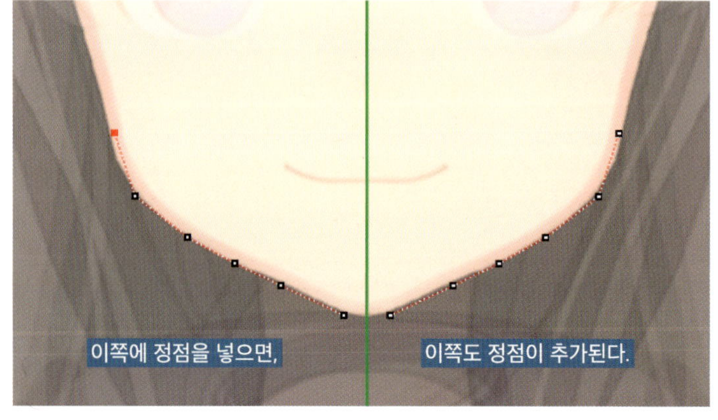

미러 편집을 활성화하고 수동으로
메쉬를 분할할 때, **이미 추가되어 있
는 정점은 이동해도 반대쪽 정점은
이동하지 않으므로** 주의합니다.

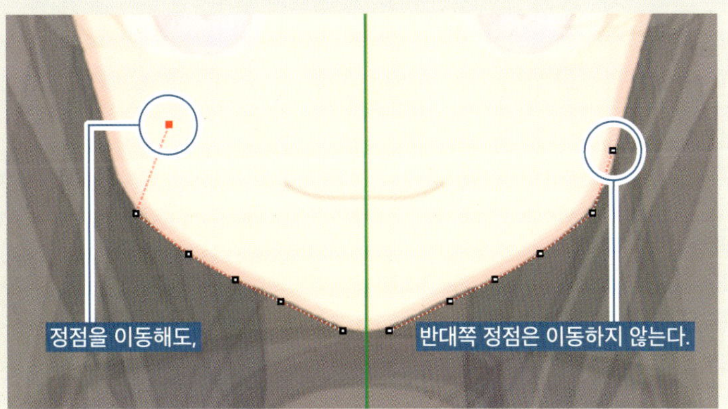

[Tips 9]에서 소개한 [스트로크를 사용한 메쉬 분
할]에서도 미러 편집 기능을 사용할 수 있습니다.
**수동 편집 때와 달리 이미 추가되어 있는 정점을
이동해도 반대쪽 정점이 동일하게 이동합니다.** 항
상 좌우대칭을 유지할 수 있으므로 얼굴의 윤곽
등, 특히 깔끔하게 마무리하고 싶은 부분은 스트
로크를 사용한 메쉬 분할을 권장합니다.

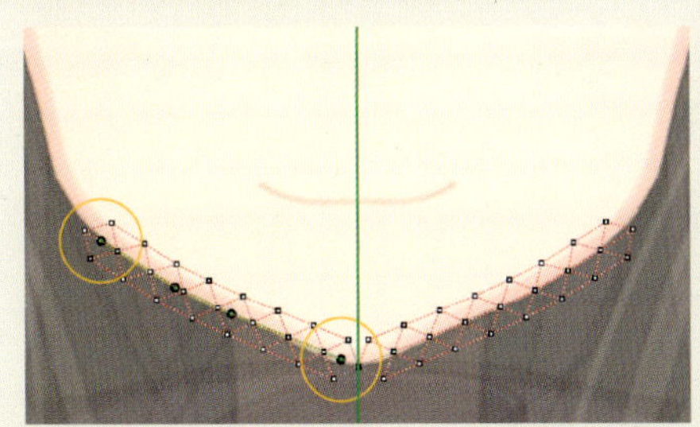

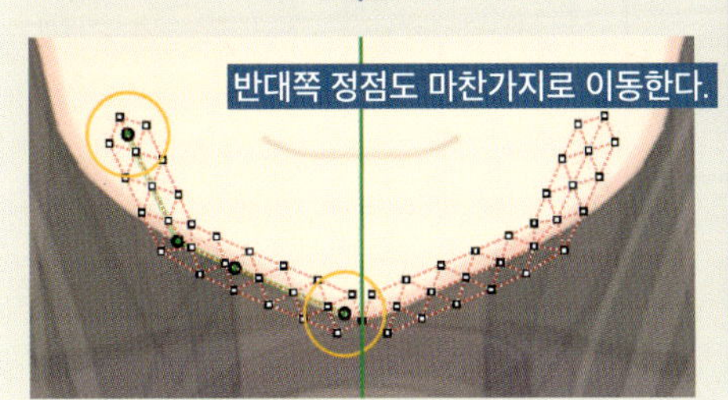

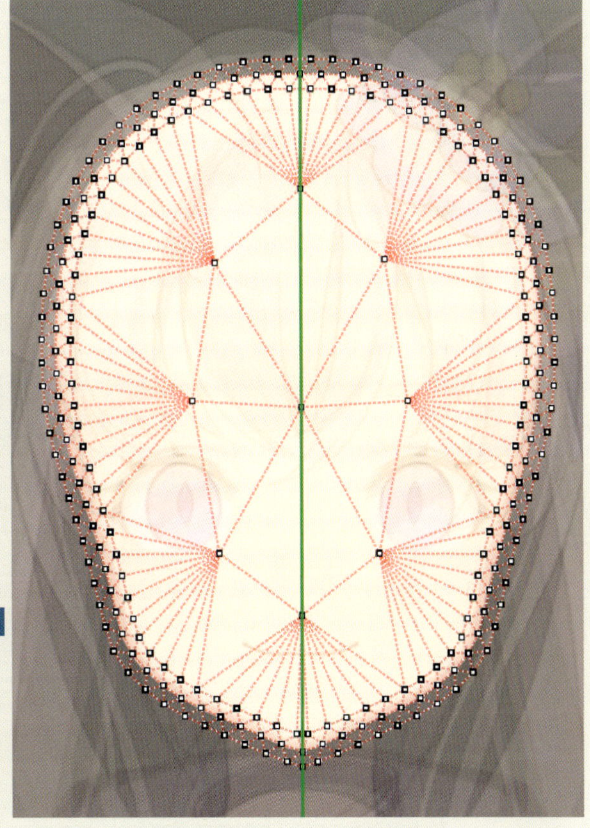

다문 입과 연 입의 형태를
쉽게 확인하자

노논.

다문 입과 연 입의 패턴을 직접 만들 뒤 조건표를 만들어 두면 입의 움직임을 만들 때, 그 캐릭터에게 맞는 입의 형태를 쉽게 떠올릴 수 있게 됩니다. 입의 형태에 따라 캐릭터의 표정과 패턴이 크게 달라집니다. 항상 동일한 입의 형태가 아니라 캐릭터에 따라 형태를 바꾸는 것을 의식하면, 캐릭터를 보다 풍부하게 표현할 수 있습니다. 다음 그림은 다문 입과 연 입(모음: 아/이/우/에/오)을 네 가지 종류로 나타낸 조견표입니다.

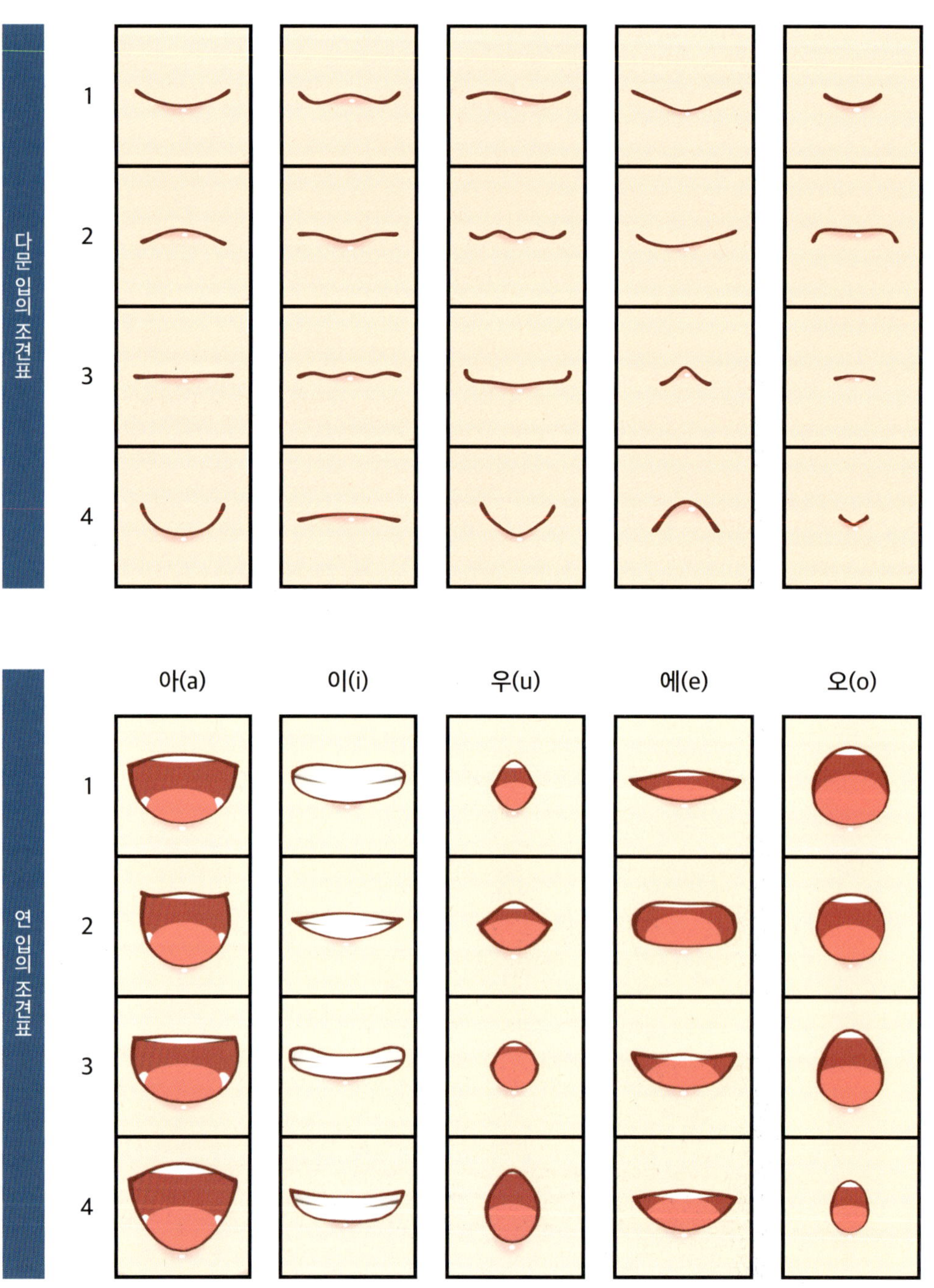

연 입(모음)을 효율적으로 만들자

노논.

입의 움직임을 만들 때 **조견표가 있으면 신속하게 제작할 수 있습니다**. 머리로 생각하면서 만드는 것보다 눈으로 보고 정보를 확인하면서 만들면 형태를 쉽게 그릴 수 있기 때문입니다. [Tips 13]에서 입의 형태 조견표를 소개했습니다. 여기에서는 '모음(아/이/우/에/오)의 형태'를 만드는 순서에 관해 소개합니다.

1 입 개폐의 0.0과 1.0 두 군데에 키를 넣어 '아'를 만듭니다.

2 입 변형의 -1.0, 0.0, 1.0 세 군데에 키를 넣어 '무'와 '니코'를 만듭니다.

3 입 변형의 첫 번째 행의 키 -1.0과 0.0에 키를 넣고 **3** 의 두 가지 형태를 만듭니다.

4 입 개폐의 0.4에 키를 추가하고 두 번째 행 **4** 의 세 가지 형태를 만듭니다.

5 아홉 개의 입 형태를 모두 세세하게 조정해서 완성합니다.

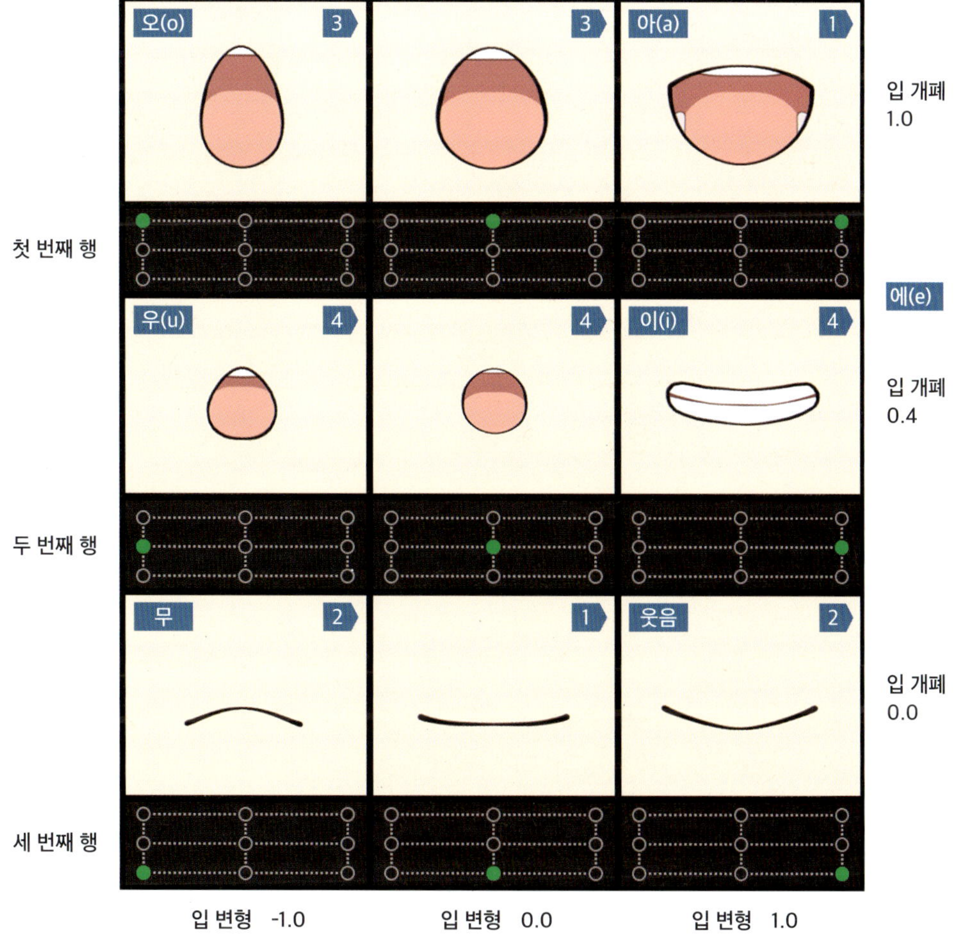

간단하게 윤곽선을 그리자

노논.

모델의 움직임에 간단한 입체감을 줄 수 있다면 좋을 것입니다. 여기에서는 얼굴의 윤곽 부분에 그림자를 넣는 간단한 방법을 소개합니다. **모델 얼굴이 좌우로 움직였을 때, 얼굴 윤곽 부분에 그림자를 조금 넣으면** 모델의 표현이 한층 풍부하게 됩니다.

참고 동영상(일본어)
https://x.com/nonon_yuno/
status/1438457642666582017

1

먼저 윤곽의 배경 파츠를 만듭니다. 페인트 소프트웨어에서 일러스트를 열고, 얼굴의 윤곽을 그린 레이어를 선택합니다. 자동 선택 등을 사용해 윤곽 주변을 선택합니다.

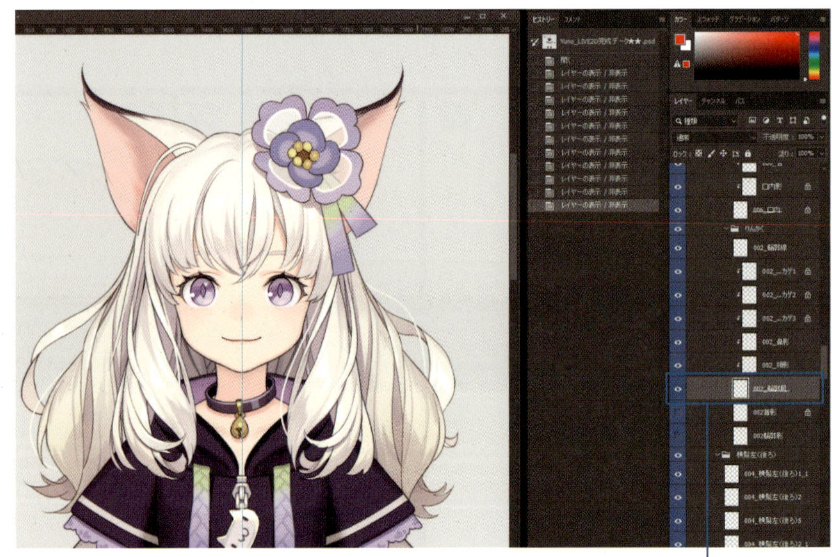

얼굴의 윤곽 레이어를 선택한다.

2

얼굴의 윤곽 레이어 위에 새 레이어 '윤곽 그림자'를 만듭니다. 피부 배경색을 스포이트로 선택하고, 1에서 선택한 범위의 윤곽 그림자 레이어를 가득 칠합니다. 얼굴 윤곽 주변에 색이 추가됩니다.

3

불필요한 부분을 삭제합니다. 이것으로 '윤곽 그림자' 파츠를
완성했습니다.

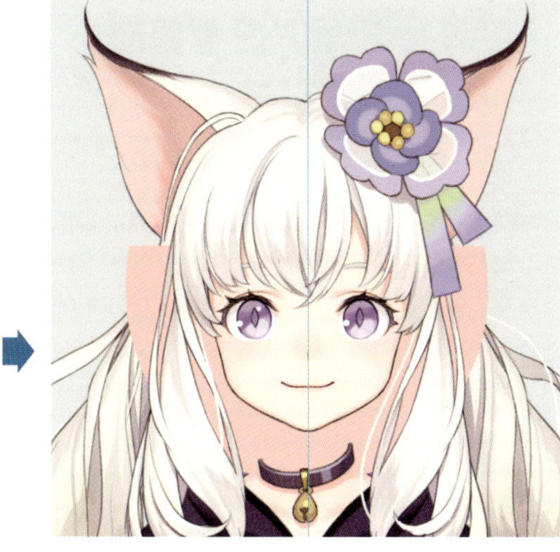

4

얼굴 윤곽이 들어 있는 디포머
에 '윤곽 그림자' 파츠를 넣고,
각도의 움직임을 추가합니다.
얼굴의 윤곽을 그린 파츠의 ID
를 복사한 뒤 '윤곽 그림자' 부
품으로 클리핑 합니다.
각도 XY를 움직였을 때 윤곽
그림자를 조금만 어긋나게 해
서 입체적인 표현을 할 수 있
습니다. 세세한 조정을 통해
여러분이 원하는 형태로 마무
리합니다.

⊙ ○	02_윤곽선	
⊙ ○	02_볼 그림자	
⊙ ○	02_윤곽 피부	
⊙ ○	✔ 목 그림자 XY	
⊙ ○	목 그림자	
⊙ ○	✔ 윤곽 그림자 XY	
⊙ ○	윤곽 그림자	

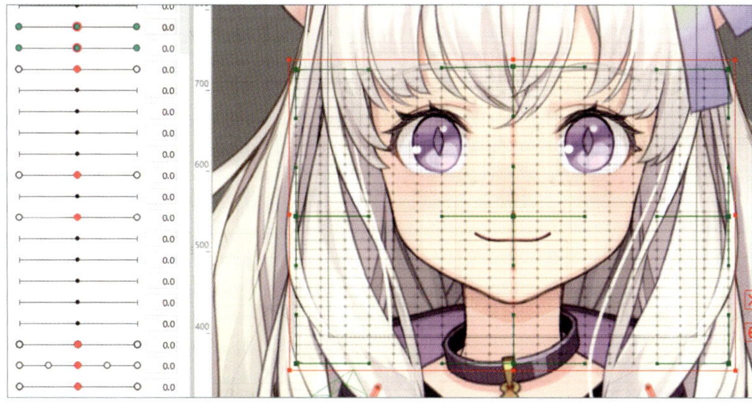

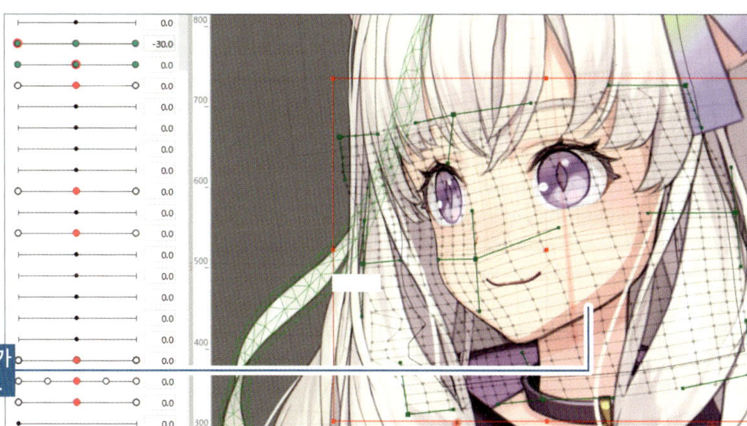

035

한쪽 눈 만들기를 활용해 시간을 단축하자

노논.

움직임이 좌우 대칭인 경우에만 활용할 수 있는 방법입니다. **한쪽 눈의 움직임을 먼저 만든 뒤 복제해서 반전해, 반대쪽 눈의 움직임을 모두 만들 수 있습니다.** 눈의 경우 감는다, 미소를 짓는다, 속눈썹이 흔들린다, 하이라이트가 움직인다, 안구가 움직인다 등 다양한 요소가 포함되어 있으며 여러 기믹을 적용할 수 있는 부위입니다. 만드는 데 매우 많은 시간이 소요되므로 한쪽을 만든 뒤 반대쪽에 같은 작업을 하는 것은 시간 낭비가 너무 큽니다. 여기에서 소개하는 방법을 사용하면 노력을 절반으로 줄일 수 있습니다. 눈은 물론 다양한 부분에 응용할 수 있는 방법이므로 꼭 활용하기 바랍니다.

1

먼저 좌우 중 어느 한쪽의 눈의 움직임을 만듭니다. 여기에서는 오른쪽 눈을 만들고, 왼쪽 눈으로 그대로 반전시킵니다.

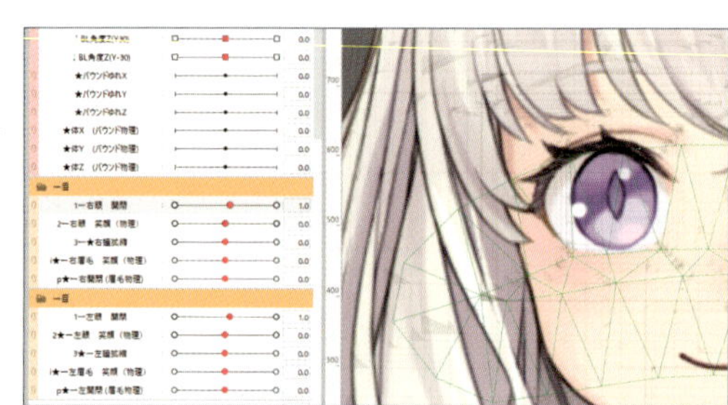

2

모든 움직임을 만들었다면 오른쪽 눈의 부모 디포머 '◀ 눈동자'에서 모든 자식을 포함해 선택합니다(모든 디포머와 파츠를 선택합니다). 선택한 상태에서 복사 & 붙여 넣기를 해서 파츠 한 세트를 복제합니다.

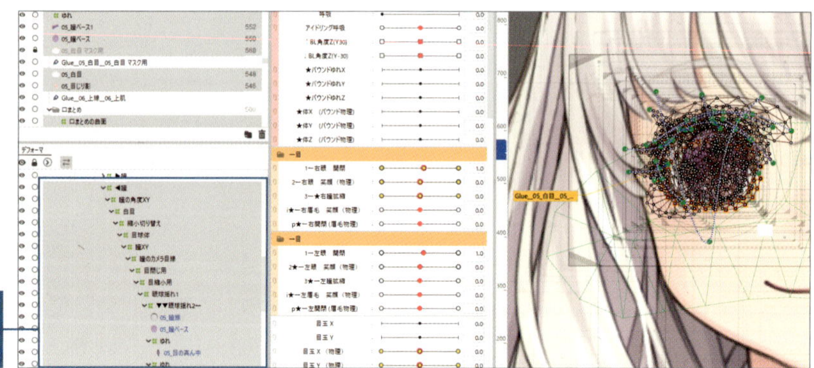

'◀ 눈동자' 디포머의 자식을 포함해 모두 선택한 뒤 복제한다.

3

복제한 파츠의 부모 디포머의 가장 위에 위치한 반전용 디포머를 하나 만듭니다. [모델링] 메뉴 → [폼 편집] → [반전용] → [수평으로 반전]을 클릭해 반전합니다. 자식 디포머도 모두 왼쪽 부위로 이동했습니다. 반전용 디포머는 삭제합니다.

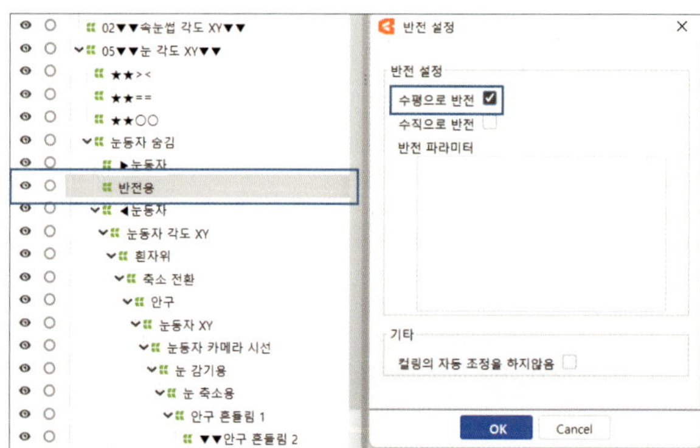

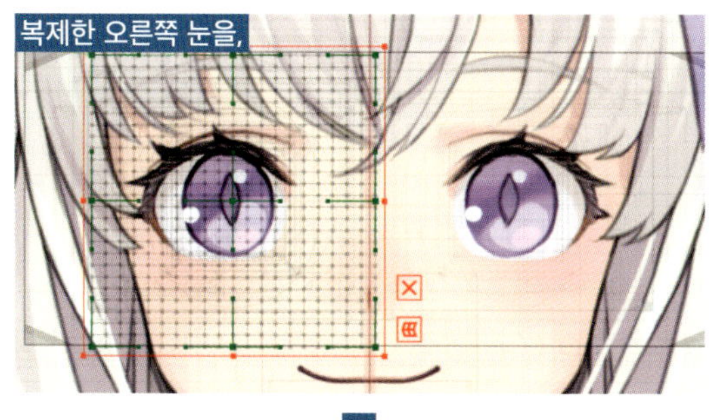

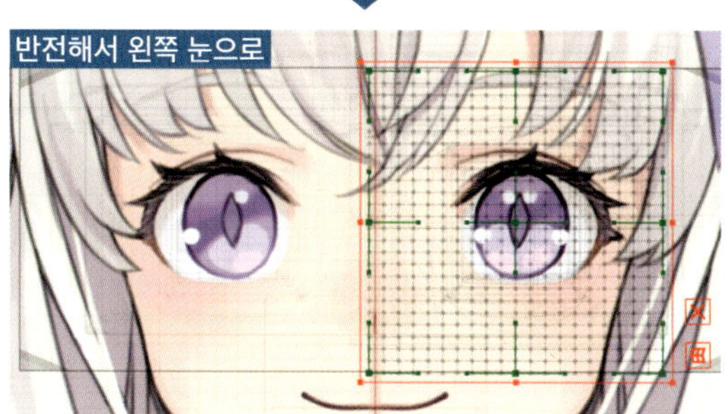

4

반전한 왼쪽 눈의 조정을 마쳤다면, 다시 왼쪽 눈의 부모에서 모든 파츠를 선택합니다. 그 상태에서 [적용된 파라미터만 표시]로 전환합니다.

5

모든 파츠를 위부터 움직임을 반전하거나 파라미터 등을 변경해 왼쪽 눈의 파라미터로 이동합니다. '1 ← 오른쪽 눈 개폐'를 선택하고 파라미터를 변경을 클릭하면 **A**와 같은 화면이 표시됩니다. 이 화면에서 '1 → 왼쪽 눈 개폐'를 선택하고 왼쪽의 파라미터로 변경합니다(**B**).

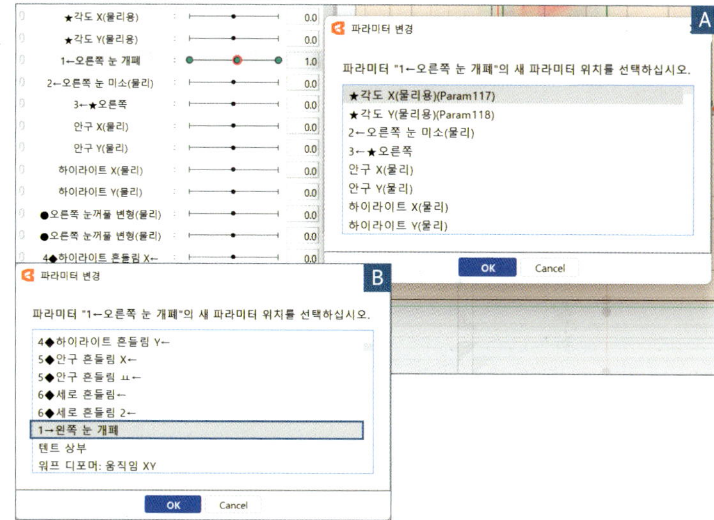

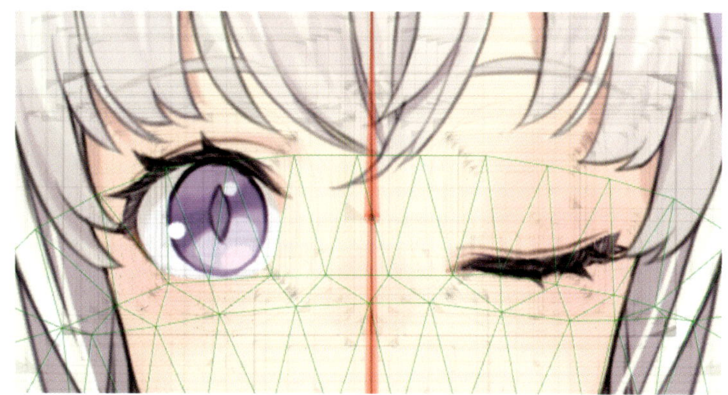

이때 '1 → 왼쪽 눈 개폐'와 같이 파라미터 이름의 앞에 반각 영문자를 넣어두면, 이 화면에서 1 키를 눌렀을 때 '1 → 왼쪽 눈 개폐'로 한 번에 이동할 수 있습니다.

©claire([X]@bearyyclairey)
일러스트 : マコミック([X]@maccormick_4_4) 캐릭터 디자인 : 8KO([X]@hachee_ko)

Tips 17

감은 눈의 위화감을 줄이자 ①
~속눈썹 원 포인트

칸부츠히모노

초보자와 상급자를 불문하고 누구나 한 번은 '눈'을 만들게 될 것입니다. 초심자와 상급자의 차이는 어디에서 나타날까요? 여기에서는 '속눈썹'에 초점을 두고 '이렇게 만들면 더 귀엽고 멋지게 된다!'는 포인트에 관해 자세히 설명합니다.
속눈썹 만드는 방법을 설명하기에 앞서 '좋은 예(왼쪽)'과 '아쉬운 예(오른쪽)'을 확인해 봅니다.

1

먼저 그림을 봤을 때 쉽게 알 수 있는 것이 파란색 원으로 표시한 부분입니다. 이 부분을 임시로 '작은 속눈썹'이라 부르겠습니다.
좋은 예에서는 작은 속눈썹의 형태가 눈꺼풀에 맞춰서 변형되었지만, 아쉬운 예에서는 속눈썹에 붙어 있습니다.

좋은 예와 같이 변형하는 것이 좋은 이유는 무엇일까요? 실제 사람의 속눈썹을 보면 알 수 있습니다. **사람의 속눈썹은 곡선을 그리고 있으며, 눈을 떴을 때는 위쪽 방향**으로 붙어 있습니다.

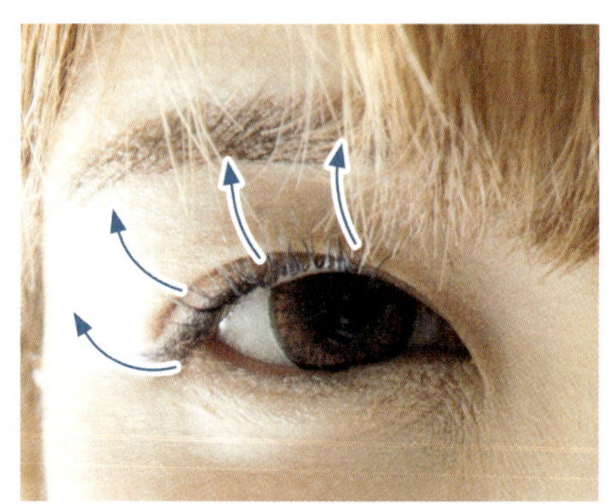

눈을 떴을 때의 실제 사람의 속눈썹

2

눈을 감으면 속눈썹은 아래쪽 방향으로 향합니다. 즉, 좋은 예에서는 실제 사람의 속눈썹과 같이 변형했으므로 자연스럽게 보입니다.

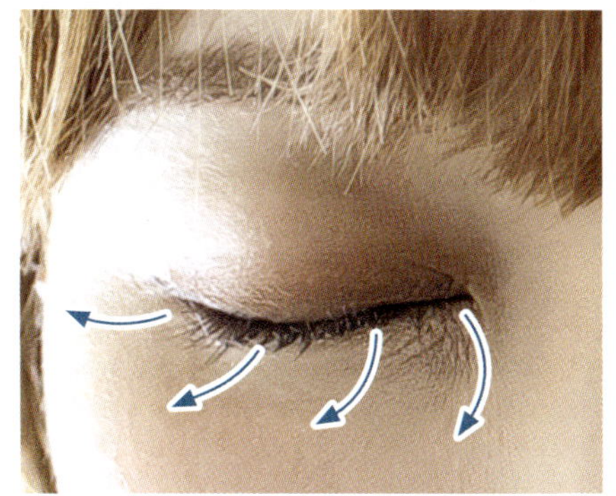

눈을 감았을 때의 실제 사람의 속눈썹

3

원리를 알았으므로 Live2D Cubism 상에서 변형하는 방법에 관해 설명합니다. 그 방법은 매우 간단합니다. 먼저 파츠 분할 시점에서 **위 속눈썹과 작은 속눈썹을 분할**합니다.

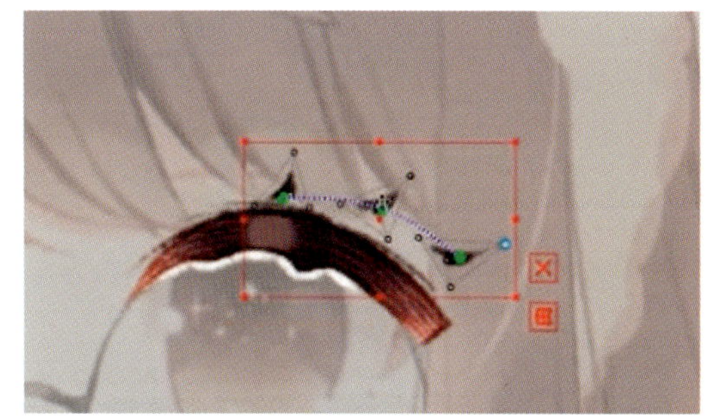

위 속눈썹과 작은 속눈썹 파츠로 만든다.

4

작은 속눈썹을 메쉬 분할합니다. 이 모델처럼 속눈썹이 크고 짧을 때는 간단하게 **삼각형으로 감싸는** 것으로 충분합니다.

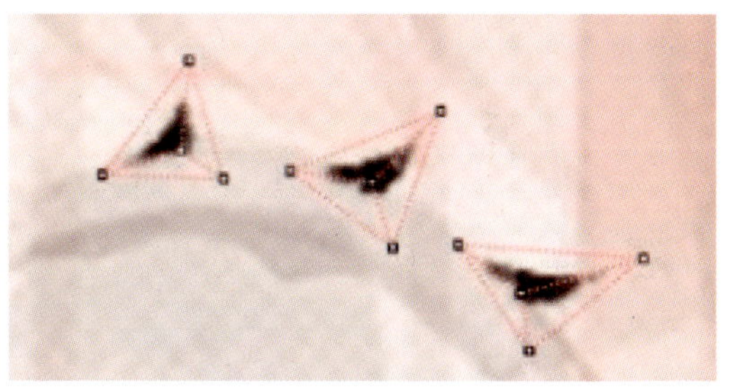

정점을 넣어 작은 속눈썹을 감싼다.

작은 속눈썹이 가늘고 길 때는 길이에 맞춰 폴리곤(삼각형)을 늘립니다.

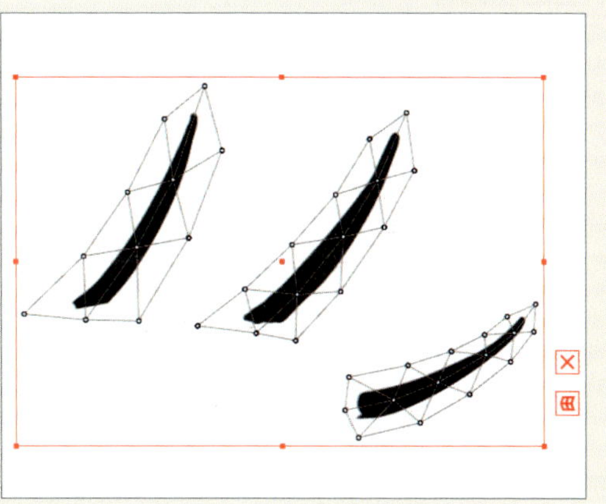

메쉬를 분할했다면 움직일 부분을 선택한 뒤 아래로 축소합니다.

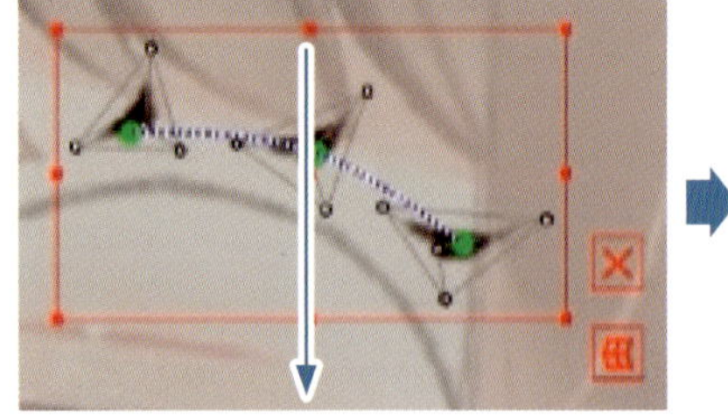

계속 축소하면 그 상태로 반전됩니다. 그 뒤 위 속눈썹에 맞춰 형태를 정리하면 완성입니다.

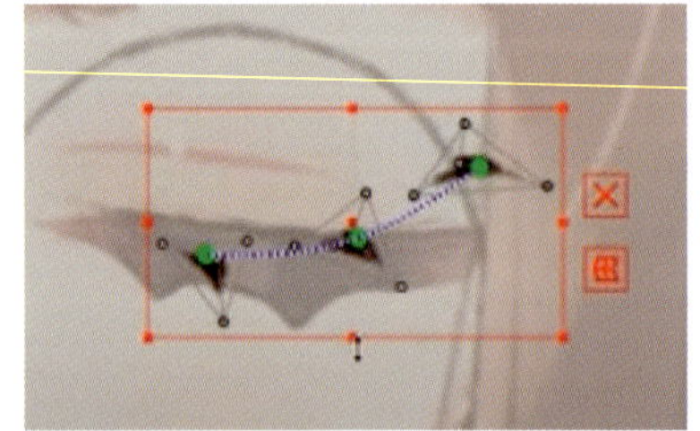
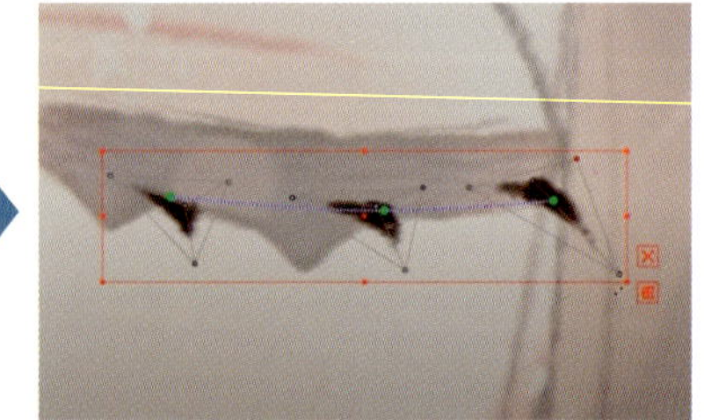

CHECK

여기에서는 '감은 눈'에 맞춰 변형하는 방법을 소개했습니다. 오른쪽 그림과 같이 '웃는 눈'도 원리를 알면 간단하게 만들 수 있습니다.
사람이 웃을 때는 볼이 위로 올라가기 때문에 **속눈썹이 조금 위쪽 방향을 향하게** 됩니다. 즉, **눈을 뜨고 있을 때보다 조금 평평하게** 만들면 좋습니다.

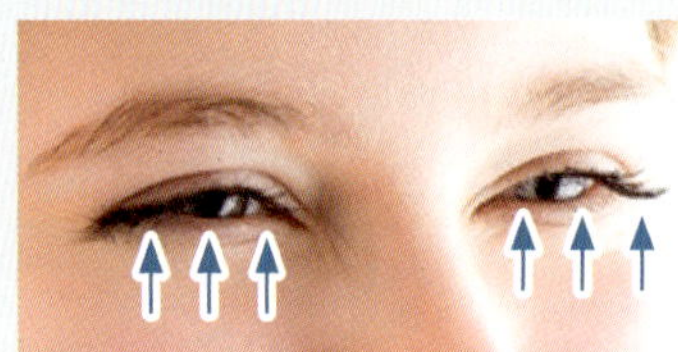

POINT

작은 속눈썹은 다른 부분으로 나누는 편이 만들기 쉽습니다. 만약 'Live2D Cubism FREE 버전을 사용하고 있어 파츠 수를 줄이고 싶다', '용량을 가능한 줄이고 싶다' 등의 이유로 파츠를 나누지 않고 싶을 때는 다음과 같이 메쉬를 분할한 뒤, 눈을 감았을 때는 작은 속눈썹 부분을 보이지 않게 해서 자연스러운 움직임을 만들 수 있습니다.

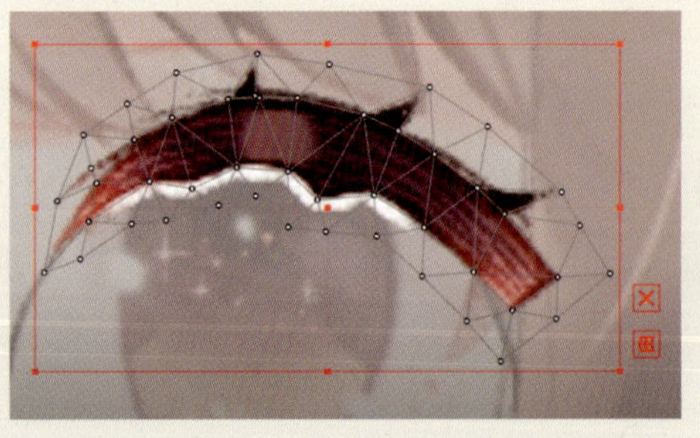
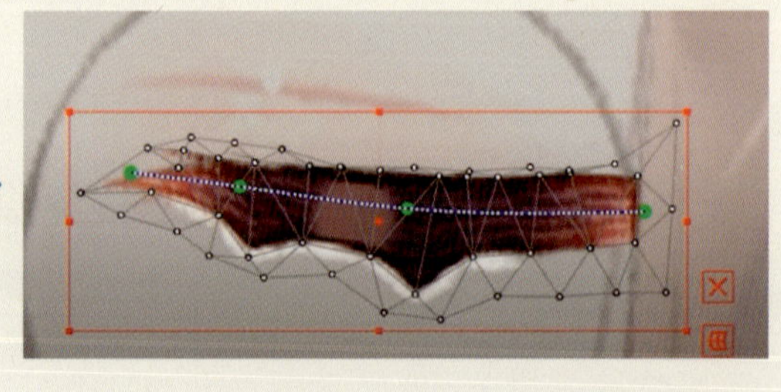

©claire([X]@bearyyclairey)
일러스트:マコミック([X]@maccormick_4_4) 캐릭터 디자인:8KO([X]@hachee_ko)

감은 눈의 위화감을 줄이자 ②
~감은 눈의 위치 조정

칸부츠히모노

[Tips 17]에서 설명한 작은 속눈썹 다음으로 눈에 띄는 것이 감은 눈의 위치입니다. 아쉬운 예에서는 무언가 눈 아래쪽 공간이 넓어 보입니다. 이것은 감은 눈의 위치가 높기 때문입니다.

1

사람의 눈은 위 눈꺼풀이 크게 늘어나게 만들어져 있습니다. **감은 눈은 아래 속눈썹에 가까워집니다.** 또한 아래 눈꺼풀도 조금 움직입니다(눈 아래 손가락을 대고 눈을 깜빡여 보면 알 수 있습니다).

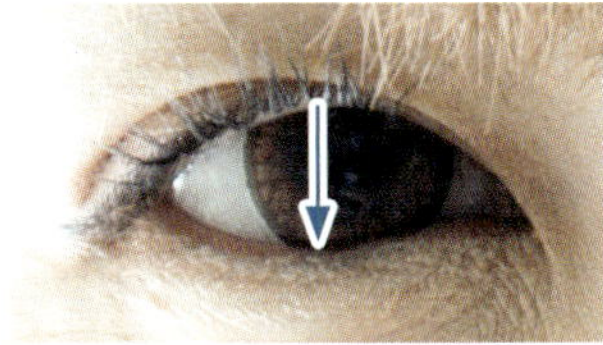
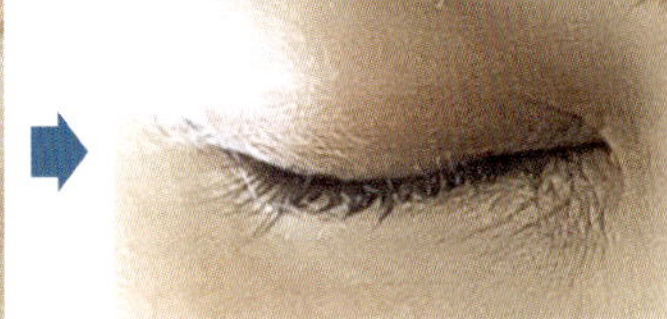

2

모델링을 할 때는 **감은 눈을 아래 속눈썹보다 조금 위에 만드는 것**이 좋습니다.

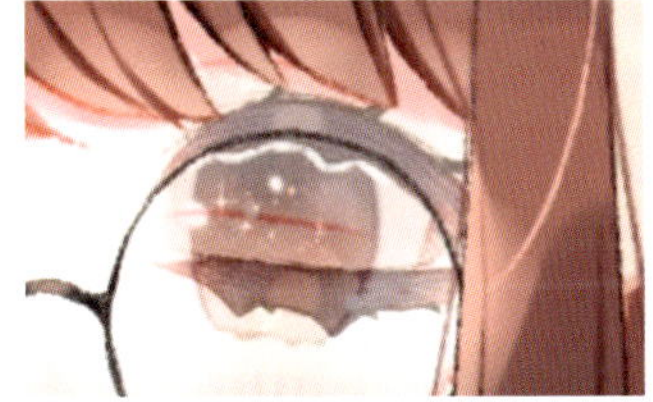

뜬 눈과 감은 눈을 겹쳐서 표시

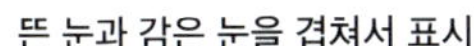

CHECK

웃는 얼굴에서 눈의 위치는 어떻게 될까요? **웃는 얼굴의 눈의 위치는 보통 감은 눈보다 위**가 됩니다. 이것은 웃을 때 볼이 올라가 속눈썹이 위로 밀려 올라가기 때문입니다.
모델링 할 때는 감은 눈과 뜬 눈의 **눈앞머리와 눈꼬리의 높이는 거의 같게** 만드는 점에 주의합니다.
감은 눈과 웃는 눈은 각각 반대 방향으로 곡선을 그리므로, 눈앞머리와 눈꼬리의 높이를 맞추고 안구의 둥글기를 의식하면 자연스러운 위치를 잡을 수 있습니다.
하지만 이것은 어디까지나 '모델러가 감은 눈을 직접 만들 때의 고려 사항'입니다. 디자인 데이터에 따라서는 감은 눈과 웃는 눈의 가이드를 포함할 때도 있습니다. 그 때는 디자인 가이드에 맞춰 만들면 됩니다.

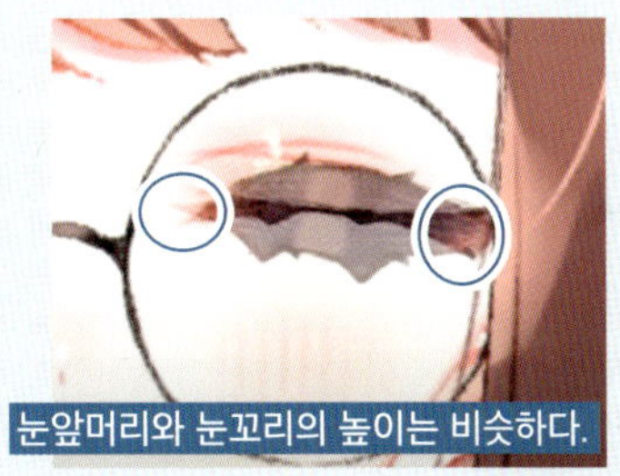

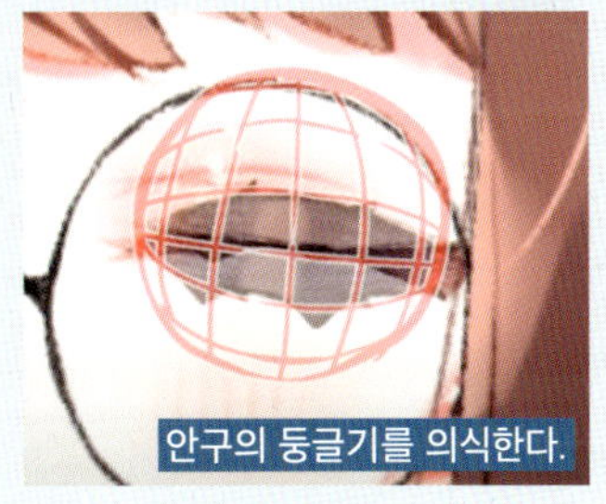

©claire([X]@bearyyclairey)
일러스트:マコミック([X]@maccormick_4_4) 캐릭터 디자인:8KO([X]@hachee_ko)

감은 눈의 위화감을 줄이자 ③
~감은 눈의 가로 폭 조정

칸부츠히모노

감은 눈의 가로 폭의 차이도 중요합니다. 아쉬운 예에서는 눈의 가로 폭이 길고, 곡선이 급한 것을 알 수 있습니다.

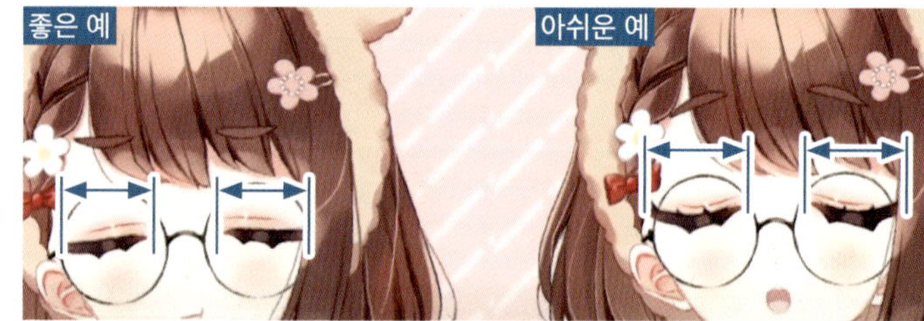

오른쪽 그림과 같이 감은 눈의 가로 폭은 **뜬 눈의 가로 폭보다 조금 좁아지게 만들면 자연스럽게** 보입니다.

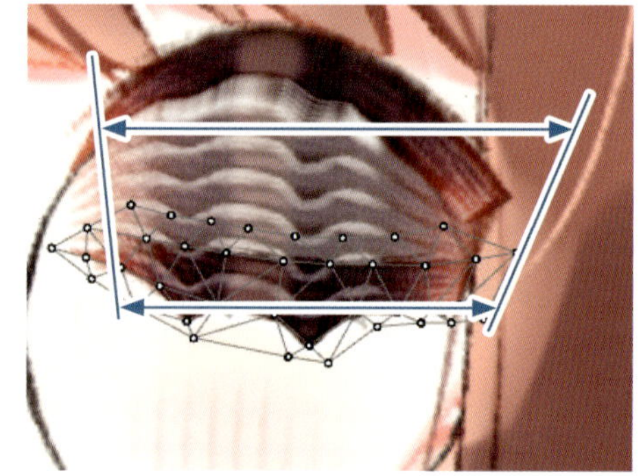

뜬 눈, 감은 눈 비교

이 현상은 실제 사람의 눈에서는 보이지 않습니다. **실제 사람의 눈은 떴을 때와 감았을 때의 폭이 변하지 않습니다.**

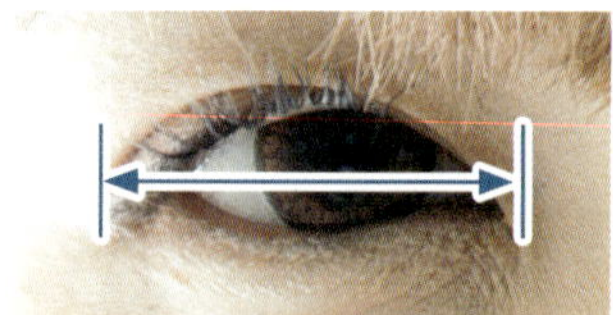

눈을 떴을 때의 실제 사람의 눈

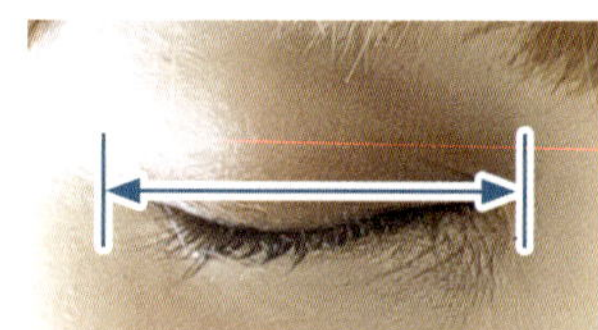

눈을 감았을 때의 실제 사람의 눈

실제 사람과 2차원 일러스트에서 이렇게 차이가 발생하는 이유는 무엇일까요? 필자의 추측이지만, 스트리밍용 모델이나 게임 캐릭터 등의 눈은 실제 사람에 비해 매우 크게 만들어져 있습니다. 특히 여기에서의 모델과 같은 귀여운 얼굴에서의 눈은 위 속눈썹과 아래 속눈썹의 길이가 크게 다릅니다.

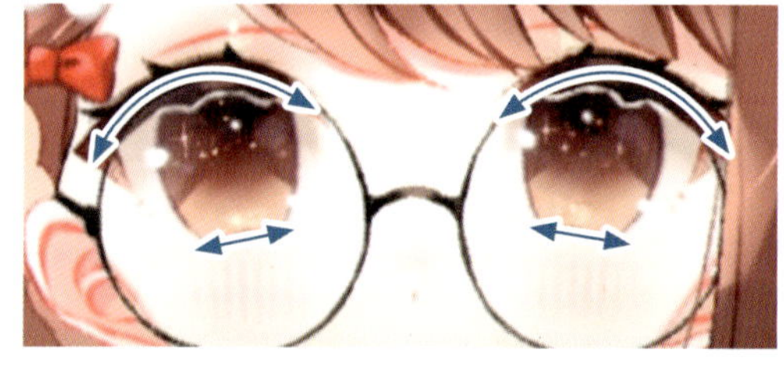

또한, 이 모델들의 얼굴은 윤곽도 아래로 가면서 폭이 좁아집니다. 즉, 위 속눈썹의 폭을 변경하지 않고 그대로 아래로 내리면 원리상으로는 잘못되지 않았지만, 가로 폭이 묘하게 길게 보이게 됩니다.

모델링 할 때 주의할 점이 있습니다. 아래 속눈썹(아래 눈꺼풀)의 길이, 얼굴의 윤곽 길이에 맞춰 **감은 눈의 가로 폭을 조금 줄이면** 자연스럽게 보입니다.

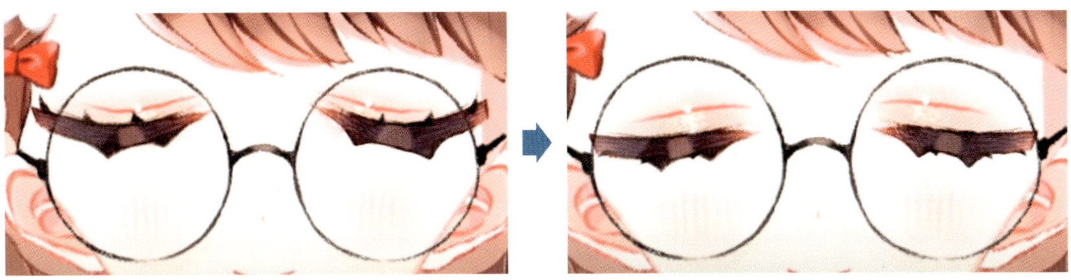

그리고 **속눈썹의 곡선도 급하지 않게** 만드는 편이 자연스럽게 보입니다. 아래 속눈썹(아래 눈꺼풀)도 그렇게 큰 곡선을 그리지 않기 때문입니다.

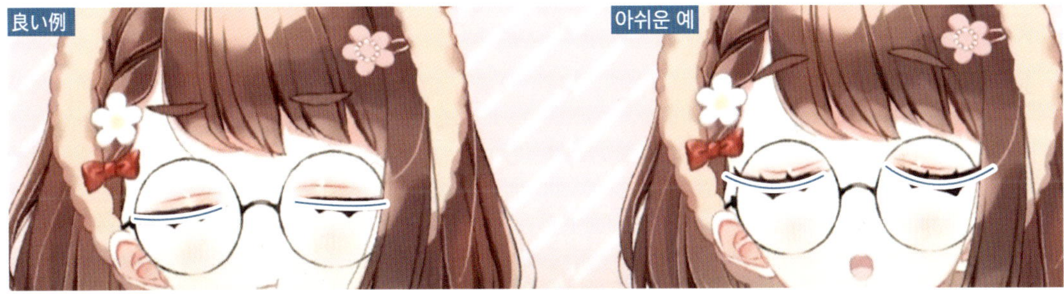

이렇게 실제 사람의 구조와는 다른 움직임, 즉, 2차원 일러스트에 거짓을 넣는 것은 '거짓을 넣어야 하는 이유가 있는가?'를 생각하면 부자연스럽지 않게 됩니다.
거꾸로 말하면 실제 사람의 눈 구조에 가까운 눈을 가진 모델을 만들 때는, 실제 사람의 눈 구조를 그대로 활용하는 편이 자연스럽습니다.

의장 디자인 : 樋口このみ([X]@CO_NO2162)

감은 눈의 위화감을 줄이자 ④
~구체 위치의 조정

칸부츠히모노

'구체'에 초점을 두고 '이렇게 만들면 귀엽고 멋지게 된다!'는 힌트에 관해 설명합니다. [Tips 17]~[Tips 19]의 속눈썹과 마찬가지로 구체 모델링도 '좋은 예(왼쪽)'과 '아쉬운 예(오른쪽)'을 살펴봅니다.

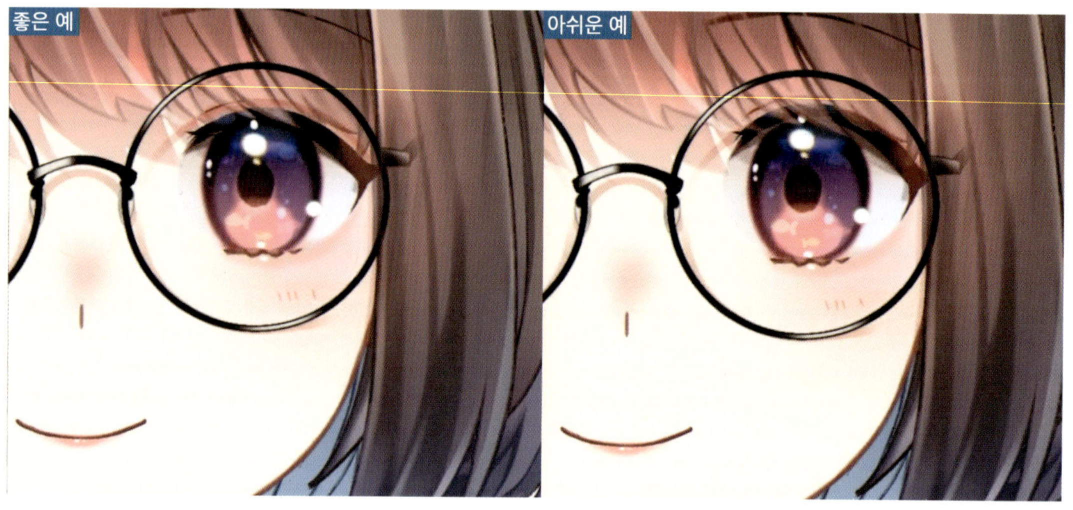

눈을 반쯤 감았을 때도 함께 비교해 봅니다. 아쉬운 예 쪽은 초점이 맞지 않아 조금 '졸린듯한 눈'으로 보이지 않습니까?

CHECK

특히 스트리밍용 모델은 실시간 트래킹으로 움직이기 때문에 눈을 반쯤 감는 시점이 많습니다. 반쯤 감은 눈을 귀엽게 만들 수 있으면 퀄리티가 크게 높아집니다.

좋은 예에서는 **눈을 감았을 때 눈의 위치를 조금 아래로 내렸습니다.** 이
것을 설정해 봅니다.

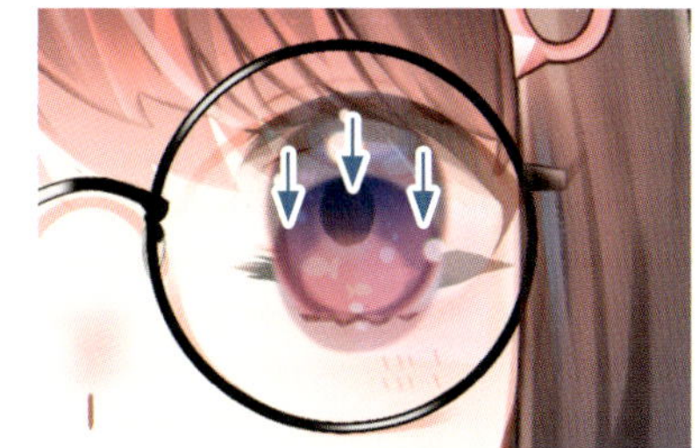

눈을 감았을 때의 눈동자의 위를 흐리게 표시

안구의 위치를 내리지 않으면 반쯤 눈을 감았을 때 동공이 눈썹에 가려지
게 됩니다. 이것이 '초점이 맞지 않는다'고 느낄 수 있는 원인이 됩니다.

구체의 각도 XY 변형을 위한 디포머 안에 '눈동자 개폐'용 디
포머를 만듭니다.

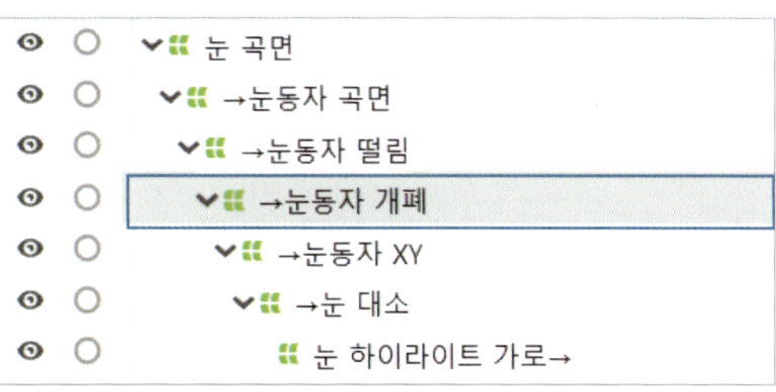

만든 디포머에 파라미터를
설정해 눈동자 위치를 움직
입니다.

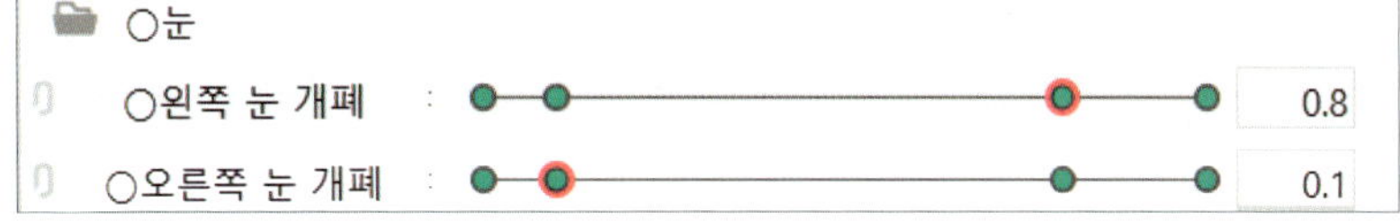

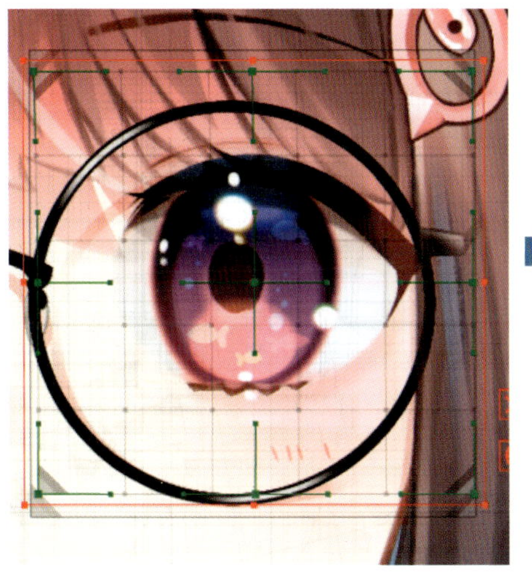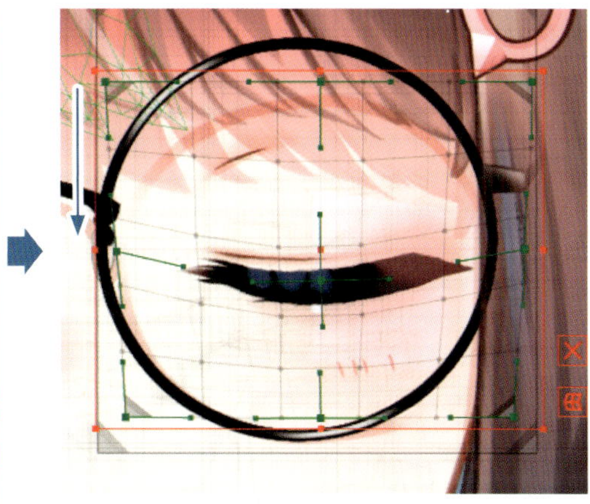

눈을 감은 것과 함께 눈동자도 아래로 내린다.

의장 디자인 : 樋口このみ([X]@CO_NO2162)

감은 눈의 위화감을 줄이자 ⑤
~구체의 폭과 원근 조정

칸부츠히모노

눈을 감았을 때 [Tips 20]에서 설명한 위치 뿐만 아니라 안구의 폭도 변합니다.

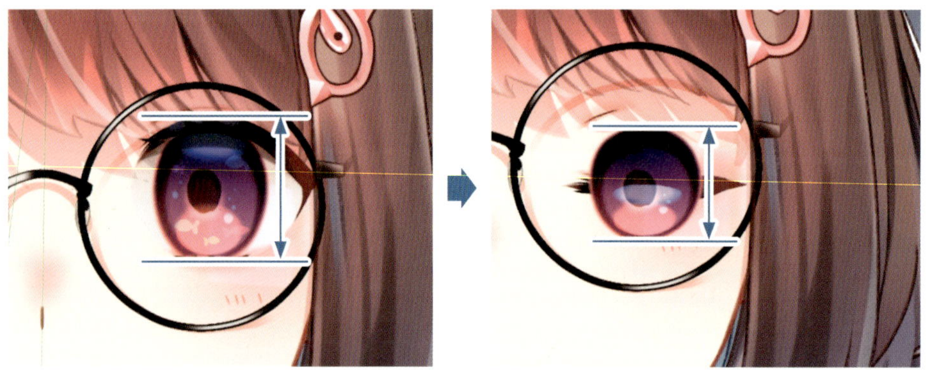

안구는 '구'라는 이름대로 둥근 형태입니다. 안구 위치를 내린다는 것은 '**시선이 내려간다**'는 의미입니다. 안구는 구체이므로 다음 그림과 같이 **시선이 내려가면 원근감이 생깁니다.**

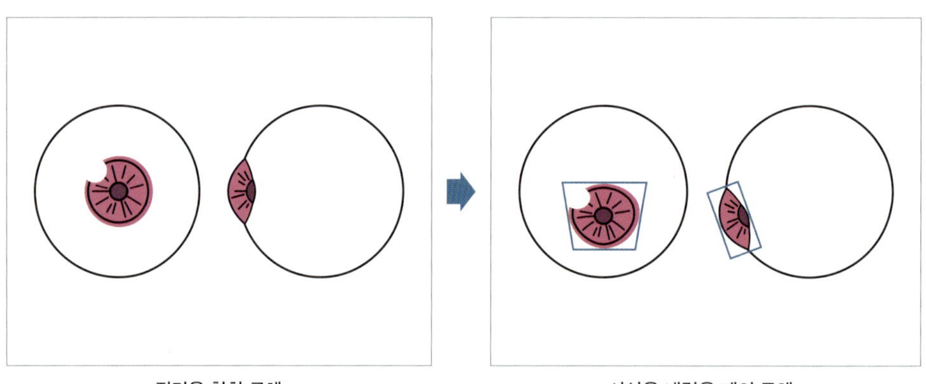

정면을 향한 구체   시선을 내렸을 때의 구체

이 원리를 모델링에도 적용합니다. 단순이 위치를 내리는 것 뿐만 아니라 **조금 누른 듯 변형해 원근감을 줌으로써** 보다 자연스럽게, 눈의 입체감을 만들 수 있습니다.

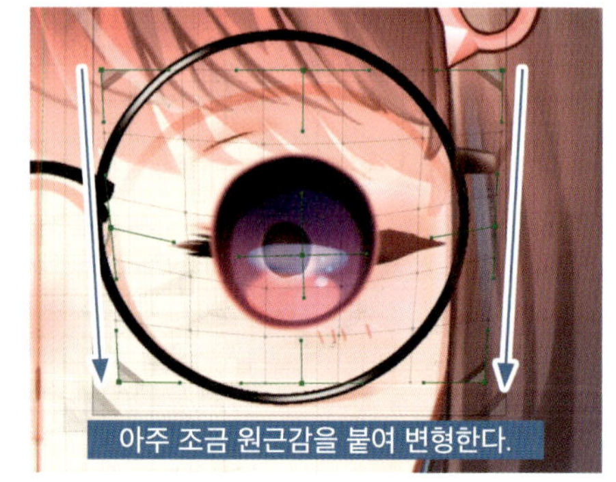

의장 디자인:樋口このみ([X]@CO_NO2162)

감은 눈의 위화감을 줄이자 ⑥ ~하이라이트 표시하기

칸부츠히모노

구체의 '좋은 예'와 '아쉬운 예'에는 또 하나의 큰 차이가 있습니다. 그것은 '하이라이트가 보이는가, 그렇지 않은가'입니다.

2차원 캐릭터에서 '눈의 하이라이트가 없는 표현'은 '졸린 듯한', '힘이 없는', '아파 보이는' 등 그 자체로 분위기나 성격을 크게 바꾸는 표현입니다. 그렇기 때문에 의도적으로 '분위기나 성경을 바꾸고 싶은' 것이 아니라면 **하이라이트는 항상 보이게 하는 편이 귀엽고 생기 있는 느낌**을 전달할 수 있습니다.

1

구체의 위치를 변경했을 때처럼 **하이라이트용 디포머를 새롭게 만들고, 감은 눈 부근까지 위치를 내려서**, 항상 하이라이트가 보이는 상태를 만들 수 있습니다.

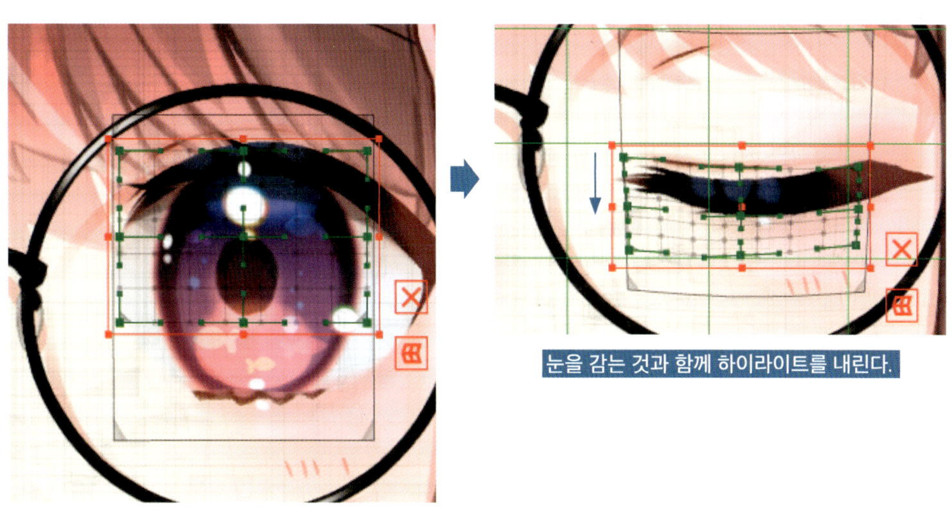

클리핑과 마스크 반전을 함께 사용하자

칸부츠히모노

클리핑clipping이란 **소스가 되는 파츠 (A)의 범위에만 임의의 파츠(B)를 표시되게 하는 기능**입니다. 인스펙터 팔레트의 클리핑 필드에 A 파츠의 'ID'를 넣어 클리핑을 할 수 있습니다. 주로 눈동자를 흰자위에 클리핑 할 때 등에 사용합니다.

POINT

ID는 파츠와 파라미터의 식별자를 가리킵니다.

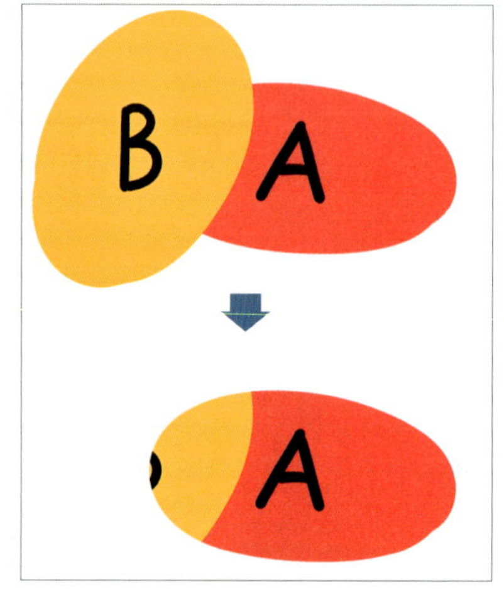

B를 A에 대해 클리핑

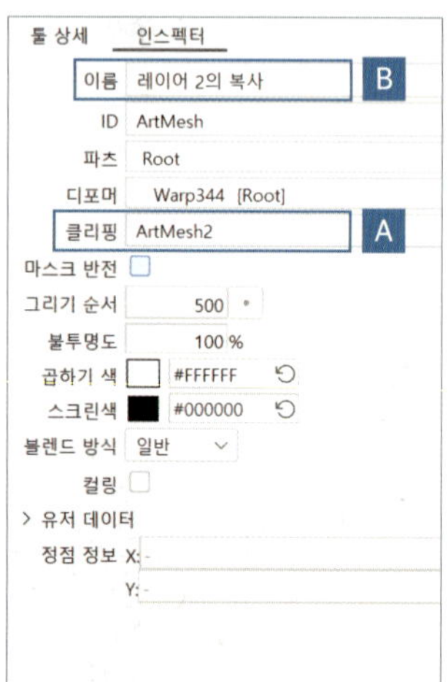

인스펙터 팔레트 설정

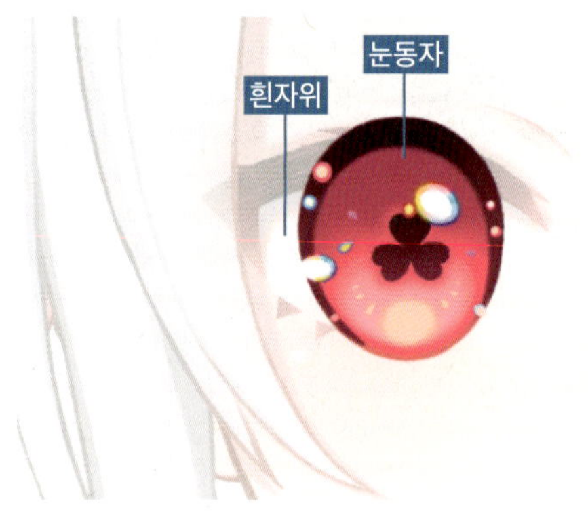

눈동자를 흰자위에 클리핑

마스크 반전은 클리핑과 반대로 **소스가 되는 파츠(A)의 범위에 임의의 파츠(B)를 표시되지 않게 하는 기능**입니다. 인스펙터 팔레트의 클리핑 필드에 A 파츠의 'ID'를 입력하고 [마스크 반전] 항목에 체크합니다.

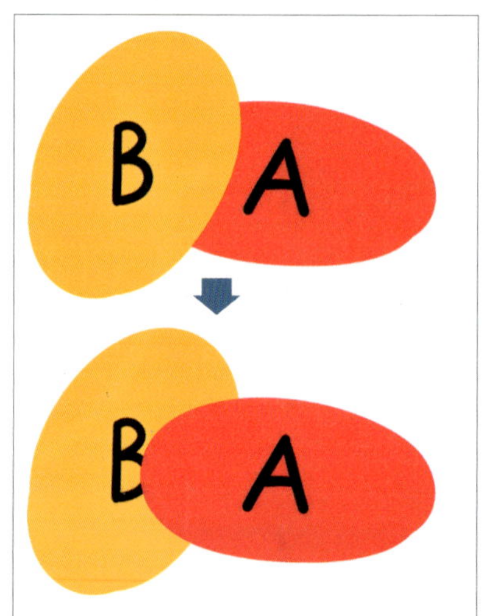

마스크를 반전한 A와 B

마스크 반전 항목에 체크한다.

일반적으로 클리핑과 마스크 반전 기능은 함께 사용할 수 없습니다. 하지만 반드시 동시에 사용하고 싶은 경우가 발생하기도 합니다.

예를 들면 '**눈의 그림자를 흰자위와 눈동자 모두에 클리핑 하고 싶다**' 같은 상황입니다. 여기에서 다루는 모델은 눈동자에 옅게 적용된 그림자 파츠가 있습니다. 그림자를 흰자위에 클리핑 하면 눈동자를 움직였을 때 삐쳐 나오게 되고, 눈동자에 클리핑 하면 눈을 감았을 때 삐쳐 나오게 됩니다.

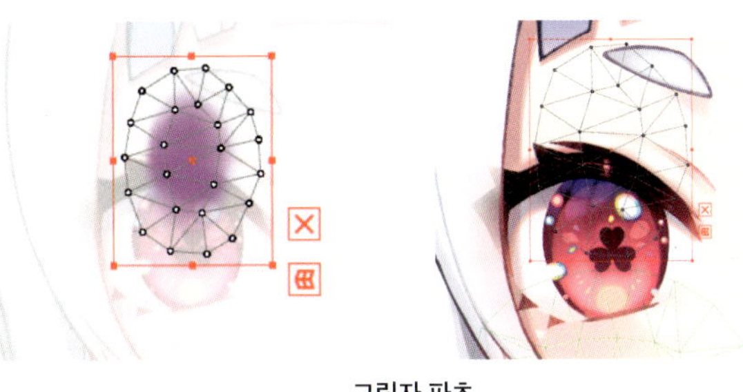

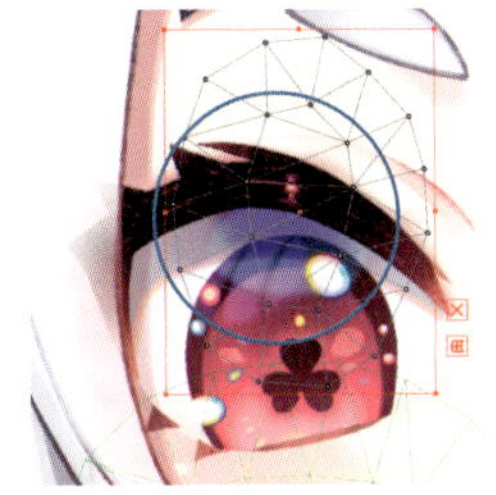

그림자 파츠

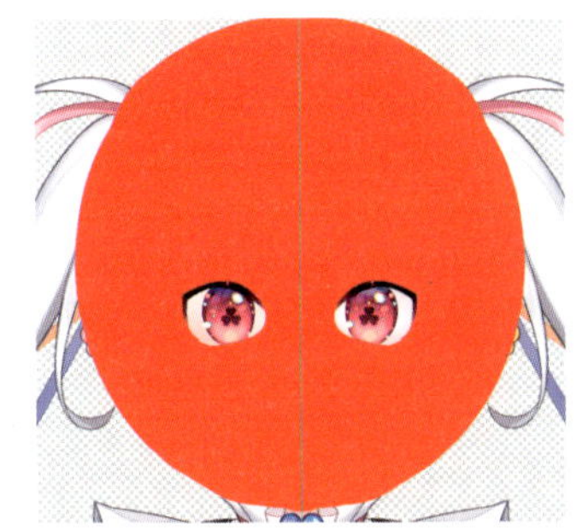

흰자위에 클리핑

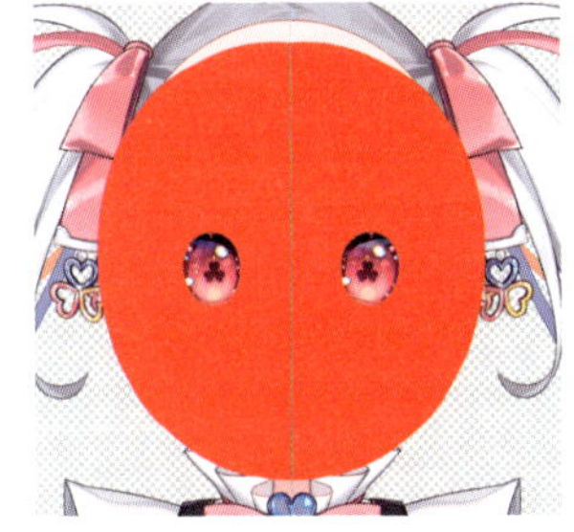

눈동자에 클리핑

흰자위와 눈동자 모두를 클리핑 필드에 입력하면 '흰자위 + 눈동자 범위(빨간색 선)'가 되어 버립니다. 가능한 '흰자위와 눈동자가 겹쳐 있는 부문만(파란색 선)'으로 한정하고 싶습니다. '눈동자에 클리핑 한 상태에서, 흰자위에서 삐쳐 나온 부분만 마스크 반전' 과 같은 처리를 할 수 있다면 좋겠지만, 앞에서 설명한 것처럼 Live2D Cubism(버전 5.0)에서는 클리핑과 마스크 반전을 동시에 사용할 수 없습니다. 이러한 경우에는 앞으로 소개할 트릭을 사용합니다.

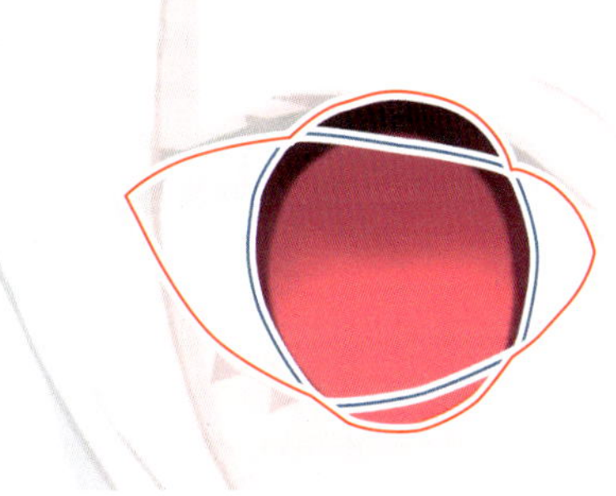

1

페인트 소프트웨어에서 '흰자위'와 '눈동자' 각각에 대해 '마스크용 파츠'를 만듭니다. 흰자위 주변, 눈동자 주변을 빙 둘러 포함한 큰 파츠를 만듭니다.

파츠명은 '흰자위 마스크', '눈동자 마스크'로 설정했습니다.

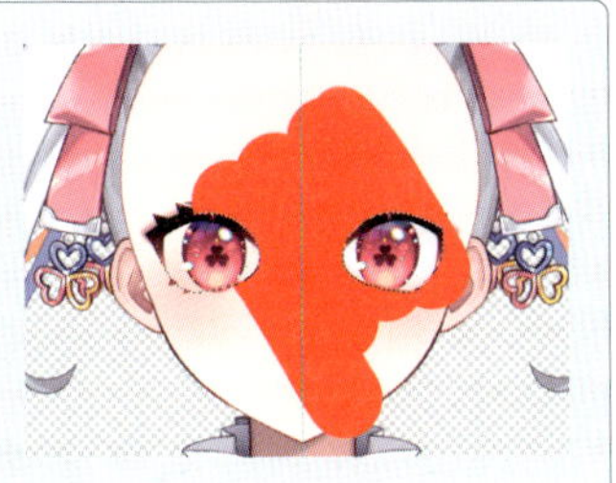

흰자위 주변을 감싼 파츠

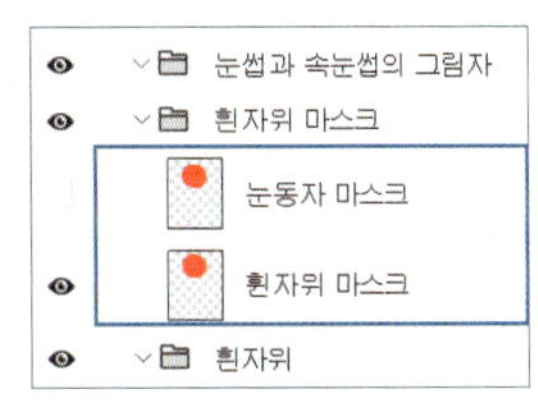

눈동자 주변을 감싼 파츠

흰자위나 눈동자를 범위 선택하고, 범위를 반전한 상태에서 칠하면 이 파츠를 간단하게 만들 수 있습니다. Adobe Photoshop을 사용했지만, 다른 페인트 소프트웨어에서도 동일합니다.

파츠명

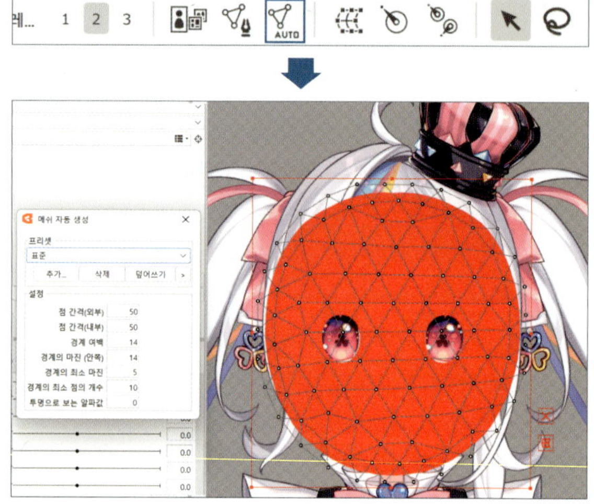

2

Live2D Cubism에서 임포트 해 메쉬를 만듭니다.
위쪽 툴바에서 [메쉬 자동 생성] 도구를 클릭하고
[메쉬 자동 생성] 다이얼로그에서 프리셋을 '표준'으
로 선택합니다.

프리셋에는 '변형 정도 (소형)', '변형 정도 (대형)'이 기본입니다. '변형 정도 (소형)'은 메쉬가 듬성듬성하고, '변형 정도 (대형)'은 메쉬가 촘촘합니다. 상황에 따라 구분해서 사용합니다.

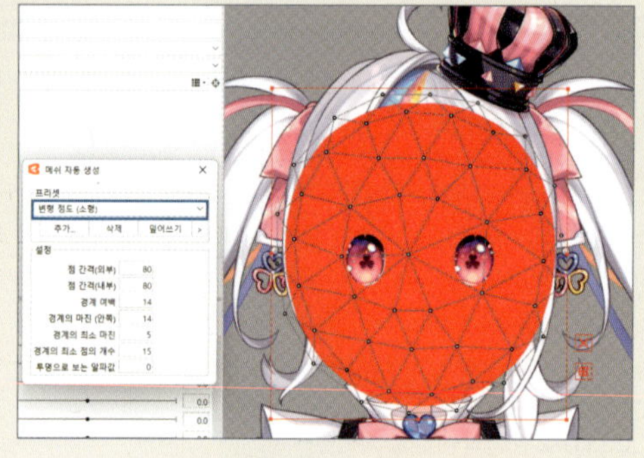

변형 정도 (소형)

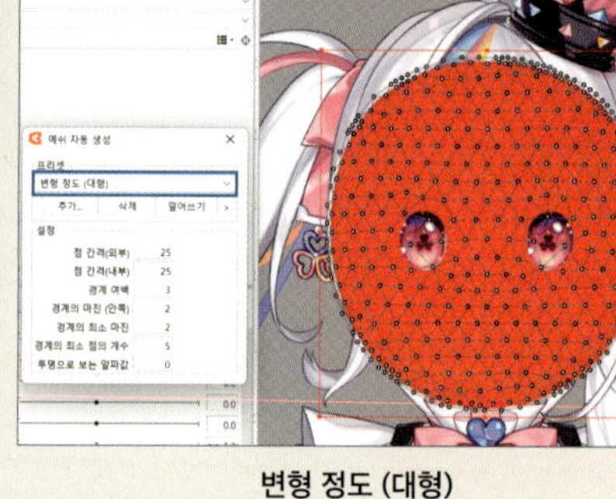

변형 정도 (대형)

3

메쉬를 자동 생성했다면 흰자위와 눈동자 메쉬를 1에서 준비한 마스크용 파츠에 복사합니다.
눈동자의 아트 메쉬를 선택한 상태에서 [CTRL] + [C] 키를 눌러 눈동자 메쉬를 복사합니다. 아트 메쉬 위에서 마우스 우클릭 → 복사를 해도 좋습니다.
이 책에서는 눈동자 → 흰자위 순으로 설명하지만 순서는 크게 관계 없습니다.

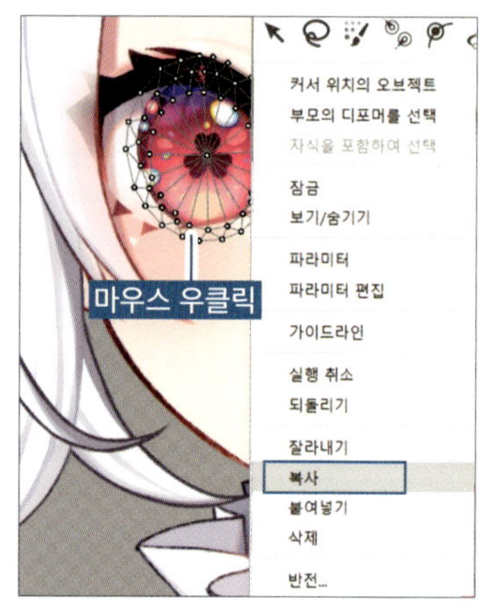

4

복사했다면 2에서 메쉬를 자동 생성한 '눈동자 마스크'를 선택하고 [CTRL] + [E] 키를 눌러 메쉬 편집 모드로 이동합니다.

5

메쉬 편집 모드로 이동했다면 툴 상세 팔레트에서
[드래그로 폴리곤을 삭제] 도구(지우개 기호의 도구이
므로, 이후 지우개 도구로 표기합니다)를 선택합니다.

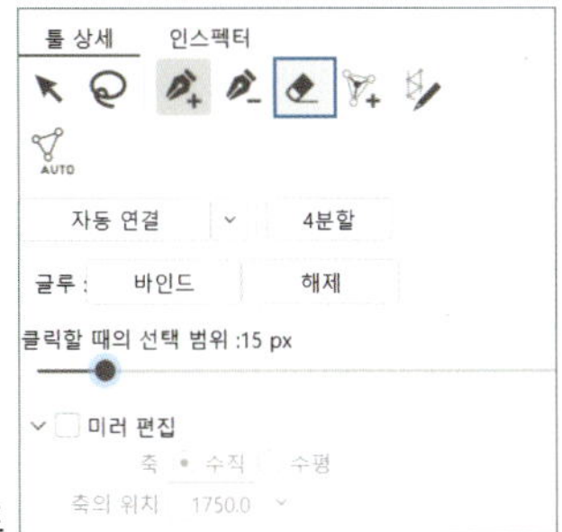

툴 상세 팔레트

툴 상세 팔레트가 보이지 않을
때는 오른쪽 위 [윈도우] 메뉴
→ [툴 상세] 항목에 체크가 되
어 있는지 확인합니다.

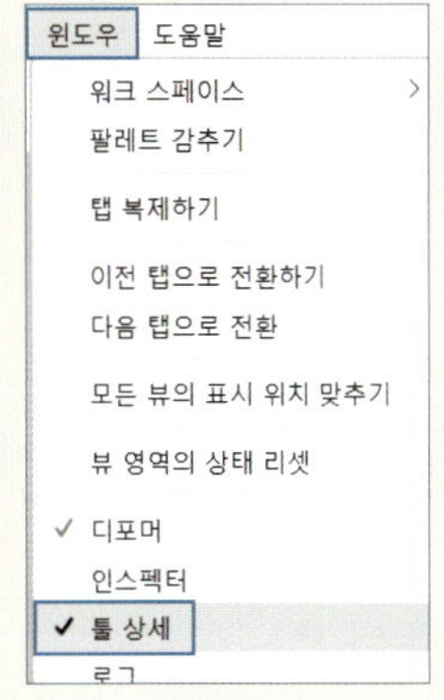

6

지우개 도구로 마스크 파츠의 내부 메쉬를 드래그해서 삭제합니다(다음 그림의
파란색 범위). 지우개 도구의 크기를 조정해 메쉬를 지워 나갑니다.

지우개 도구는 B키를 누른 상태
에서 마우스를 좌우로 드래그해
크기를 변경할 수 있습니다.

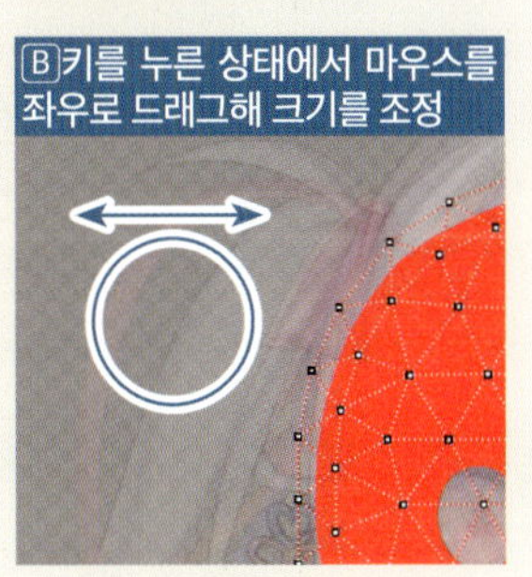

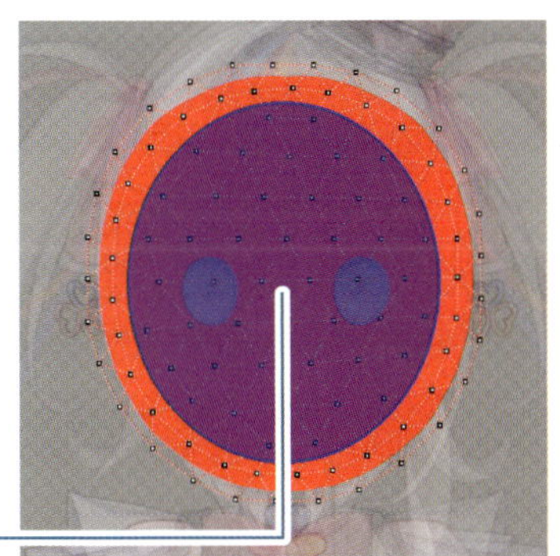

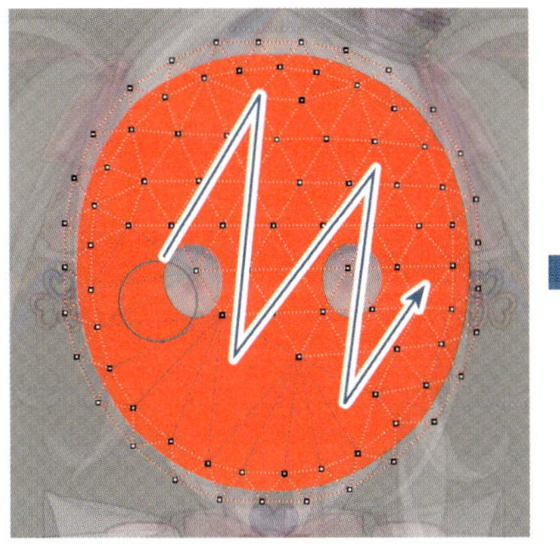

지우개 도구로 지운다.

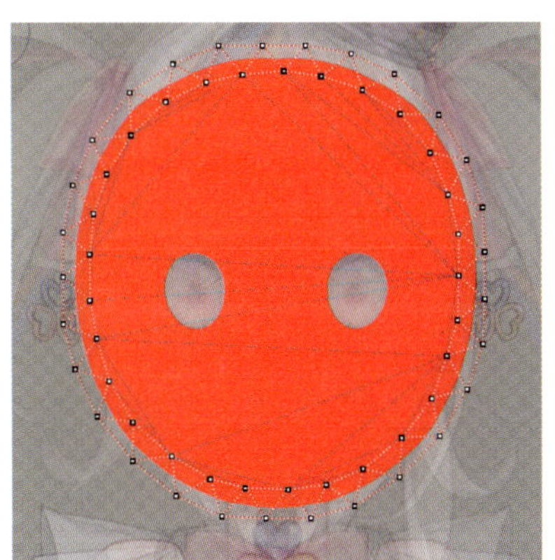

모든 메쉬를 지운 상태

7

안쪽 메쉬를 삭제했다면 3에서 복사한 눈동자 메쉬를 CTRL + V 키를 눌러 붙여 넣습니다. 또는 오른쪽 위 [편집] 메뉴 → [붙여넣기]로도 같은 조작을 할 수 있습니다.

편집	보기	모델링	애니메이
되돌리기		Ctrl+Z	
다시 실행		Ctrl+Y	
잘라내기		Ctrl+X	
복사		Ctrl+C	
붙여넣기		Ctrl+V	
삭제		Delete	
<공통>			
파라미터 값을 복사			
파라미터 값을 붙이기			
선택 해제		Escape	
숨기기 및 잠금 선택 해제			

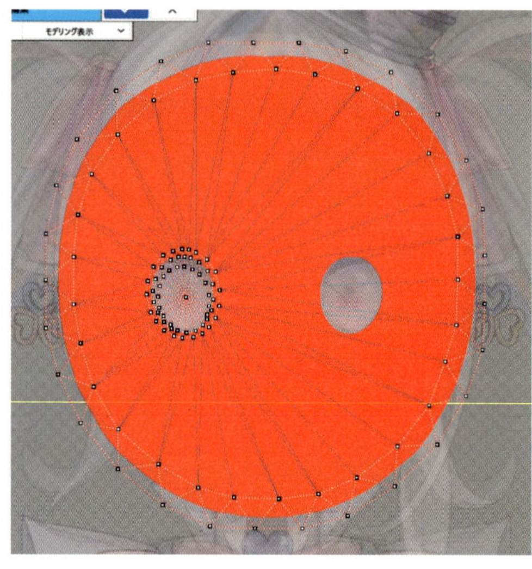

눈동자 메쉬를 붙여 넣은 상태

POINT

경우에 따라 눈동자 메쉬가 반대쪽에 붙여 넣어질 때가 있습니다. 이것은 좌우 눈을 복사 & 붙여넣기 → 반전을 재사용할 때 일어납니다. 특별히 문제가 되지는 않으므로 그대로 두어도 괜찮습니다.

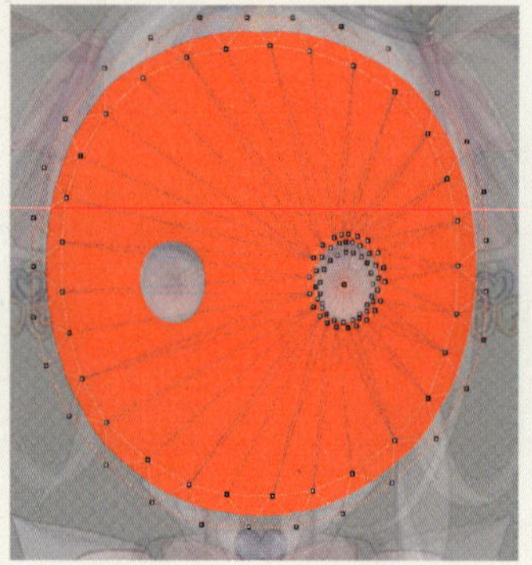

POINT

메쉬 붙여넣기가 잘 되지 않을 때는 특정 시점에서 눈동자 메쉬 복사가 취소되었을 수 있습니다. 그 때는 **일단 모델링 뷰 왼쪽 위 체크 버튼을 클릭해 메쉬 편집 모드를 종료한 뒤, 다시 눈동자의 아트 메쉬를 복사해 시도**해 봅니다.

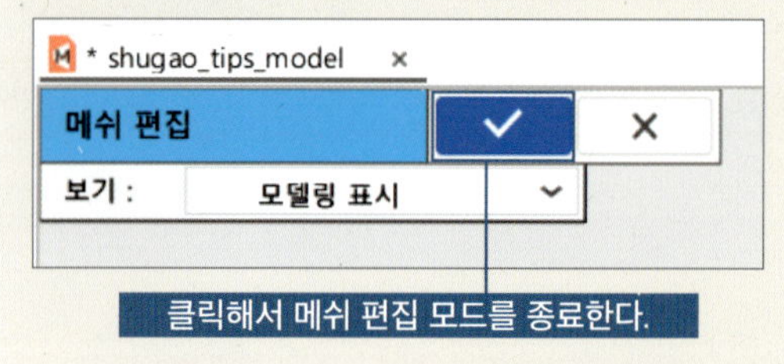

8

이후의 단계는 '좌우 눈을 복사 & 붙여넣기 + 반전해 재사용하는가'에 따라 달라집니다. 먼저 '복사 & 붙여넣기 + 반전해 재사용 하는 경우'를 기준으로 설명합니다.
툴 상세 팔레트에서 [올가미 선택 도구(lasso tool)]를 선택합니다. 눈동자 메쉬 부분을 감싸듯 선택하고 복사합니다.

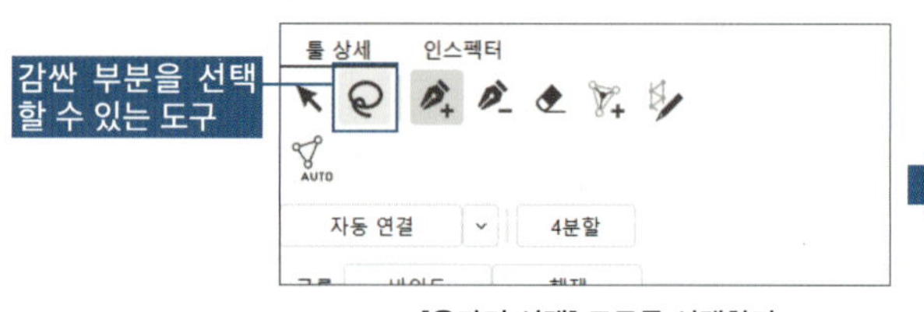

[올가미 선택] 도구를 선택한다.

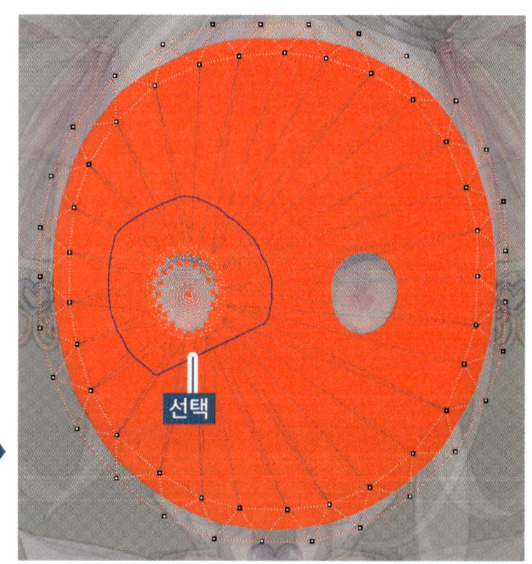

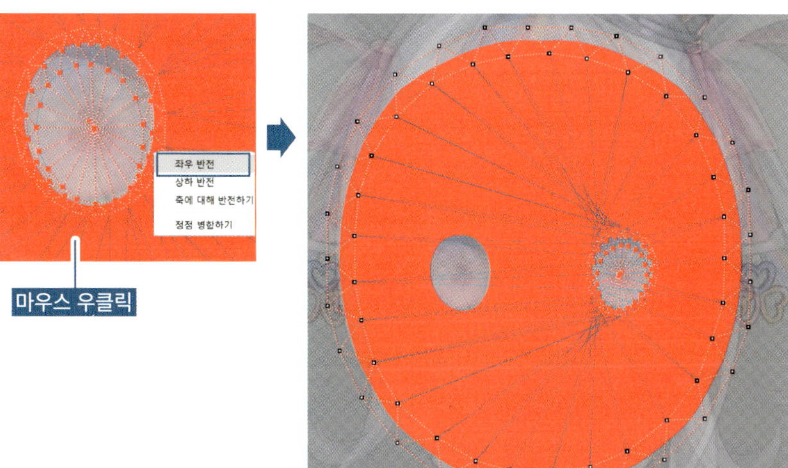

9

뷰 영역 위에서 마우스
우클릭 → [좌우 반전]을
클릭합니다. 눈동자 메쉬
부분이 좌우 반전됩니다.

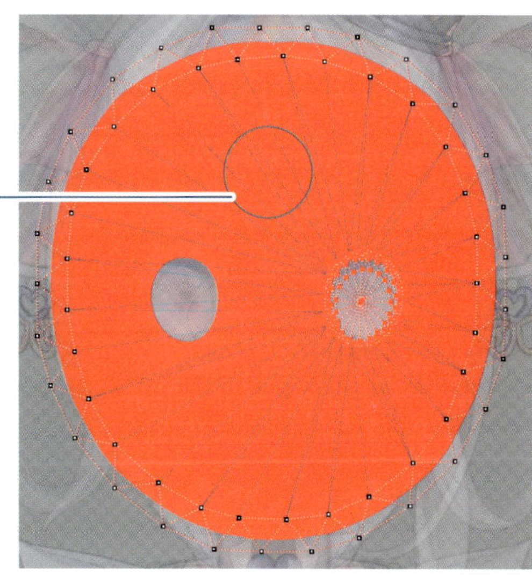

눈동자 메쉬가 좌우 반전된 상태

10

이 상태에서는 에지(메쉬의 선)가 일부 교차하게 되므로, 지우
개 도구를 사용해 에지가 교차하는 부분을 클릭해서 정상으
로 되돌립니다.

11

다시 [편집] 메뉴 → [붙여 넣기] 또는 CTRL + V 키를 눌러
붙여 넣습니다.
이것으로 좌우 눈동자 부분에 메쉬를 붙여 넣었습니다.
툴 상세 팔레트의 [자동 연결]을 클릭해 메쉬를 확정합니다.
모델링 뷰 왼쪽 위 체크 버튼을 클릭해 메쉬 편집 모드를 종
료합니다.

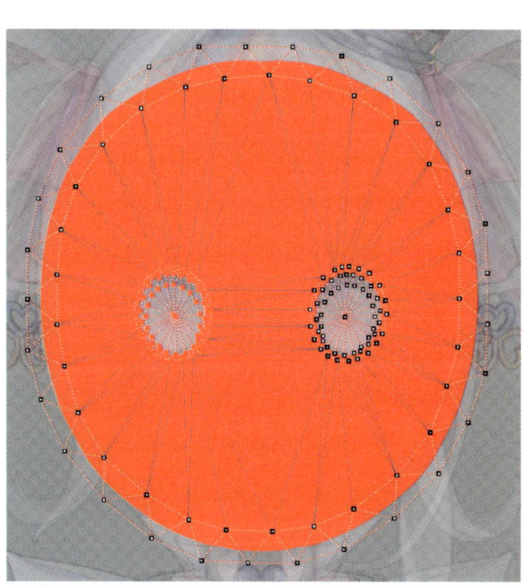

'복사 & 붙여 넣기 + 반전으로 재사용하지 않는 경우'에 관해 설명합니다.

❶ 모델링 뷰 왼쪽 위 체크 버튼을 클릭하고 메쉬 편집 모드를 종료합니다.

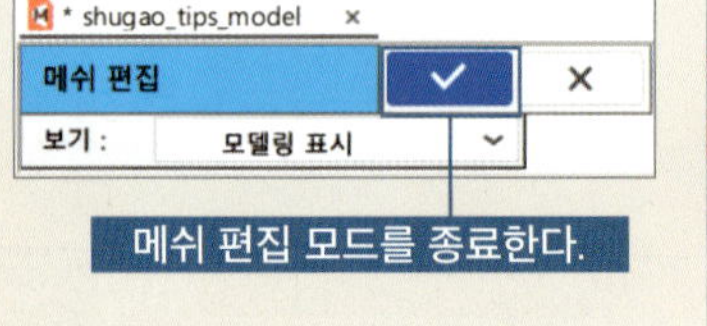

❷ 반대쪽 눈동자의 메쉬를 선택해 복사합니다. 복사했다면 다시 한 번 '눈동자 마스크' 아트 메쉬를 선택한 뒤, 메쉬 편집 모드로 이동합니다.

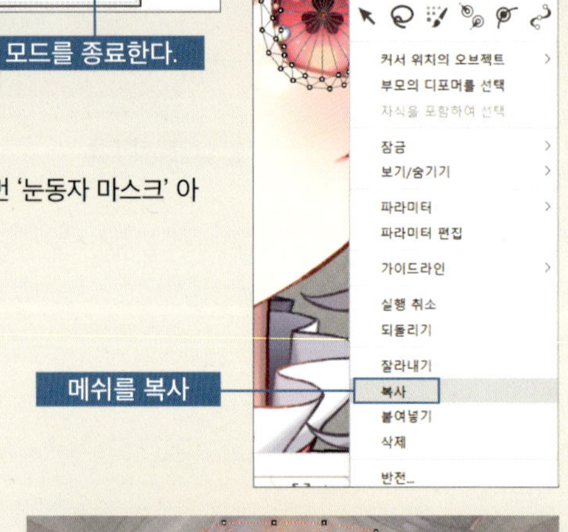

❸ 오른쪽 위 [편집] 메뉴 → [붙여넣기] 또는 CTRL + V 키를 눌러 메쉬를 붙여 넣습니다. 좌우 눈동자 부분에 메쉬를 붙여 넣을 수 있습니다.

❹ 툴 상세 팔레트의 [자동 연결]을 클릭해 메쉬를 연결하고, 모델링 뷰 왼쪽 위 체크 버튼을 클릭해 메쉬 편집 모드를 종료합니다. 여기에서는 [자동 연결]을 클릭하든 클릭하지 않든 모델링 시 동작이 달라지지 않습니다. 하지만 경우에 따라 [자동 연결]을 수행한 뒤, 에지를 세세하게 조정해야 할 수도 있습니다. 세세한 조정을 수행하는 편이 나을지 예측하기 위해서도 **가장 마지막에 [자동 연결]을 클릭하는 습관을 들이면** 좋을 것입니다.

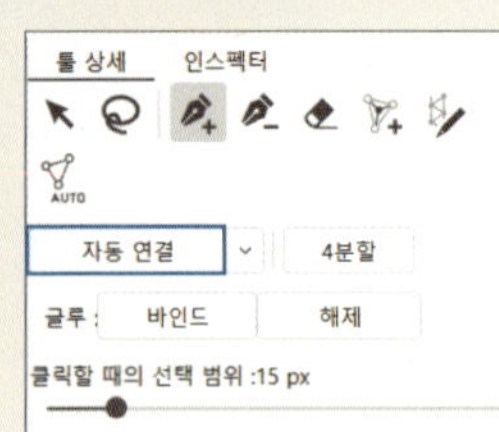

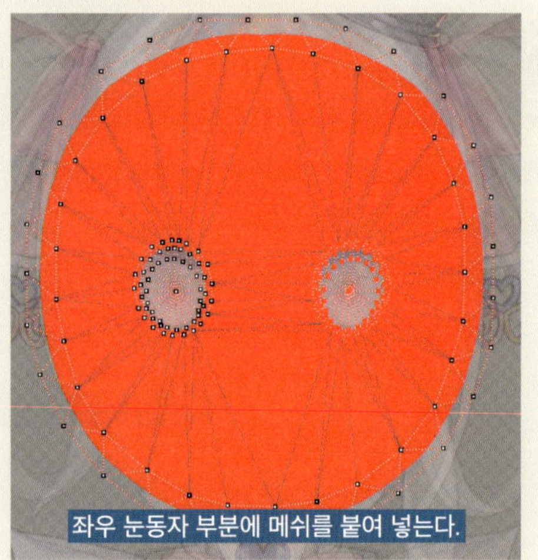

12

흰자위 마스크 메쉬도 동일하게 만듭니다.

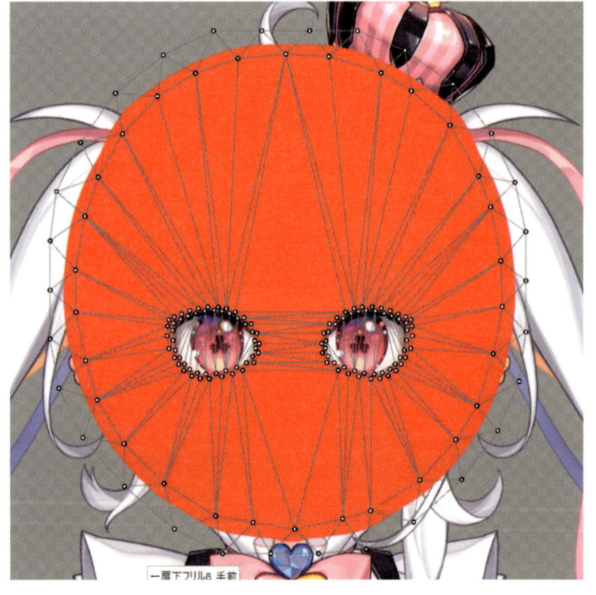

13

마스크용 아트 메쉬와 눈동자, 흰자위 아트 메쉬를 글루glue로 연결합니다. CTRL 키를 누른 상태에서 파츠 팔레트의 '눈동자 마스크' 아트 메쉬와 좌우 중 어느 하나의 눈동자의 아트 메쉬를 클릭해 함께 선택합니다.

둘을 선택한 상태에서 메쉬 편집 모드로 이동해 [올가미 선택 도구]를 사용해 눈동자 부분을 감쌉니다.

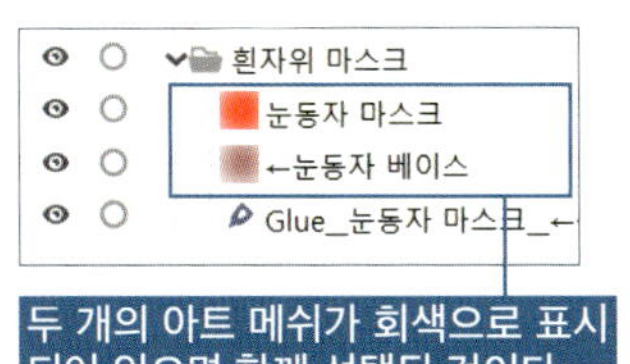

두 개의 아트 메쉬가 회색으로 표시되어 있으면 함께 선택된 것이다.

※ 쉽게 알 수 있도록 눈동자 아트 메쉬를 눈동자 마스크 아트 메쉬 바로 아래 배치한다.

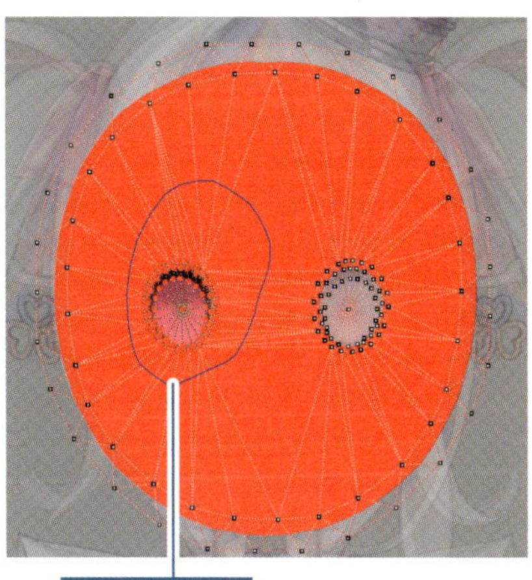

14

툴 상세 팔레트의 [바인드]를 클릭합니다. 바인드에 성공하면 선택한 부분이 녹색이 됩니다.

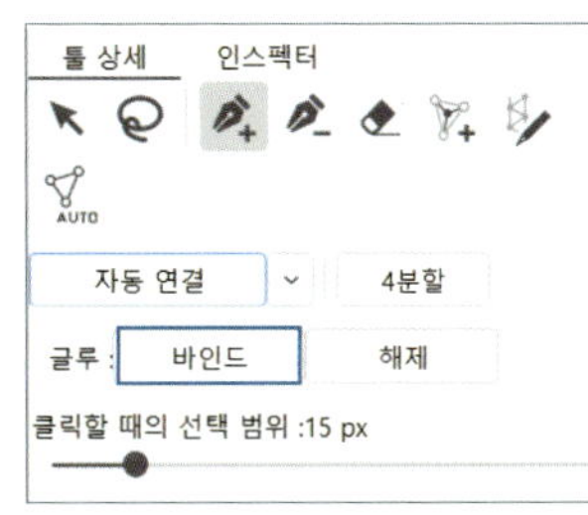

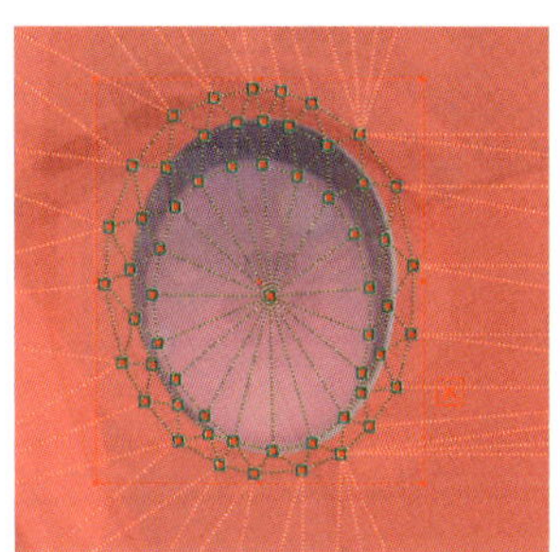

※ 쉽게 알 수 있도록 마스크의 투명도를 조금 낮춘다.

15

메쉬 편집 모드를 종료하면 파츠 팔레트 안에 글루 객체가 나타납니다. 이 글루 객체를 선택하거나 **모델링 뷰 안의 노란색 태그를 클릭하면, 글루의 무게(웨이트)를 편집할 수 있는 모드(웨이트 조정 모드)로 이동**합니다. 초기 상태에서는 눈동자와 '눈동자 마스크'의 무게는 서로 맞닿아 있는 상태이고, 겹쳐져 있는 부분이 노란색으로 되어 있습니다.

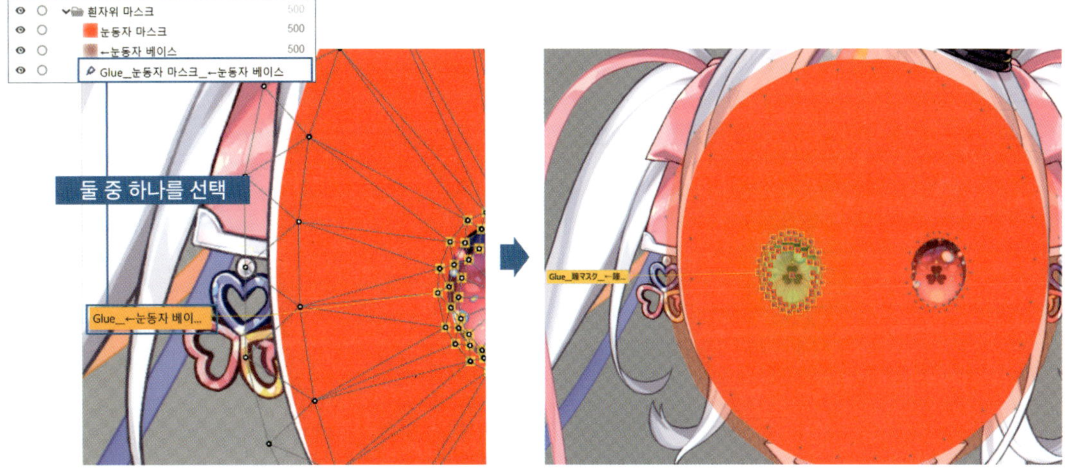

웨이트 조정 모드

겹쳐져 있는 부분의 웨이트를 녹색(또는 빨간색)으로 변경합니다. 반대쪽 눈동자에도 동일하게 작업합니다.

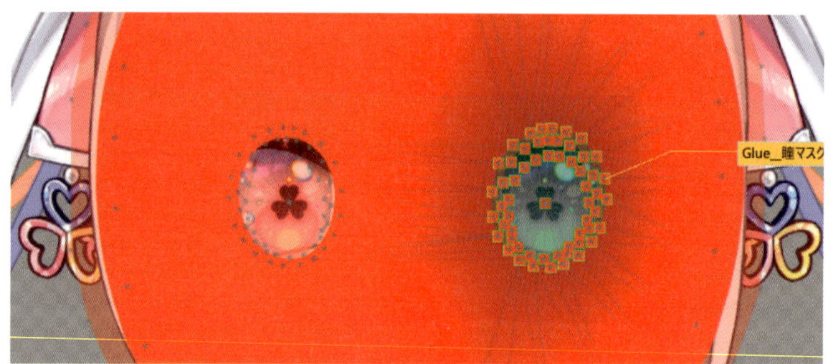

글루의 무게weight(가중치) 변경 작업은 눈동자와 눈동자 마스크의 웨이트 색에 따라 달라집니다. 녹색과 빨간색 웨이트 색이 어디에 할당되어 있는지는 '바인드 했을 때 여러 아트 메쉬를 선택한 순서'에 따라 달라집니다. 가장 먼저 선택한 쪽이 빨간색, 나중에 선택한 쪽이 녹색이 됩니다.

마스크의 웨이트 색이 빨간색인 경우
툴바의 [글루 툴] 🖉 이 선택되어 있는 것을 확인하고(선택되어 있지 않았을 때는 클릭), 노란색으로 되어 있는 부분을 SHIFT 키를 누른 상태에서 여러 차례 드래그합니다.

마스크 아트 메쉬가 연한 빨간색으로 삐쳐 나와 있다.

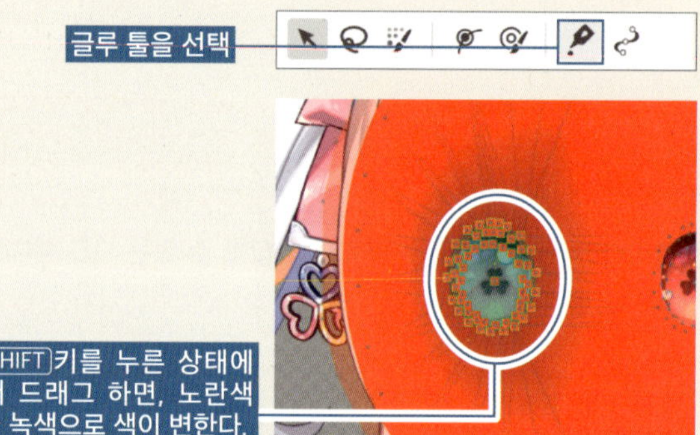

SHIFT 키를 누른 상태에서 드래그 하면, 노란색 → 녹색으로 색이 변한다.

마스크의 웨이트 색이 녹색인 경우
[글루 툴]을 선택하고 노란색으로 되어 있는 부분은 아무것도 누르지 않은 상태에서 여러 차례 드래그 합니다.

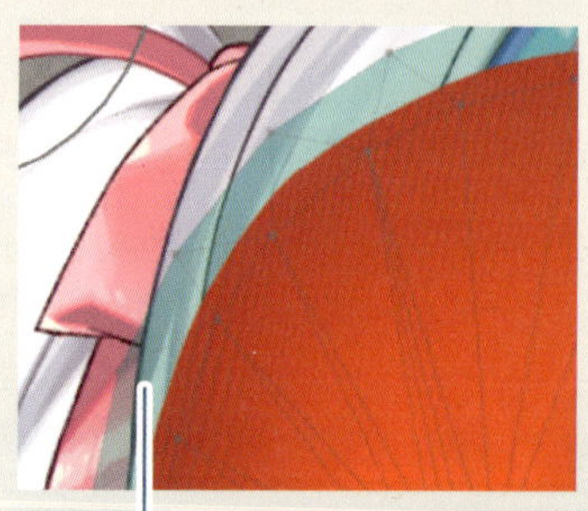

마스크의 아트 메쉬가 연한 녹색으로 삐쳐 나와 있다.

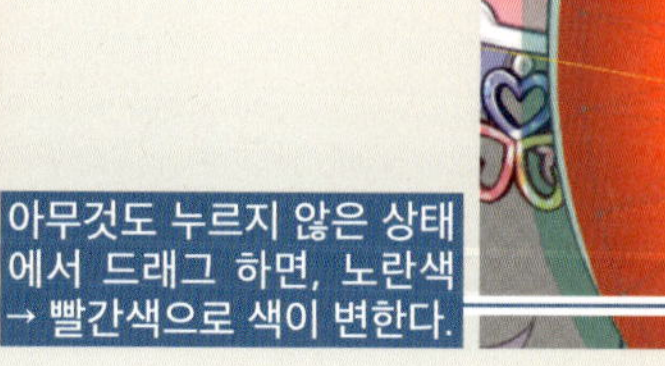

아무것도 누르지 않은 상태에서 드래그 하면, 노란색 → 빨간색으로 색이 변한다.

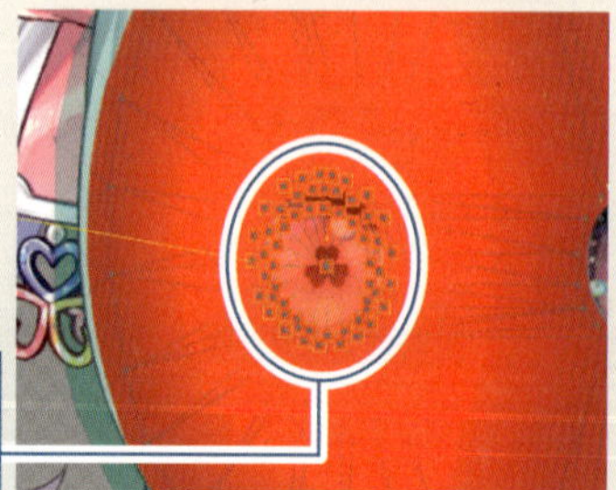

17

흰자위와 '흰자위 마스크'도 글루를 사용해 연결합니다. 이제 눈동자와 '눈동자 마스크', 흰자위와 '흰자위 마스크'를 글루를 사용해 연결했습니다.

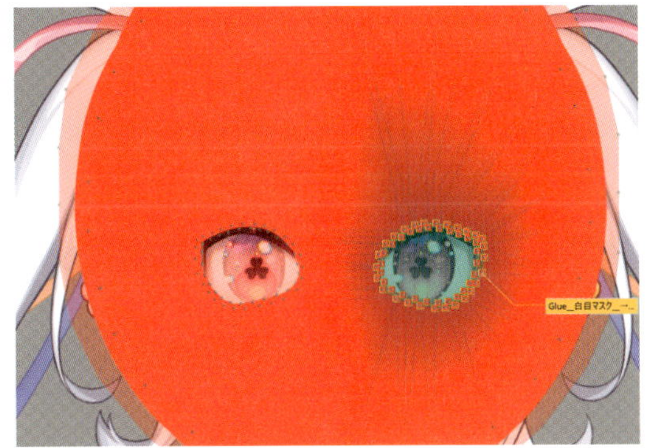
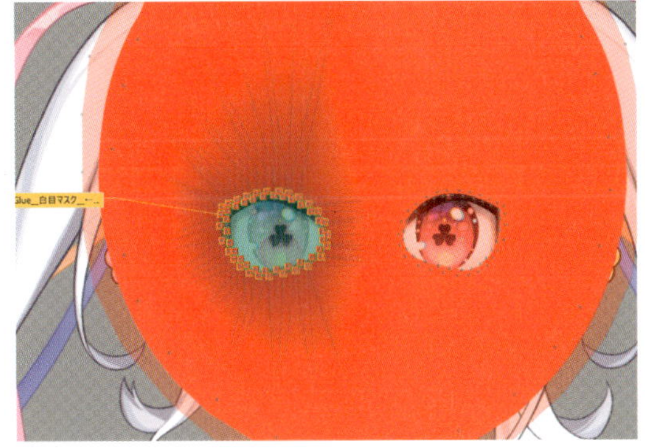

18

'눈 개폐 파라미터'를 움직이면 마스크용 아트 메쉬가 자동으로 흰자위와 눈동자의 움직임을 따라 변합니다.

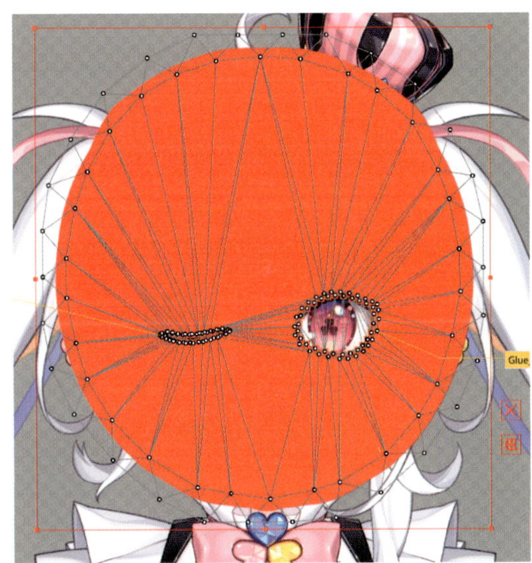

19

눈동자와 '눈동자 마스크', 흰자위와 '흰자위 마스크'를 글루를 사용해 연결했으므로 인스펙터 팔레트에서 '눈동자 마스크'와 '흰자위 마스크'의 불투명도를 0%로 변경합니다.

클리핑	
마스크 반전	☐
그리기 순서	500
불투명도	0%
곱하기 색 ☐	#FFFFFF ↺
스크린색 ■	#000000 ↺
블렌드 방식	일반 ∨
컬링	☐

인스펙터 팔레트

마지막으로 마스크를 반전합니다. 반전을 하기 전에 마스크의 'ID'를 변경합니다. 기본 ID 상태로 반전을 해도 좋지만, 고가동역(高可動域) 모델이므로 아트 메쉬 수가 많을 경우, 무엇이 어떤 아트 메쉬의 ID인지 알기 어려워집니다. 혼란을 방지하기 위해 **클리핑이나 마스크 반전을 수행하는 아트 메쉬만이라도 ID를 변경**해 두는 것이 좋습니다.

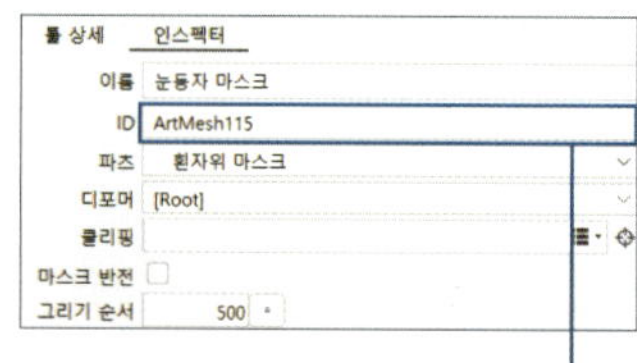

ID는 'ArtMeshOO'처럼 임포트 순서대로 숫자가 붙어 있다.

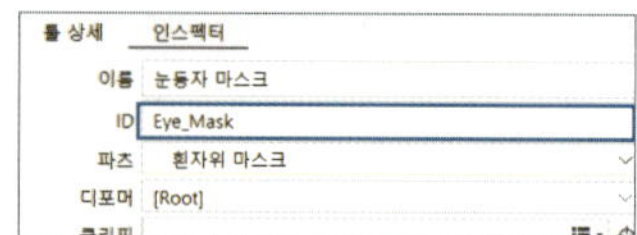

눈동자 마스크의 ID

POINT

ID에는 영문자와 언더바(_)만 사용할 수 있습니다. 여기에서는 눈동자 마스크를 'Eye_Mask', 흰자위 마스크를 'Shirome_Mask'로 설정했습니다. 여러분이 쉽게 알 수 있는 방법으로 이름을 설정해도 좋습니다.

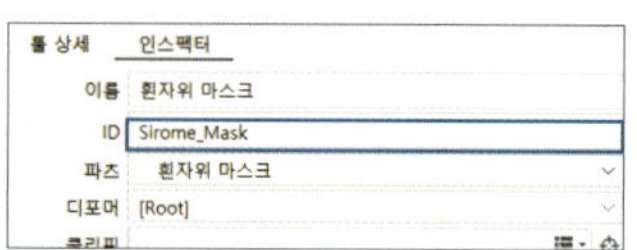

흰자위 마스크의 ID

ID를 변경했다면 흰자위 마스크와 눈동자 마스크 아트 메쉬를 함께 선택하고, 인스펙터 팔레트에서 ID를 복사(CTRL + C키)합니다.

복사했다면 흰자위와 눈동자 양쪽에 클리핑 시킬 아트 메쉬(그림자 파츠)의 클리핑 필드에 ID를 붙여 넣고(CTRL + V키), [반전] 항목에 체크합니다.

이것으로 그림자 파츠에 흰자위와 눈동자를 클리핑 했습니다.

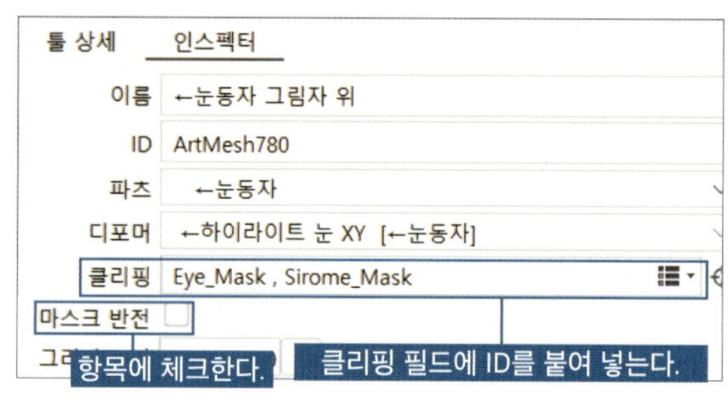

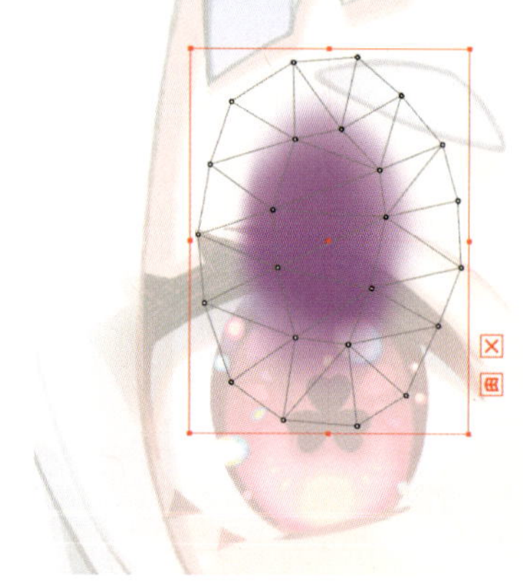

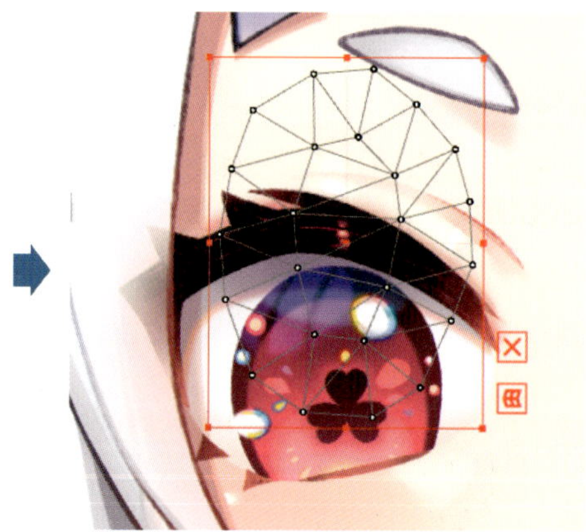

클리핑 뒤

©城真ゆかな([X]@SiromaYukanaV)　일러스트:のう([X]@nounoknown)
©式部めぐり([X]@ShikibuMeguri)　일러스트:ぴろ瀬([X]@heripiro)

블렌드 셰이프 기본

칸부츠히모노

블렌드 셰이프는 동작에 독특한 특성이 있어 익숙해지기 전까지는 다루기 다소 어렵습니다. 하지만 원리를 이해하면 지금까지 제작하기 어려웠던 다양한 표현을 할 수 있는 멋진 기능입니다. 반드시 사용 방법을 마스터합시다!

블렌드 셰이프는 '**변형을 자동으로 뒤섞을 수 있는**' 기능(폼에 차이를 더해주는 기능)입니다.

말로는 설명하기 어려우므로 실제 예시와 함께 확인해 봅시다. 일반적으로 파라미터 2종류 이상에 움직임을 연결한 상태로는 움직임을 뒤섞을 수 없습니다. 수동으로 만들거나 [모델링] 메뉴 → [파라미터] → [네 모서리의 폼을 자동 생성] 등의 기능을 사용해야 합니다.

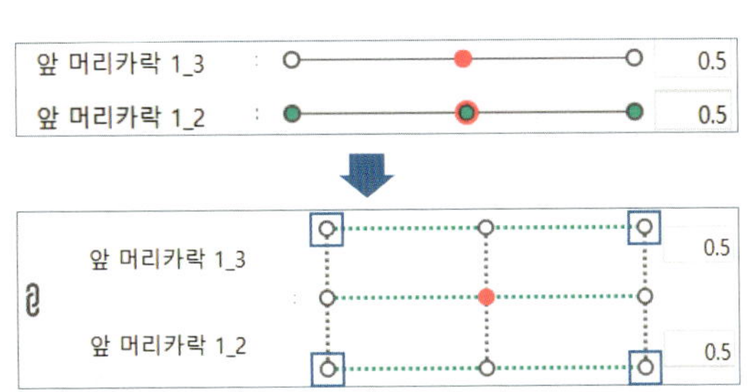

파라미터 2 종류를 사용해 앞머리카락의 흔들림을 만든 경우, 동그라미로 감싼 부분은 수동으로 조정하거나 '네 모서리의 폼을 자동 생성'하는 기능을 사용해야 한다.

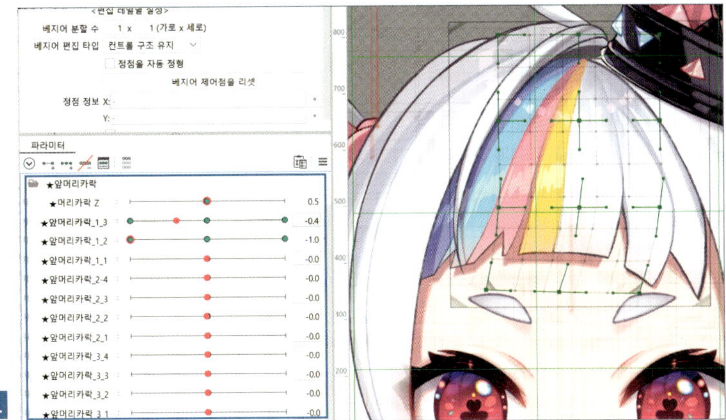

기본 상태에서는 잘 뒤섞이지 않는다.

블렌드 셰이프는 **뒤섞은 부분의 움직임을 자동으로 만들어 주기 때문에**, 수동으로 조정할 필요가 없습니다. 블렌드 셰이프를 사용해 머리카락의 흔들림을 만들면, 뒤섞인 부분의 움직임도 확실하게 만들 수 있습니다.

블렌드 셰이프를 설정한 파라미터는 녹색 점이 사각형이 되는 것이 특징이다. 자동적으로 뒤섞인 움직임을 만들어 주기 때문에, 3 종류 이상의 파라미터를 연결해도 쉽게 관리할 수 있다.

POINT

[네 모서리의 폼을 자동 생성]은 이미 작성한 각도 X(좌우)와 각도 Y(상하)의 움직임으로부터 오른쪽 위, 오른쪽 아래, 왼쪽 위, 왼쪽 아래 대각선의 움직임을 자동으로 생성하는 기능입니다.

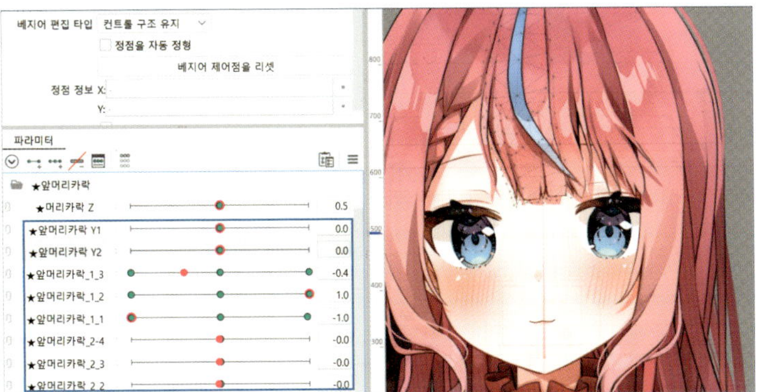

1

블렌드 셰이프는 기존 파라미터
와 마찬가지로 파라미터 팔레트
에서 만듭니다.

파라미터 팔레트

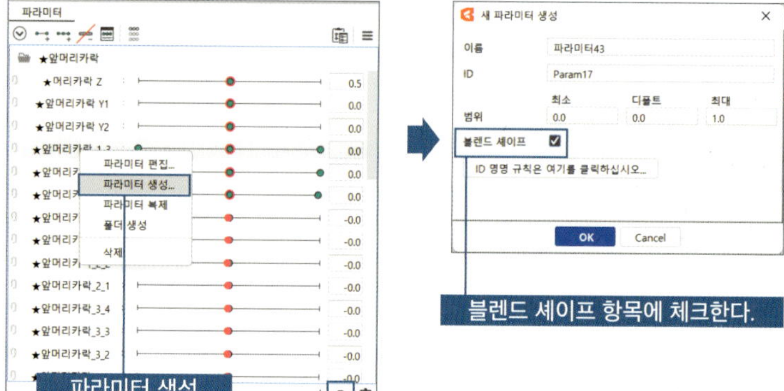

2

기존 파라미터와 마찬가지로 키를 넣어 움직임을 만듭니
다. 하지만 기존 파라미터와 달리, 베이스 파라미터의 값
(0.0)에는 키를 넣을 수 없습니다.

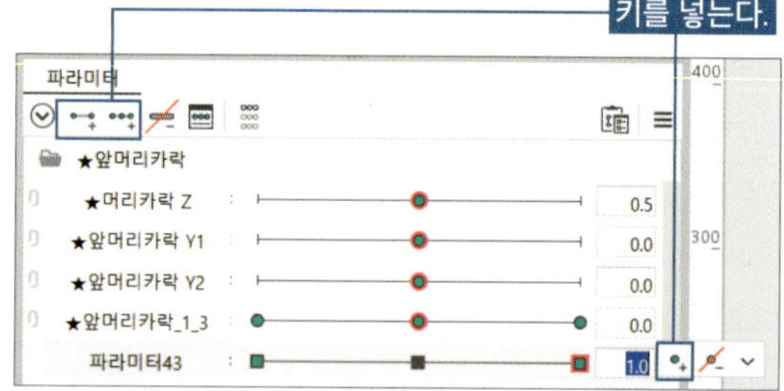

3

블렌드 셰이프는 한가운데 검은색
점을 기준으로 하고, 거기에서 '얼
마나 움직였는가(변형되었는가)'를
녹색 점 부분에 기록합니다.

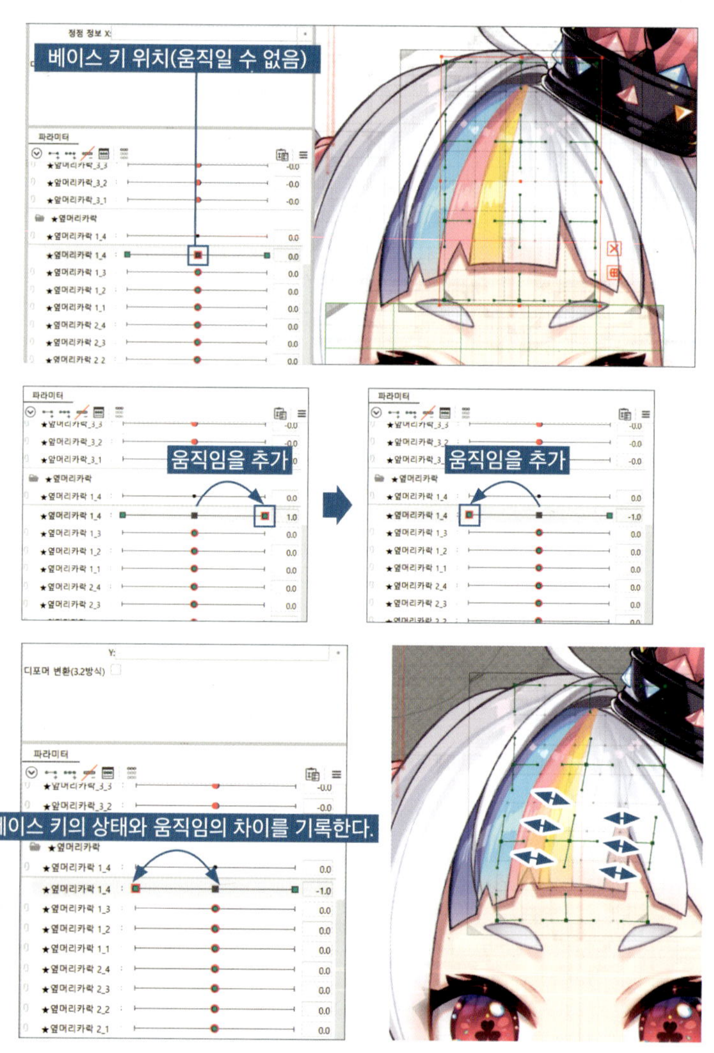

블렌드 셰이프는 어디까지나 '기준과의 차이'를 기록할 뿐입니다. 곱하는 블렌드 셰이프가 늘어나도 '각각의 움직임의 차이'를 자동으로 계산해서 작성합니다. 그렇기 때문에 '네 모서리의 폼 중 한 군데만 움직임을 크게 바꾸고 싶을' 경우에는 블렌드 셰이프로 대응하기 어렵습니다.

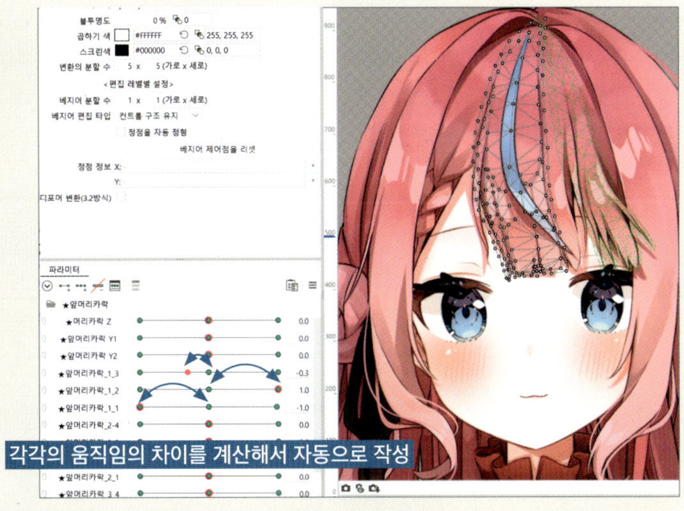

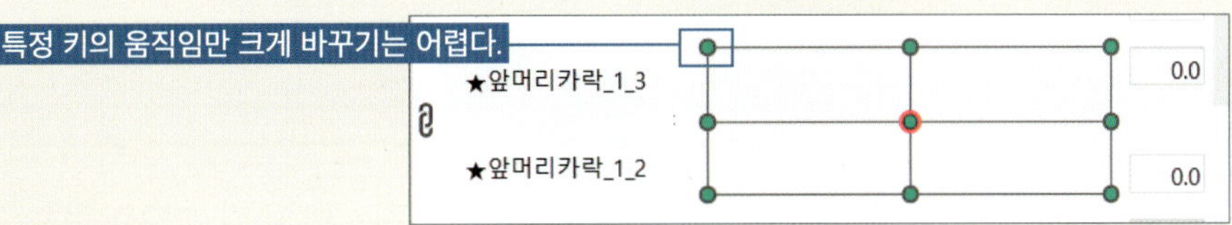

또한 블렌드 셰이프를 이용하고 있는 상태에서 기준 움직임을 변경하면 '기준 상태와의 움직임의 차이' 계산 결과 바뀌므로 블렌드 셰이프의 움직임이 모두 어긋나게 됩니다.
이렇게 블렌드 셰이프를 사용해서는 만들 수 없는 (어려운) 동작도 있고, 제작시 주의해야 하기 때문에 상황에 맞춰 구분해서 사용하는 것이 중요합니다.

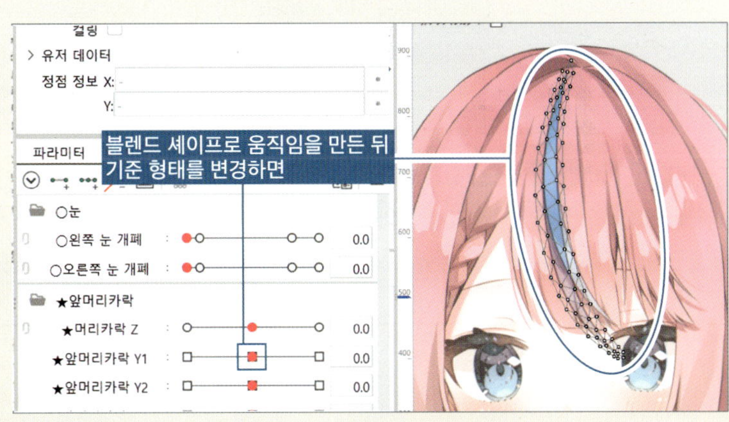

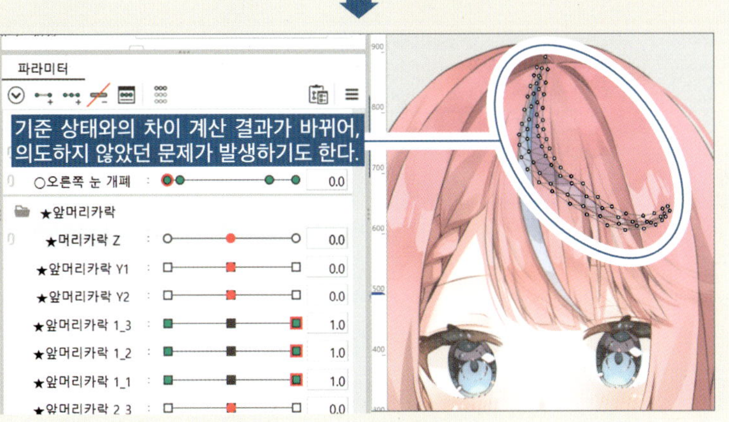

블렌드 셰이프를 사용해 흔들리는 것을 만들자

칸부츠히모노

[Tips 24]에서도 조금 소개했습니다만, 블렌드 셰이프를 사용하는 방법으로 '**흔들리는 것에 활용**'을 들 수 있습니다. 곱하기 수를 실질적으로 무한대로 늘릴 수 있을 뿐만 아니라, 기존 파라미터와 함께 사용할 수도 있습니다. 예를 들면 길이가 긴 뒷머리카락 등을 만들 때 편리합니다.

Method1 　머리카락의 부드러운 흔들림을 만든다

다음 그림과 같이 블렌드 셰이프를 여러 종류 이용해 머리카락의 부드러운 흔들림을 만들 수 있습니다.

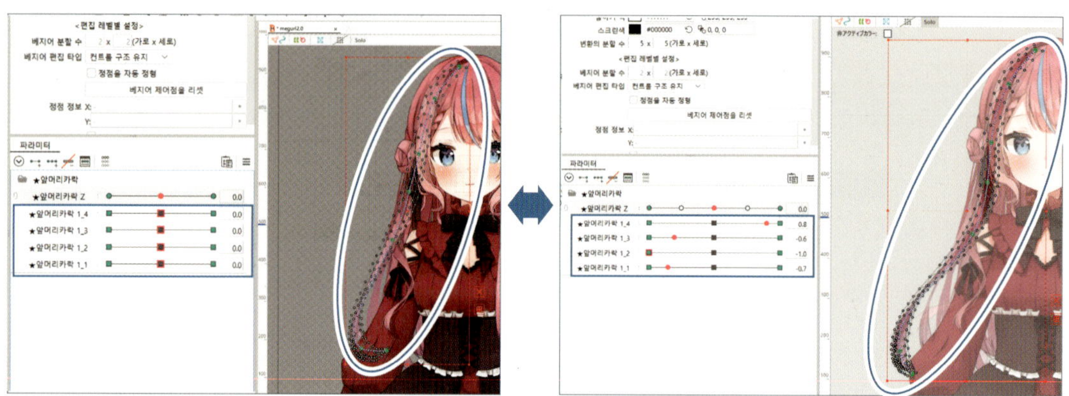

블렌드 셰이프를 여러 개 조합한다.

Method2 　기존 파라미터를 조합해 머리카락의 흔들림을 만든다

기존 파라미터로 만든 각도 X의 형태를 유지한 상태로 머리카락의 흔들림을 추가할 수 있습니다.

1

각도X의 파라미터로 머리카락의 각도X를 만듭니다. 얼굴이 향한 방향에 맞춘 움직임으로 합니다.

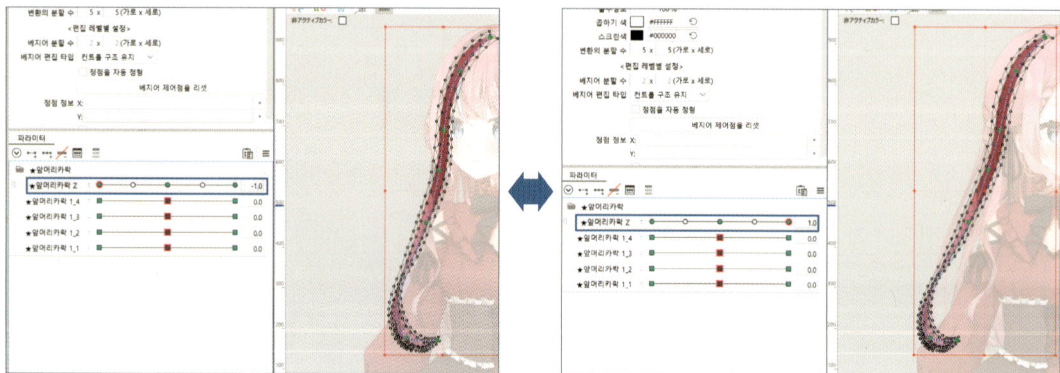

바라보는 방향에 맞춰 머리카락의 각도를 준다.

블렌드 셰이프를 사용하면 1에서 만든 움직임에 머리카락의 자연스러운 흔들림을 추가할 수 있습니다.

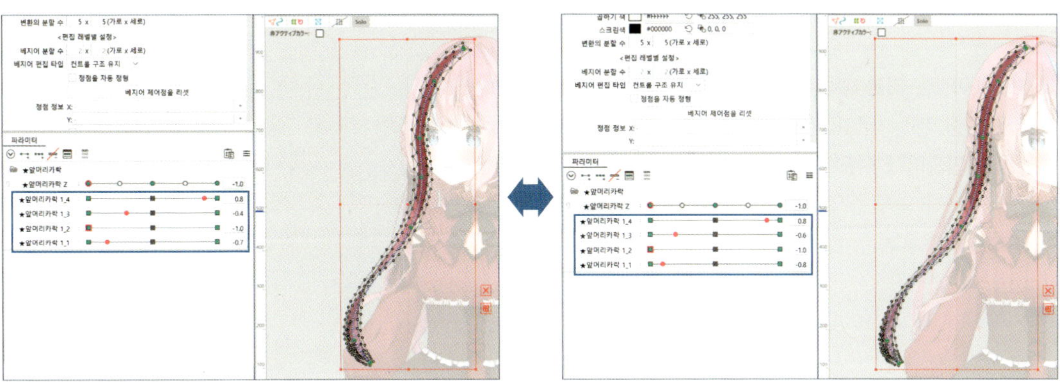

블렌드 셰이프로 움직임을 추가한다.

Method3 복잡한 옷의 흔들림을 만든다

블렌드 셰이프를 사용하면 기존 파라미터에서는 다양한 종류의 디포머를 사용하지 않으면 만들기 어려웠던 복잡한 옷의 흔들림도 하나의 디포머나 아트 메쉬를 사용해 만들 수 있습니다.

참고 동영상(일본어)
https://www.youtube.com/watch?v=BFtUuaN-J28

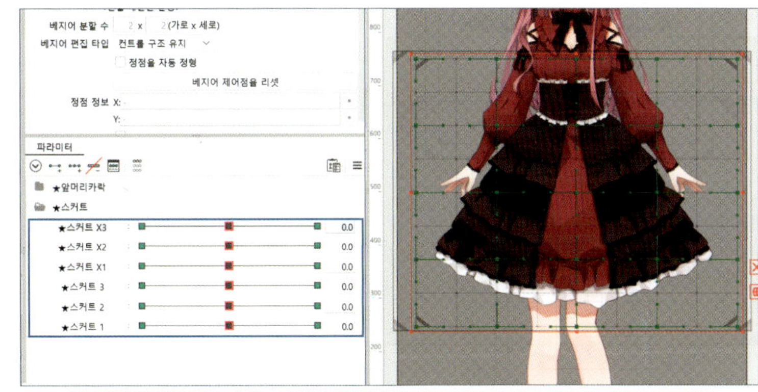

스커트의 부드러운 흔들림도 하나의 디포머나 아트 메쉬로 만들 수 있다.

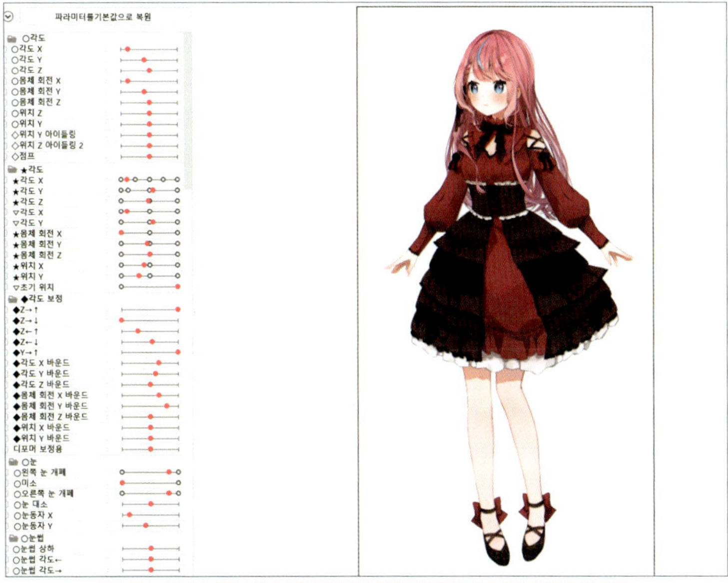

블렌드 셰이프를 활용하면 설정 항목 수를 억제할 수 있다.

블렌드 셰이프의 무게

노논.

블렌드 셰이프는 **기본 10종류의 프리셋**을 제공합니다. 블렌드 셰이프의 무게는 [모델링] 메뉴 → [파라미터] → [블렌드 셰이프의 무게 제한 설정]에서 설정할 수 있습니다. 다음 그림은 프리셋의 무게를 시각적으로 나타낸 것입니다. 각 무게에 의해 움직임이 어떻게 달라지는지 시각적으로 보고 이해할 수 있어 편리합니다.

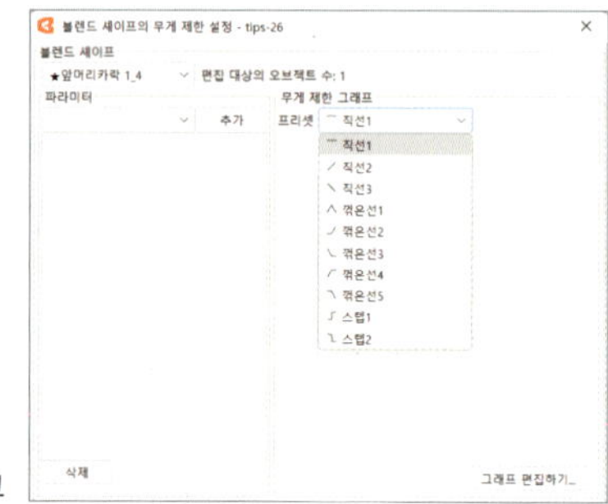

블렌드 셰이프의 무게 제한 설정 다이얼로그

❶ 직선 1 …… 모두 반응, 변화를 유지한 상태
❷ 직선 2 …… -30에서 30으로 반응한다.
❸ 직선 3 …… 30에서 -30으로 반응한다.

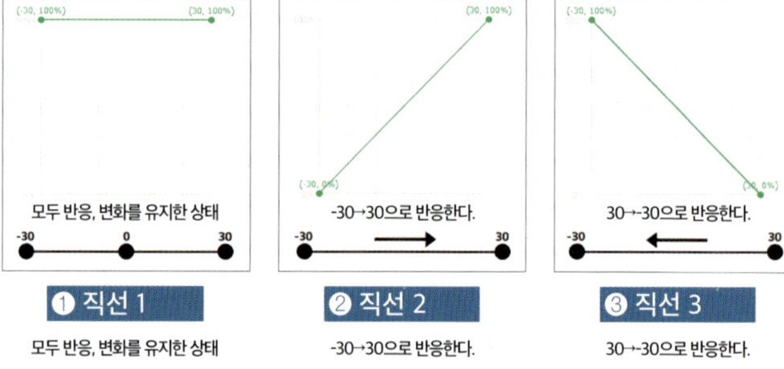

모두 반응, 변화를 유지한 상태   -30→30으로 반응한다.   30→-30으로 반응한다.

❹ 꺾은 선 1 ……
　-30에서 0으로, 30에서 0으로 반응한다.
❺ 꺾은 선 2 …… 0에서 30으로 반응한다.
❻ 꺾은 선 3 …… 0에서 -30으로 반응한다.
❼ 꺾은 선 4 ……
　-30에서 0으로 반응하고, 30은 0의 변화를 유지한다.
❽ 꺾은 선 5 ……
　30에서 0으로 반응하고, -30은 0의 변화를 유지한다.

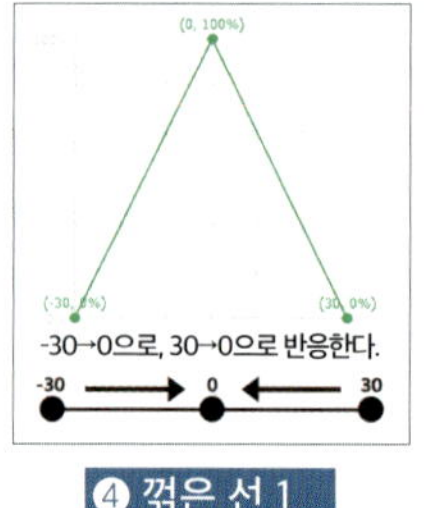

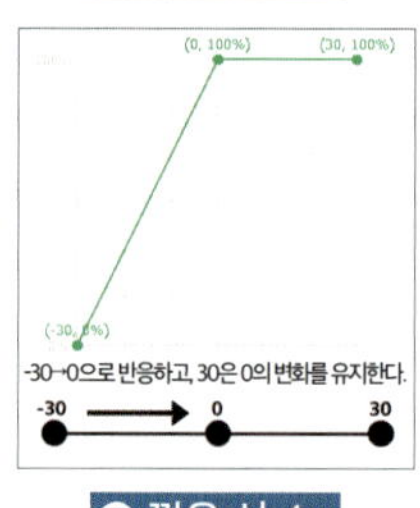

❾ 스텝 1 ……
　-0.6에서 0으로 순식간에 이동하고, 30은 0의 변화를 유지한다.
❿ 스텝 2 ……
　0.6에서 0으로 순식간에 이동하고, -30은 0의 변화를 유지한다.

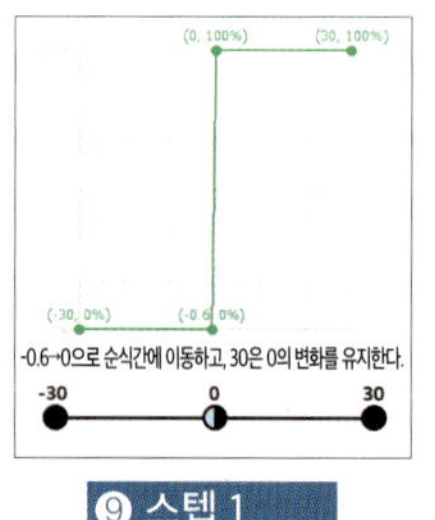

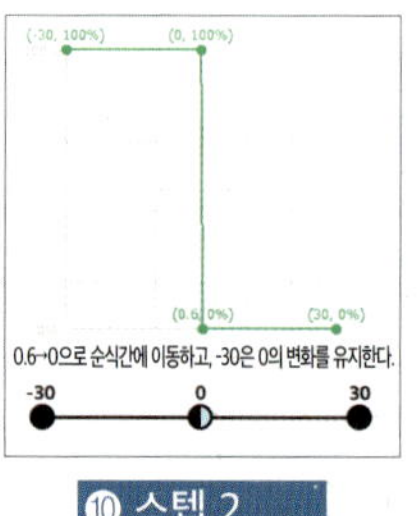

블렌드 셰이프를 사용해 표정의 차이를 만들자

칸부츠히모노

블렌드 셰이프는 대표적으로 '표정 차이에 활용'할 수 있습니다. 기존 파라미터를 사용했을 때는 구성이 복잡해지기 십상인 '의심하는 눈'이나 '삐죽이는 입' 등의 복잡한 표정 차이도, 블렌드 셰이프를 사용하면 간단하게 만들 수 있다는 것이 큰 특징입니다.

기본 상태

블렌드 셰이프를 사용해 만든 의심하는 눈

블렌드 셰이프를 사용해 만든 삐죽이는 입

Method1 블렌드 셰이프를 사용해 의심하는 눈을 만들자

블렌드 셰이프를 사용해 속눈썹을 변형해 의심하는 눈의 차이를 만들었다고 가정합니다. 하지만 블렌드 셰이프는 계산을 자동으로 하기 때문에, 이 의심하는 눈의 변형이 눈을 감았을 때와 동일하게 됩니다. 그러면 감은 눈의 형태가 망가집니다.

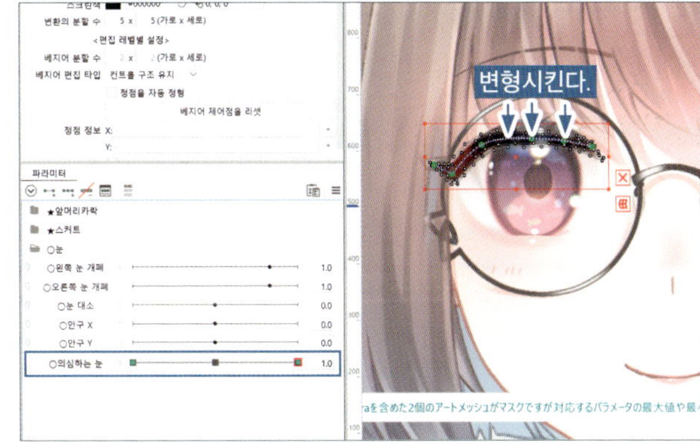

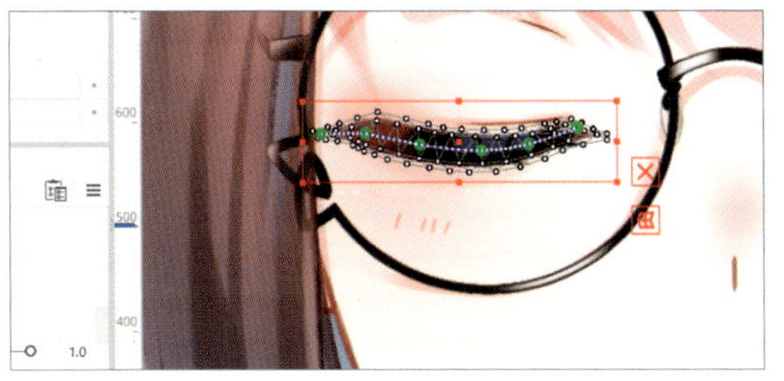

기본 상태의 감은 눈

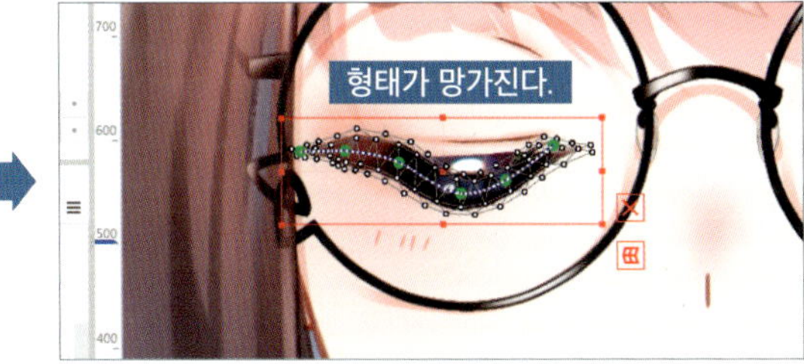

아무 설정도 하지 않은 상태에서 '의심하는 눈'을 ON으로 했을 때의 감은 눈

그럴 때는 '무게 제한 설정'을 사용해 '눈을 감았을 때 블렌드 셰이프의 계산 결과를 0%로 한다'는 제한을 설정하면 이처럼 형태가 망가지는 것을 방지할 수 있습니다.

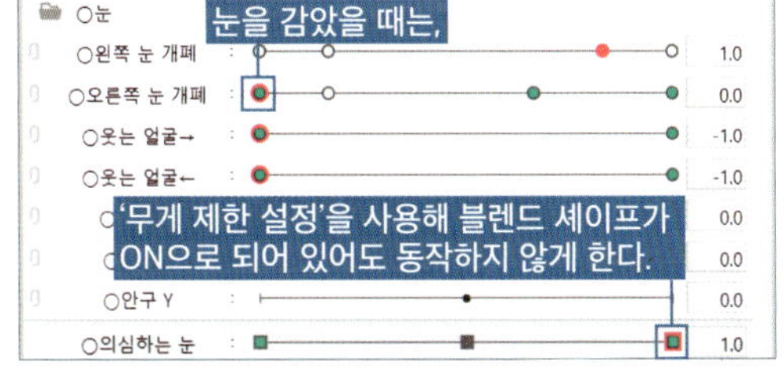

[모델링] 메뉴 → [파라미터] → [블렌드 셰이프의 무게 제한 설정]에서 설정을 수행합니다. 다음 그림은 실제 의심하는 눈의 블렌드 셰이프의 무게 제한 설정입니다. **왼쪽 위에서 '제한을 설정할 블렌드 셰이프'**를 선택하고(여기에서는 '의심하는 눈'입니다), **그 아래 파라미터 필드에서 '제한 기준에 되는 파라미터'**를 선택합니다(여기에서는 '오른쪽 눈 개폐' 파라미터).

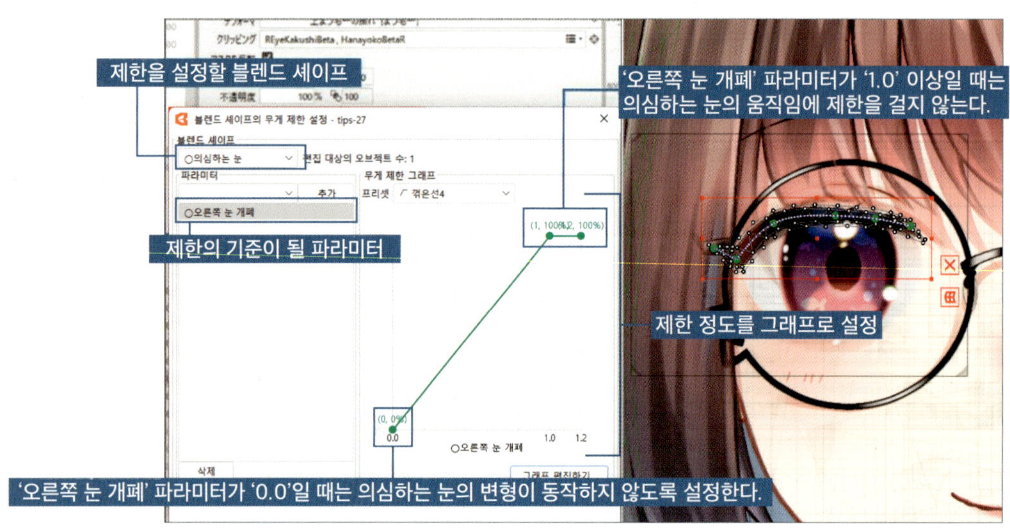

'어떤 조건에서, 얼마나 제한을 설정할 것인가' 하는 것은 **그래프**에서 설정합니다. 위쪽 그래프에서는 '오른쪽 눈 개폐' 파라미터가 '1.0' 이상일 때는 블렌드 셰이프의 움직임은 '100%(=제한 없이 동작)', '오른쪽 눈 개폐' 파라미터가 '0.0'일 때는 블렌드 셰이프의 움직임은 '0%(=전혀 움직임이 없는)'의 설정입니다.

이렇게 변칙적인 형태의 그래프는 프리셋에는 없습니다. 오른쪽 아래의 [그래프 편집하기]에서 그래프 형태를 상세하게 변경할 수 있습니다. 해당 설정을 사용해 봅니다.

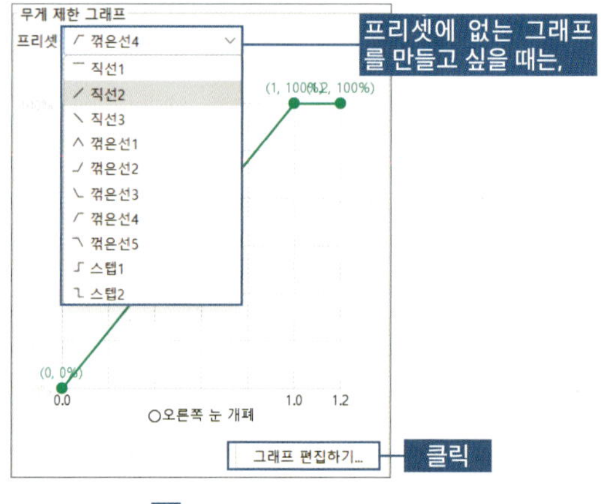

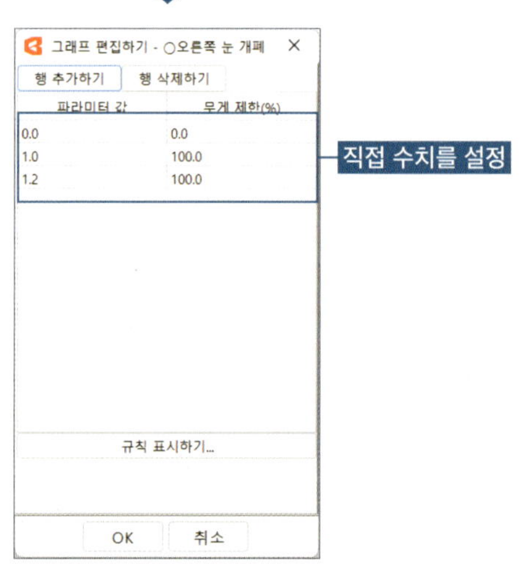

'무게 제한 설정'은 **여러 파라미터를 기준**으로 할 수 있습니다.

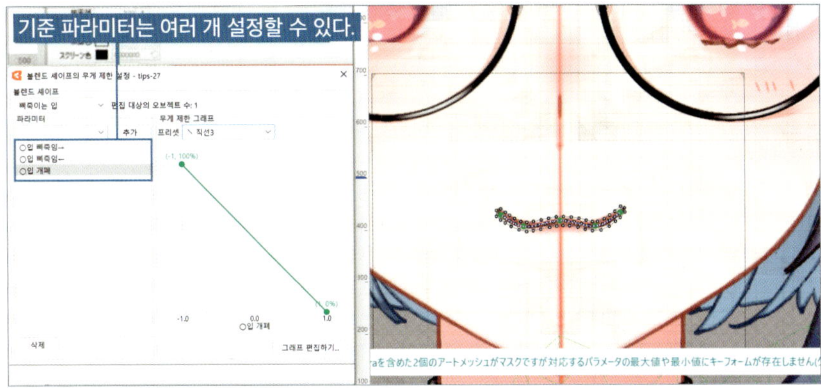

여러 개의 기준 파라미터를 설정해 제한을 걸음으로써, 예를 들면 '입이 닫히고 좌우 입꼬리를 위로 올렸을 때만 삐죽이는 입의 블렌드 세이프를 ON으로 한다'는 등의 복잡한 조건을 설정할 수도 있습니다.

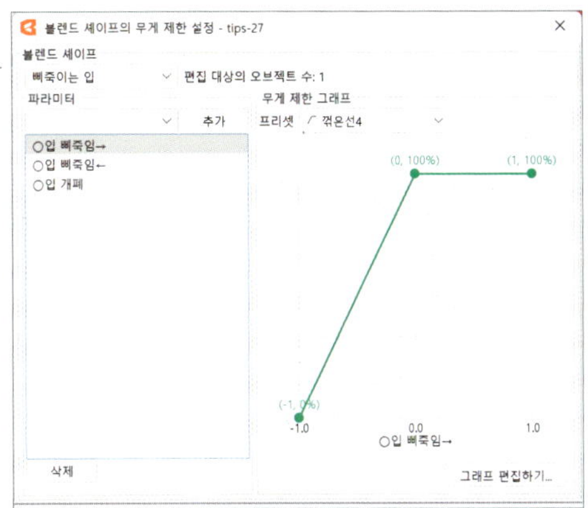

첫 번째 그래프

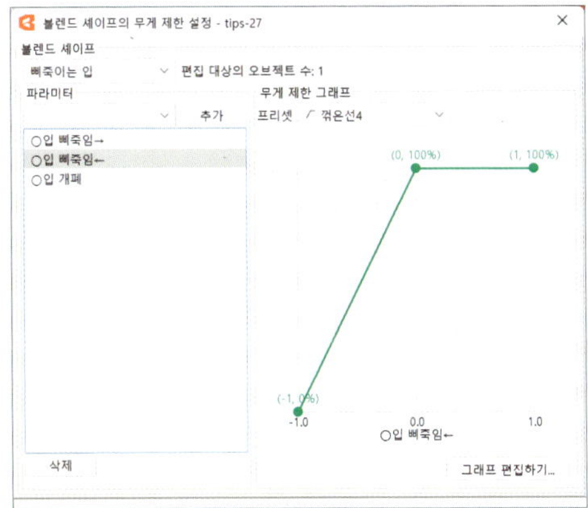

두 번째 그래프

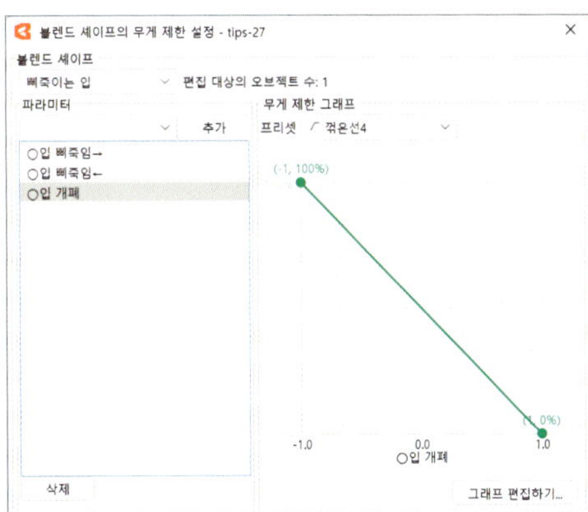

세 번째 그래프

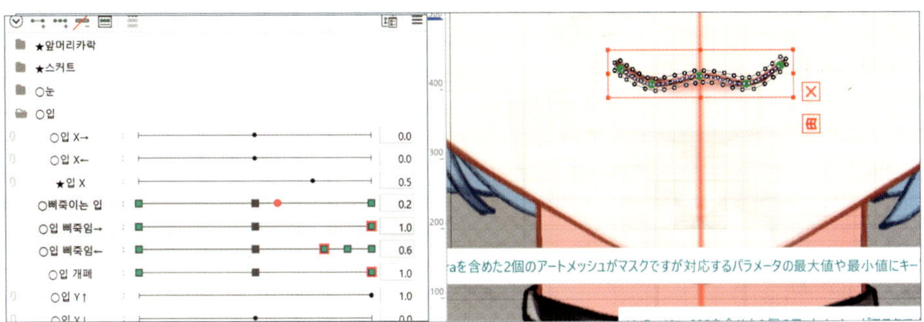

의장 디자인:樋口このみ([X]@CO_NO2162)

블렌드 셰이프를 각도 XY에 활용하자

칸부츠히모노

블렌드 셰이프를 '각도 XY에 활용한다'는 것은 각도 XY를 직접 블렌드 셰이프에 설정한다는 의미가 아닙니다. 오히려 직접 블렌드 셰이프에 설정하는 것을 권장하지 않습니다.

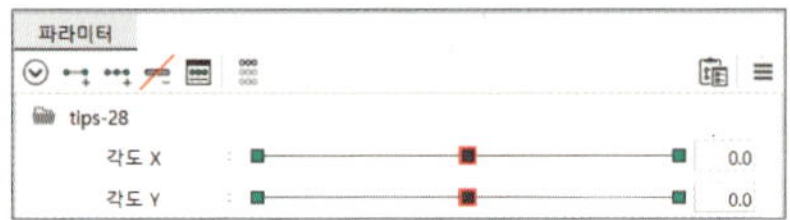

角度XYのパラメータを直接ブレンドシェイプにした例

왜냐하면 블렌드 셰이프로는 움직임을 추가할 수만 있고 곱하기 계산은 자동으로 수행하므로, 한 위치만의 움직임을 크게 바꿀 수 없기 때문입니다.

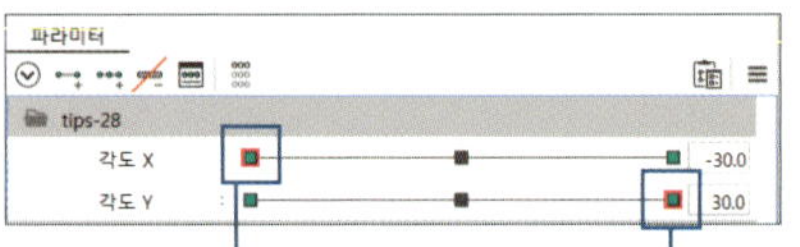

'무게 제한 설정'을 사용하면 위치에 따라 움직임에 제한을 걸 수 있습니다. 하지만 어디까지나 이는 '얼만큼의 제한을 걸 것인가'의 크고 작은 정도에 지나지 않습니다. 즉, '한 위치만 자동 계산 결과라도 거기에 제한을 건 상태도 아닌, 전혀 다른 움직임을 붙이는 것'은 할 수 없습니다.

하지만 각도 XY의 움직임을 만들 때 대개 '네 모서리의 폼을 자동 생성'하는 것만으로는 비스듬한 변형을 잘 할 수 없어, 다시 세부 조정을 하는 경우가 많을 것입니다.

이 '세부 조정'은 블렌드 셰이프를 사용해서는 설정할 수 없습니다. 그렇기 때문에 '각도 XY 파라미터를 직접 블렌드 셰이프에서 설정하는 것은 권장하지 않습니다'.

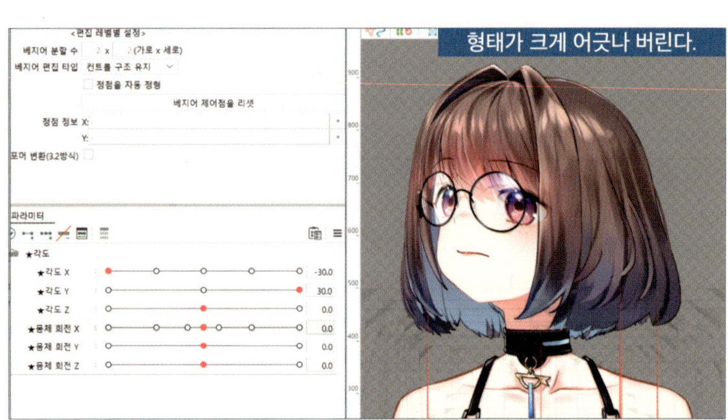

각도 XY 파라미터로 '네 모서리의 폼을 자동 생성'한 상태

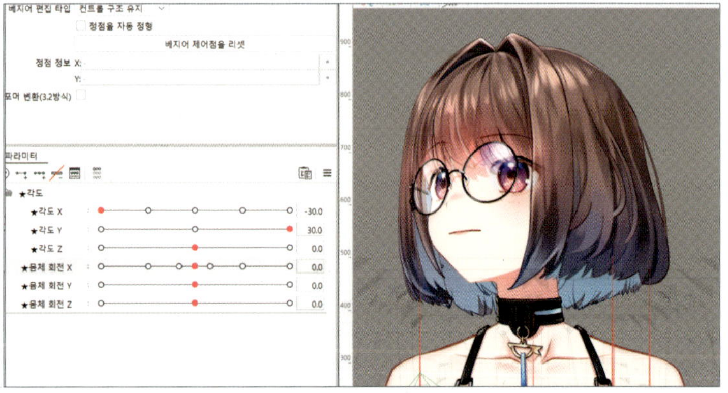

네 모서리를 자동 생성'한 뒤 수동으로 세부 조정한 상태

그럼 '각도 XY에 활용한다'란 대체 무엇일까요? 그 대답은 **각도 XY의 보정용 블렌드 셰이프를 새롭게 만든다**입니다. 여기에서 소개하고 있는 모델은 보정용 블렌드 셰이프가 동작해 비로소 변형을 완성하게 되어 있습니다.

각도 XY의 보정용 블렌드 셰이프를 만든다.

'▽각도 X'라는 이름의 보정용 블렌드 셰이프를 사용해서는 주로 얼굴 주변 및 옆머리카락을 보정합니다. 옆머리카락은 변화를 매우 쉽게 알 수 있습니다. 얼굴 움직임에 맞춰 아트 메쉬를 직접 변경합니다.

일반적인 '각도 X'만 움직인 상태　　　보정용 '▽각도 X'도 움직인 상태

얼굴 주변의 보정은 위 그림만으로는 다소 알기 어려울 수도 있습니다. 구체적으로 무엇을 했는지 살펴봅니다. **A**와 같이 하이라이트 아트 메쉬를 모은 디포머를 만들고, **B**와 같이 변형시켜 얼굴의 입체감을 표현하고 있습니다.

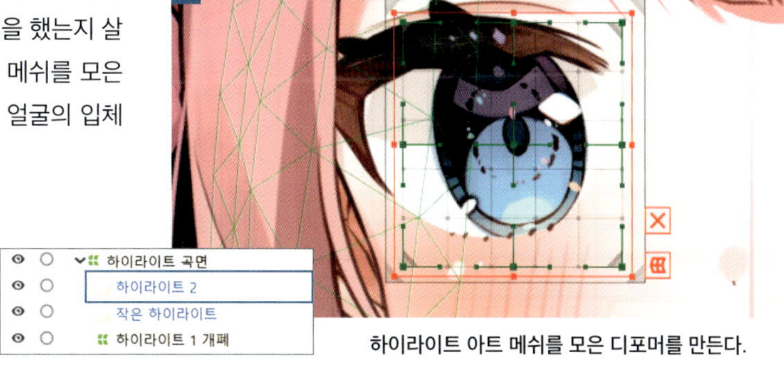

하이라이트 아트 메쉬를 모은 디포머를 만든다.

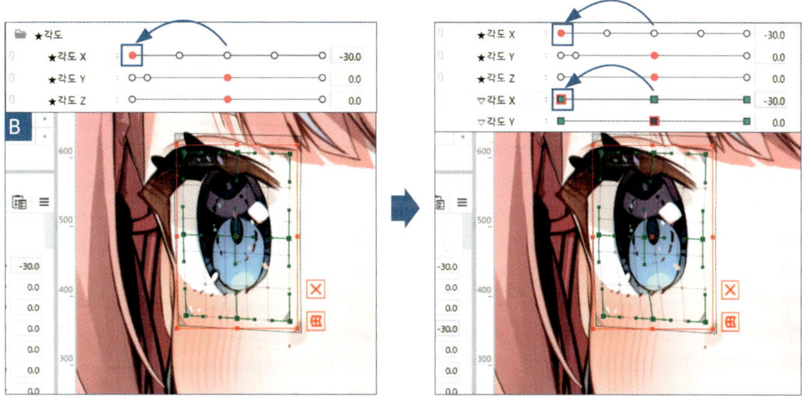

둥근 느낌을 더해 눈동자의 입체감을 표현한다.

앞머리카락도 입체감을 강조하기
위해 그림자와 앞머리카락 사이에
거리를 주고, 디포머 변형만으로는
딱딱한 느낌을 주는 머리카락 끝
부분을 세부 조정합니다.

여기까지 읽은 분들은 '왜 굳이 보정을 블렌드 셰
이프를 사용해서 하는 것인가?', '직접 일반적인 각
도 XY 파라미터로 하는 편이 편하지 않은가?' 하는
의문을 가질지도 모르겠습니다.

사실 이 보정을 한 부위들은 '이미 두 종류의 파라
미터에 변형이 연결되어 있다'는 공통점을 갖고 있
습니다.

Live2D 모델을 어느 정도 만들어 본 분들이라면
하나의 객체(아트 메쉬나 디포머)에 파라미터를 두 종
류 이상 연결하면 제작이 매우 복잡해지는 것을 알
것입니다.

구체적으로는 다음과 같이 파라미터의 종류가 하
나 늘어나면 관리할 위치의 수가 급격하게 늘어납
니다.

·파라미터 1종류 → 관리할 위치 3개
·파라미터 2종류 → 관리할 위치 3 x 3 = 9개
·파라미터 3종류 → 관리할 위치 3 x 3 x 3 = 27개
·파라미터 4종류 → 관리할 위치 3 x 3 x 3 x 3 =
 81개

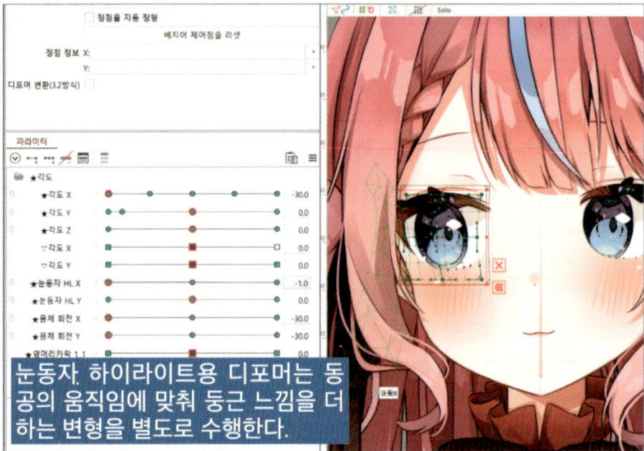

그래서 움직임의 복잡함에 따라 **일반 파라미터와 블렌드 셰이프를 구분해 사용함으로써 관리에 드는 수고를 줄이는 것**
입니다.

실제로 블렌드 셰이프를 활용하는 방법을 소개합니다.

1

블렌드 셰이프를 사용해야 하는
부분 이외의 '각도 XY'의 변형을
만들어 둡니다.

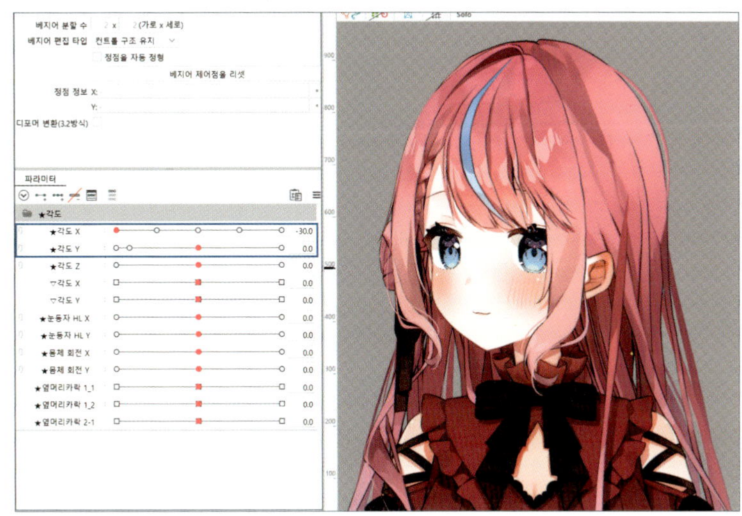

2

새롭게 보정용 블렌드 셰이프를 만듭니다.

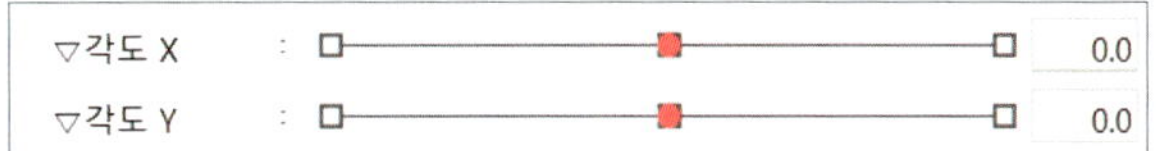

수치는 일반 파라미터와 같게 설정하면 쉽게 이해할 수 있습니다.

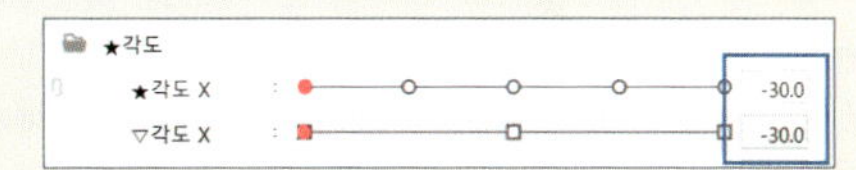

3

일반적인 각도 파라미터와 같은 위치에 블렌드 셰이프를 합쳐, 변형을 만듭니다.

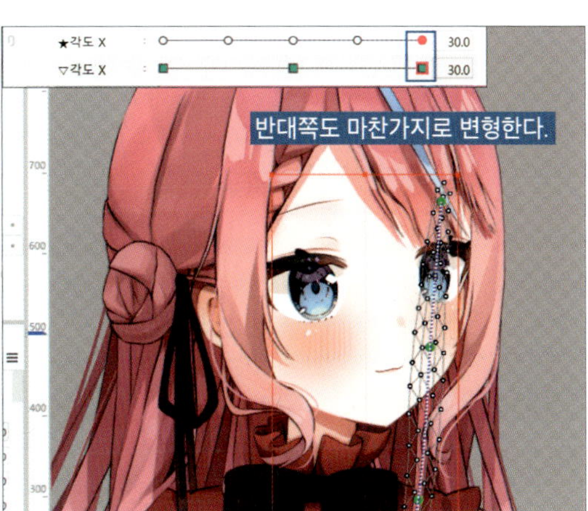

물리 연산을 사용해 일반 파라미터와 보정용 블렌드 셰이프가 따라 움직이게 합니다. 물리 연산에 관해서는 [Tips 29]를 참조합니다.

출력 설정

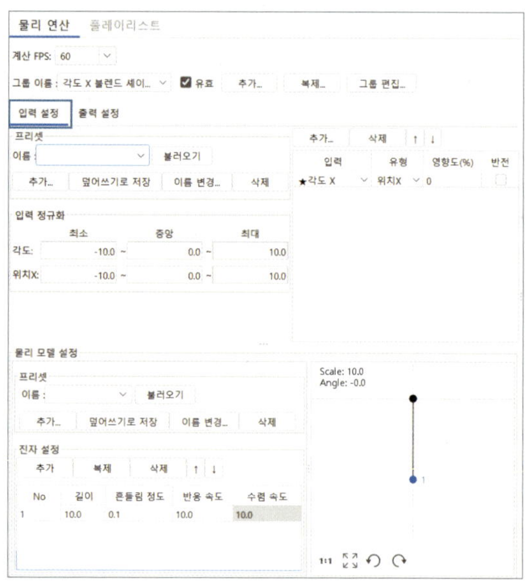

입력 설정, 물리 모델 설정

흔들림용 블렌드 셰이프의 움직임이나 일반 파라미터의 움직임도 만듭니다. 이건 언제 만들어도 상관없습니다.

물리 연산 화면에서 모델을 움직여 보면 머리카락이 얼굴, 몸의 방향에 따라 움직이는 것을 알 수 있습니다. 얼굴과 몸으로 나눠 제작하면, 얼굴과 몸을 따로 움직이더라도 머리카락의 움직임에 위화감이 없게 됩니다.

참고 동영상(일본어)
https://www.youtube.com/watch?v=MSKkei2V77Q

Method2 　각도 XY에 활용(물리 연산을 사용하지 않는 패턴)

[Method1]에서는 물리 연산을 사용하고, 일반 파라미터와 보정용 블렌드 셰이프를 따라가게 했습니다.
[Method2]에서는 물리 연산을 사용하지 않고, 각도 XY에 블렌드 셰이프를 활용하는 방법을 소개합니다.

여기에서 소개하는 모델은 '기본 상태가 대각선 방향' + '몸을 따르는 긴 옆머리카락'의 제작 난이도가 높은 디자인을 갖고 있습니다.

이렇게 복잡한 디자인이라 하더라도 일반 파라미터와 블렌드 셰이프를 나누어 사용해 얼굴과 몸에서 각각 다른 움직임을 만들어 입체감이 있는 모델링을 할 수 있습니다.

1

얼굴의 기본 상태가 대각선 방향이며 자동 계산으로는 조정이 어려우므로, 얼굴의 각도 XY를 일반 파라미터, 몸의 각도 X를 블렌드 셰이프로 만듭니다.

몸의 보정용 블렌드 셰이프는 'Method1'과 마찬가지로 새로 만듭니다. 추종에 물리 연산을 사용하지 않을 때는 2개 만듭니다. 블렌드 셰이프 이름을 보면 끝에 '+'와 '-'를 붙였습니다. 원래 일반 파라미터의 +측, -측 보정을 각각의 블렌드 셰이프를 사용해 수행합니다.

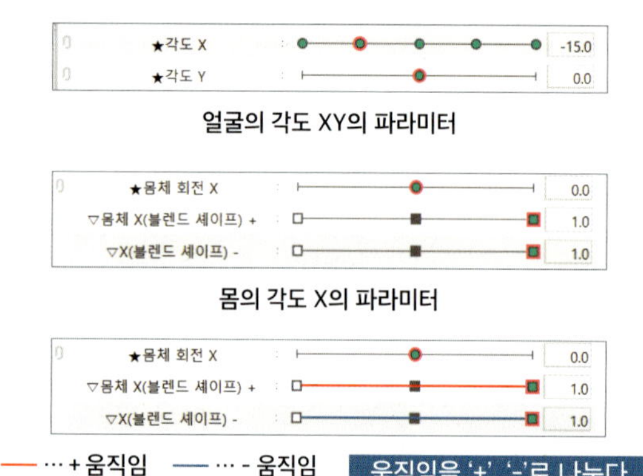

얼굴의 각도 XY의 파라미터

몸의 각도 X의 파라미터

—— ··· + 움직임　 —— ··· - 움직임　 **움직임을 '+', '-'로 나눈다.**

2

여기에서는 블렌드 셰이프의 '**수치**'가 매우 중요합니다.

'기본 수치와 최댓값을 같은 값으로 한다('1.0'이 이해하기 쉬우므로 권장함)', '최솟값을 '0.0'으로 한다'는 두 가지를 반드시 지켜야 합니다.

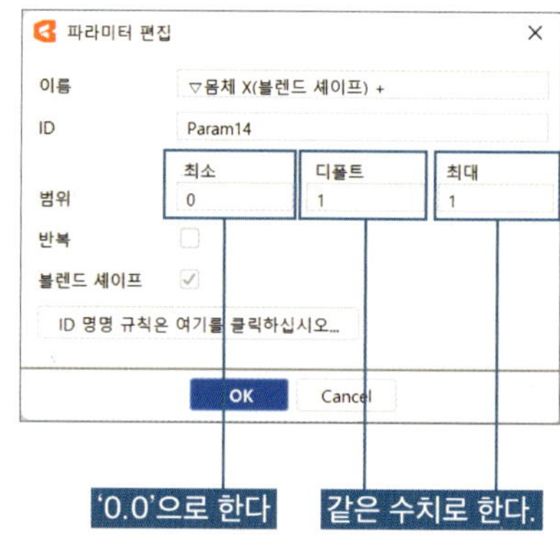

'0.0'으로 한다.　　**같은 수치로 한다.**

3

한쪽만

블렌드 셰이프를 만들면 [Method1]에서와 달리 한쪽만 녹색 점이 됩니다. 그리고 기본 수치를 최댓값으로 했기 때문에 블렌드 셰이프를 의식적으로 OFF로 설정하지 않는 한, 녹색 점 부분의 최댓값이 항상 기본 상태가 됩니다.

기본 상태라도 블렌드 셰이프의 수치는 최댓값인 '1.0'이 된다.

기본 상태로 파라미터를 되돌릴 때는 단축키인 CTRL + 1 키를 사용하면 간단합니다.

4

여기에서는 일반 파라미터와 보정용 블렌드 셰이프가 물리 연산 대신 '무게 제한 설정'을 따르도록 합니다.

오른쪽 그림은 보정용 블렌드 셰이프의 +쪽 그래프입니다. 일반 파라미터가 '0.0'일 때는 '0%(블렌드 셰이프의 변형은 전혀 반영되지 않음)', 일반 파라미터가 최댓값 '10.0'일 때는 '100%(제한 없이 움직임)'으로 설정했습니다. 이렇게 설정하면 몸체 X가 +쪽으로 움직였을 때만 블렌드 셰이프의 +쪽 움직임을 ON으로 할 수 있습니다.

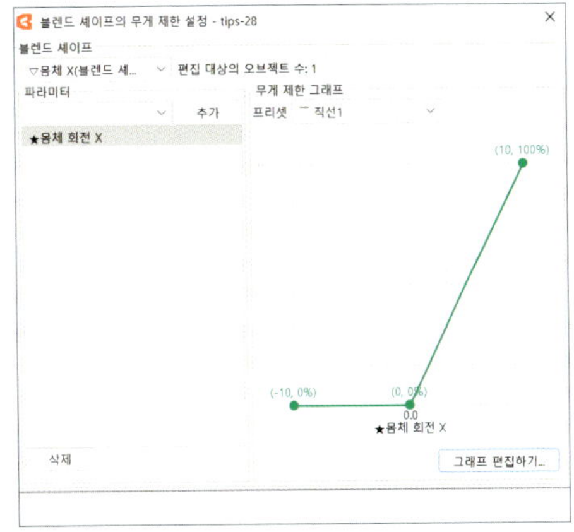

보정용 블렌드 셰이프의 +쪽 그래프

5

블렌드 셰이프의 -쪽은 +쪽과 반대의 그래프가 되도록 설정합니다. 일반 파라미터가 '0.0'일 때는 '0%(블렌드 셰이프의 변형은 전혀 반영되지 않음)', 일반 파라미터가 최솟값 '-10.0'일 때는 '100%(제한 없이 움직임)'으로 설정했습니다. 이 보정용 블렌드 셰이프는 몸체 X가 -쪽으로 움직였을 때 ON으로 할 수 있습니다. 블렌드 셰이프는 의식적으로 OFF로 하지 않는 한, 항상 최댓값의 녹색 점 부분이 기본 상태가 되도록 설정되어 있으므로, 순수하게 몸체 X의 움직임에만 반응합니다.

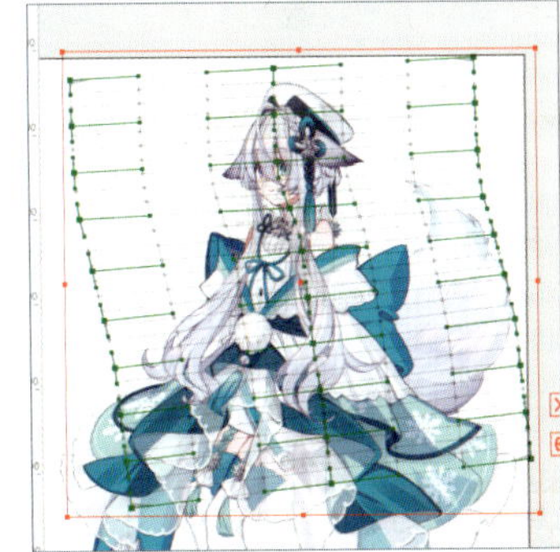

보정용 블렌드 셰이프의 -쪽 그래프

보정용 블렌드 셰이프에는 '전체의 큰 움직임을 붙이는 워프 디포머'와 '세세한 입체감을 붙이는 아트 메쉬'의 변형을 연결합니다.

전체의 대략적인 움직임은 워프 디포머에서 수행하고 각도 XY와 몸체 X의 움직임을 각각 붙인다.

아트 메쉬를 직접 세세하게 변형해
입체감을 한층 높일 수 있습니다.

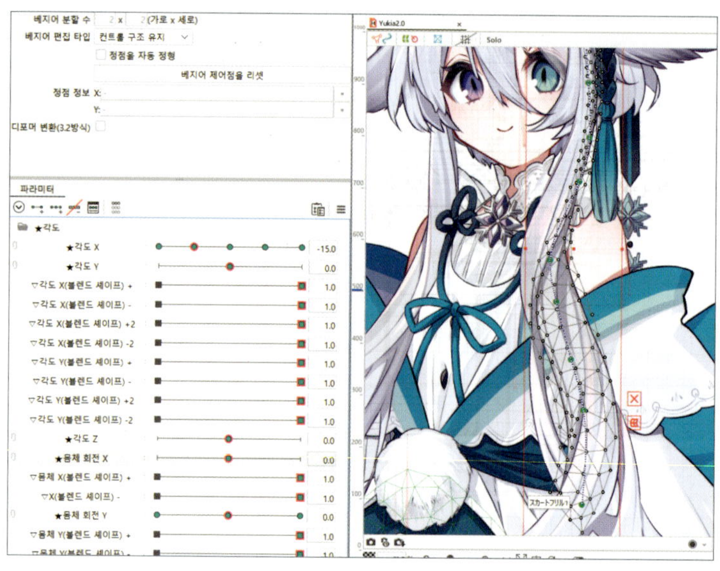

아트 메쉬는 흔들리는 움직임
도 블렌드 셰이프로 만들어,
입체감을 유지하면서 부드럽
게 흔들리게 합니다.

참고 동영상(일본어)
https://www.youtube.com/
watch?v=9ju93_AMLoY

의장 디자인 : 樋口このみ([X]@CO_NO2162)

물리 연산을 활용해 보다 효율적인 움직임을 붙이자

칸부츠히모노

Live2D에서의 '물리 연산'은 **모델의 움직임에 맞춰 머리카락이나 옷 등의 흔들림을 자동으로 계산하고 움직이는 기능입**니다. 잘 설정하면 실제와 같은 부드러운 움직임을 붙일 수 있습니다. 상급자용 조작도 있지만, 꼭 여러 차례 시도해 보고 원리를 이해한 뒤 자연스러운 흔들림을 보이는 움직임을 만들어 봅시다.

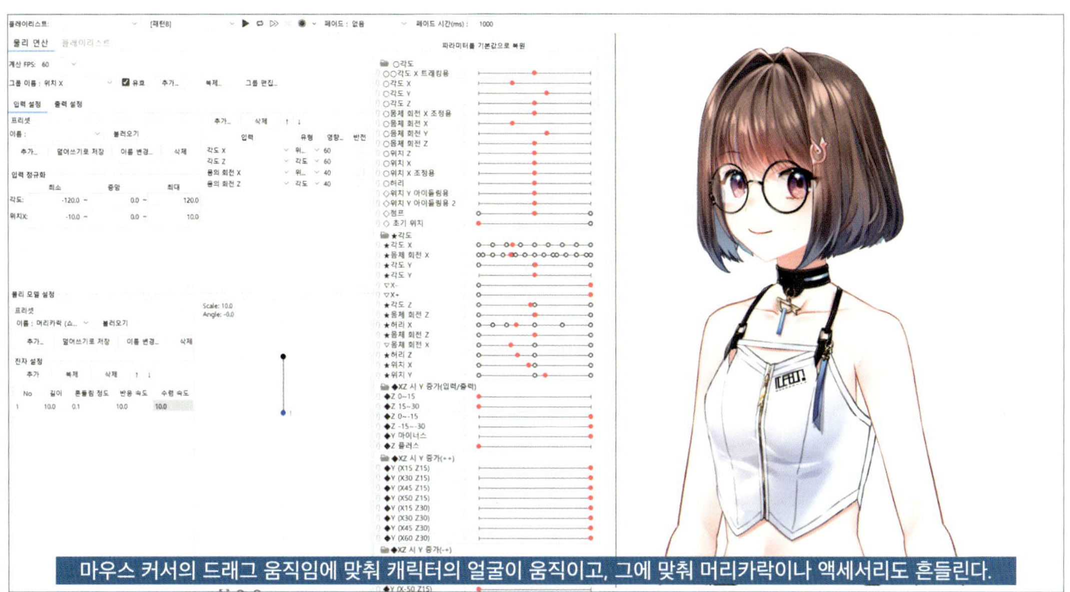

물리 연산 설정 화면

물리 연산 설정은 크게 '**입력**', '**진자**', '**출력**'의 세 가지로 나누어집니다.
입력 설정과 출력 설정은 각각 탭을 전환해 표시합니다.

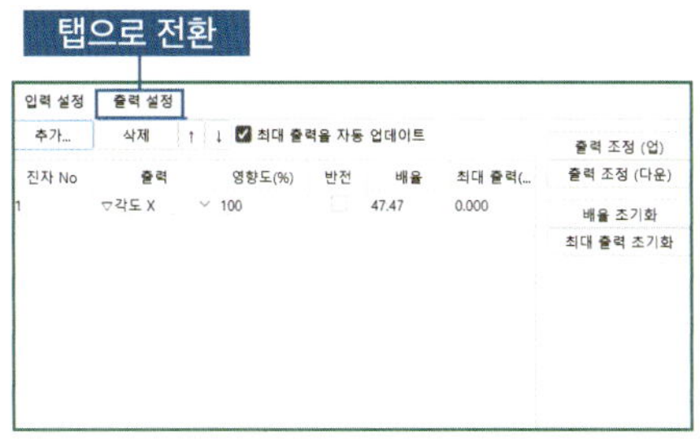

출력 설정(녹색 프레임)

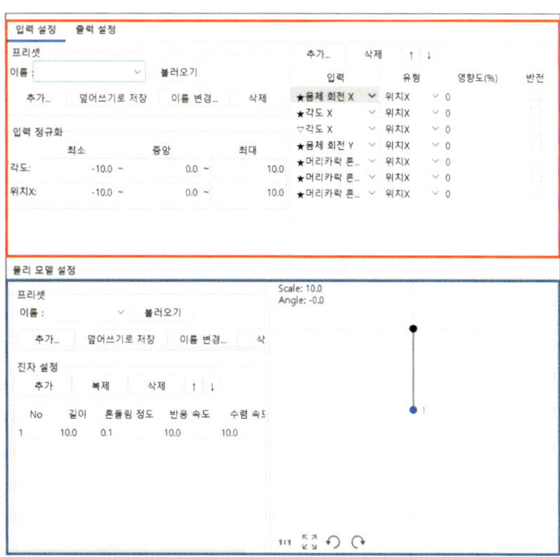

입력 설정(빨간색 프레임), 진자 설정(파란색 프레임)

머리카락을 예로 실제로 움직여 봅니다.

먼저 입력 설정입니다. **입력 설정에서는 '기준이 되는 움직임의 파라미터'를 설정**합니다. 머리카락은 얼굴을 움직이면 흔들리므로, 머리카락을 흔들리는 기준이 되는 움직임은 '얼굴의 움직임'입니다. 즉, '얼굴의 각도 XYZ' 파라미터의 움직임이 기준이 됩니다.

입력 설정 필드 오른쪽 위에 있는 [추가] 버튼을 클릭하고 입력용 파라미터를 설정합니다.

입력 설정

2

진자 설정은 흔들림의 '빠르기', '세기', '흔들림이 멈출 때까지의 시간' 등 '어떻게 파라미터를 움직이는가'를 설정하는 항목입니다. 진자의 구체는 1개가 아니라 여러 개를 한번에 움직일 수 있으며, 이를 활용하면 여러 파라미터를 부드럽게 움직일 수 있습니다.

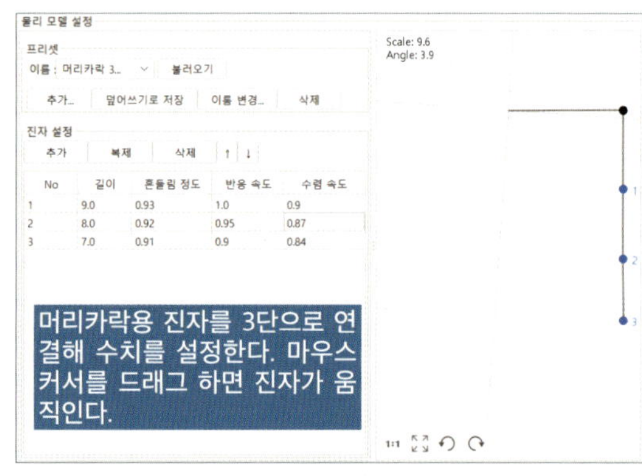

진자 설정

POINT

직접 수치 세부 설정을 하기 어려울 때는 사전에 제공되는 **프리셋**에서 부위에 맞는 진자를 선택할 수 있습니다.

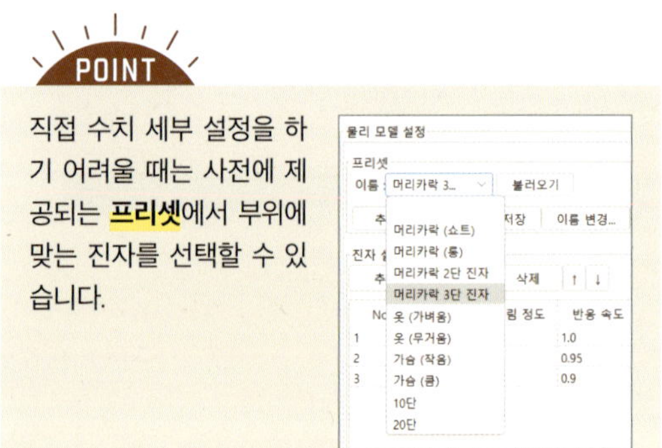

3

출력 설정에서는 '물리 연산으로 움직일 파라미터'를 설정합니다. 먼저 다음 그림과 같이 머리카락을 여러 단으로 나누어서 변형합니다.

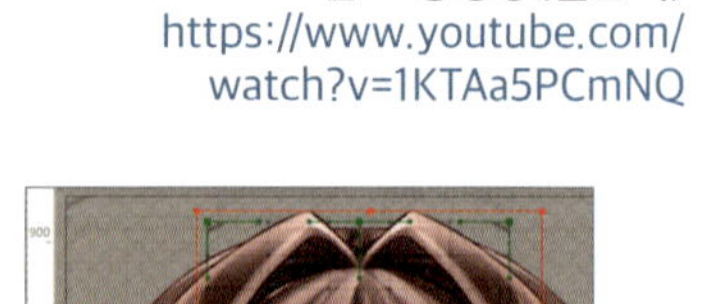
참고 동영상(일본어)
https://www.youtube.com/watch?v=1KTAa5PCmNQ

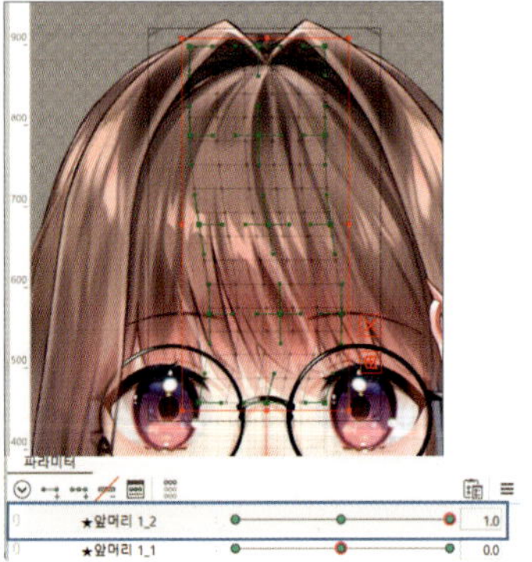

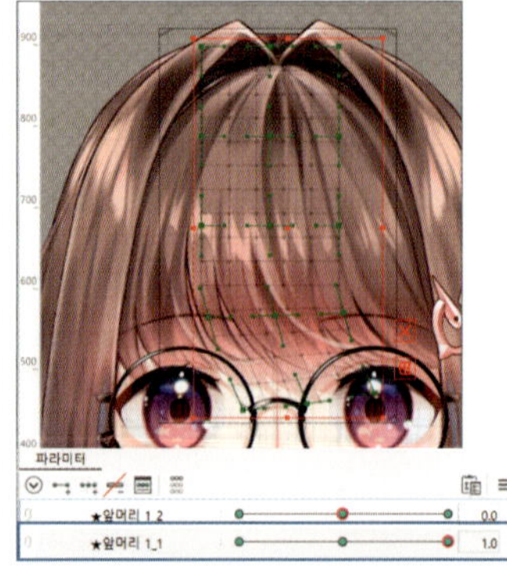

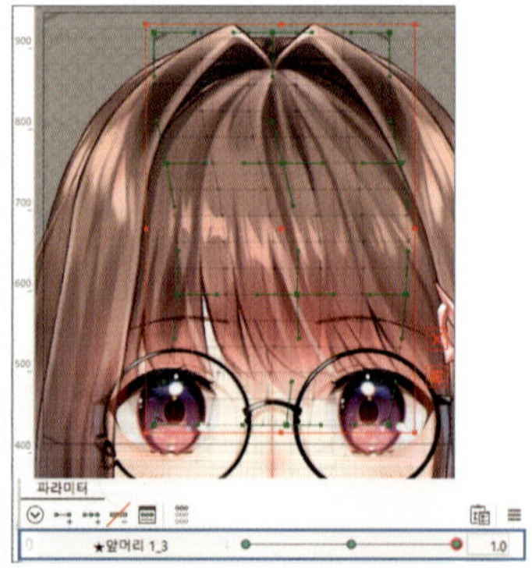

출력 설정 탭을 클릭하고 출력 설정으로 전환합니다. 출력 설정 오른쪽 위에 있는 [추가] 버튼을 클릭하고, 만든 3단 파라미터를 설정합니다. No(번호)는 진자 No와 연동합니다.

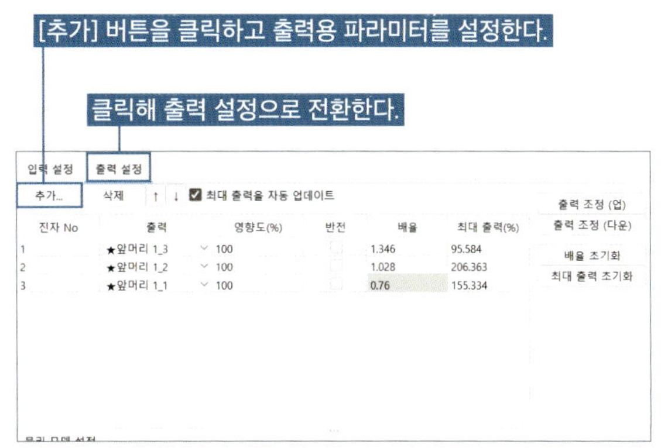

출력 설정

4

물리 연산 설정 화면에서 마우스 커서를 드래그 하면, 머리카락이 흔들립니다. 진자와 동일하게 움직이는 것을 알 수 있습니다. 이것이 물린 연산의 기본적인 사용 방법입니다.

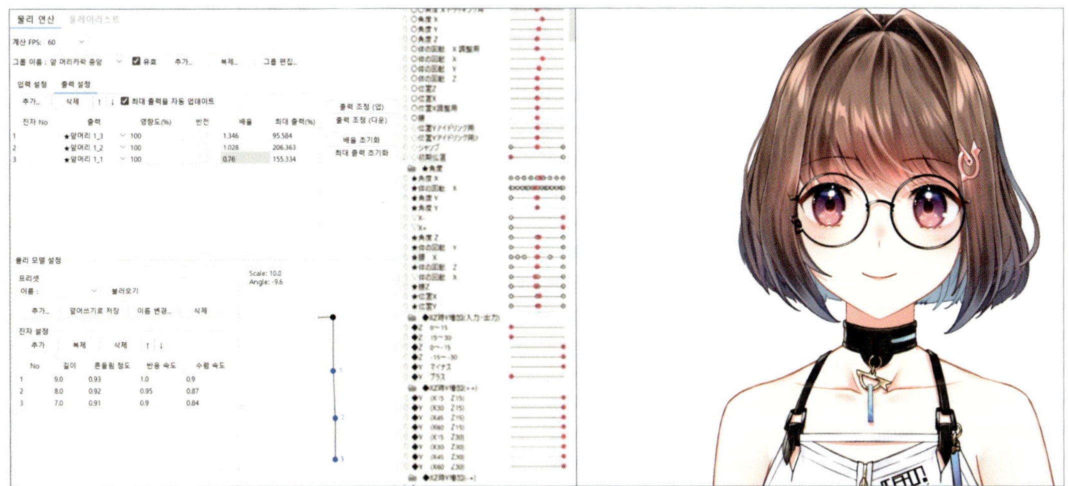

모든 설정을 완료한 물리 연산 설정 화면

Method1 입력 유형별 '위치 X'와 '각도'의 차이

물리 연산에 관한 몇가지 용어를 선정해서 설명합니다. 물리 연산을 사용할 때 매우 중요하므로 꼭 기억합니다.

먼저 물리 연산의 **입력 설정의 두 가지 유형인 '위치 X'와 '각도'**의 차이에 관해 설명합니다.

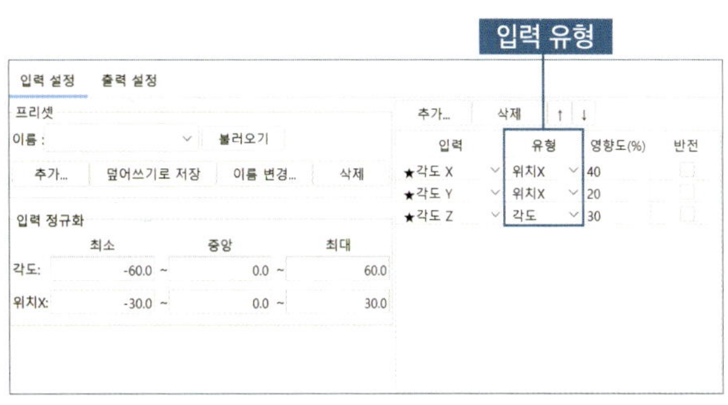

입력 설정

입력 유형에 따라 진자의 움직이는 방식이 달라집니다.

1

종류별을 '위치 X'로 선택 했을 때 입력 파라미터의 움직임에 맞춰 **진자가 좌 우**로 움직입니다. 입력 파라미터가 멈추면 진자 는 잠시 흔들린 뒤 기본 위치로 돌아옵니다. 종류 별 '위치 X'는 주로 **각도 X계열이나 각도 Y계열의 흔들림**에 사용합니다.

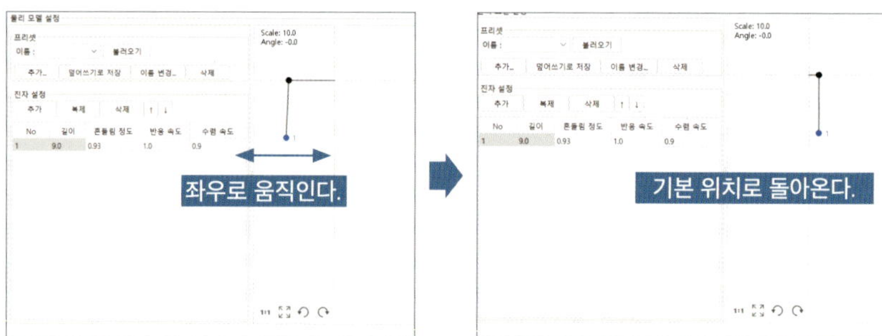

입력 유형별 '위치 X'로 했을 때의 진자 설정

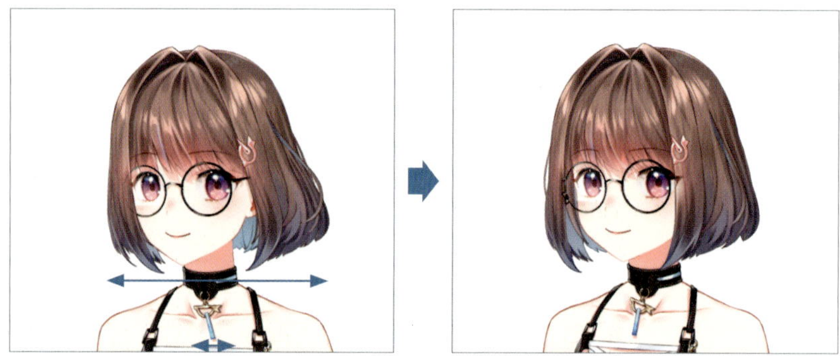

2

유형을 '각도'로 설정하면 입력 파라미터의 움직임 에 맞춰 **진자의 각도가 기울어**집니다. 입력 파라 미터가 멈추면 진자는 잠 시 흔들린 뒤 멈춥니다. 하지만 유형 '위치 X'와 달리 입력 파라미터의 수 치에 맞춰 기울인 상태가 됩니다.
유형 '각도'는 주로 **각도 Z계열의 흔들림**에 사용 합니다.

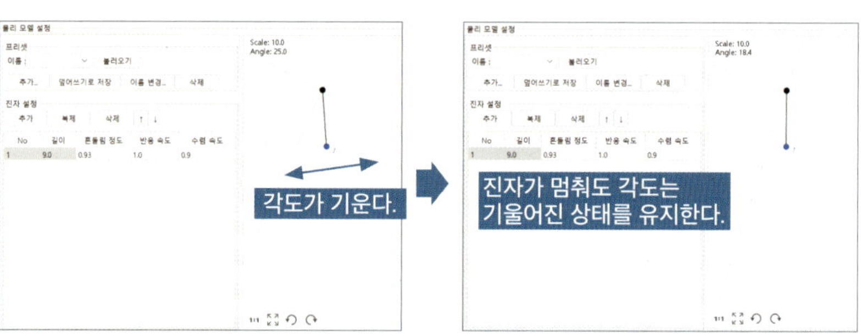

입력 유형을 '각도'로 선택했을 때의 진자 설정

입력 파라미터는 **하나의 물리 연산 그룹에 여럿 설정할 수 있습니다.** 유형도 각각 개별 설정할 수 있습니다. 다양한 입력과 유형을 조합해, 한번 만든 흔들림을 여러 움직임에 재사용할 수 있습니다.

입력 설정

입력: 각도 X, 유형: 위치 X　　　　입력: 각도 Y, 유형: 위치 X　　　　입력: 각도 Z(머리카락 Z), 유형: 각도

Method2 　입력의 '영향도', 출력의 '배율'과 '최대 출력'

다음으로 입력의 **'영향도'**, 출력의 **'배율'**과 **'최대 출력'**에 관해 설명합니다.

입력 설정

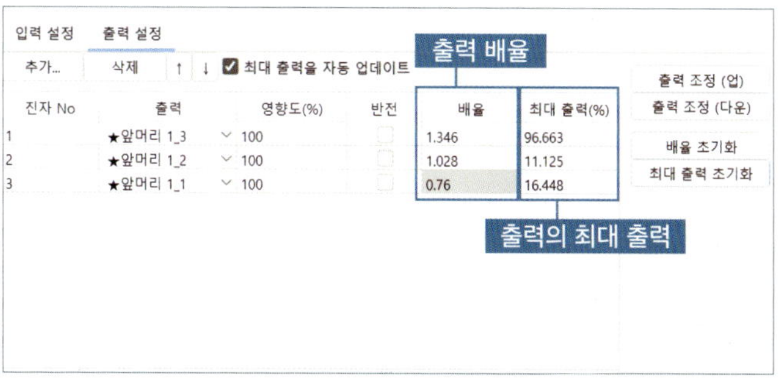

출력 설정

입력 영향도는 '**어떤 입력 파라미터의 움직임이 얼마나 출력 파라미터에 영향을 주는가**'를 결정하는 것입니다.

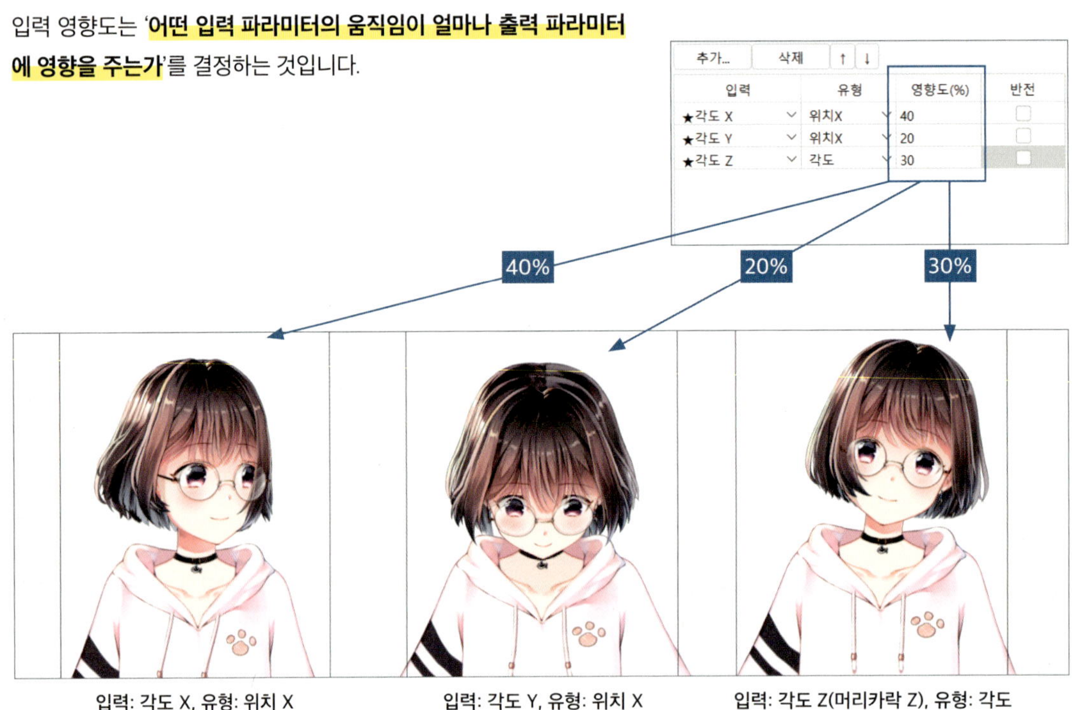

입력: 각도 X, 유형: 위치 X　　　　　입력: 각도 Y, 유형: 위치 X　　　　　입력: 각도 Z(머리카락 Z), 유형: 각도

영향도의 최댓값은 **유형, '위치 X', '각도' 각각 100**(%) 입니다. 같은
유형의 영향도는 100을 초과해 설정할 수 없습니다.
오른쪽 그림은 각도 X에서 '위치 X'의 최댓값 100을 전부 사용했으며,
각도 Y의 영향도는 0보다 큰 값을 사용할 수 없습니다.

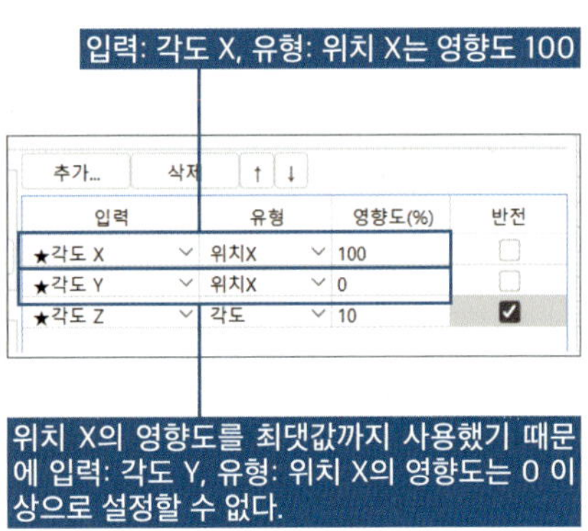

입력 영향도의 최댓값은 100이지만 반드시 100으로 설정할 필요는 없습니다. 오히려 영향도는 어느 정도 여유를 갖고,
조금씩 설정을 하는 것이 좋습니다.

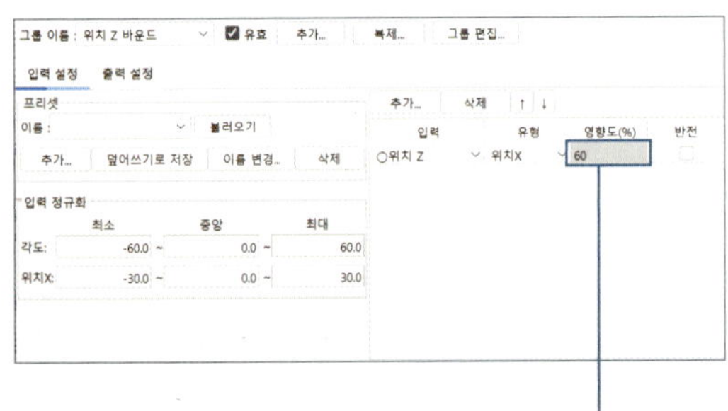

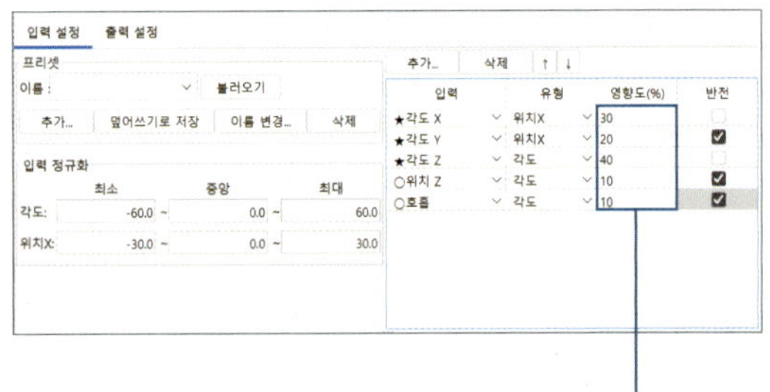

출력의 배율은 '**출력 파라미터 움직임의 크기**'입니다. 수치가 클수록 움직임이 커집니다. 입력 영향도가 작으면 출력 파라미터의 움직임도 작아지지만, 그만큼 출력의 배율 수치를 키워서 움직임을 적절하게 크게 조정할 수 있습니다.

이 '적절한 크기'로 조정하는 것은 다음에 설명할 최대 출력값을 보고 판단합니다.

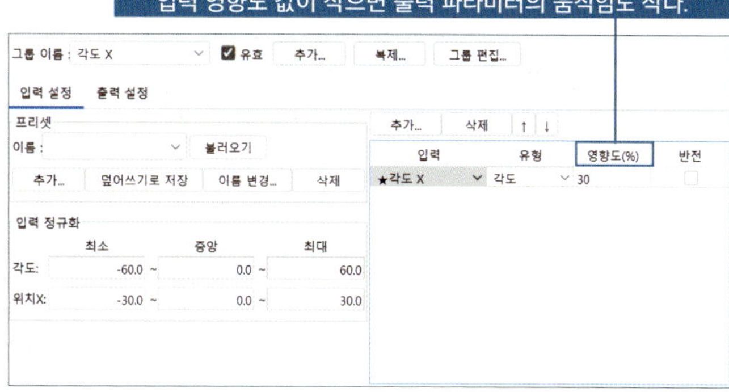

입력 설정

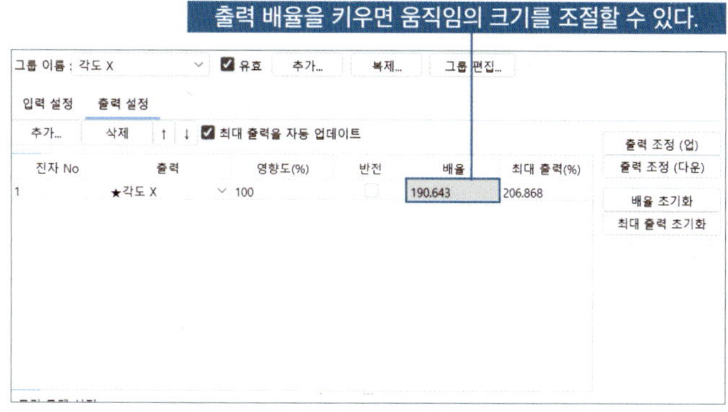

출력 설정

일반적으로는 모델이 움직였을 때, **최대 출력값이 100 전후가 되는 배율이 적절한 값**이라 할 수 있습니다. 의도적으로 극단적인 크기의 최대 출력을 만드는 방법도 있지만 여기에서는 설명하지 않습니다.

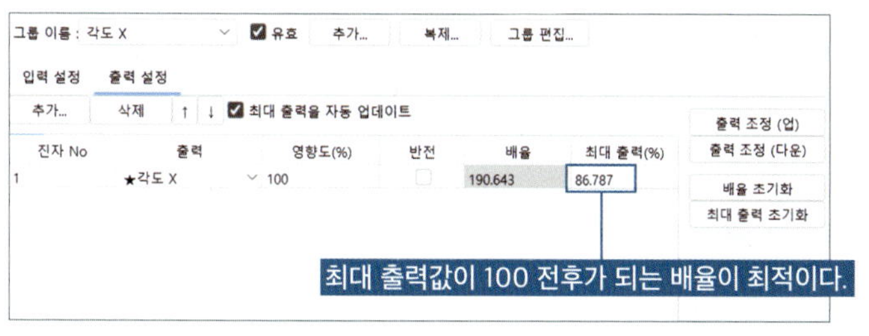

최대 출력값이 극단적으로 작으면 흔들림이 생각보다 작아지는 경우가 많습니다. 그럴 때는 '출력 조절(업)'을 클릭해 봅시다. 반대로 최대 출력이 100을 크게 초과하면 흔들림이 딱딱하게 될 가능성이 높습니다. 그럴 때는 [출력 조정(다운)]을 클릭하면 최대 출력을 100으로 억제한 배율로 자동 조정해 줍니다.

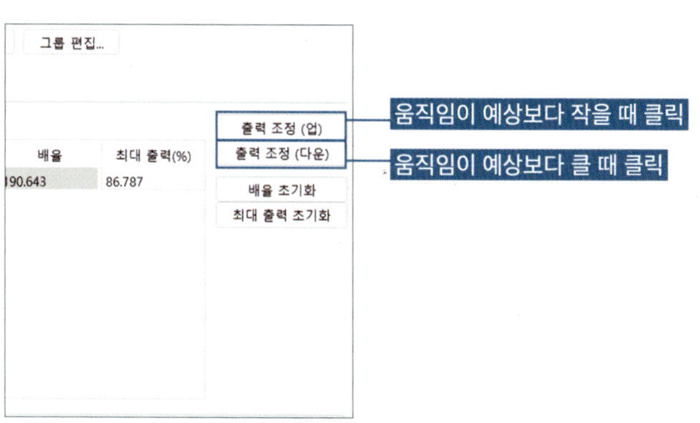

Part1 캐릭터 모델

의장 디자인 : 樋口このみ([X]@CO_NO2162)

물리 연산을 사용해 얼굴의 움직임에 몸이 따라 움직이게 하자

칸부츠히모노

여기에서는 물리 연산 응용 방법에 관해 설명합니다.

물리 연산 응용의 대표적인 방법의 하나로 '**각도 보정**'이 있습니다. 각도 보정은 주로 스트리밍용 모델 등의 실시간 트래킹에서 활용하는 방법입니다. Live2D 모델의 얼굴과 몸의 움직임을 따라가게 만들거나, 블렌드하거나, 지연시키거나, 경쟁하는 움직임을 추가해 보다 활동감을 내는 등 **실제 카메라로부터 읽은 움직임에 보다 생동감 있는 움직임을 추가하는 것**입니다.

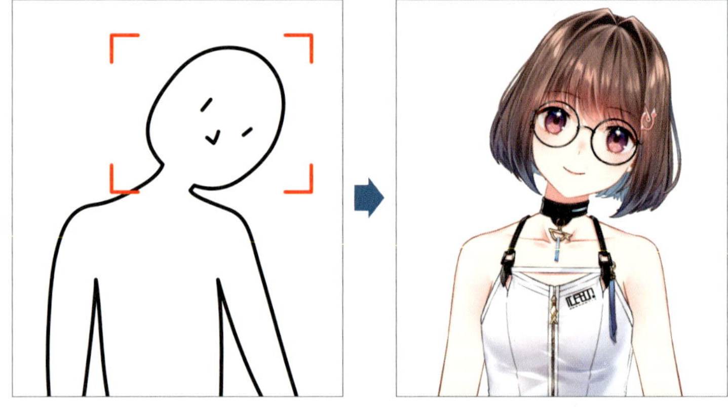

카메라에 비친 사람의 움직임   일반적이라면 목의 기울기만 감지함   모델의 움직임

각도 보정으로 몸의 기울기를 추가함으로써 활동감을 추가한다.

원리를 이해한 뒤 물리 연산 설정을 한 번만 만들어 두면 다양한 모델에 활용할 수 있고, 짧은 시간에 모델의 활동감을 추가할 수 있습니다. 직접 변형하기에는 어려운 움직임도 각도 보정을 사용하면 작업 노력을 크게 줄일 수 있는 경우가 많습니다.

POINT

한편 각도 보정의 원리는 복잡하기 때문에 이해하는 데 조금 어려울 수도 있습니다. 하나의 단계를 잘못 조작하면 잘 움직이지 않는 경우가 많고, 익숙해지기 전까지는 '어디가 잘못되었는지 모르겠다'고 느끼기 쉽습니다. 또한 앞의 설명처럼 각도 보정은 어디까지나 '**실시간 트래킹에서 활용하는 방법**'입니다. Live2D Cubism 안에서 애니메이션을 만드는 경우에는 각도 보정이 오히려 수고를 늘리거나 제작을 어렵게 만들기도 합니다.

'원리가 어렵고 실시간 트래킹에서만 활용할 수 있다'고 하면 단점이 많은 것처럼 느껴지지만, 아는 것과 모르는 것이 큰 차이를 내는 기법이라고 할 수도 있습니다. Live2D 제작에 익숙해졌다면 꼭 마스터해봅시다.

POINT

Live2D 제작 과정에서 물리 연산을 사용한 각도 보정은 '마무리' 단계로 분류됩니다.

'각도 보정을 추가하면 반드시 좋은 모델이 되는 것'은 아닙니다. '여기에서 소개한 각도 보정을 모두 사용해야만 한다'는 것도 아닙니다. **캐릭터의 성격, 비주얼, 만들고자 하는 움직임에 따라서는 오히려 적용하지 않는 편이 좋을 수도 있습니다.**

Live2D로 제작한 모델은 얼굴 뿐만 아니라 몸, 때로는 발까지 구석구석 움직이도록 만들어진 것이 많습니다. 하지만 사실은 트래킹 애플리케이션의 카메라에 보이는 것은 원칙적으로 '얼굴의 움직임 뿐'입니다.

최근에는 예외적으로 일부 고급 트래킹 애플리케이션에서 손의 움직임을 읽는 핸드 트래킹이 구현되어 있지만 몸의 움직임까지는 트래킹 하지 못합니다.

트래킹 애플리케이션 'VTube Studio'의 화면

몸의 움직임을 트래킹 못하는데 어떻게 몸을 움직일 수 있을까요? 많은 트래킹 애플리케이션들은 기본 상태에서는 '얼굴과 몸이 완전히 동일하게' 움직입니다. 즉, 얼굴의 트래킹을 그대로 몸의 움직임에 사용하고 있는 것입니다.

Live2D 공식 트래킹 애플리케이션 'nizimaLive'의 화면

하지만 '항상 얼굴과 몸이 완전히 동일하게 움직이는 것'은 이를 보는 쪽에게 움직임이 딱딱하다는 인상을 전달하기 쉽습니다. 그래서 다음에 소개하는 것이 **얼굴과 몸의 움직임을 조금 어긋나게 하는** 방법입니다.

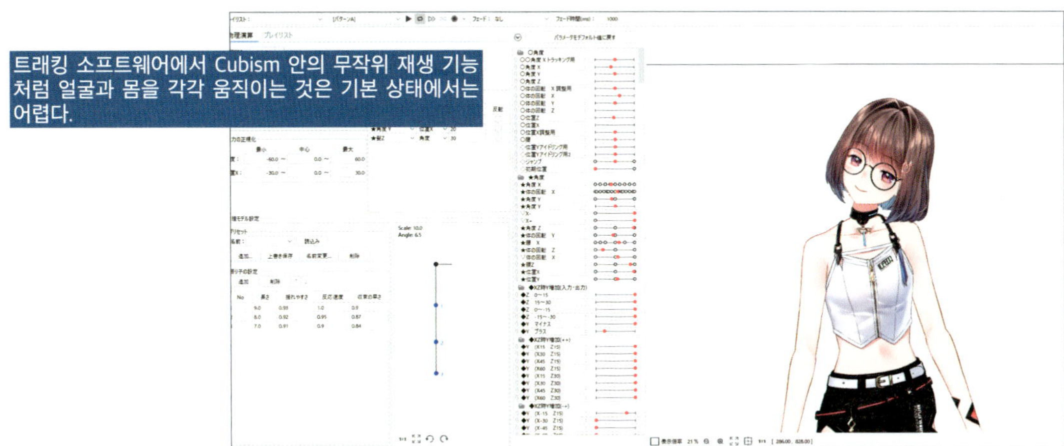

Live2D Cubism 안의 무작위 재생 기능

[Tips 29]에서는 입력에 얼굴의 각도, 출력에 머리카락의 파라미터를 넣어서 머리카락을 흔들리게 했습니다. 여기에서는 머리의 움직임에 몸이 조금 늦게 따라오게 함으로써 보다 자연스러운 움직임을 만들어 봅니다.

그럼 '얼굴의 움직임만으로 몸을 움직이게' 하려면 어떻게 해야 할까요? **'얼굴의 각도'를 입력에 넣고, '몸의 각도'를 출력에 넣으면** 됩니다.

여기에서는 X축(좌우 움직임)을 예로 들어 만들어 봅니다. 입력 파라미터에는 '각도 X', 출력 파라미터에는 '몸의 회전 X'를 넣었습니다.

이때 다음 세 가지 포인트가 중요합니다. '**입력 유형**', '**진자 설정**', '**최대 출력**'입니다. 각 항목에 관해 순서대로 설명합니다.

입력 설정

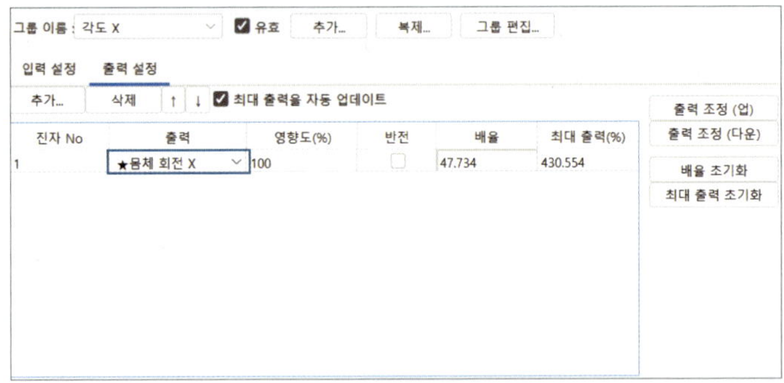

출력 설정

먼저 '입력 유형'입니다. 머리의 움직임에 몸의 움직임이 따르게 하는 경우, 입력 유형은 '각도'로 설정합니다. 입력 유형을 각도로 설정하면 얼굴의 움직임이 멈췄을 때 몸이 같은 기울기에서 멈추도록 할 수 있어, 얼굴과 같은 움직임을 하게 할 수 있습니다.

'입력 파라미터와 출력 파라미터를 동일한 움직임을 하도록 하고 싶을 때'는, '입력 파라미터의 유형을 각도로 설정한다' 고 기억해 둡시다.

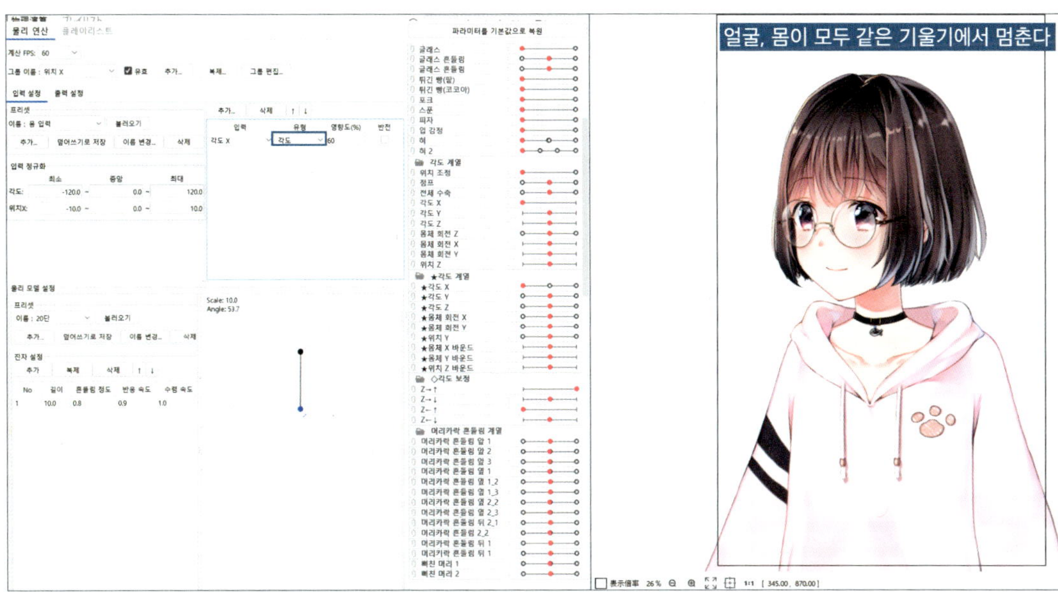

유형을 '각도'로 설정한 그림

POINT

입력의 유형을 '위치 X'로 설정한 경우에는 얼굴의 움직임이 멈추면, 몸은 기본 위치(정면)으로 되돌아 옵니다. 움직임 역시 안정 되지 않습니다.

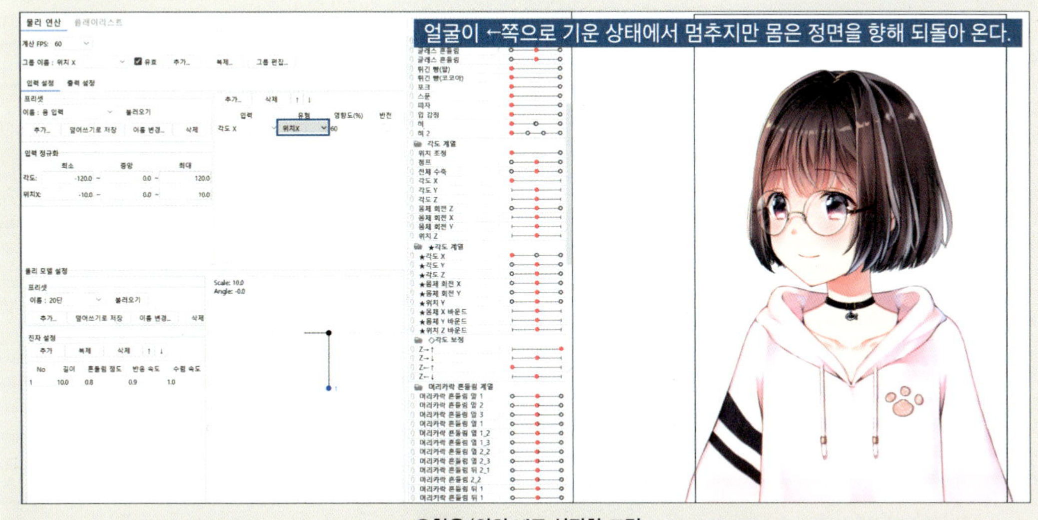

유형을 '위치 X'로 설정한 그림

다음은 '진자 설정'입니다.

[Tips 29]에서는 설명하지 않았지만 진자에서는 '**길이**', '**흔들림 정도**', '**반응 속도**', '**수렴 속도**' 항목을 설정할 수 있습니다. 이 항목들의 수치를 조정함으로써 흔들림의 정도를 세세하게 변경할 수 있습니다. 각 항목의 수치를 변경하면 흔들림이 다음과 같이 바뀝니다.

길이	수치가 클수록 진자는 길어지고, 움직임이 느려진다.
흔들림 정도	수치가 클수록 조금의 움직임에도 크게 흔들리게 된다.
반응 속도	수치가 클수록 움직임에 대해 빠르게 반응하게 된다.
수렴 속도	수치가 클수록 흔들림이 빠르게 수렴한다(멈춘다).

진자 수치 설정에 절대적인 정답은 없습니다. 동일한 각도 보정에 사용하는 진자라도 모델의 특성이나 만들고자 하는 움직임에 따라 적절한 수치가 달라집니다.

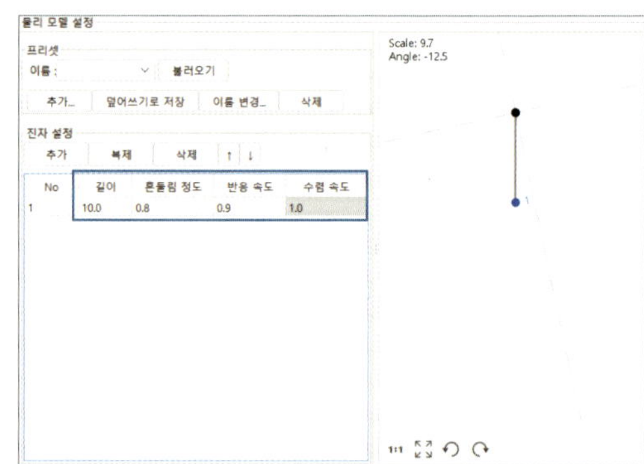

진자 설정

POINT

진자 설정에 익숙해졌다면 모든 값을 직접 원하는대로 설정할 수도 있을 것입니다. 하지만 그 전에는 수치의 기준이 없으면 적절한 감을 잡는 것이 어려울 것입니다.

여기에서는 '**A** 느긋하게 움직이는 값', '**B** 활동감이 있게 움직이는 값' 그리고 중급편 이후에 중요해지는 '**C** 입력 파라미터와 완전히 동일하게 움직이는 값'의 세 가지 예를 소개합니다. 먼저 이것들을 나누어 사용하면서 익숙해졌다면 직접 원하는 값으로 커스터마이즈 해봅시다.

A 느긋하게 움직이는 값

각도 보정의 경우 길이를 10으로 고정하면 비교하기 쉽습니다. 느긋하게 움직이는 경우에는 흔들림 정도는 0.9 이하, 반응 속도는 0.8 이하, 수렴 속도는 0.9 이하를 기준으로 해봅니다.

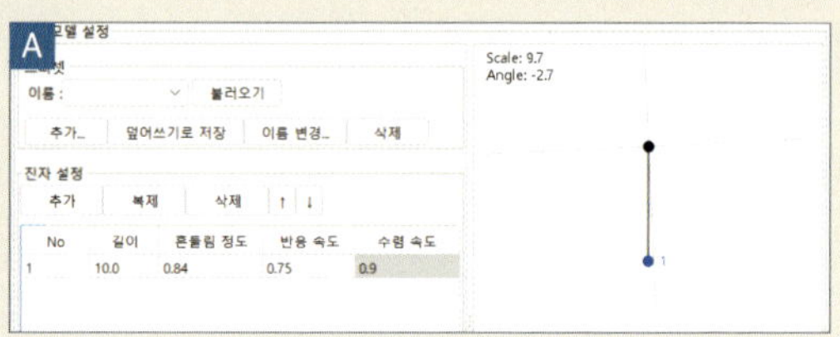

B 활동감이 있게 움직이는 값

길이는 10으로 고정합니다. 활동감이 있게 움직이는 경우에는 흔들림 정도는 0.9, 반응 속도와 수렴 속도는 1.0을 초과해도 좋습니다(그림에서는 0.9로 설정). 단, 흔들림 정도는 1.0을 초과하면 너무 많이 흔들려 제어가 어려워지므로 주의합니다,

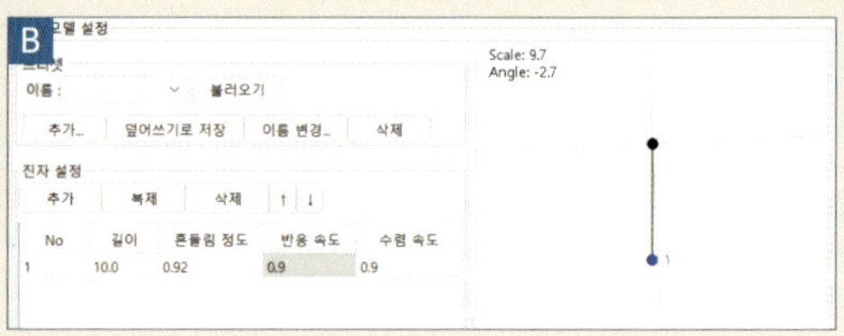

C 입력 파라미터와 완전히 동일하게 움직이는 값

흔들림 정도, 반응 속도, 수렴 속도의 수치를 극단적인 값으로 설정하면 입력 파라미터와 출력 파라미터의 움직임을 완전히 동일하게 만들 수 있습니다. 여기에서는 사용하지 않지만 기억해 두면 편리하게 응용할 수 있습니다.

마지막으로 '출력 설정'입니다. 아마도 지금까지 순서대로 입력 파라미터 설정, 진자 설정, 출력 설정을 마쳤다 하더라도 마우스 커서를 드래그 하면 몸이 거의 움직이지 않을 것입니다. 그것은 **출력 파라미터의 배율이 낮아, 최대 출력이 100%에 크게 미치지 못하기** 때문입니다.

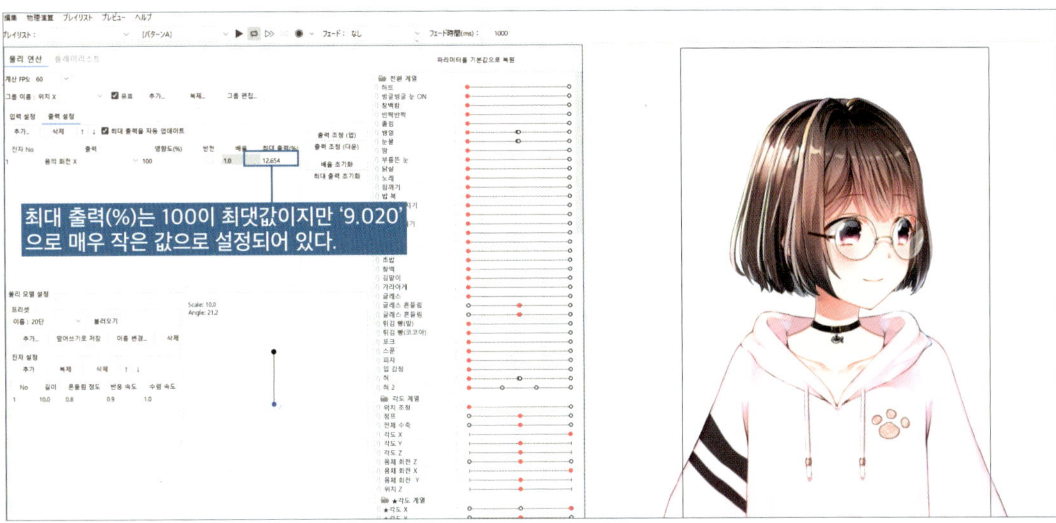

'출력 조정(업)'을 클릭해 **최대 출력이 100이 되도록 배율을 조정합니다.**

이것으로 몸이 얼굴의 움직임을 따라 움직이게 만들었습니다. 얼굴과 몸은 같은 움직임을 하지만, 자세히 보면 조금의 어긋남이 있습니다. 이 어긋남은 진자의 수치에 따라 달라지므로 조작에 익숙해졌다면 여러분이 원하는 설정으로 바꿔 보기 바랍니다.

POINT

배율을 너무 크게 설정해 최대 출력이 100을 크게 초과하면 움직임이 딱딱해집니다. 그 때는 '**출력 조정(다운)**'을 클릭합니다.

이 방법은 X축 외에도 사용할 수 있습니다. 각도 Y와 몸의 회전 Y, 각도 Z와 몸의 회전 Z를 연결해도 좋을 것입니다. 이때 **입력 파라미터의 [반전] 항목에 체크하면 얼굴과 몸의 움직임이 반대**가 됩니다. [반전] 항목에 체크하지 않았을 때와 비교해 어른스러운 느낌이 납니다. 상황에 따라 나누어 사용하면 좋습니다.

[반전] 항목에 체크했을 때의 움직임

POINT

여기에서 설명한 '각도 보정'은 한 번 원리를 익혀두면 매우 간단하지만 한 가지 단점이 있습니다. 그것은 '얼굴과 몸의 움직임을 트래킹 애플리케이션에서 조절할 수 없다'는 점입니다.

p.85에서 '다양한 트래킹 소프트웨어의 경우 기본 상태에서는 얼굴과 몸이 완전히 동일하게 움직인다.'고 설명했습니다. 그러나 사실은 **어느 트래킹 애플리케이션에서도 어느 정도의 조정은 가능**합니다.

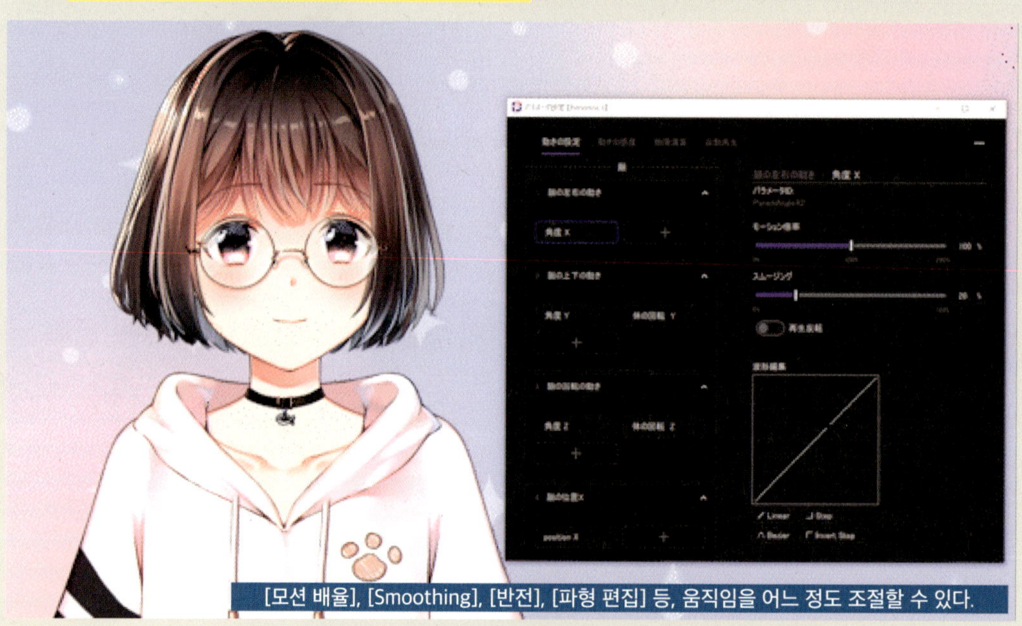

[모션 배율], [Smoothing], [반전], [파형 편집] 등, 움직임을 어느 정도 조절할 수 있다.

'nijimaLIVE'의 설정 화면

하지만 **물리 연산의 출력 파라미터로 설정되어 있는 파라미터에서는 트래킹보다 물리 연산을 우선**합니다. 그렇기 때문에 '각도 보정' 방법을 사용하면, 출력 파라미터에 할당한 파라미터의 설정은 트래킹 애플리케이션에서 조정할 수 없게 되어 '몸의 움직임만 작게 하고 싶다', '얼굴의 움직임만 하지 않게 싶다', '얼굴과 몸의 움직임을 반대로 하고 싶다' 같은 작업을 할 수 없게 됩니다. 트래킹 애플리케이션에서 설정을 전혀 조정할 수 없다는 점은 경우에 따라 큰 단점이 될 수 있습니다.

그래서 다음 [Tips 31]의 방법을 소개합니다.

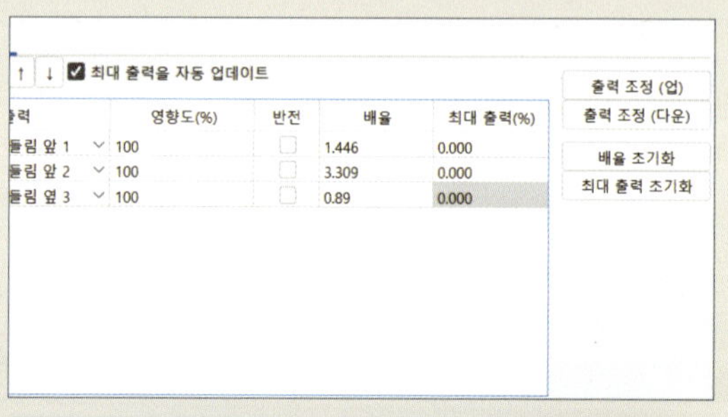

'출력 설정'에 넣은 파라미터를 트래킹 애플리케이션에서 움직이려 하더라도, 물리 연산의 움직임이 우선된다.

의장 디자인：樋口このみ([X]@CO_NO2162)

트래킹용 파라미터와 물리 연산용 파라미터를 나누자

칸부츠히모노

이전 페이지에서 얼굴과 몸의 파라미터를 연결했을 뿐인데 트래킹 애플리케이션에서 몸의 조정을 할 수 없게 되는 단점에 관해 소개했습니다. 이 문제를 해결하기 위해 '**몸의 물리 연산은 몸에서 개별적으로 관리하는**' 방법을 소개합니다.

1

먼저 몸의 파라미터를 복제합니다. 파라미터 이름에서 마우스 우클릭 해 [파라미터 복제]를 선택할 수 있습니다.

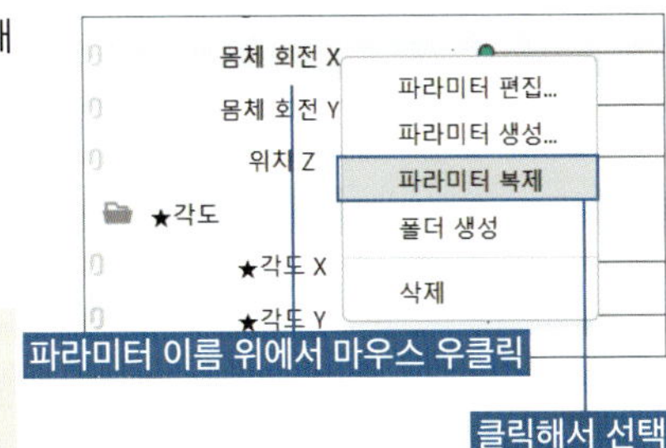

POINT

복제한 파라미터는 쉽게 이해할 수 있는 이름으로 바꾸어 둡니다. 여러분이 이해할 수 있는 이름이라면 무엇이든 좋습니다.

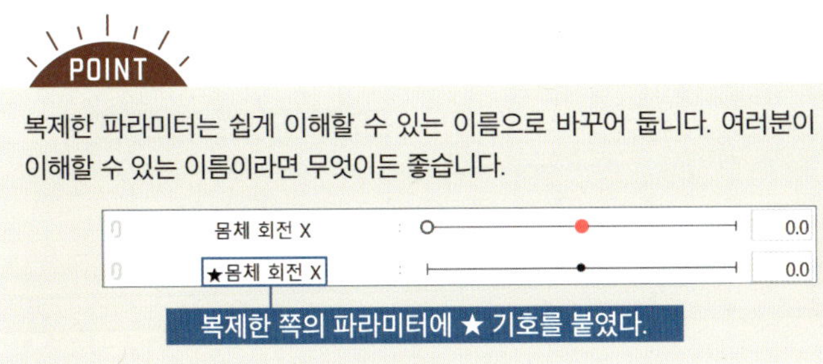

2

몸의 모델링을 '나중에 만든 파라미터', 즉, ★ 기호를 붙인 파라미터에서 진행합니다. 만약 이미 소스에 있던 파라미터에 움직임을 붙였을 때는 파라미터 위에서 마우스 우클릭 → 오른쪽 메뉴에서 [선택] 클릭 → 마찬가지로 오른쪽 메뉴에서 [변경]을 선택한 뒤 ★ 기호를 붙인 파라미터에 그대로 움직임을 옮깁니다. 이것으로 파라미터 설정은 완료입니다. **원래 있던 파라미터에는 아무런 키도 넣지 않습니다.**

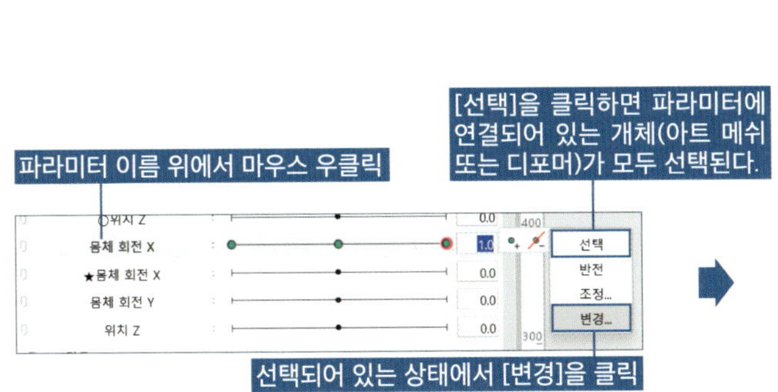

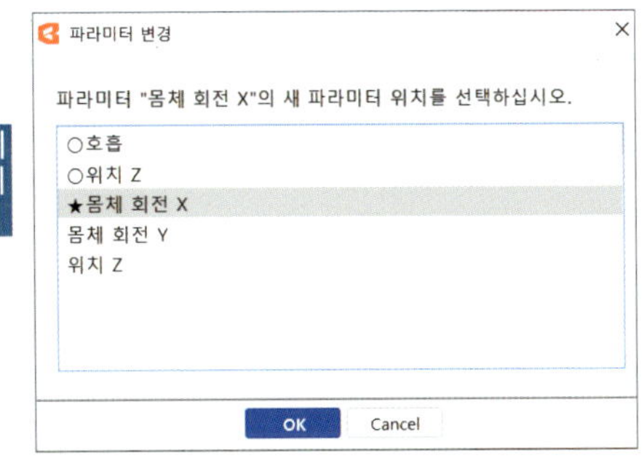

3

파라미터 설정을 마쳤다면 물리 연산 설정으로 이동해, 앞서 '얼굴 각도'를 넣었던 **입력 부분에 '원래 있었던 몸의 파라미터'를 넣습니다.**

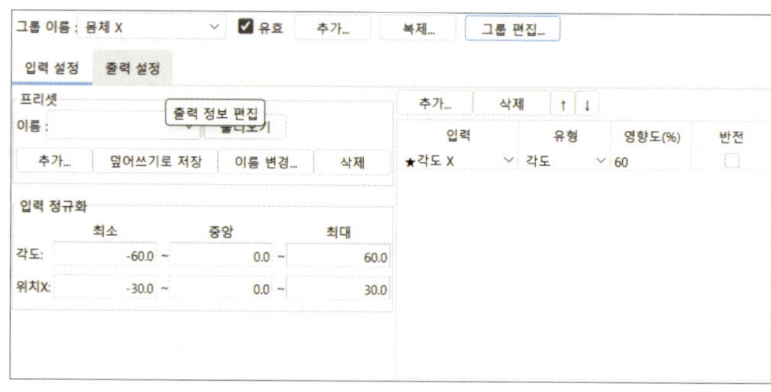

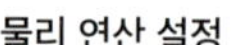

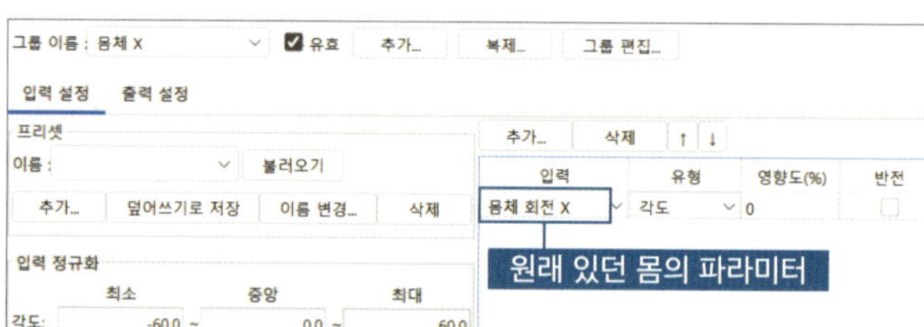

POINT

진자 설정, 출력 설정 방법은 [Tips 30]과 같습니다.

물리 연산 설정

'각도 X'와 '몸의 회전 X'을 움직여 봅니다. 얼굴과 몸 각각이 개별적으로 움직입니다.

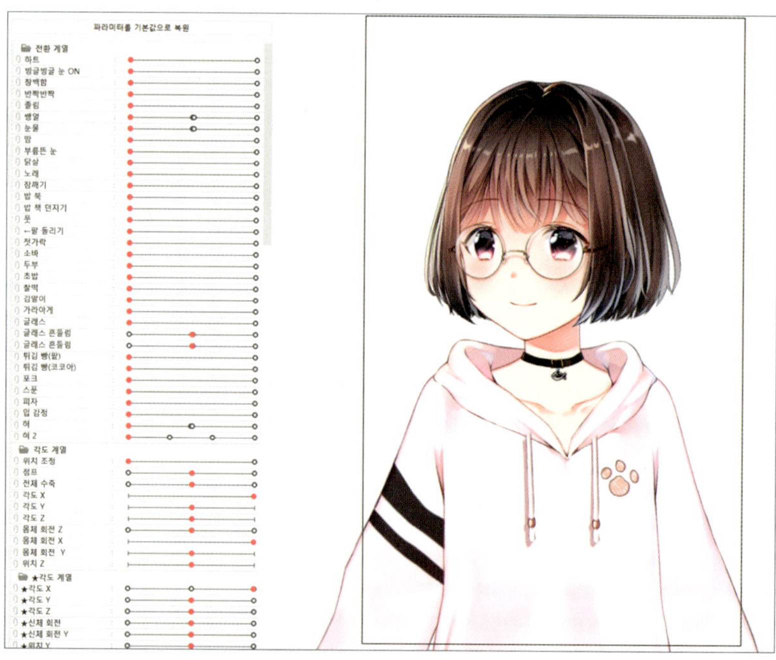

자세히 보면 '몸의 회전 X' 보다 '★몸의 회전 X'의 움직임이 조금 느리다(★ 기호가 붙어 있는 의 파라미터의 움직임이 느리다).

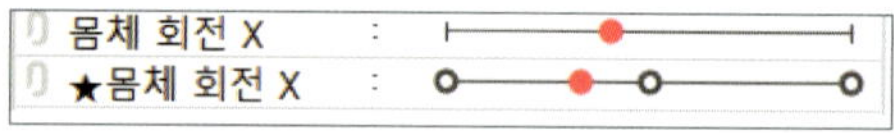

이 상태에서 트래킹 애플리케이션에 모델을 임포트 하면 [Tips 30]과 같이 얼굴과 몸의 움직임을 어긋나게 할 수 있을 뿐만 아니라 트래킹 애플리케이션에서 얼굴과 몸의 움직임을 각각 조절할 수 있습니다.

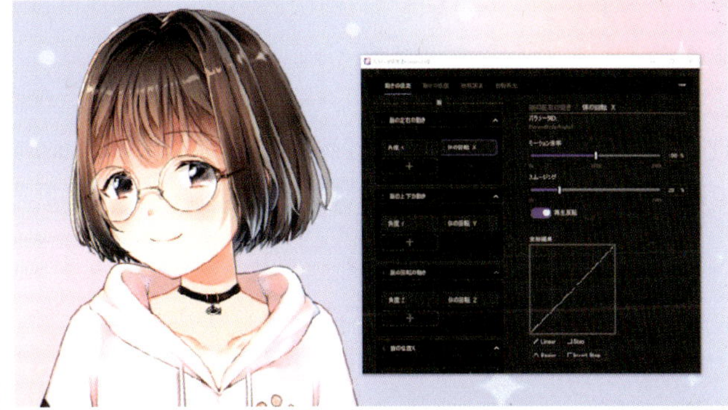

'nizimaLIVE' 화면

[Tips 30]과 같이 몸의 파라미터 설정에서 [반전] 항목에 체크하면 얼굴과 몸이 반대 방향으로 움직이게 된다. 몸을 기울이는 듯한 움직임이 추가되어 활동감이 느껴진다.

POINT

트래킹용 파라미터와 물리 연산용 파라미터를 나누는 방법도 [Tips 30]처럼 다른 각도 계열 파라미터에 사용할 수 있습니다. 오른쪽 그림과 같이 각도 X 외에도 물리 연산용과 트래킹용으로 파라미터를 나누면 각각의 진자 설정을 바꿈으로써, 세세한 움직임의 차이를 표현하는 상급 기법을 사용할 수 있습니다.

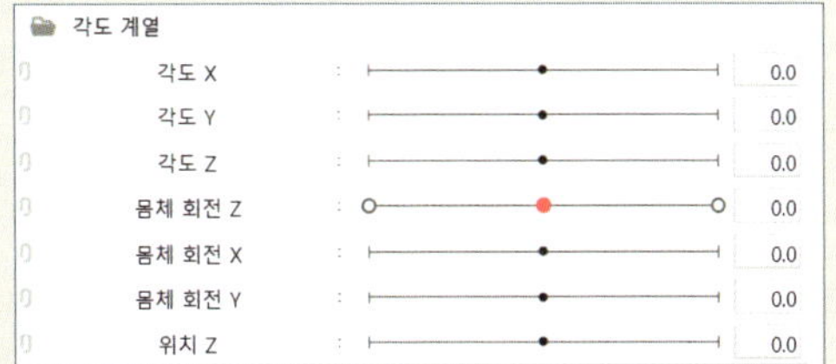

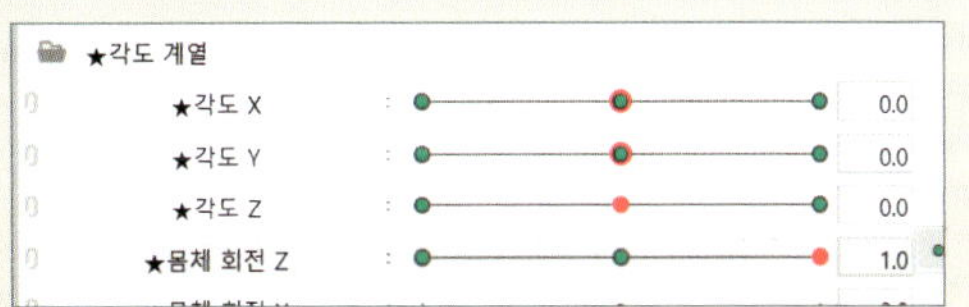

[Tips 30]의 POINT에서 소개한 진자 수치를 사용한 예를 살펴봅시다.

A의 몸의 회전 X의 움직임은 느긋하고 느린 움직임을 만들기 위해 진자를 느슨한 움직임으로 설정한 예입니다.

B의 몸의 회전 Y는 활동감이 있는 움직임을 만들기 위해 진자의 움직임을 크고 빠르게 설정한 예입니다.

C의 얼굴의 움직임은 불필요한 지연을 만들지 않기 위해 '입력 파라미터와 동일하게 움직이도록' 극단적으로 설정한 예입니다.

C의 진자는 '입력 파라미터와 출력 파라미터가 완전히 동일하게 동작하는' 것으로, 얼핏 보면 '직접 입력 파라미터에 점을 넣어 변형하는' 것과 형태의 움직임은 다르지 않습니다. 그러한데 왜 굳이 파라미터를 나누었을까요? 그것은 '==향후 다양하게 응용할 수 있기 때문=='입니다. 물리 연산 설정으로 할 수 있는 것이 늘어나면 큰 장점이 됩니다.

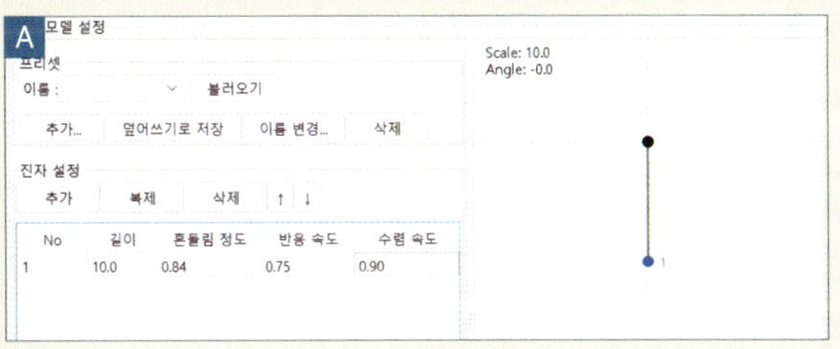

No	길이	흔들림 정도	반응 속도	수렴 속도
1	10.0	0.84	0.75	0.90

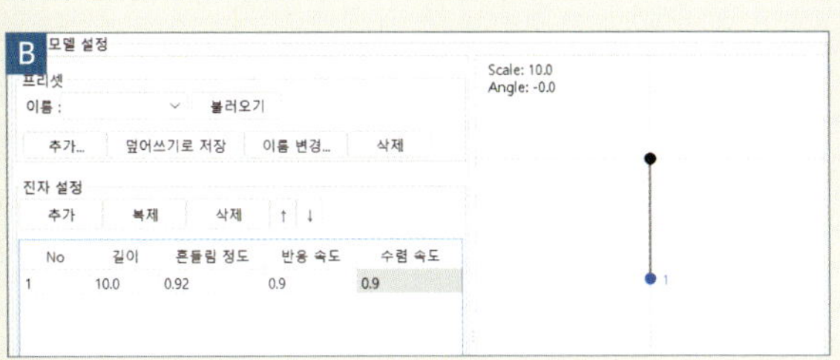

No	길이	흔들림 정도	반응 속도	수렴 속도
1	10.0	0.92	0.9	0.9

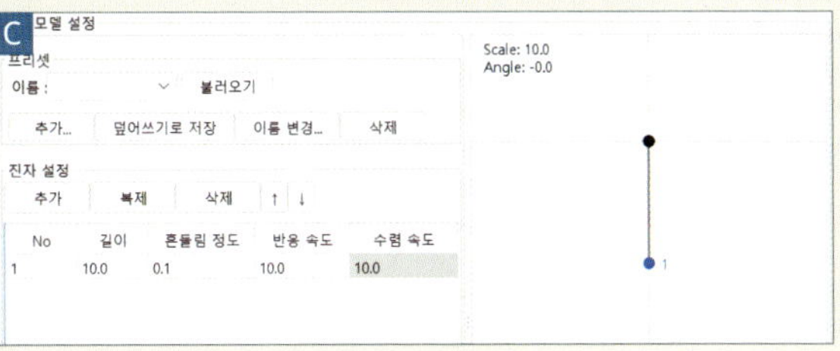

No	길이	흔들림 정도	반응 속도	수렴 속도
1	10.0	0.1	10.0	10.0

바운드용 파라미터와 지연용 파라미터를 만들자

칸부츠히모노

[Tips 29]에서 소개한 '위치 X'와 '각도'에서 진자가 흔들리는 방법에 한 가지 차이가 더 있습니다. 일련의 응용 방법에서 사용하고 있는 '각도' 유형은 '위치 X' 유형보다 흔들기 매우 어렵다는 점입니다.

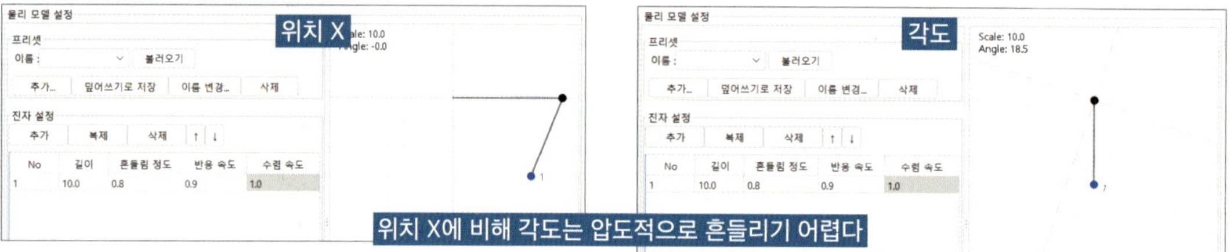

'길이', '흔들림 정도', '반응 속도', '수렴 속도'의 값을 동일하게 설정한 종류 '위치X'와 '각도'의 진자의 비교

그렇게 때문에 움직임을 따라가게 할 때 크게 숨을 들이키는 듯한 움직임을 만들고 싶어도, 유형 '각도'만으로는 한계가 있습니다. 하지만 여기에서 소개하는 방법을 사용하면, 유형 '위치 X'의 크게 크게 숨을 들이키는 움직임을 유형 '각도'에도 넣을 수 있습니다.

[Tips 29], [Tips 30]에서는 파라미터 '각도 X'의 예를 들어 설명했으므로, 여기에서는 파라미터 '각도 Y'의 예를 들어 설명합니다.

1

새롭게 '크게 숨을 들이키는 움직임 전용' 파라미터를 추가합니다. '이름', 'ID', '범위'의 최솟값과 최댓값은 자유롭게 결정합니다.
책에서는 오른쪽 그림과 같이 설정했습니다.

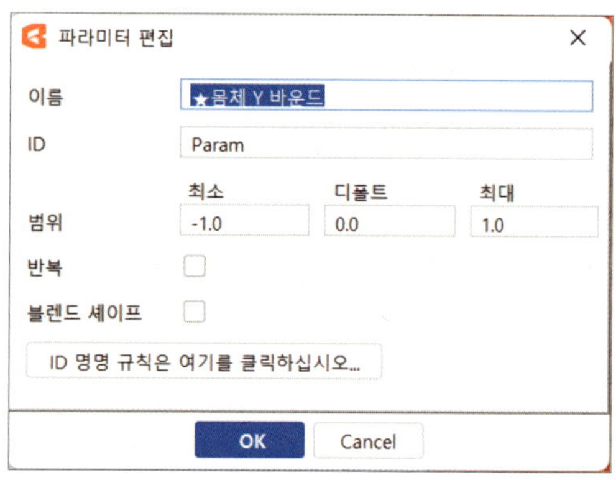

이것으로 하나의 움직임에 대해 세 종류의 파라미터를 만들었습니다.

 **2**

[모델링] 메뉴 → [물리 연산 설정] 다이얼로그에서 [그룹 편집]을 클릭하고 물리 연산에 새로운 그룹을 추가합니다. [바운드용(크게 숨을 들이키는 움직임 전용)]의 새로운 물리 연산 그룹을 **추종용 그룹**으로 만듭니다.

그룹 편집...

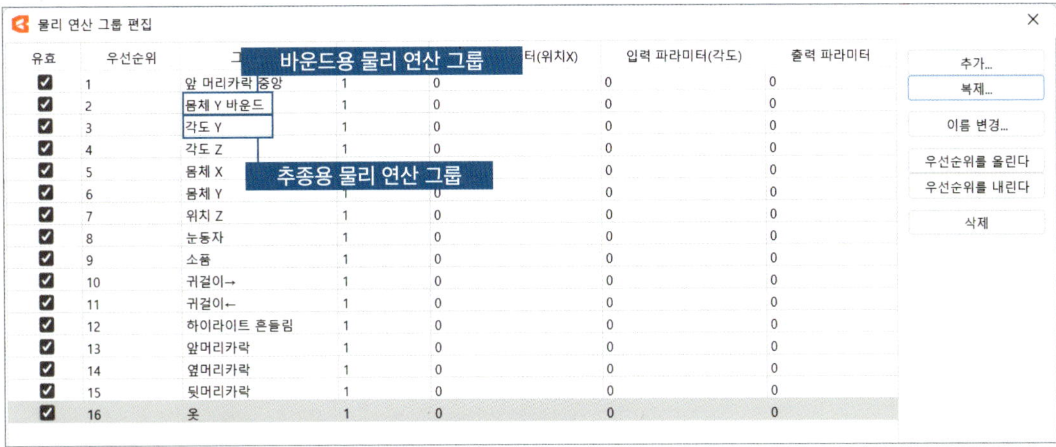

물리 연산 그룹 편집 다이얼로그

새롭게 추가한 물리 연산 그룹과 추종용 그룹의 순서가 바뀌면 빨간색 에러가 표시되고 올바르게 동작하지 않습니다.

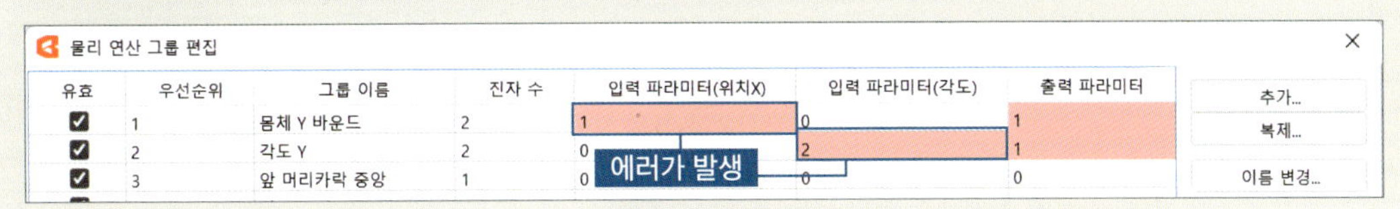

추가한 물리 연산 그룹의 이름은 '몸체 Y 바운드'로 설정했습니다.
입력 파라미터에는 몸의 각도 Y를 설정한 '몸체 회전 Y'를 넣고, 유형은 [위치 X]로 설정합니다.

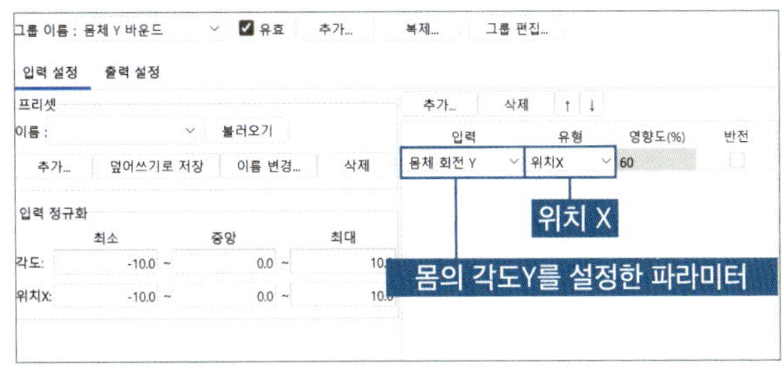

입력 설정

 **3**

진자 설정은 **크게 흔들리는 정도**가 적절합니다.

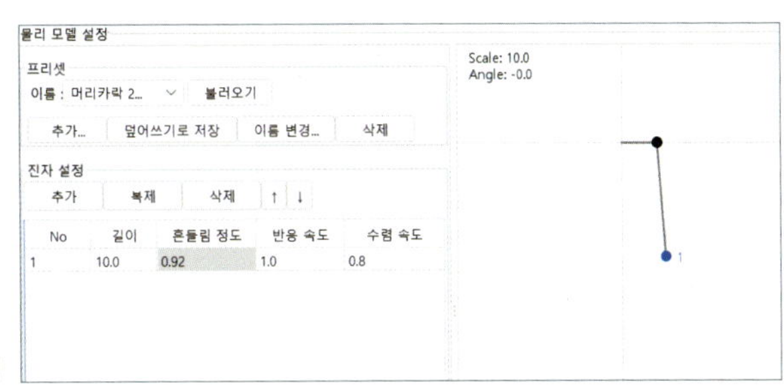

진자 설정

출력 설정에는 앞서 **1**에서 만든 파라미터 '★몸체 Y 바운드'를 넣습니다. 이것으로 준비를 마쳤습니다.

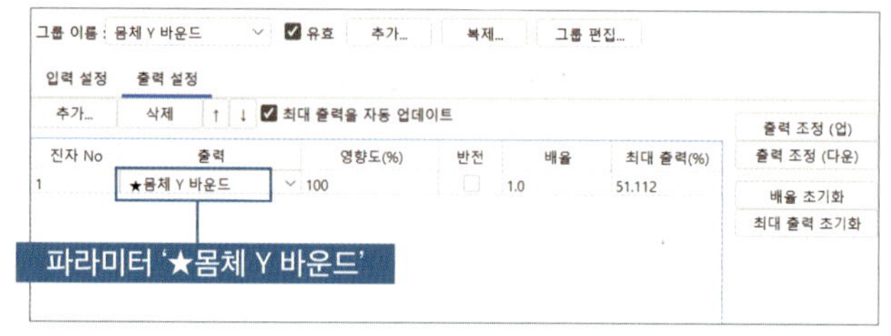

출력 설정

준비를 마쳤다면 이미 있는 **'몸체 추종용 물리 연산 그룹'의 입력에 파라미터 '★몸체 Y 바운드'를 유형 '각도'에 추가하고, '반전' 항목에 체크합니다.**

이것으로 바운드 보정을 완료했습니다.

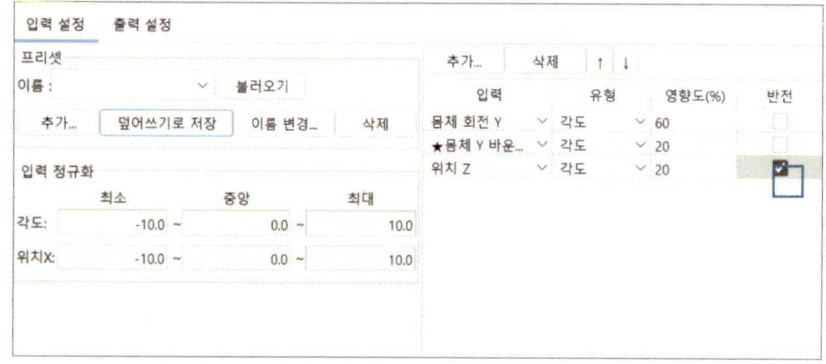

입력 설정

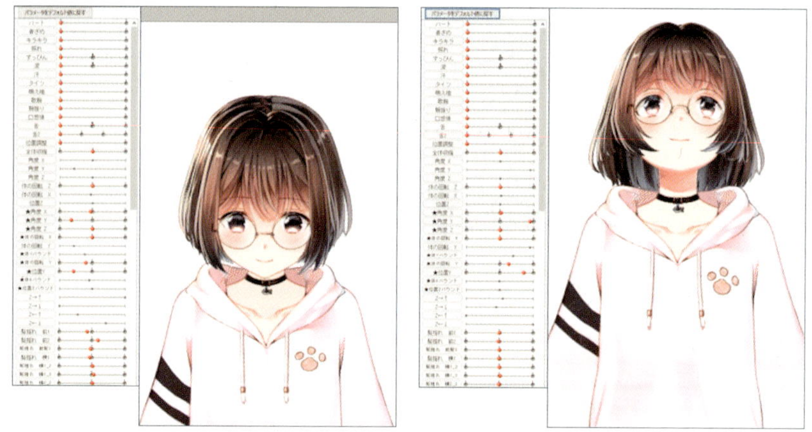

참고 동영상(일본어)
https://www.youtube.com/watch?v=9M7jrKD-f3g

POINT

[반전] 항목에 체크하지 않고 만들면 뒤에서 소개할 '지연용' 보정 파라미터가 됩니다. 원리는 뒤에서 자세히 설명합니다, 여기에서는 [반전] 항목에 체크하면 바운드(급격하게 움직인다)', '[반전] 항목에 체크하지 않으면 지연(천천히 움직인다)'고 기억해 둡시다.

구조상으로는 오른쪽 그림과 같이 되어 있습니다. 입력용, 출력용의 두 가지 몸체 Y의 파라미터 사이에 바운드용 파라미터를 삽입해 일반적으로는 어려운 움직임을 하게 하는 것입니다.

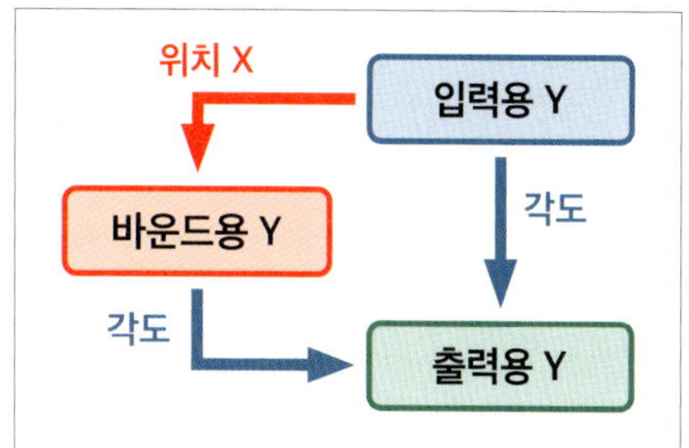

7

앞 페이지에서의 POINT에서 '바운드용 파라미터는 [반전] 항목에 체크하지 않으면 지연용 파라미터가 된다'고 설명했습니다. 실제 해당 항목에 체크하지 말고 지연용 파라미터로 사용해 움직임을 확인해 봅시다. [반전] 항목에 체크했을 때에 비해 움직임이 느긋하게 시작합니다. 동일한 보정이라 하더라도 앞서 바인드 한 움직임에 비해 '**어른스럽고**', '**침착한**' 느낌이 납니다.

모델의 성격이나 선호도에 따라 구분해서 사용하면 좋을 것입니다.

참고 동영상(일본어)
https://www.youtube.com/watch?v=XWi6ZiEBEEY

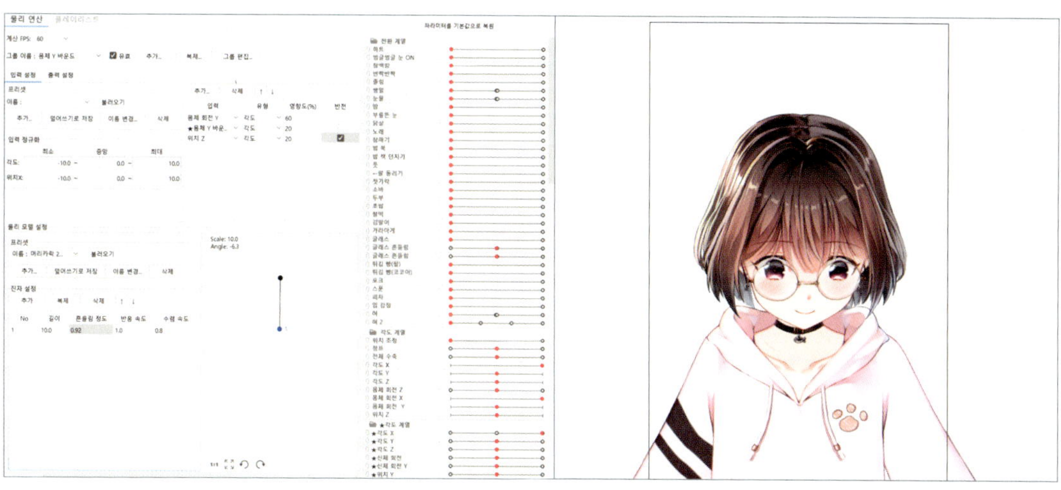

[반전] 항목에 체크하지 않았을 때의 움직임

그런데 [반전] 항목 체크 여부에 따라 움직임에서 이렇게 차이가 발생하는 이유는 무엇일까요? 6의 그림을 보면 출력 파라미터의 움직임은 입력용 파라미터와 바인드용(또는 지연용) 파라미터의 움직임을 더하는 수단으로 계산됩니다. **입력용 파라미터가 +쪽으로 움직였을 때 바인드용 파라미터는 -쪽으로 움직입니다.**

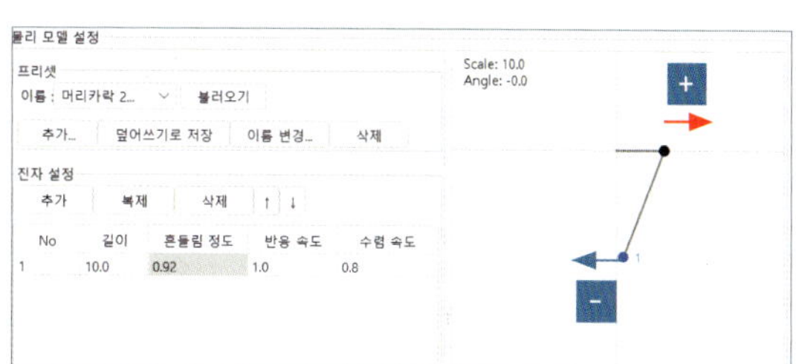

진자 설정

출력 파라미터는 입력 파라미터와 바인드용 파라미터를 돕는 동작, 즉 '+쪽으로 **움직이는 입력용 파라미터'와 '-쪽으로 움직이는 바운드용 파라미터'의 움직임이 되므로**, [반전] 항목에 체크하지 않으면 움직임이 시작할 때는 움직임이 상쇄되어 입력 파라미터보다 움직임의 폭이 작아집니다. 이것이 '지연 파라미터'로 동작하는 원리입니다.

반대로 **[반전] 항목에 체크를 하면 '-쪽으로 움직이는 파라미터의 반전 = +쪽의 움직임'이 되므로**, 출력 파라미터는 입력 파라미터 보다 큰 폭으로 움직이게 됩니다.

이 '바운드용 파라미터'와 '지연용 파라미터'의 움직임을 얼마나 출력 파라미터에 반영할지는 입력 파라미터와 보정 파라미터의 영향도에 따라 달라집니다. 몸체의 움직임의 보정으로서 사용할 때는 **입력 파라미터의 1/3정도로 하는 것이 자연스럽게 보입니다.**

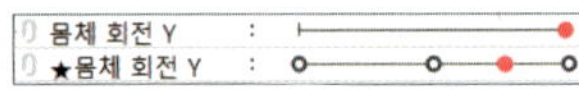

움직임의 시작

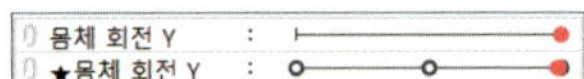

멈추거나, 반대 방향으로 움직였을 때

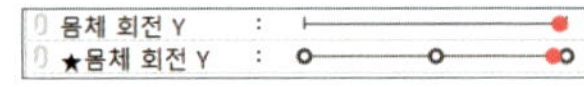

반전 항목에 체크했을 때

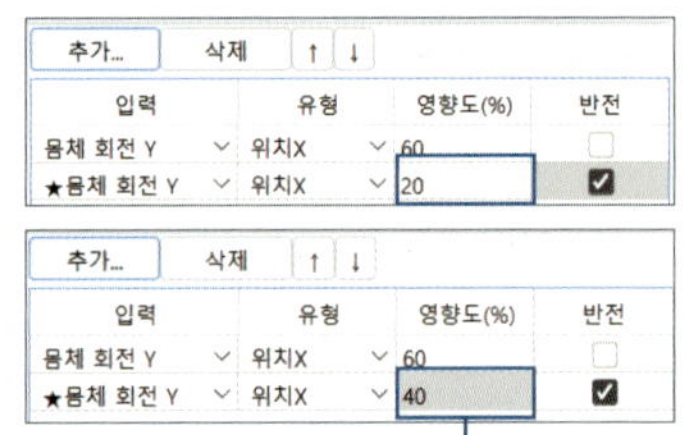

이 수치라면 상당히 크게 움직이게 된다.

POINT

[Tips 31]의 가장 마지막에 '입력 파라미터와 출력 파라미터의 움직임이 완전히 같아지는 진자 설정은, 물리 연산 설정으로 수행하는 작업이 늘어날수록 대단히 큰 포인트가 된다'고 설명했습니다. [Tips 30], [Tips 31]의 내용은 모든 각도 계열 파라미터에 사용할 수 있는 것과 마찬가지로, [Tips 32]의 내용도 모든 각도 계열 파라미터에 이용할 수 있습니다. 예를 들면 앞서 만든 몸체 Y의 바운드용 파라미터를 얼굴의 각도 Y에 넣을 수도 있습니다.

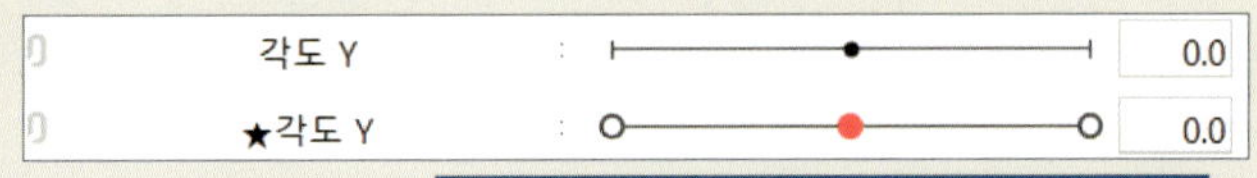

우선 입력용과 출력용 파라미터를 준비한다.

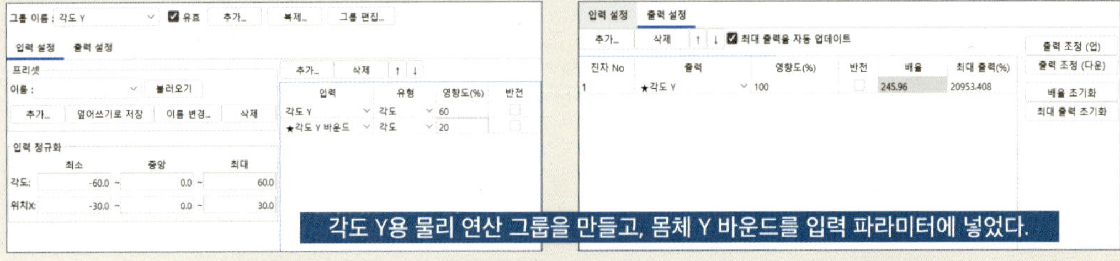

각도 Y용 물리 연산 그룹을 만들고, 몸체 Y 바운드를 입력 파라미터에 넣었다.

입력 설정   출력 설정

이때 얼굴용 진자 설정을 '입력 파라미터와 출력 파라미터의 움직임이 완전히 동일하게 되도록' 하면 **동일한 바운드용 파라미터를 사용하기 때문에, 얼굴과 몸체의 움직임에 조금의 어긋남이 발생합니다.** '얼굴의 움직임은 트래킹과의 차이(지연)를 가능한 만들고 싶지 않지만, 숨을 크게 들이키는 등의 보정은 넣고 싶다' 와 같이 세세한 요청에도 대응할 수 있게 만드는 것이, 이 '입력 파라미터와 출력 파라미터의 움직임이 완전하게 동일하게 되는' 진자 설정입니다.

지연 표현을 사용해 실제처럼 보이게 하자

노논.

물리 연산 표현의 하나로 **물리 지연 표현**이라는, 지연된 움직임을 만들 수 있습니다. 예를 들면 앞머리카락의 각도 Z의 흔들림과 뒷머리카락의 각도 Z의 흔들림을 지연시켜 어긋나게 하면 실제감을 더할 수 있습니다. **머리카락의 무게에 따라 흔들리는 방법을 바꾸면, 분위기를 바꿀 수 있어 권장합니다.** 지연 표현을 이용함으로써 표현의 폭을 보다 넓힐 수 있습니다. 머리카락 뿐만 아니라 다양한 표현에 응용할 수 있으므로 꼭 기억해 둡시다.

1

여기에서는 각도 Z로 앞머리카락 또는 뒷머리카락이 부드럽게 아래로 떨어지는 설정을 해봅니다. 그림과 같이 각도 Z에서 '앞머리카락 각도 Z_1'이 움직인 뒤, 그 아래에서 '앞머리카락 각도 Z_2'가 뒤늦게 움직이게 합니다.
먼저 [모델링] 메뉴 → [물리 연산 설정]을 엽니다.

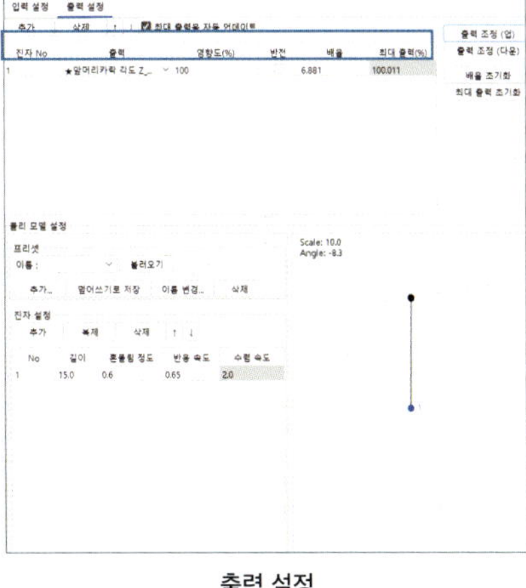

각도 Z에서는 앞머리카락 각도 Z_1가 움직이고, 그 아래에서 앞머리카락 각도 Z_2가 뒤늦게 움직이는 것을 알 수 있다.

[입력 설정]에서 [앞머리카락 각도 Z_1]의 입력은 '각도 Z', 유형은 '각도'로 설정합니다. 유형을 '위치'로 설정하면 머리카락이 펄럭이며 움직이게 됩니다. **유형을 '각도'로 설정하면 각도를 붙였을 때 그 방향으로 파라미터가 움직이는** 구조를 만들 수 있습니다.

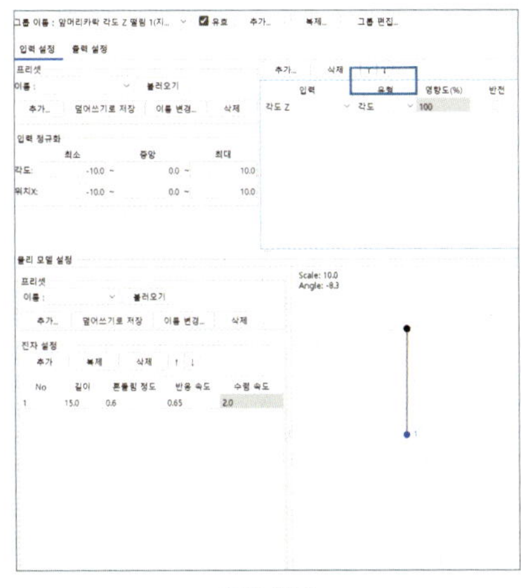

입력 설정

출력 설정

2

물리 지연을 만들 때, 여기에서는 '앞머리카락 각도 Z_1'이 움직였을 때 '앞머리카락 각도 Z_2'의 물리가 움직이는 방법을 사용해 지연되어 흔들리게 할 수 있습니다. 숫자가 증가할수록 더 많이 어긋나게 할 수 있습니다.

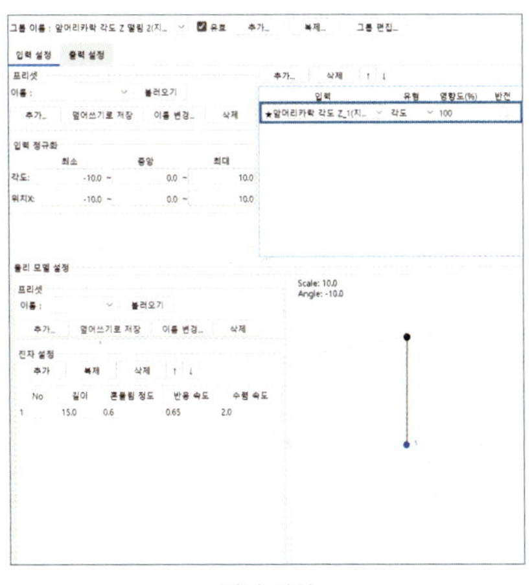

입력 설정

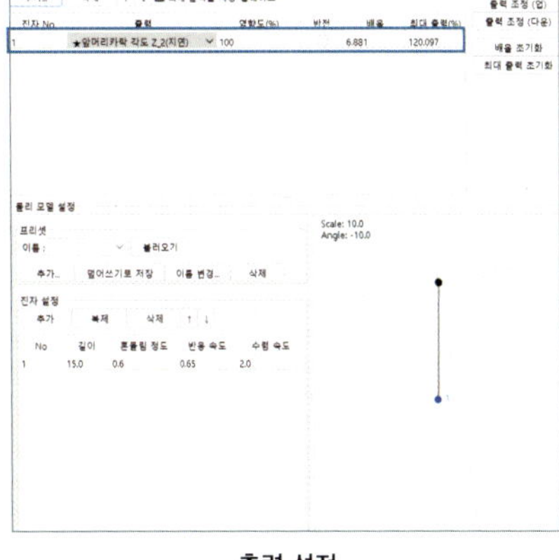

출력 설정

눈을 깜빡일 때 속눈썹이 흔들리게 하자

후미

눈을 깜빡일 때 **속눈썹이 흔들리는 표현을 더하면** 실제감이 높아집니다.

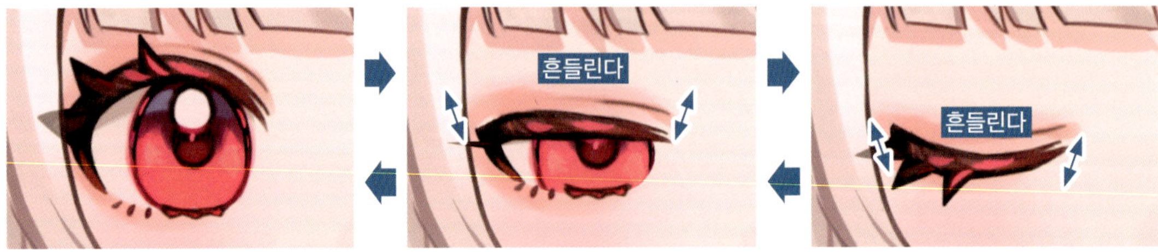

1

오른쪽 속눈썹의 각 파츠를 흔들림용 디포머에 넣고 'R 위 속눈썹 1', 'R 위 속눈썹 2' 파라미터로 해서 각각에 흔들림 계층을 조금 붙입니다.
왼쪽 속눈썹도 같은 방식으로 만듭니다.

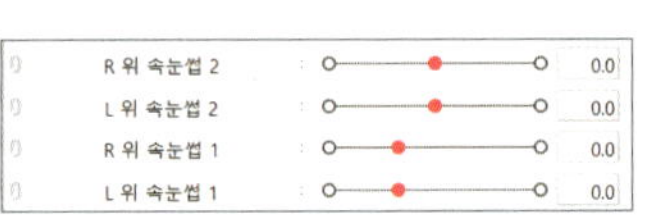

R 위 속눈썹 2	○—————●———○	0.0
L 위 속눈썹 2	○—————●———○	0.0
R 위 속눈썹 1	○—————●———○	0.0
L 위 속눈썹 1	○—————●———○	0.0

파라미터 팔레트

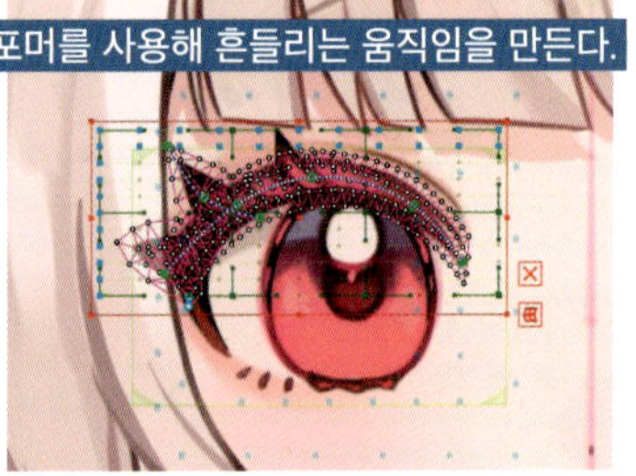

디포머 팔레트

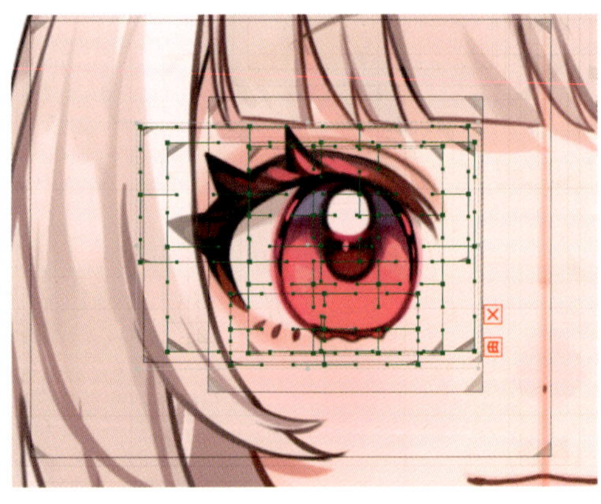

R 위 속눈썹 1의 디포머

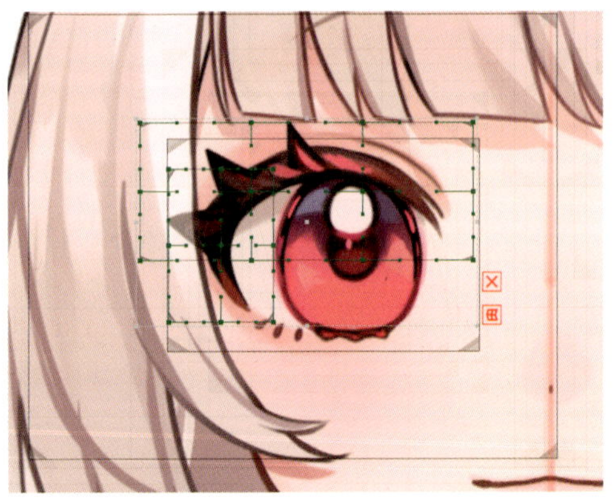

R 위 속눈썹 2의 디포머

2

[모델링] 메뉴 → [물리 연산 설정]에서 눈 개폐의 움직임에 1에서 만든 흔들림의 움직임을 연동합니다.
'입력 설정'에 눈의 개폐의 파라미터를 설정합니다.

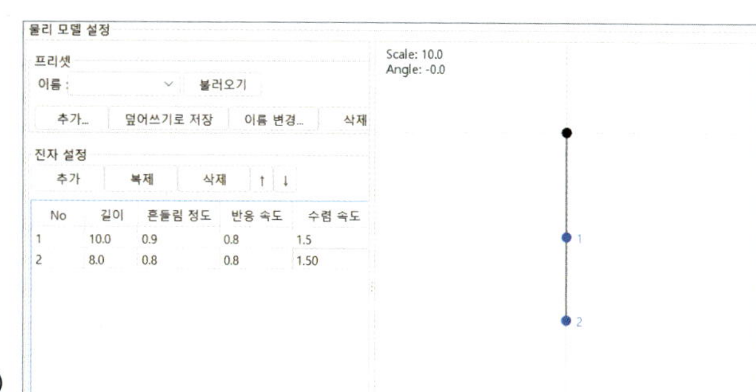

오른쪽 속눈썹의 물리 연산 설정(입력 설정)

3

진자 설정은 2단 진자를 설정합니다. 첫 번째 단, 두 번째 단을 단계적으로 흔들리게 할 수 있습니다.

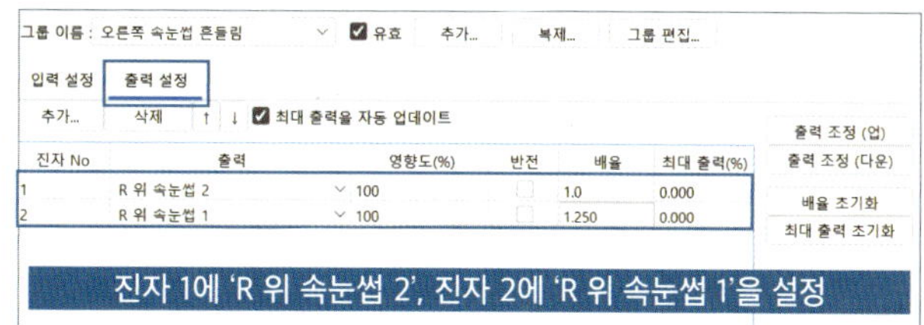

오른쪽 속눈썹의 물리 연산 설정(진자 설정)

4

'출력 설정'에 1에서 만든 흔들림용 파라미터를 설정합니다. 3에서 만든 첫 번째 단의 진자에 'R 위 속눈썹 2', 두 번째 단의 진자에 'R 위 속눈썹 1'을 설정했습니다.

오른쪽 속눈썹의 물리 연산 엔진(출력 설정)

5

이것으로 눈 깜빡임과 연동해 속눈썹이 흔들리게 됩니다. 원리는 **눈을 뜨고 감으면(입력), 속눈썹이 흔들리는(출력)** 구조입니다.
눈을 깜빡이는 속도에 따라 속눈썹이 흔들리는 방법도 변합니다. **눈을 천천히 깜빡이면 속눈썹이 작게 흔들리고, 눈을 빠르게 깜빡이면 속눈썹이 크게 흔들립니다.**

CHECK

샘플 파일(p.6)을 참조해 실제 움직임을 확인해 봅시다.

호흡에 맞춘 움직임을 만들자

후미

호흡 파라미터는 일정한 움직임을 자동으로 수행하는 파라미터입니다. 여기에 물리 연산을 사용해 **팔의 움직임을 추가하면**, 가만히 정지해 있는 것보다 실제감이나 캐릭터의 귀여움을 연출할 수 있습니다.

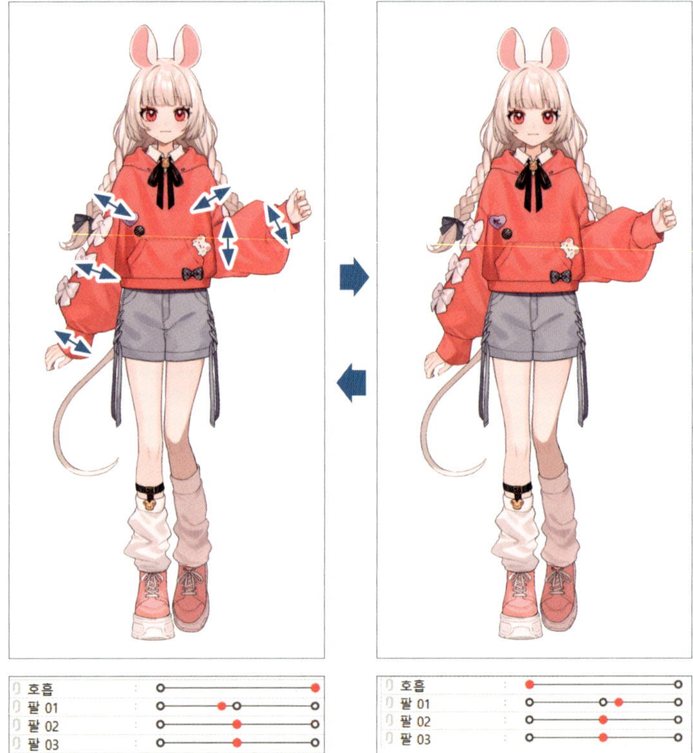

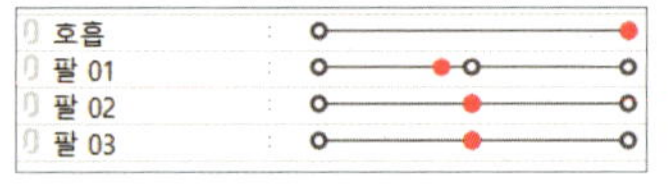

1

회전 디포머를 사용해 팔의 움직임을 만듭니다. 어깨로부터의 흔들림, 팔꿈치 부근의 흔들림, 손목의 흔들림에 **단계적으로 파라미터를 설정**해 풍부한 표현을 할 수 있습니다.

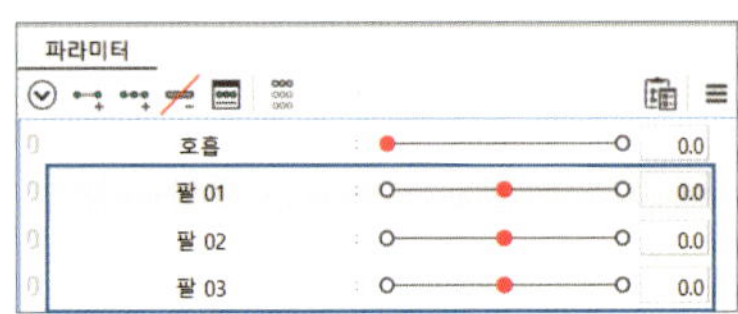

파라미터 팔레트

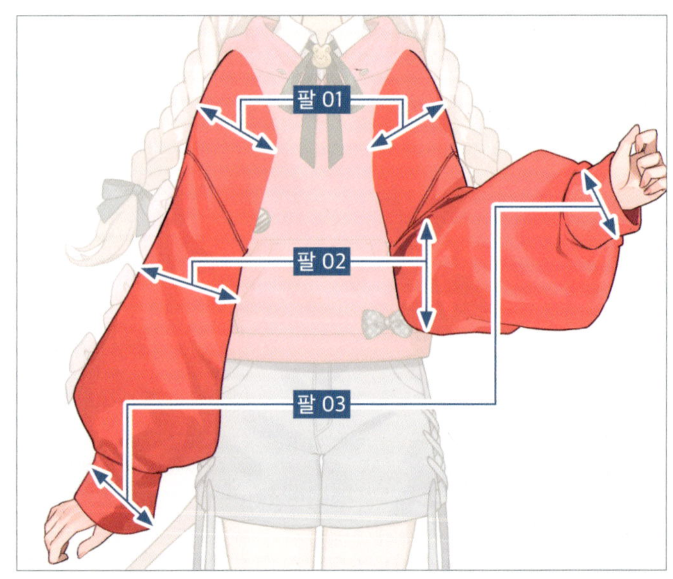

2

[모델링] 메뉴 → [물리 연선 설정]에서 '입력 설정'에 '호흡' 파라미터를 설정합니다.

팔의 물리 연산 설정(입력 설정)

POINT

'몸체의 회전 X', '몸체의 회전 Y', '몸체의 회전 Z' 파라미터를 입력에 넣으면, 몸체가 움직였을 때도 팔을 흔들리게 할 수 있습니다. '몸체의 회전 Y'의 [반전] 항목에 체크를 한 것은 **위를 향했을 때 팔이 넓어지고, 아래를 향했을 때 닫히도록** 하기 위한 것입니다.

3

진자는 4단으로 구성했습니다. 여러 개의 진자를 사용해 풍부한 움직임을 표현할 수 있습니다.

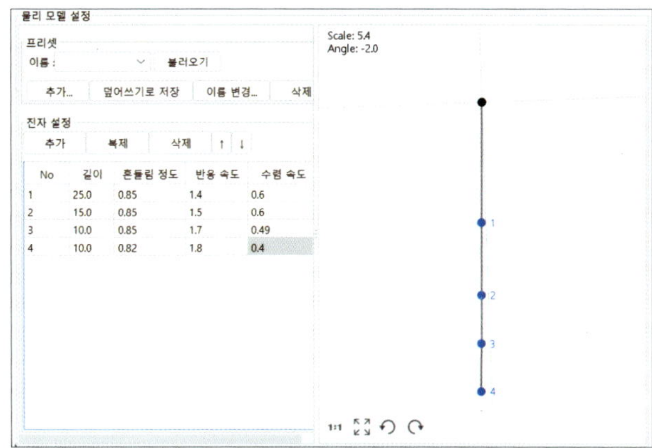

팔의 물리 연산 설정(진자 설정)

4

'출력 설정'에 **1**의 파라미터를 설정합니다. **3**에서 만든 첫 번째 단 진자에 '팔 01', 두 번째 단 진자에 '팔 02', 세 번째 단 진자에 '팔 03'을 설정했습니다. 이것으로 호흡에 맞춰 부드럽게 팔이 움직이게 됩니다.

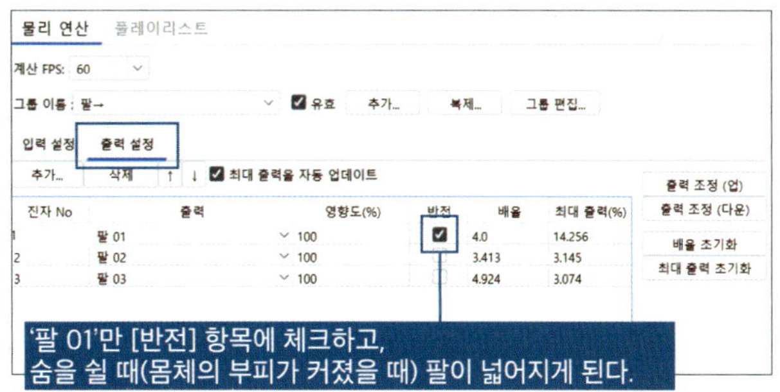

팔의 물리 연산 설정(출력 설정)

CHECK

팔 이외에도 머리카락을 살짝 뜨듯이 움직이게 하거나 액세서리류를 흔들리게 하는 것도 효과적입니다.

목의 그림자를 다른 부위로 나누어 두자

후미

일러스트 단계에서 머리 때문에 생기는 목의 그림자를 통합하는 경우가 많을 것입니다. 하지만 **목과 그림자의 칠하는 부분을 나눠 머리의 움직임에 맞춰 각각 움직이게 하면**, 그림자의 자유도가 높아져 표현의 폭을 넓힐 수 있습니다.

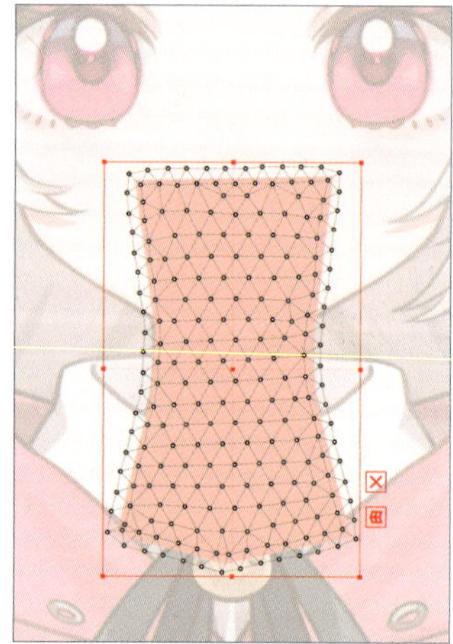

목의 칠

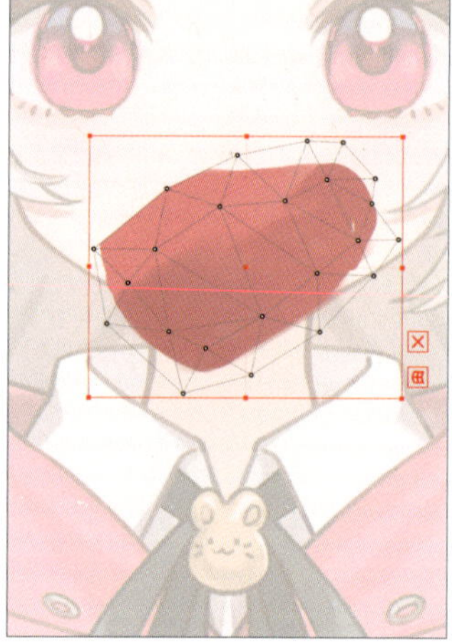

목에 떨어진 머리의 그림자

CHECK

윤곽선도 나눠두면 좋습니다. **드로잉과 칠을 미리 나눠두면 특정 부위를 드로잉과 칠에 끼워 넣을 수 있습니다.** 예를 들면 그림자를 드로잉과 칠 사이에 끼워 넣는 것도 가능합니다.

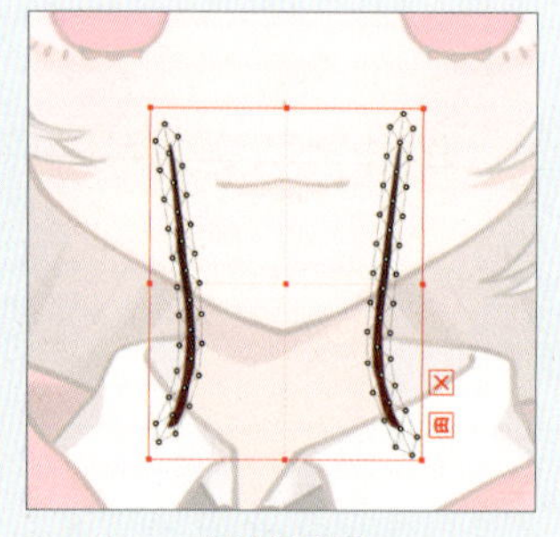

목의 윤곽선

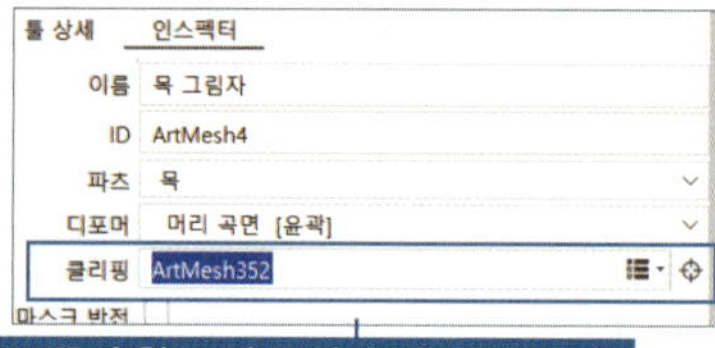

목의 그림자 파츠는 목의 칠 부에 클리핑 해서, 움직임에 관계없이 목 바깥으로 삐쳐 나가지 않게 한다.

CHECK

목 뿐만 아니라 손과 같이 많이 움직이는 부위의 그림자는 나눠 두면 좋습니다.

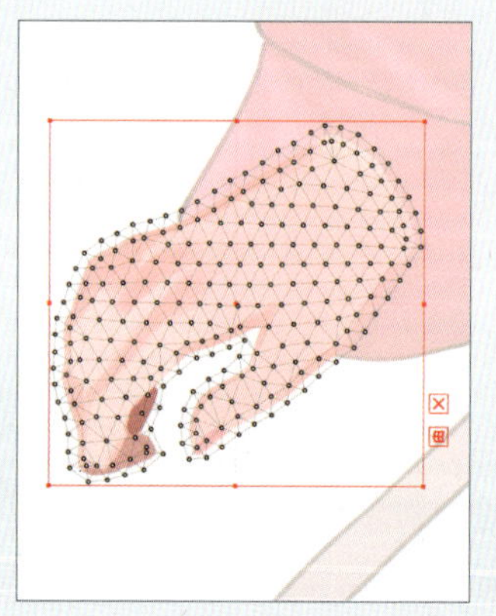

손의 칠

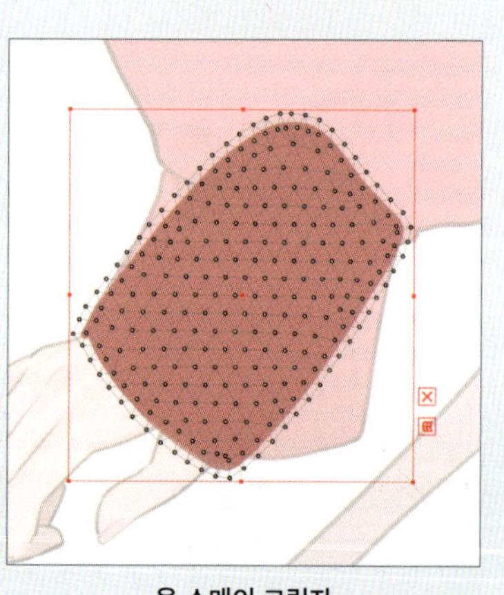

옷 소매의 그림자

무릎의 움직임을 추가하자

후미

의외로 똑바로 서있기 십상인 스트리밍용 모델이지만, 서있는 그림의 포즈에 맞춰 **무릎의 비틀어짐**을 더해주면 캐릭터의 귀여움을 연출할 수 있습니다.

이번 캐릭터의 예를 들면, 서 있는 그림 단계에서 왼쪽 다리를 약간 구부리고 있으므로 **얼굴과 몸체가 아래를 향했을 때 살짝 굽혔다 펴지는 듯한 움직임**을 추가합니다.

평상 시 상태 → 굽힌 무릎

1

Y축 방향의 움직임을 설정하는 파라미터에, 아래를 향했을 때의 움직임에 무릎에 움집임을 추가합니다.

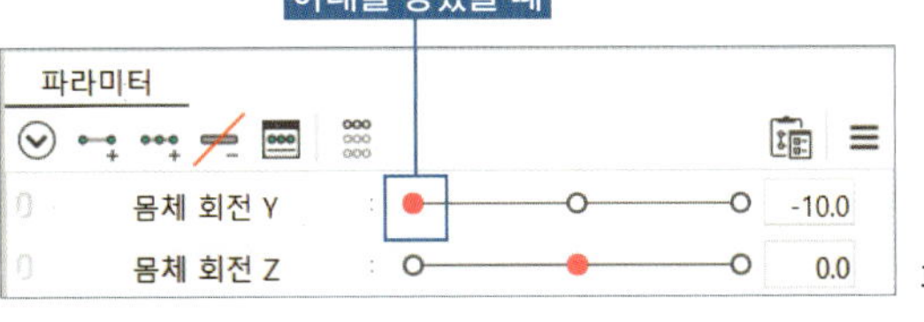

2

똑바로 서 있는 것보다 귀여운 느낌이 듭니다.

또한 몸체의 회전 X로 무릎의 움직임을 조정함으로써 **허리의 비틀어짐**을 연출하면 한층 자세가 부드러워집니다. 작은 부분이지만 디테일을 높일 수 있습니다.

무릎 구부리기

무릎 구부리기 + 허리 비틀기

©式部めぐり([X]@ShikibuMeguri)　일러스트 : ぴろ瀬([X]@heripiro)

뒷머리카락의 측면을 만들자

칸부츠히모노

뒷머리카락의 모델링은 앞머리카락에 비해 어려우며 평면적이 되기 쉽습니다. 그렇기 때문에 파츠를 나누는 단계에서 조치를 해두면 이후의 작업이 수월해 집니다.

구조가 단순하고 가동 영역이 적은 모델의 경우 뒷머리카락은 하나의 파츠로 만들어진 경우가 많습니다. 이 구조인 상태로 가동 영역을 늘려도 뒷머리카락이 보이는 범위가 점점 넓어집니다.

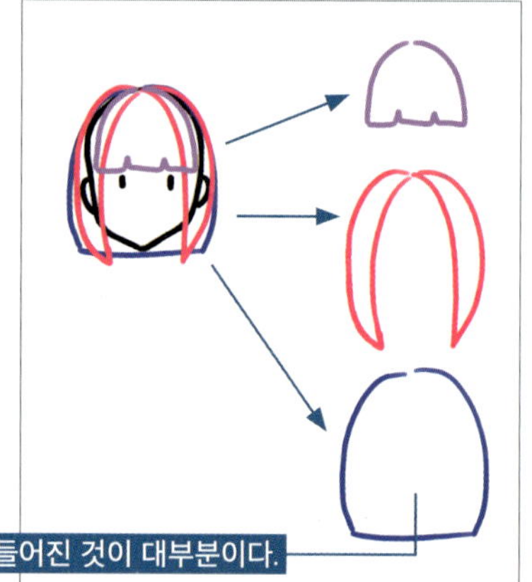

뒷머리카락은 하나의 파츠로 만들어진 것이 대부분이다.

이 상태에서 뒷머리카락을 슬라이드 하면 앞머리카락이나 옆머리카락에 비해 뒷머리카락이 평면적으로 보이고, 틈이 생기거나 그림자를 만드는 방법에 위화감이 발생하는 경우가 많습니다.

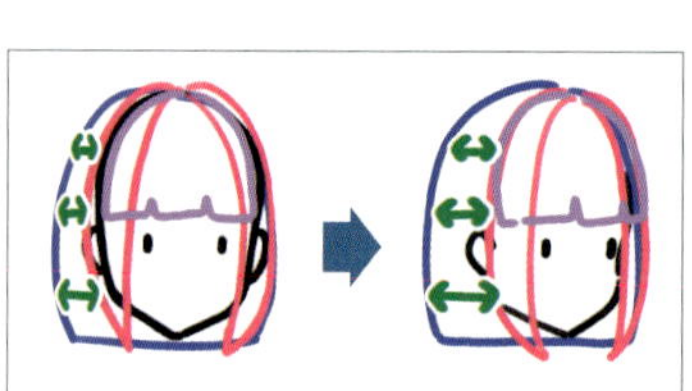
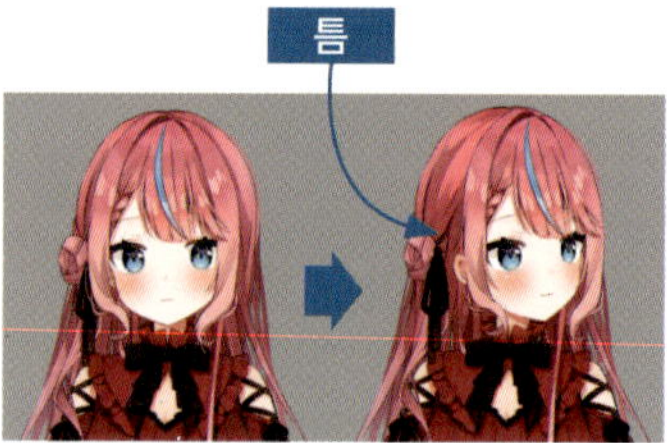

틈

그림자에 위화감

여기에서 권장하는 방법이 **'뒷머리카락의 측면' 파츠를 만드는 것**입니다. 개별 파츠로 만듦으로써 옆을 봤을 때 파츠를 늘리기 쉬워지고 입체감을 붙이기 쉽습니다. 여기에서 소개하는 모델에서는 머리를 둥글게 묶은 부분을 별도 파츠로 만들어 쉽게 움직이게 했습니다.

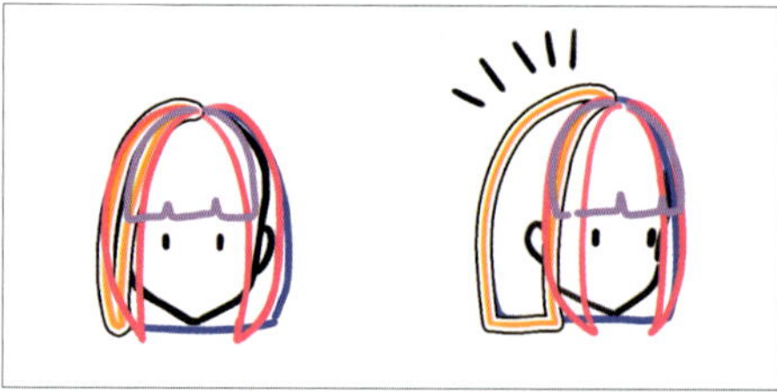
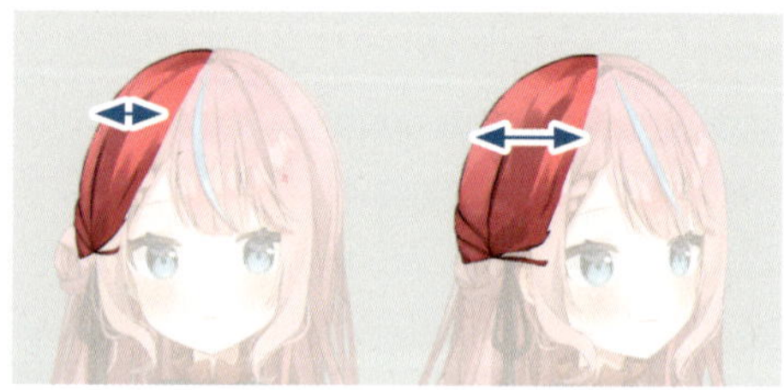

'뒷머리카락의 측면' 파츠를 만든다.

Before

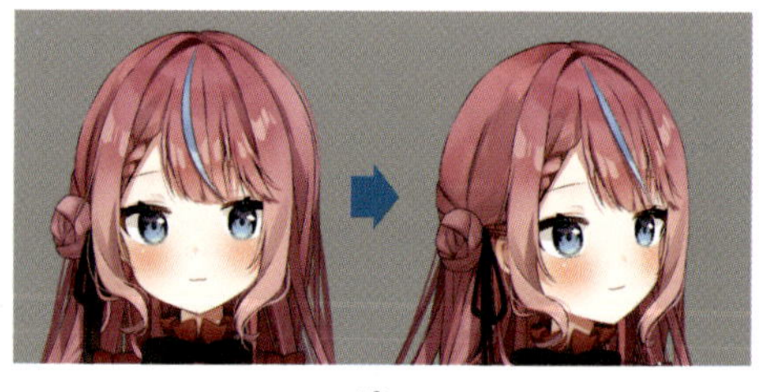

After

Tips 39

머리 가르마나 매듭은 별도 파츠로 만들자

칸부츠히모노

사이드 테일, 포니 테일 등 묶은 머리카락의 경우에는 후두부 파츠는 그대로 유지하고, **매듭의 그림자만 별도 파츠로 만들면** 좋습니다.

1

매듭의 그림자를 별도 파츠로
그립니다. 보이지 않는 부분은
삐쳐 나오게 그립니다.

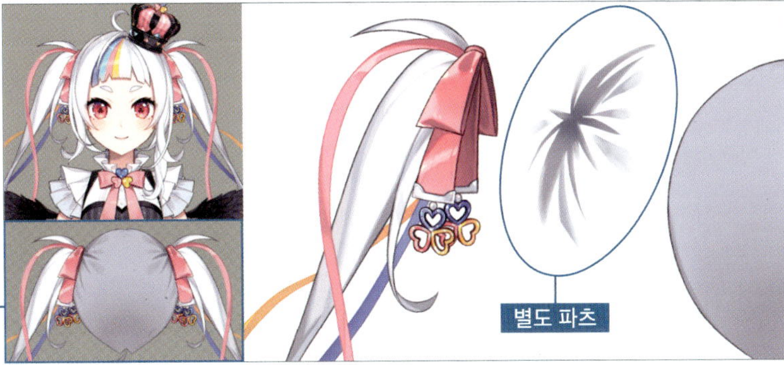

2

별도 파츠로 그린 매듭의 그림
자를 후두부 파츠에 클리핑 합
니다. 이렇게 함으로써 **옆을
봤을 때 그림자가 점차적으로
돌아 들어가는 입체적인 표현
을 할 수 있습니다.**

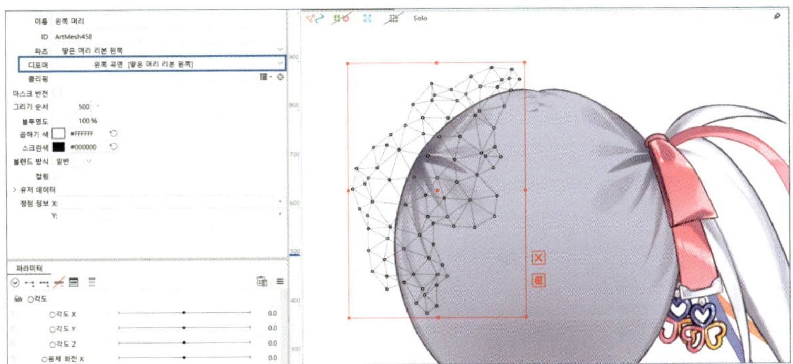

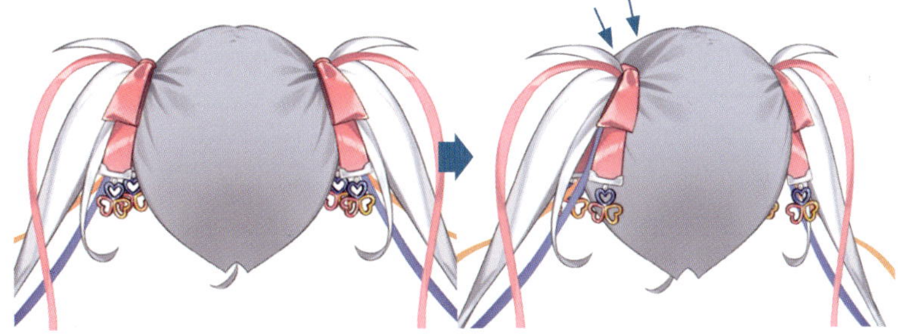

3

같은 원리로 **머리 가르마도 다
른 파츠로 만들면 쉽게 입체감
을 줄 수 있습니다.**

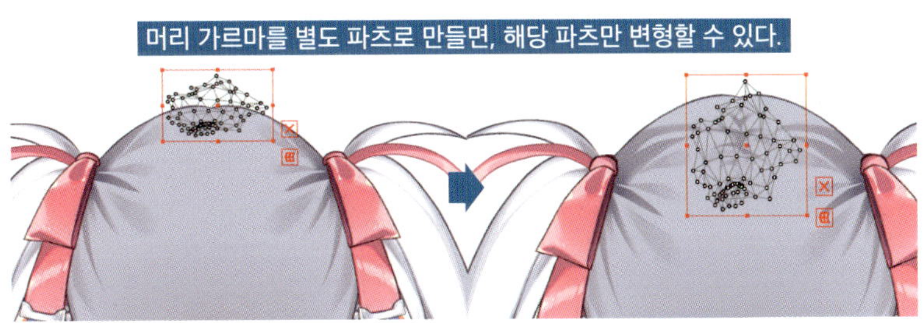

©城真ゆかな([X]@SiromaYukanaV)　일러스트 : のう([X]@nounoknown)

목덜미를 만들어 균형을 잡자

칸부츠히모노

움직임이 많은 모델에서는 대각선 위를 쳐다볼 때 목이 너무 길게 보이거나, 후두부와의 균형이 잘 잡히지 않는 경우가 많습니다. 이때는 **목덜미 파츠**를 만들어 봅시다.

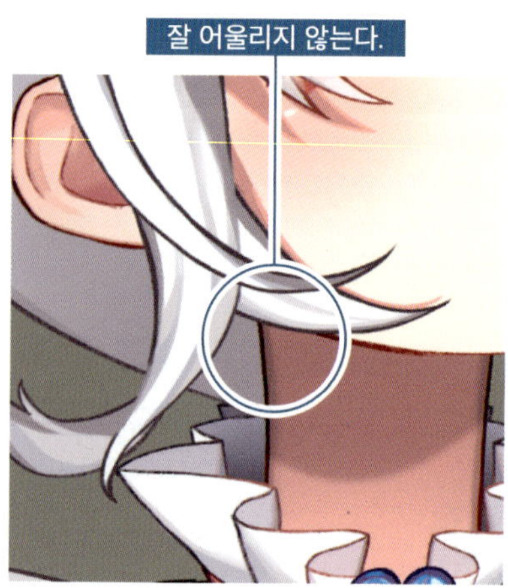

1

들쑥날쑥한 머리카락이 난 파츠를 준비하고 **목과 머리가 연결된 부분에 붙입니다.** 이것으로 후두부와 목의 경계가 자연스럽게 됩니다.

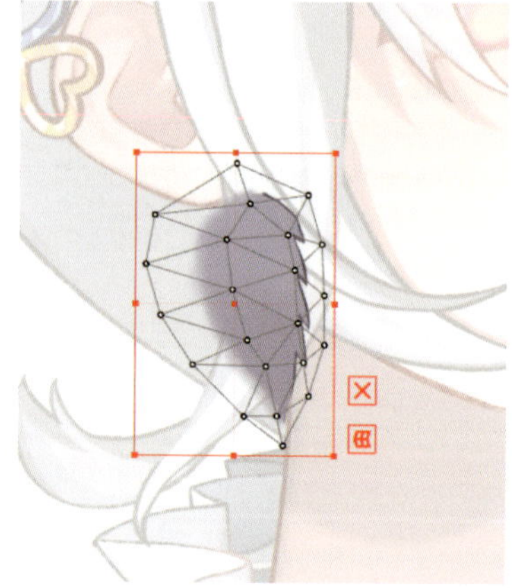

2

정면을 봤을 때는 크기를 줄여서 **얼굴 뒤쪽으로 숨깁니다.**

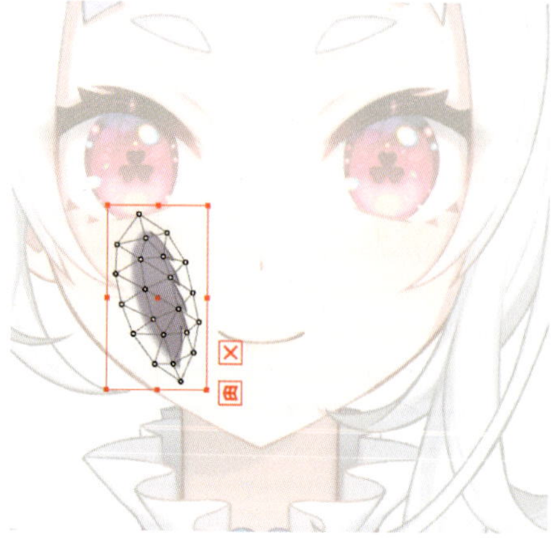

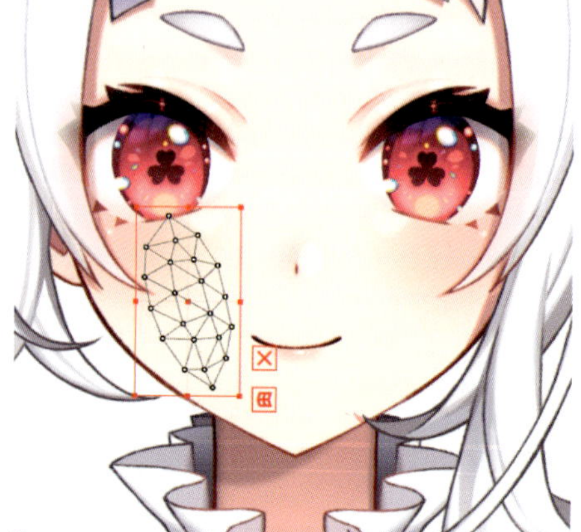

스키닝을 사용해 머리카락을 흔들리게 하자

노논.

스키닝은 **자동으로 머리카락의 흔들림과 같은 움직임을 만들 수 있는 기능**입니다. 하지만 스키닝을 걸면 회전 디포머로 관리되기 때문에 워프 디포머 등으로 만든 변형이 무효가 되고, 각도 X나 각도 Y의 형태가 깨지게 됩니다. 사용 방법이 매우 어려운 기능이기 때문에 잘 활용하는 분들도 많지 않을 것입니다. 여기에서는 스키닝을 걸어도 형태가 깨지지 않는 머리카락의 흔들림을 만드는 방법에 관해 소개합니다. 익숙해지면 자연스러운 머리카락의 흔들림을 간단히 만들 수 있으므로 꼭 시도해 봅시다.

스키닝을 수정할 때는 만든 스키닝을 완전히 삭제한 뒤 스키닝을 다시 걸어야 한다는 단점이 있습니다. 그렇기 때문에 스키닝은 작업의 마지막 단계에서 거는 것이 좋습니다.

1

먼저 스키닝을 걸 머리카락에 [변형 패스 도구] ☞(**아트 메쉬에 컨트롤 포인트를 설정해서 여러 정점을 한 번에 이동할 수 있는 도구**)를 사용해 변형 패스를 배치합니다. 여기에서 앞머리카락의 아트 메쉬에 변형을 한 워프 디포머를 확인하면, 각도 X와 각도 Y에 키가 들어가 있으므로 앞머리카락의 아트 메쉬의 같은 위치에도 키를 넣습니다.

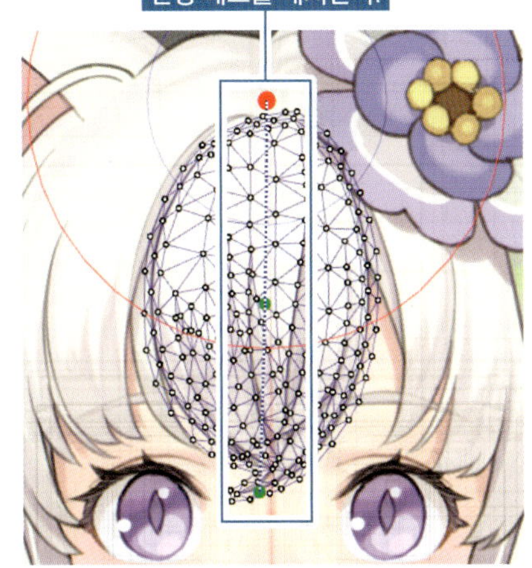

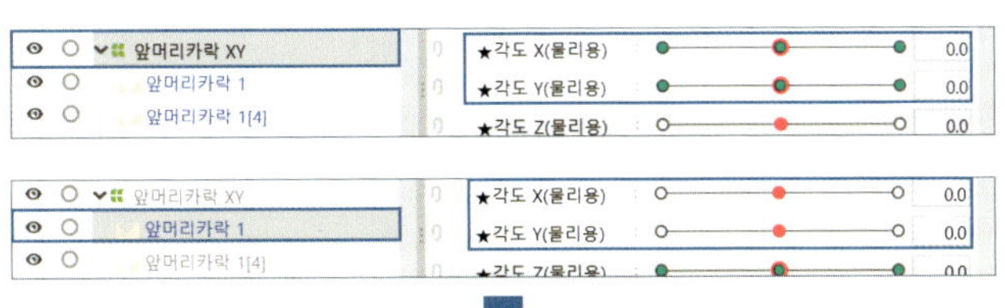

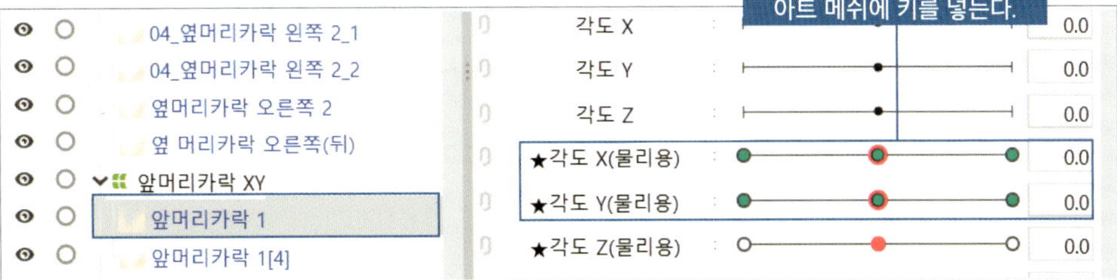

아트 메쉬에 키를 넣지 않고 스키닝을 걸면, 그림과 같이 변형이 무효화 되어 형태가 깨지게 됩니다.

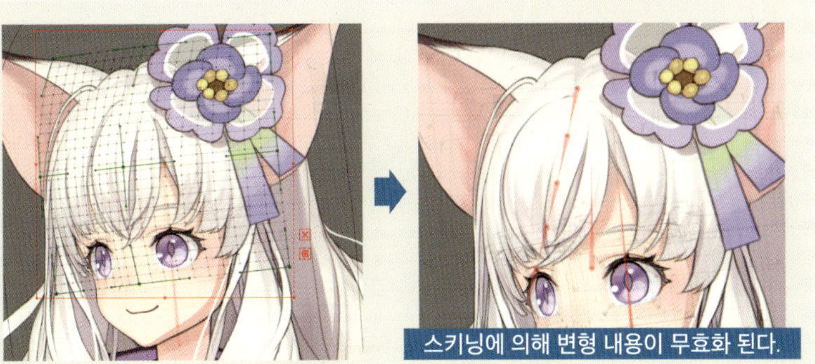

2

[모델링] 메뉴 → [스키닝] → [변형 패스에서 스키닝]을 선택해 스키닝을 겁니다. 스키닝을 걸면 다음 그림과 같은 회전 디포머가 만들어지고, 변형이 무효화 됩니다.

회전 디포머가 만들어진다.

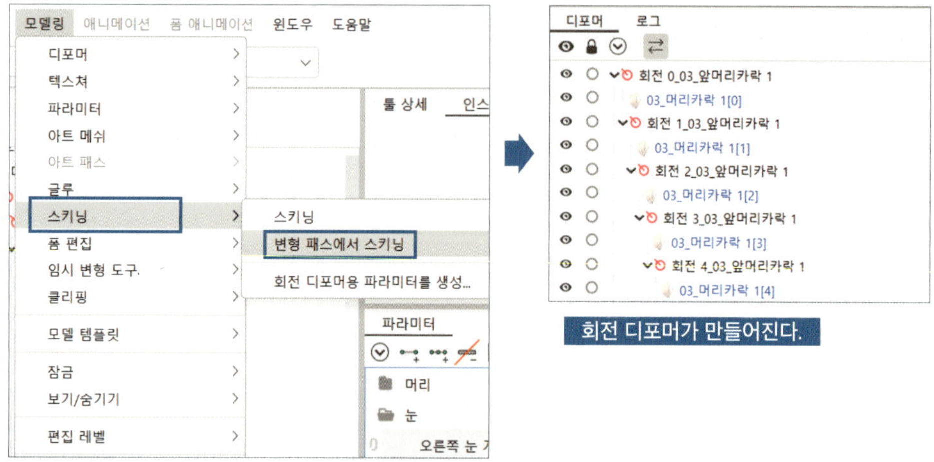

하지만 여기에서 나누어져 있는 앞머리카락 파츠를 확인해 보면 회전 디포머 아래에 들어있는 아트 메쉬에 키가 들어있을 것입니다. 이 상태에서 각도 X를 보면 **변형을 유지한 상태로 스키닝이 걸려 있는 것**을 알 수 있습니다.

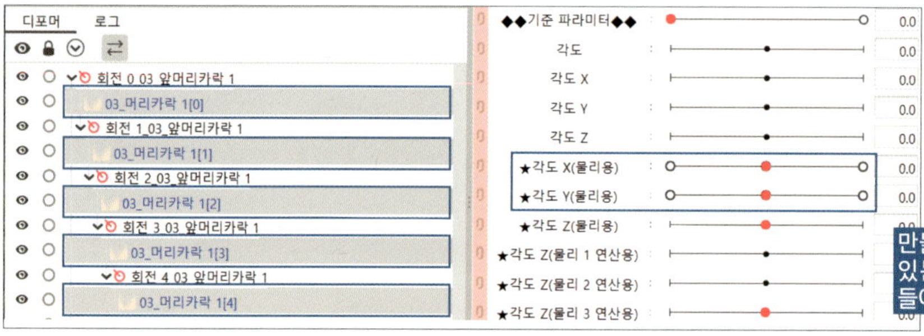

만들어진 회전 디포머에 들어있는 아트 메쉬에 키가 들어있다.

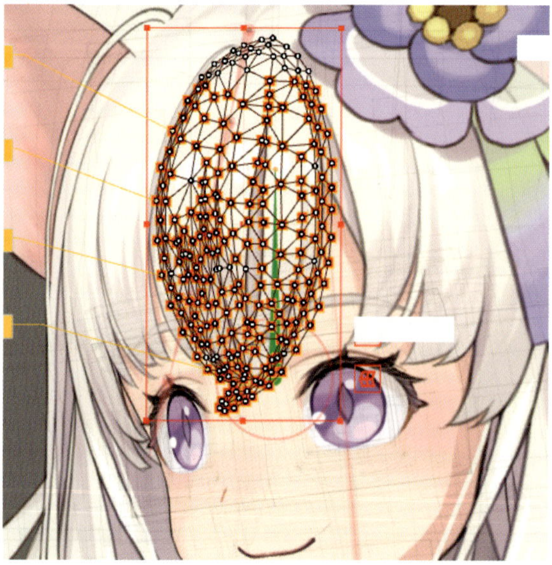

POINT

스키닝의 수는 변형 패스를 넣는 수에 따라 달라집니다. 예를 들면 변형 패스가 3개이면 스키닝은 6단계 흔들림, 변형 패스가 4개이면 스키닝은 8단계 흔들림으로 2배씩 올라갑니다. 스키닝을 너무 많이 걸면 동작이 매우 무거워지므로 **3~4개 정도까지만 거는 것**이 좋습니다.

실제처럼 풍부한 가슴의 흔들림

칸부츠히모노

풍부한 가슴의 흔들림을 만들고 싶을 때는 '**세로 방향의 흔들림**'과 '**가로 방향의 흔들림**'을 만드는 것이 좋습니다. 각각의 흔들림은 각각 두 종류의 파라미터를 사용합니다.

세로 방향의 흔들림
가로 방향의 흔들림

Method1   세로 방향의 흔들림

먼저 세로 방향의 흔들림의 움직임을 확인해 봅시다. 워프 디포머를 사용해 만듭니다.

1

'가슴 1' 파라미터는 가슴이 다음의 화살표와 같이 움직이도록 디포머를 변형시킵니다.

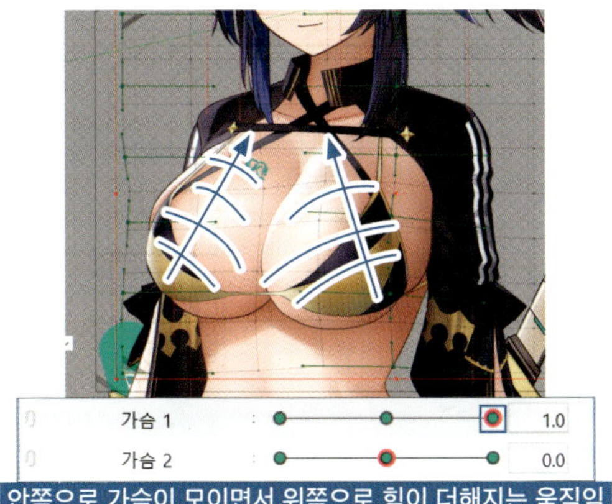

파라미터가 +쪽으로 움직일 때

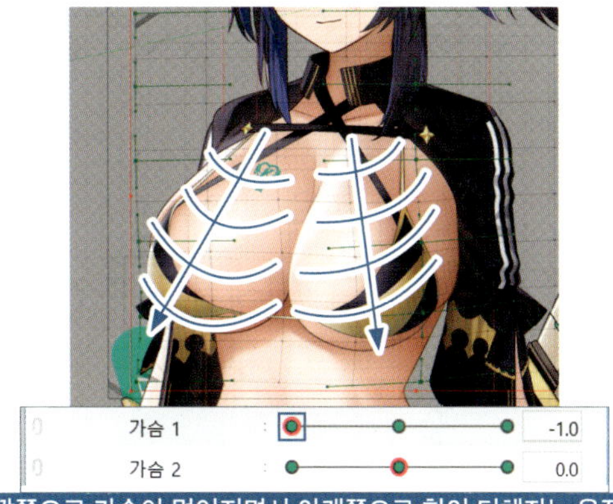

파라미터가 -쪽으로 움직일 때

2

다음으로 '가슴 2' 파라미터에서는 '가슴 1' 파라미터와 반대 방향의 움직임을 만듭니다.

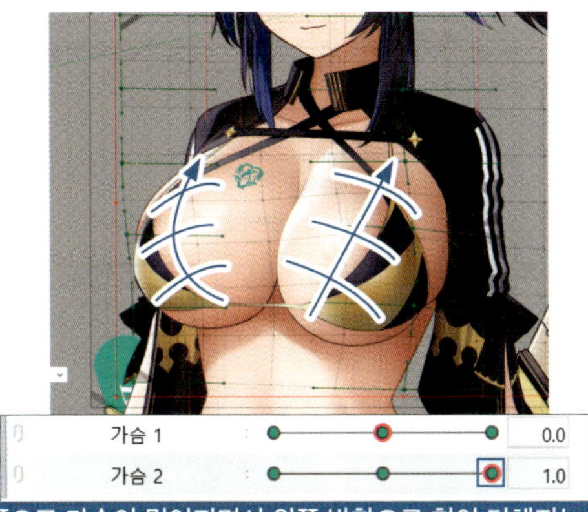

파라미터가 +쪽으로 움직일 때

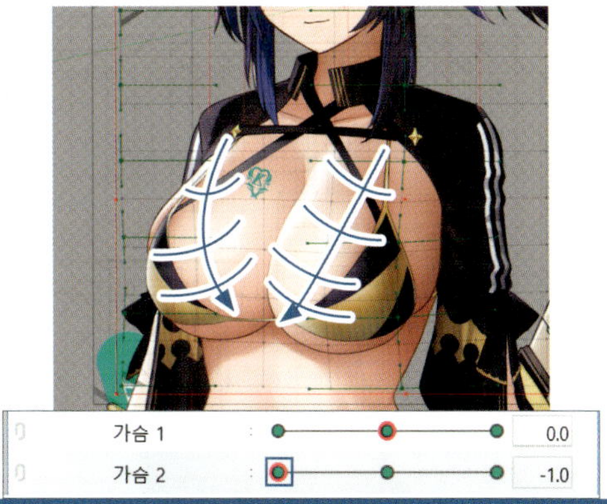

파라미터가 -쪽으로 움직일 때

'가슴 1', '가슴 2'의 두 가지 파라미터를 물리 연산 설정의 2단 진자로 움직입니다. '세로 방향의 흔들림'이므로 입력 파라미터에는 몸체의 Y축의 움직임을 넣습니다. 필자는 몸체 Y를 '상반신'과 '하반신'의 2개 파라미터로 나눠서 만들었으므로, 그 2개 파라미터가 들어가 있습니다. 하지만 1개의 파라미터에 모았다면 그대로 작업해도 좋습니다 입력 설정 패널에는 그 밖의 색과 파라미터가 들어 있습니다. 이에 관해서는 뒤에서 설명합니다.

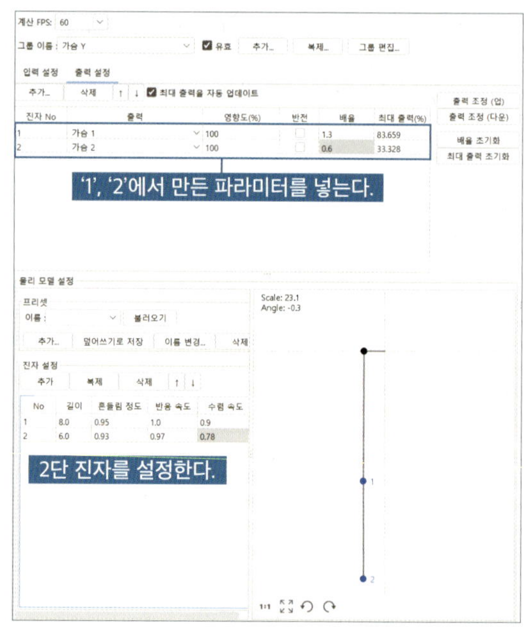

출력 설정, 진자 설정

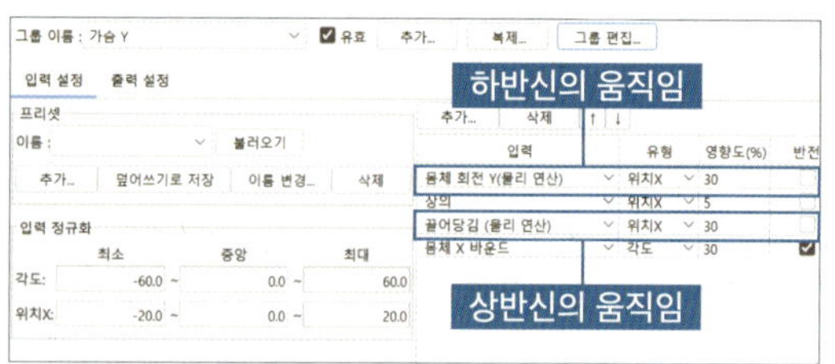

입력 설정

이렇게 몸체 Y의 움직임에 대해 부드러운 가슴의 움직임을 만들 수 있습니다.

참고 동영상(일본어)
https://www.youtube.com/
watch?v=SJ115H9nmtM

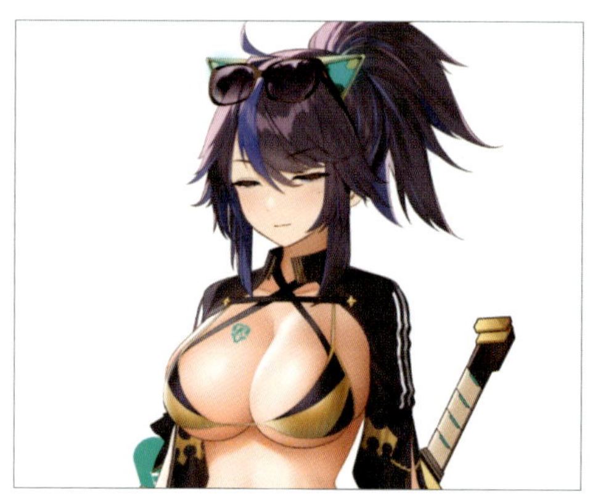

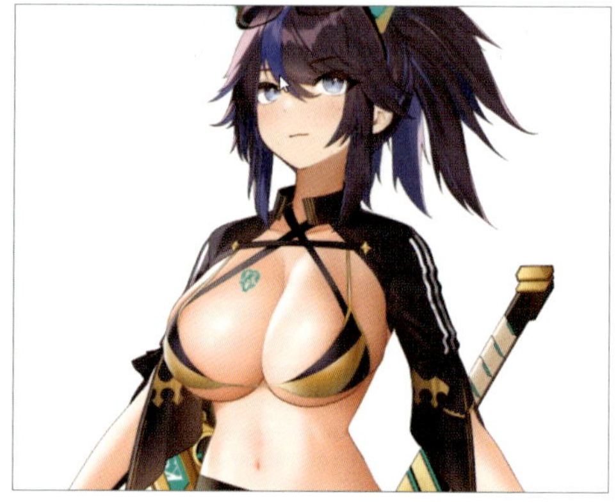

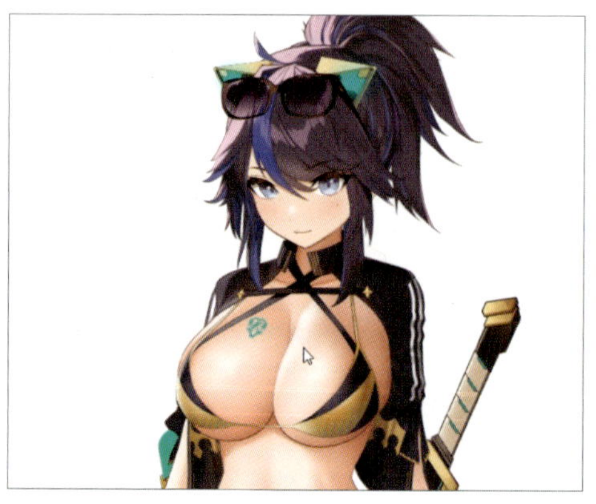

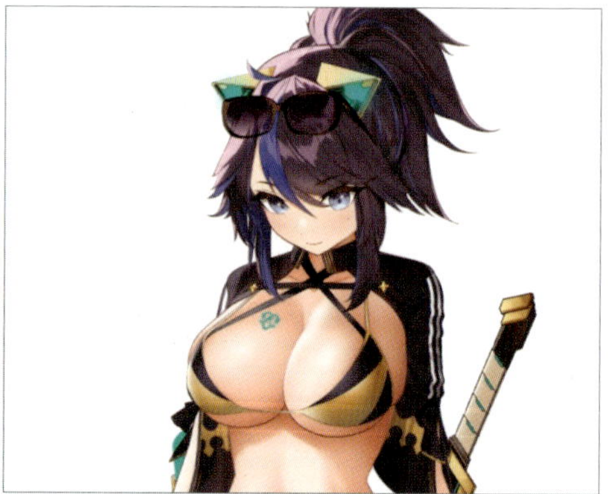

앞서 설명했던 2개의 입력 파라미터에 관해 살펴봅니다. 그 중 하나는 몸체 X의 파라미터입니다. [Method2]에서 가슴의 가로 방향의 흔들림을 만들었습니다. 그와 별도로 여기에서 만든 '가슴이 모이거나 멀어지나 위아래로 움직이는' 세로 방향의 흔들림의 움직임을 몸체 X의 움직임에 맞춰 조금만 움직이게 합니다.

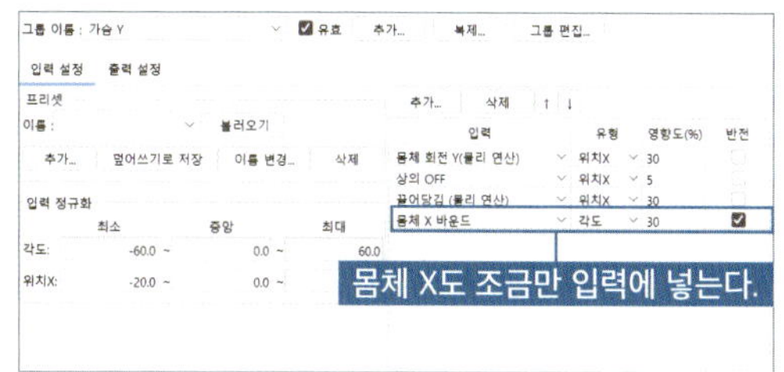

POINT

여기에서는 '몸체 X' 파라미터의 이름이 '몸체 X 바운드', 유형이 '각도'로 되어 있습니다. 이것은 [Tips 32] 에서 설명했던, 바운드용 파라미터로 만들었습니다. 바운드용 파라미터를 만들지 않았을 때는 유형은 '위치 X'로 설정합니다.

6

마지막으로 '상의 OFF' 파라미터에 관해 설명합니다. 이 모델은 상의를 ON/OFF 할 수 있도록 만들었으며 그 ON/OFF 파라미터를 입력 설정에 넣음으로써, 상의를 벗는 순간에 가슴을 조금 흔들리게 할 수 있습니다. 스트리밍용 모델에 이 기능을 추가하면 옷의 ON/OFF 움직임에 풍부함을 더할 수 있습니다. 꼭 추가해 보십시오.

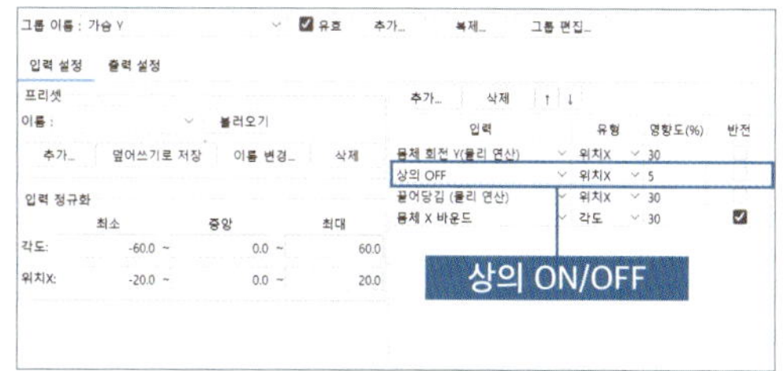

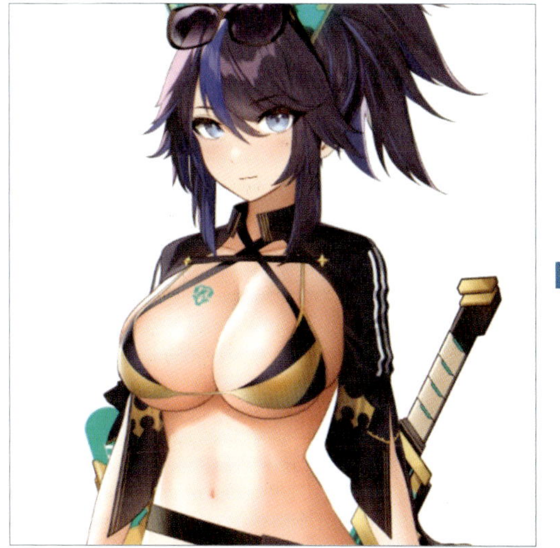

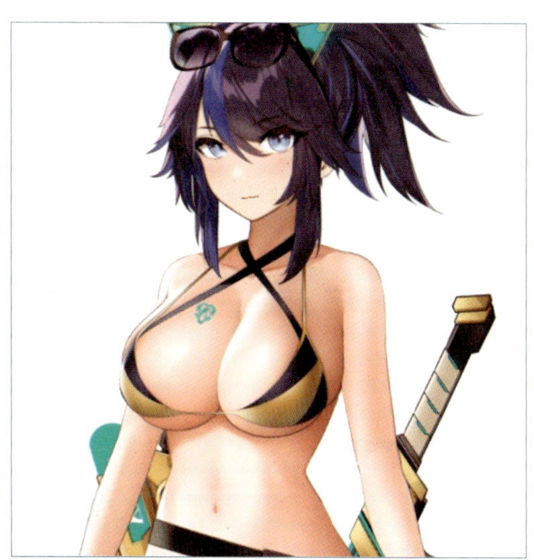

참고 동영상(일본어)
https://www.youtube.com/watch?v=evAcvXA23yE

Part1 캐릭터 모델

가슴의 가로 방향의 흔들림을 만듭니다. 세로 움직임과 마찬가지로
워프 디포머를 사용해 만들고, 2개의 파라미터를 준비합니다.

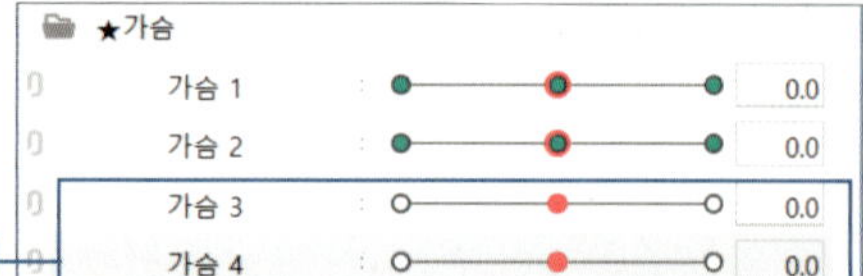

가로 방향의 흔들림

1

'가슴 3' 파라미터에서는 왼쪽 가슴의 움직임을 크게, 오른쪽 가슴은 그에 따라 작게 움직이도록 만듭니다.

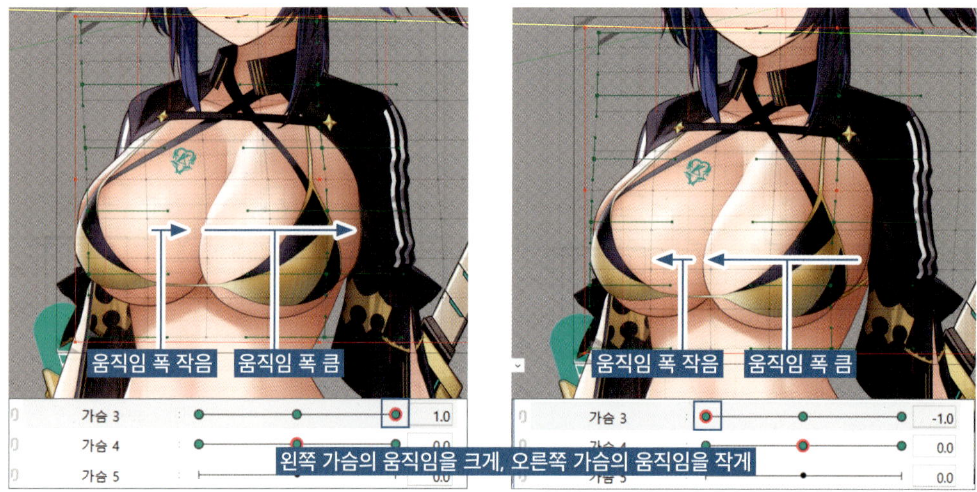

파라미터가 +쪽으로 움직일 때   파라미터가 -쪽으로 움직일 때

2

'가슴 4' 파라미터는 그 반대로 오른쪽 가슴의 움직임을 크게, 왼쪽 가슴은 그에 따라 작게 움직이도록 만듭니다. **크게 움직이는 쪽 가슴에, 작게 움직이는 가슴이 눌린 느낌**으로 만든다고 이해하면 좋습니다.

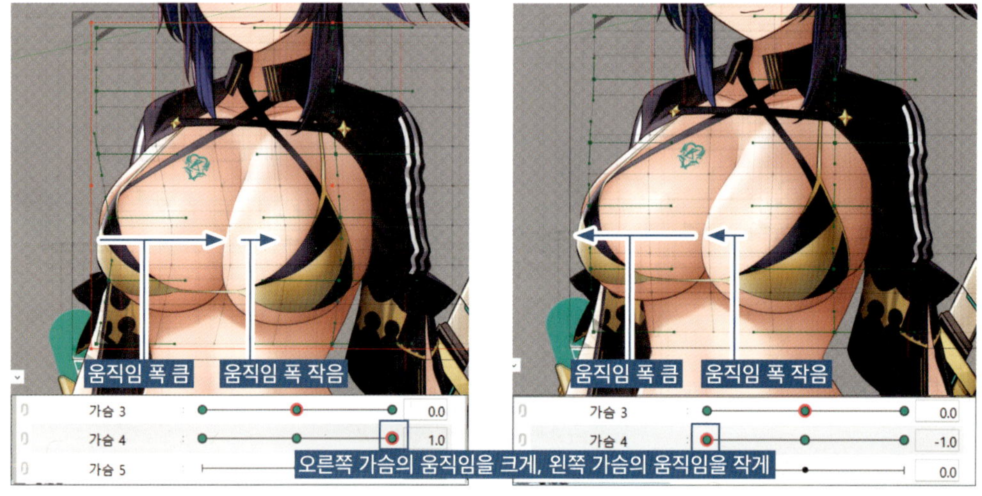

파라미터가 +쪽으로 움직일 때   파라미터가 -쪽으로 움직일 때

디포머의 변형을 마쳤다면 세로 방향의 흔들림과 마찬가지로 2단 진자로 물리 연산 그룹을 만듭니다.

입력 파라미터는 몸체 X와 몸체 Z를 넣습니다. 이렇게 하면 몸체 X의 움직임이나 몸체 Z의 움직임에 맞춰 가슴이 가로로 흔들립니다.

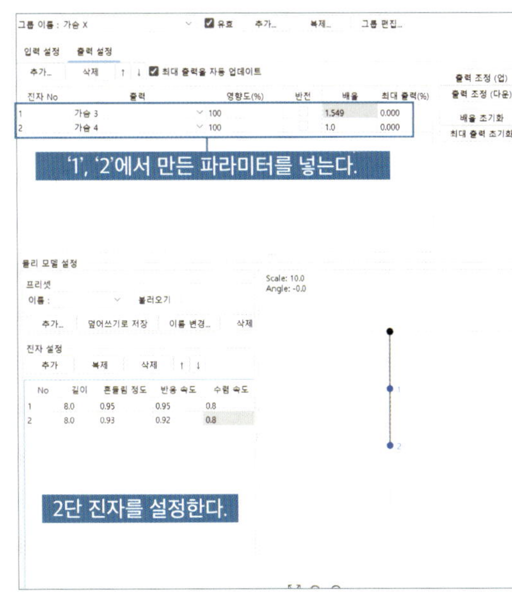

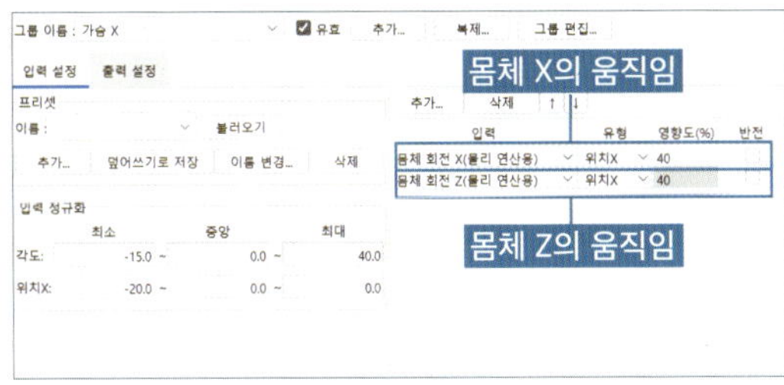

입력 설정

출력 설정, 진자 설정

움직임을 좌우로 나누면 **좌우 가슴의 피부가 조금 어긋나 움직이는**, 실제적인 움직임을 만들 수 있습니다.

참고 동영상(일본어)
https://www.youtube.com/watch?v=tfmBzgU8hCA

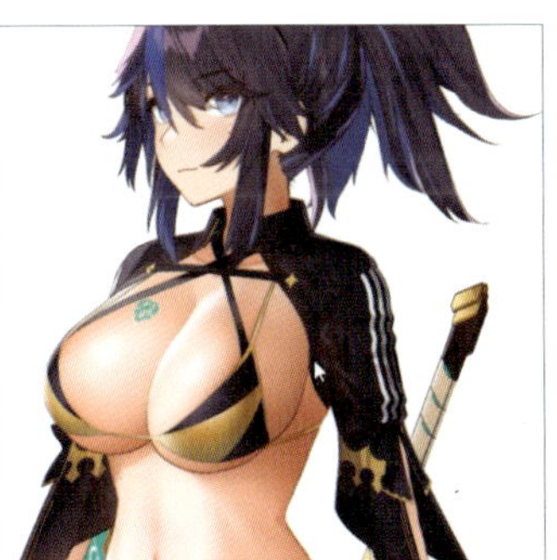
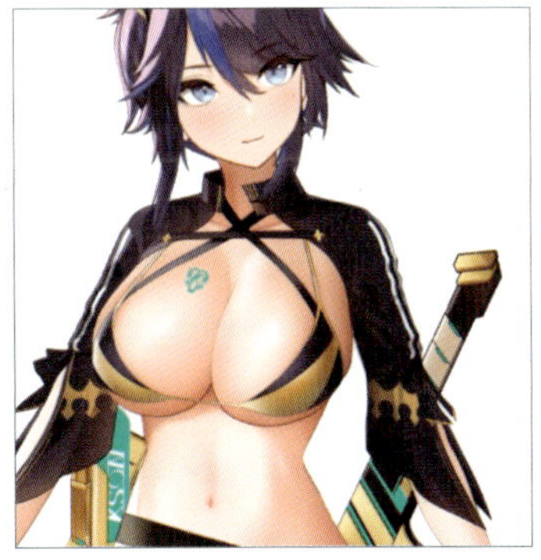
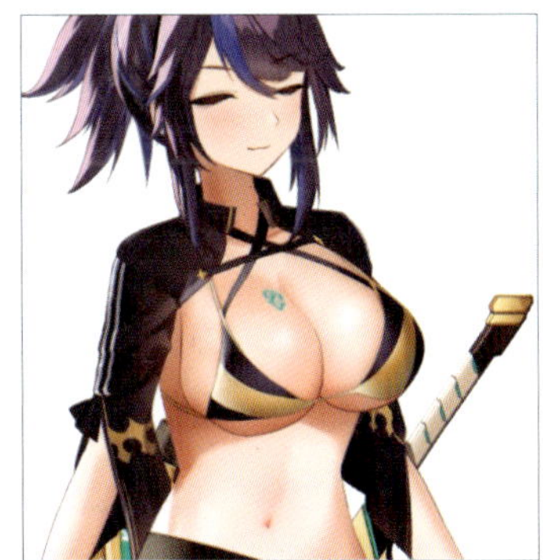

몸체 X에 대응한 가슴의 흔들림

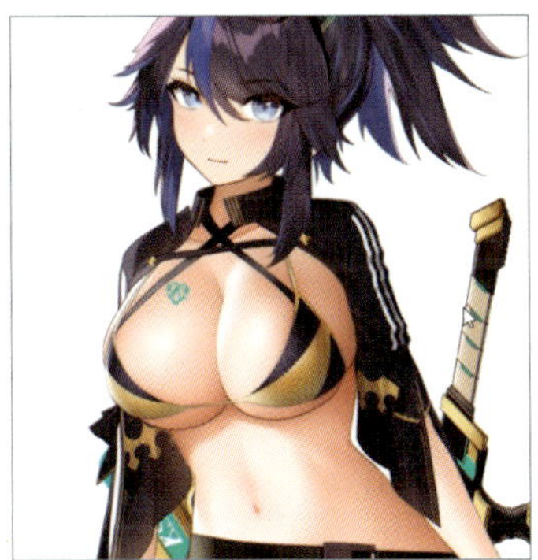
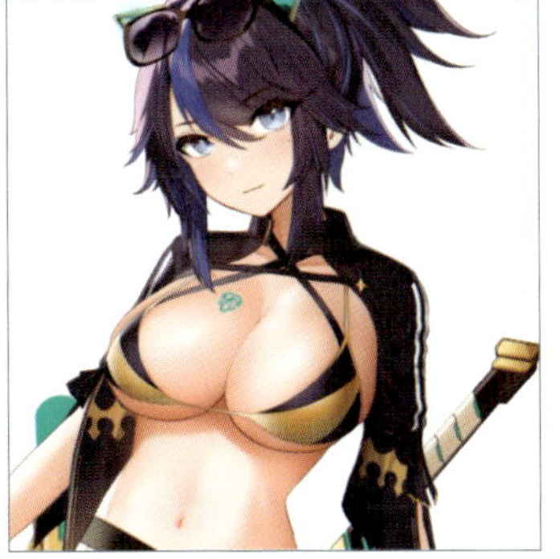
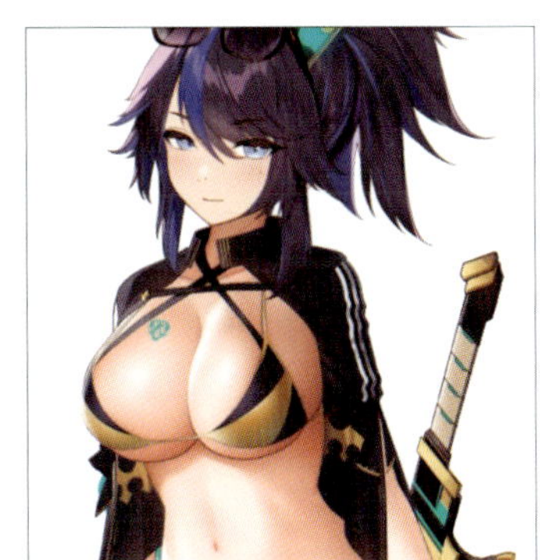

몸체 Z에 대응한 가슴의 흔들림

피부 질감을 고려한 가슴의 흔들림을 만들자

칸부츠히모노

이 모델은 [Tips 42]에서 설명한 가슴의 흔들림을 만든 상태로 납품을 했으나, 의뢰자로부터 '조금 더 가슴의 무게감과 부드러움이 느껴지면 좋겠다'는 요청을 받아 흔들림을 한층 추가해 만들게 되었습니다. 여기에서는 응용편으로 추가 제작한 움직임을 소개합니다.

먼저 오른쪽 그림에서 파란색 원으로 표시한 부분, 즉, **'비키니를 입었을 때 삐쳐 나오는 부분은 옷이 지탱해 주지 않아 더욱 클 것이므로'** 흔들림을 추가하기로 했습니다.

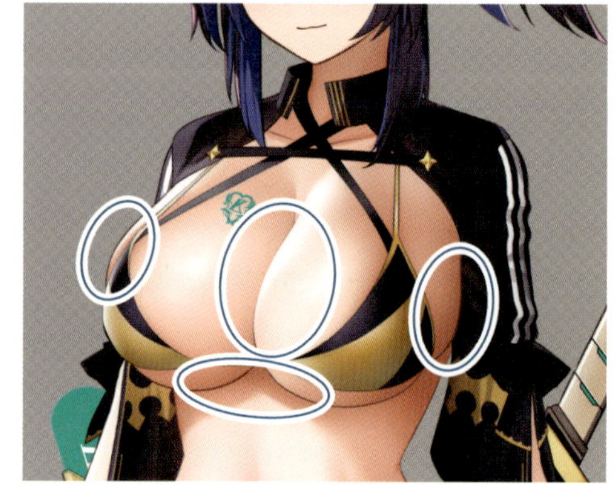

추가적인 흔들림은 **블렌드 셰이프를 사용해 아트 메쉬를 직접 변형**해서 만듭니다.

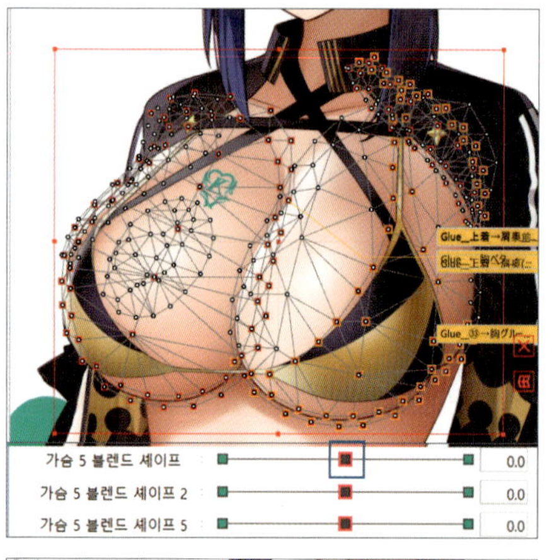

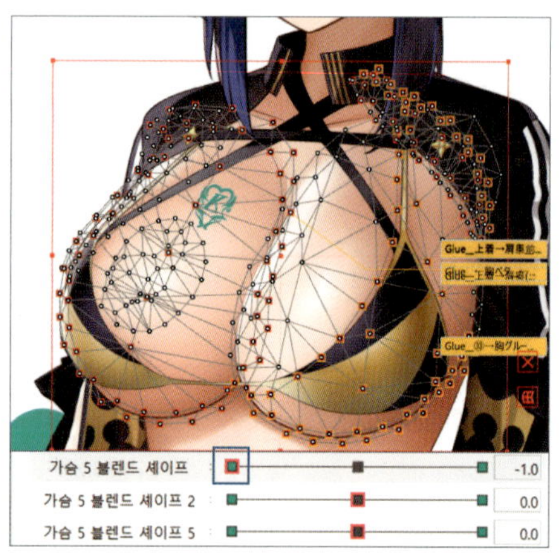

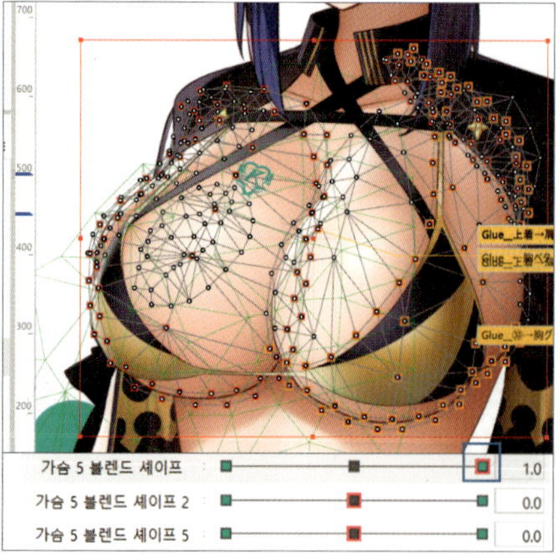

2

만든 블렌드 셰이프를 '가슴 Y'의 물리 연산 그룹에 추가합니다.

그리고 진자 설정을 3단으로 변경하고 **3번째 단에 추가 흔들림**을 넣었습니다.

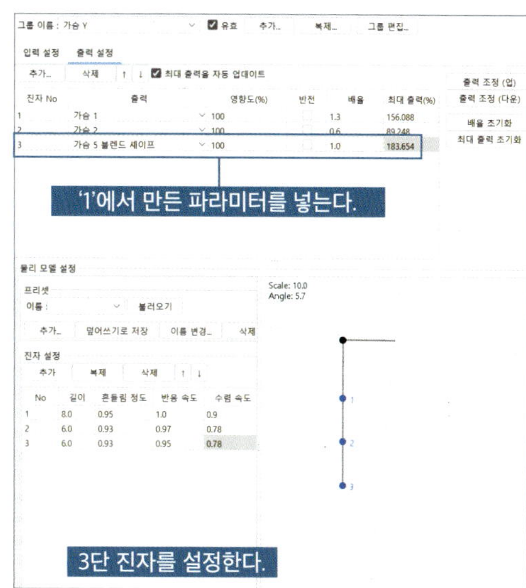

참고 동영상(일본어)
https://www.youtube.com/
watch?v=hTBw-IqcP9g

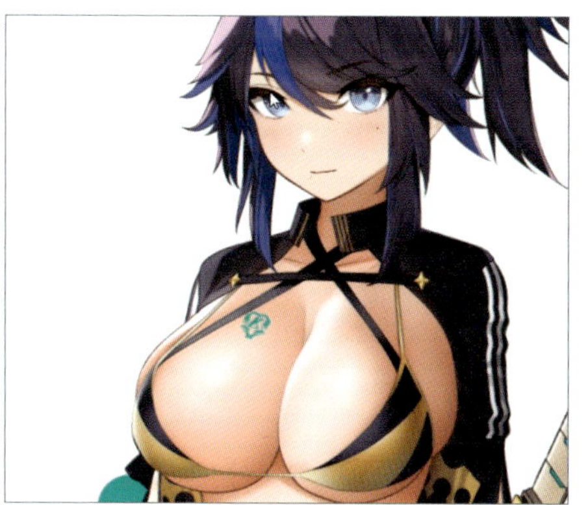

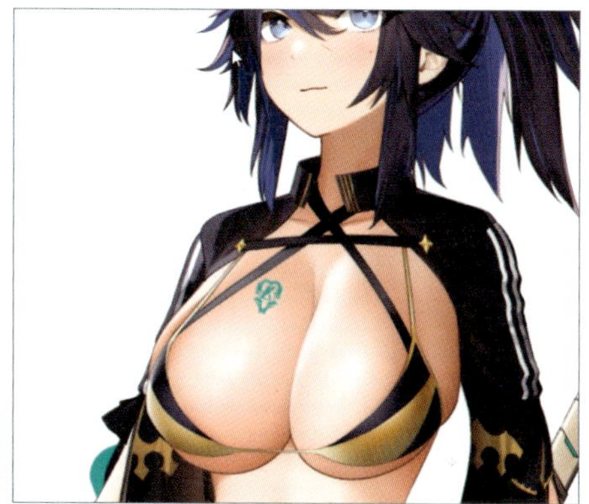

[Tips 42]의 흔들림에 비해 보다 피부의 느낌과 부드러움이 더해졌다.

Tips 44

가슴의 입체감을 보강하자

칸부츠히모노

가슴의 그림자나 하이라이트 불투명도를 바꿔 입체감을 표현하는 방법에 관해 살펴봅니다.

1

이 모델들은 오른쪽 그림과 같이 그림자를 다른 파츠로 나누고 블렌드 방식 (p.165)을 '곱하기'로 설정한 뒤 가슴 파츠에 클리핑 합니다.

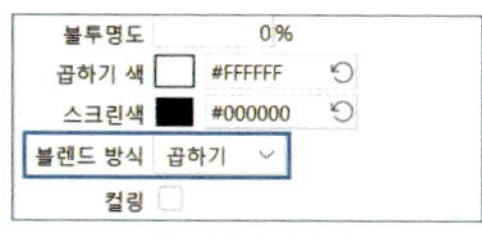

인스펙터 팔레트

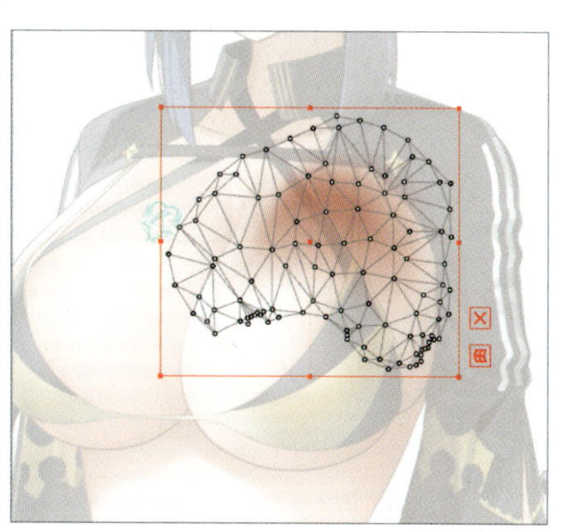

가슴의 세로 방향의 흔들림에 맞춰 그림자 파츠의 불투명도를 변화시켜 **가슴의 둥근 느낌**을 강조합니다.

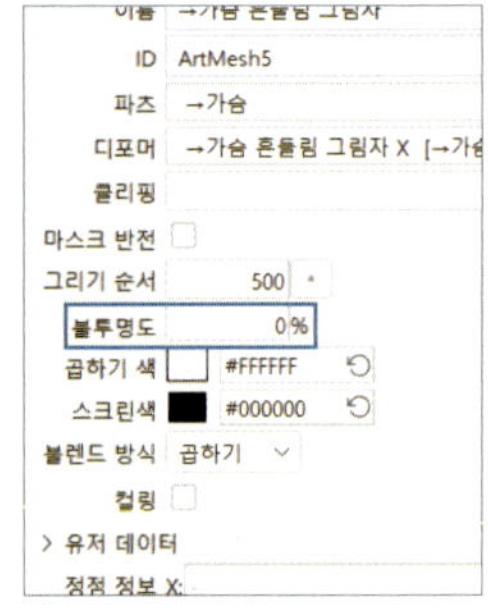

인스펙터 팔레트

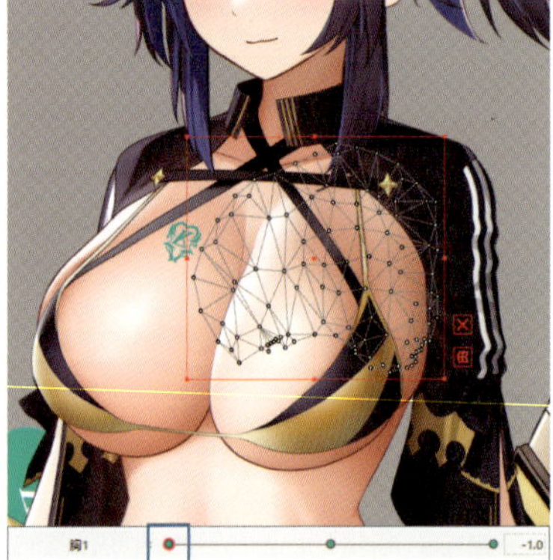

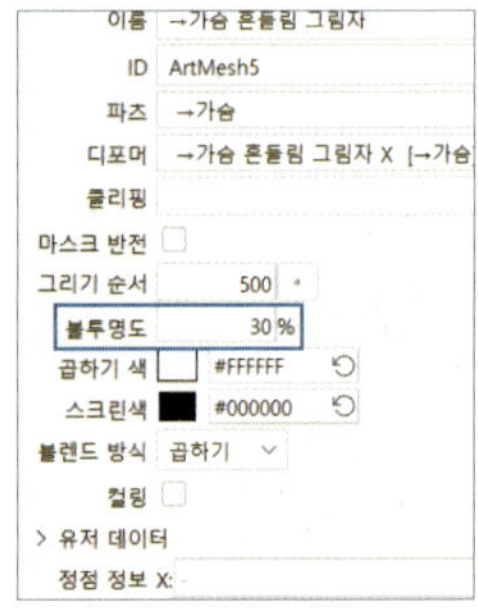

인스펙터 팔레트

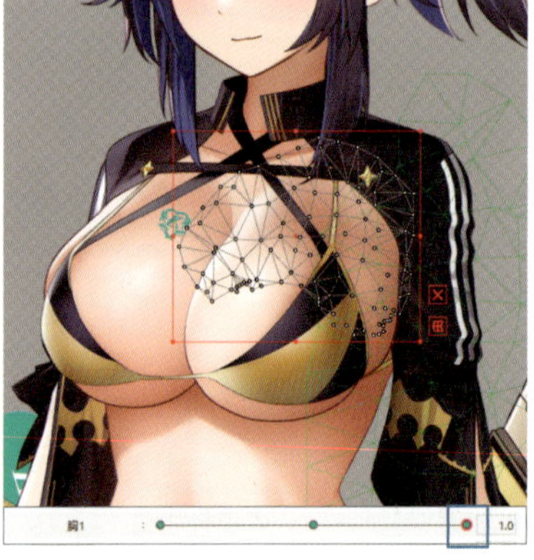

'흔들림' 보다는 '각도 변형'에 대한 설명이기는 하지만, 이 모델에서는 크게 →쪽 방향을 향했을 때 →쪽 가슴의 하이라이트를 제거했습니다.

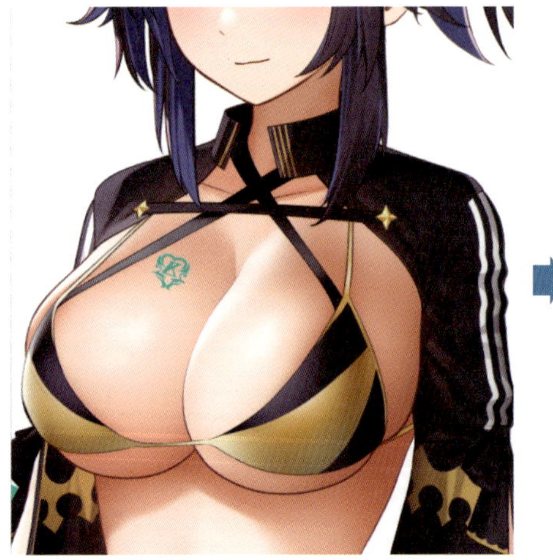

만드는 방법은, 먼저 하이라이트를 통째로 덮는 듯이 그림자 파츠를 만들고, 왼쪽에 클리핑 합니다. 몸체의 방향이 정확하게 정면을 바라볼 때, 그림자 파츠의 불투명도가 100이 되도록 설정합니다.

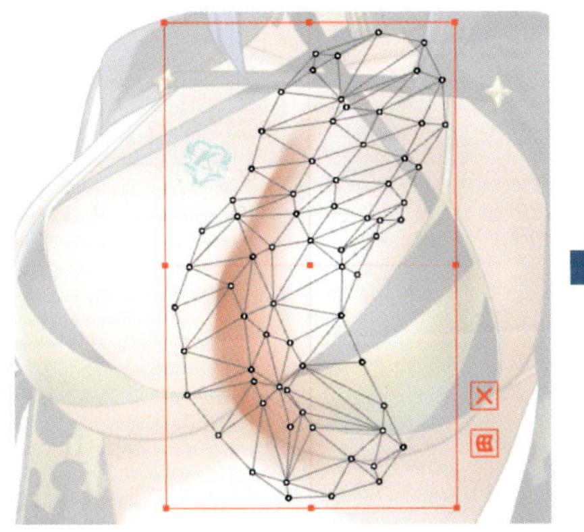

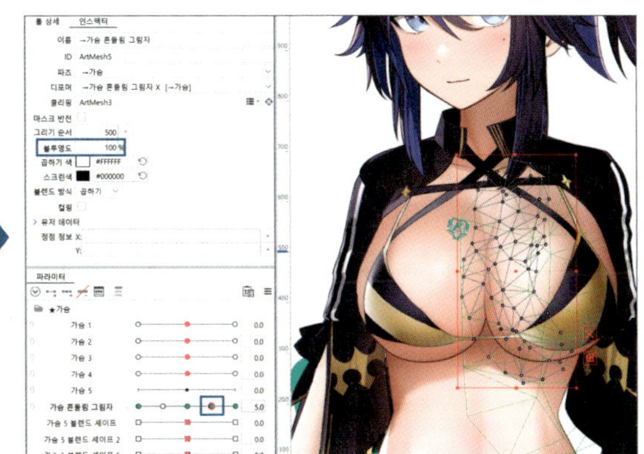

하이라이트를 덮은 그림자 파츠를 가슴에 클리핑

몸체가 정면을 바라볼 때 그림자 파츠의 불투명도를 '100%'로 설정한다.

4

여기에 오른쪽 가슴 부위가 들어있는 파츠의 폴더를 인스펙터 팔레트에서 [그리기 순서로 그룹화] 항목에 체크하면 정면에서 봤을 때 [그리기 순서]의 수치를 왼쪽 가슴보다 크게 설정해 가슴을 그리는 순서를 바꿀 수 있습니다.

POINT

좌우 가슴이 들어있는 파츠 폴더를 만든 뒤, 그 폴더의 [그리기 순서로 그룹화] 항목에도 체크를 하면 다른 부분을 그리는 순서에 가슴을 그리는 순서가 간섭하게 되지 않으므로 사용을 권장합니다.

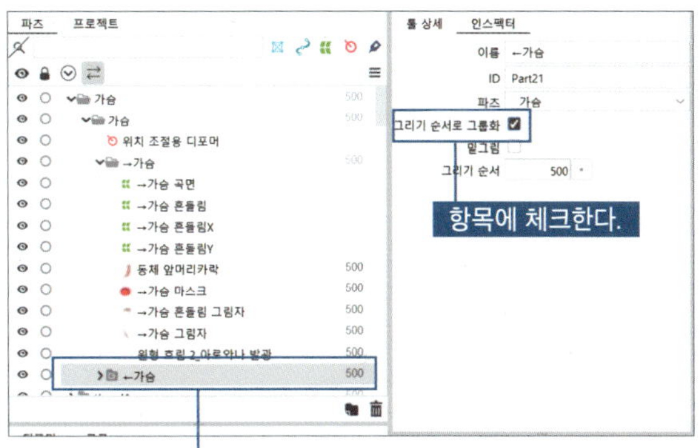

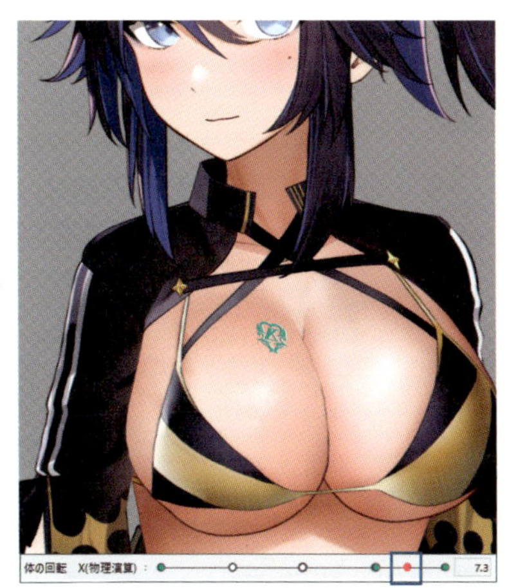

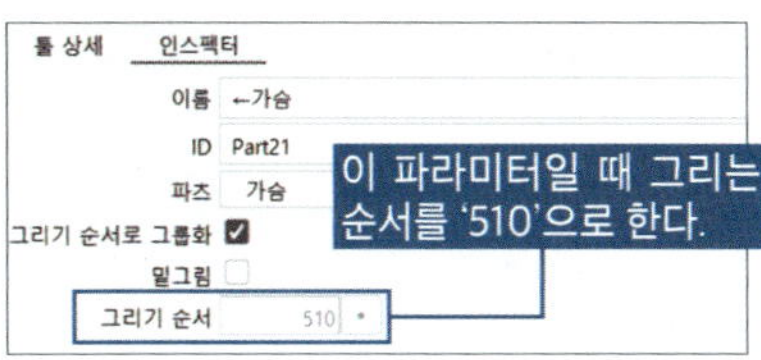

POINT

[그리기 순서]의 수치가 높은 객체일수록 앞쪽에 표시됩니다.

파츠가 나누어져 있지 않은 손가락을 움직이자

노논.

손바닥과 손가락 파츠가 나누어져 있지 않을 때도 **손가락 부분을 메쉬로 나누는 방법과 임시 변경 도구를 사용해 움직일 수 있습니다.** 임시 변형 도구를 사용하면 아트 메쉬나 디포머 같은 **정점을 가진 객체를 세세하게 변형**할 수 있습니다. 파츠를 나누기 어려울 때 이 방법을 사용해 표현을 늘릴 수 있습니다.

물리 연산을 사용한 자연스러운 흔들림에 추가로 적용할 수 있는 표현이 있으면 귀여운 느낌을 만들 수 있습니다. 아트 메쉬를 사용해 움직임을 붙이는 것도 표현의 포인트가 될 것입니다.

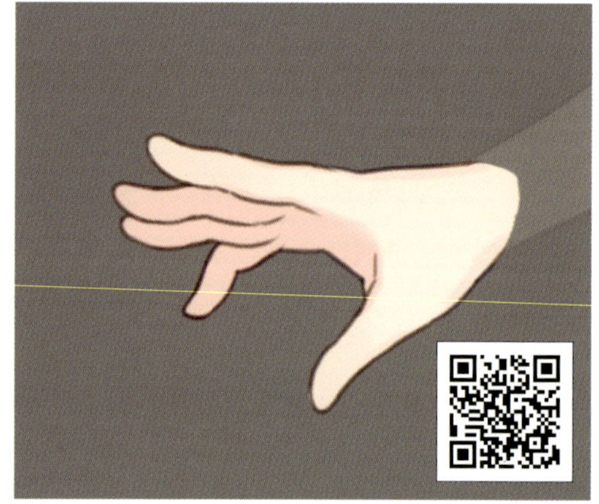

참고 동영상(일본어)
https://x.com/nonon_yuno/status/1603949867902304258

1

메쉬를 오른쪽 그림과 같이 나눈 뒤, 툴 상세 팔레트에서 [자동 연결] 하지 않고 결정 버튼✔을 클릭합니다.

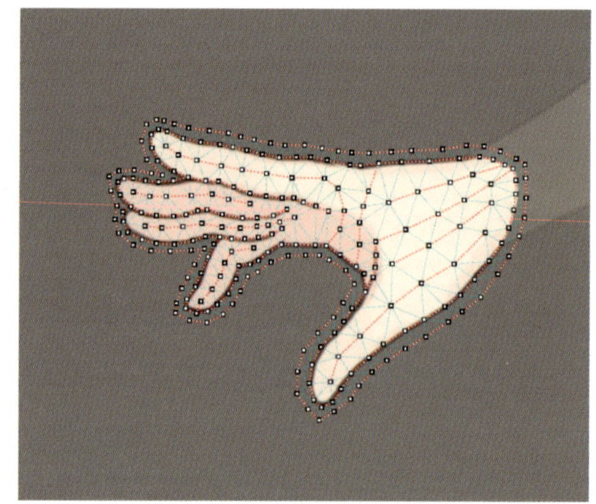

2

구부릴 손가락 부분만 선택하고 [모델링] 메뉴 → [임시 변형 도구] → [임시 패스 변형]을 실행하면 임시 변형 도구를 사용할 수 있습니다. 임시 변형 도구를 사용하면 선택한 부분만 구부릴 수 있습니다. 마찬가지로 손가락을 오므린 움직임도 만듭니다.

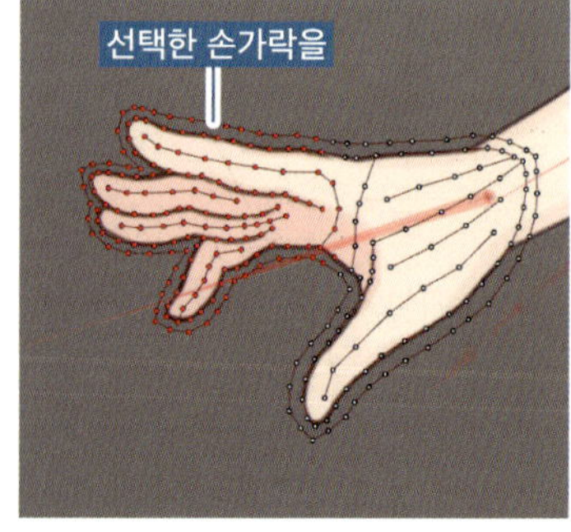

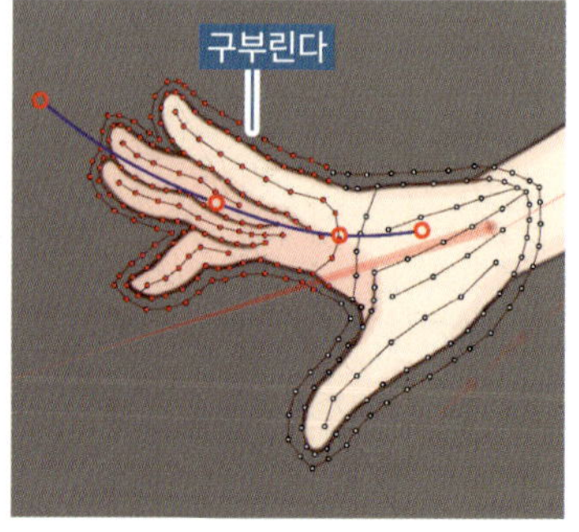

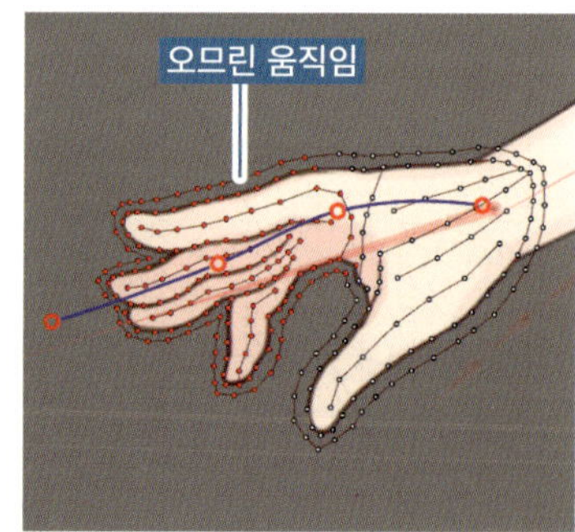

파라미터 팔레트의 메뉴 → [확장 보간]에서 보간 방식을 [SNS 보간]으로 선택하면 움직임을 보다 부드럽게 만들 수 있습니다.

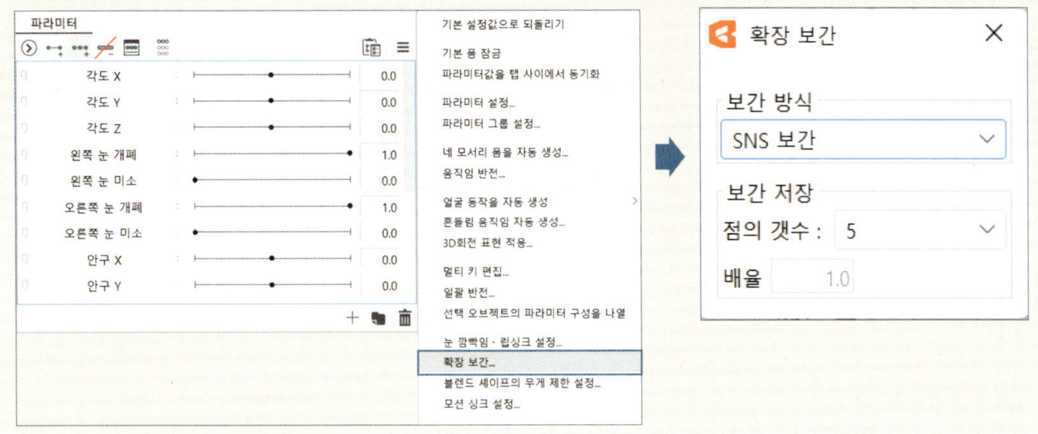

3

손가락 끝을 움직일 수 있게 되었다면 엄지 손가락도 마찬가지로 선택한 뒤 임시 변형 도구를 사용해 움직임을 만듭니다.

마지막으로 메쉬를 세부 조정해 형태를 정리합니다. 손을 펴고 오므리는 움직임을 완성했습니다.

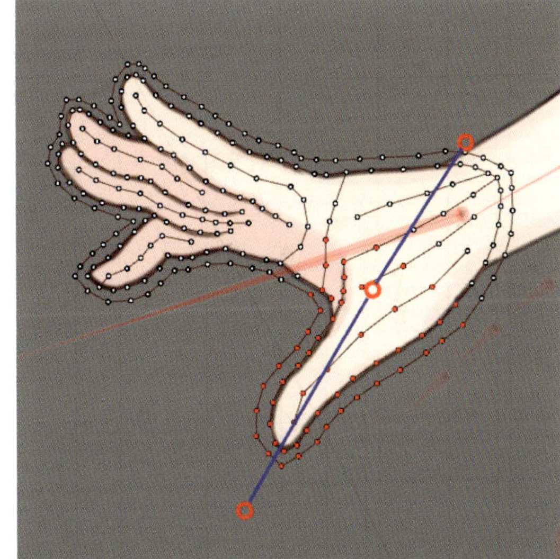

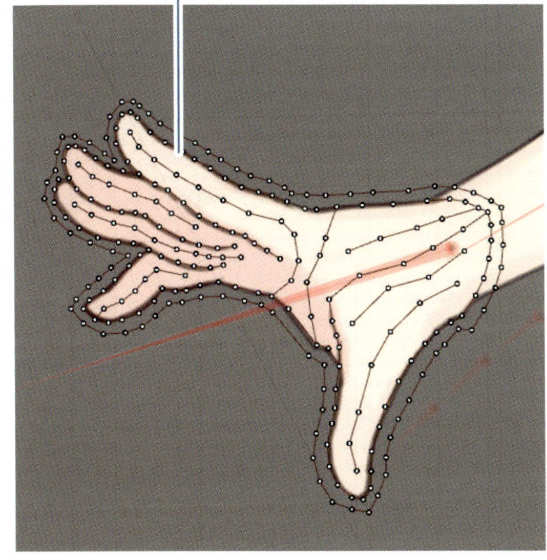

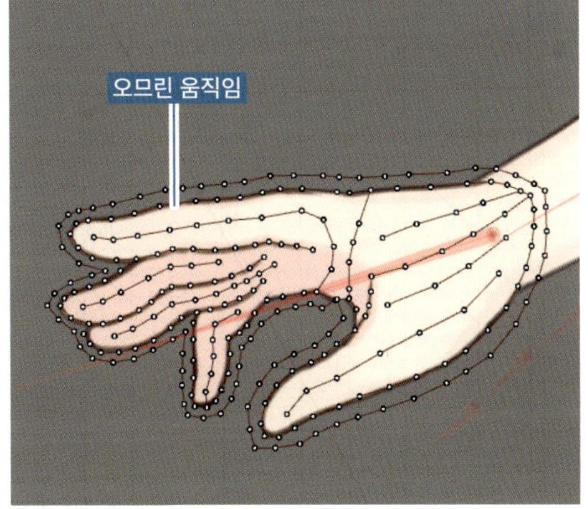

스커트에 안감을 붙이자

노논.

스커트의 입체감이나 흔들리는 움직임을 붙일 때 **안감**을 추가하면 표현의 폭이 넓어집니다. 안감이 없을 때는 **스커트의 겉감 부분 파츠를 사용해 안감을 만듭니다.**

1

스커트의 1부분을 복제합니다. 인스펙터 팔레트에서 [그리기 순서]를 메인 부분보다 뒤쪽으로 설정합니다. 안감이 보이도록 배치하고, 스크린색이나 곱하기 색을 사용해 어둡게 만듭니다.

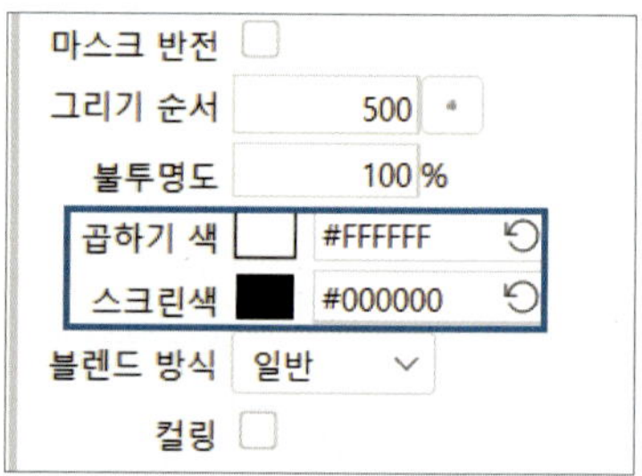

 POINT

이 표현은 스커트뿐만 아니라 소매 등 안감이 필요한 다른 파츠에도 응용할 수 있습니다.

 POINT

곱하기 색은 객체에 대해 지정한 색을 곱해서 합성할 수 있습니다. 합성 후에는 지정한 색보다 어두워집니다. 스크린색은 지정한 색을 스크린 합성할 수 있습니다. 합성 후에는 지정한 색보다 밝아집니다. 곱하기 색과 스크린색 기능은 함께 사용할 수 있습니다.

액세서리 등의 파츠를 빛나게 만들자

노논.

보석이나 금속 등을 **조금 화려하게 빛나게 만들면 모델의 디테일이 살아납니다.** 실제로는 그 정도까지 빛나지는 않는 것이라도 Live2D에서는 실제보다 다소 과장해야 움직임이 느껴지기 때문에, 한 눈에 알아차릴 수 있도록 표현하는 것이 좋습니다. 여기에서는 파츠를 빛나게 만들 수 있는 간단한 방법을 소개합니다.

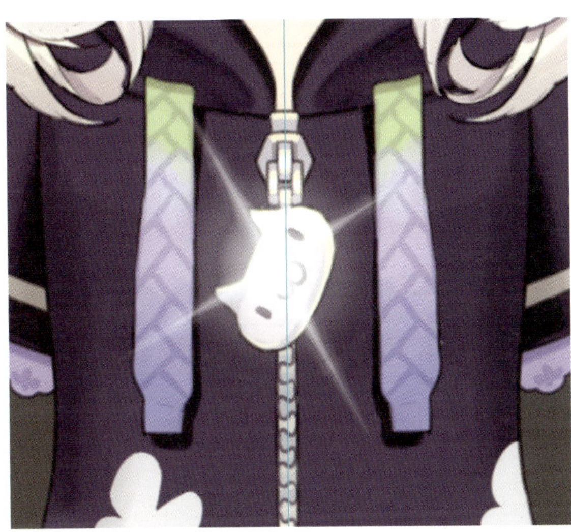

1

페인트 소프트웨어 등을 사용해 빛 파츠를 만듭니다. 상용으로 사용할 수 있는 무료 소재를 사용해도 좋습니다. 빛나게 할 파츠의 디포머에 빛 부픔을 넣은 뒤, 실제로 빛나게 하기 위한 '액세서리 빛'디포머를 만듭니다.

빛나게 할 파츠를 디포머에 넣는다.

'액세서리 빛'의 파라미터 키를 넣습니다. 키 0.0에서는 빛 파츠의 불투명도를 0, 키 -1.0과 1.0에서는 조금 회전시킨 상태에서 표시되게 하면 좋습니다. 이때 키 0.0에서는 빛 파츠의 크기를 줄여두면 움직였을 때 빛이 확대되는 형태를 만들 수 있습니다.

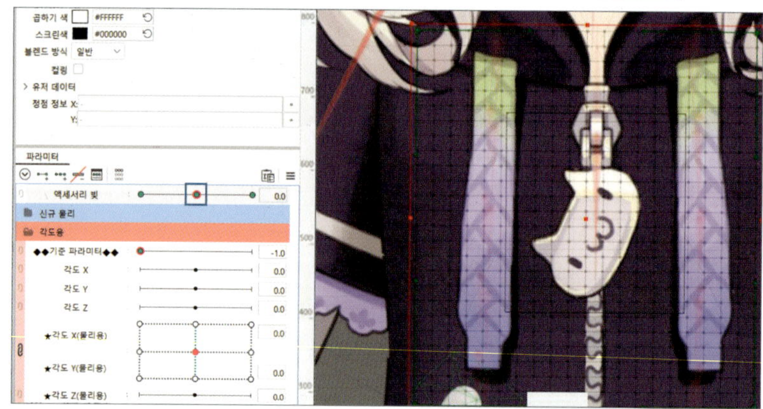

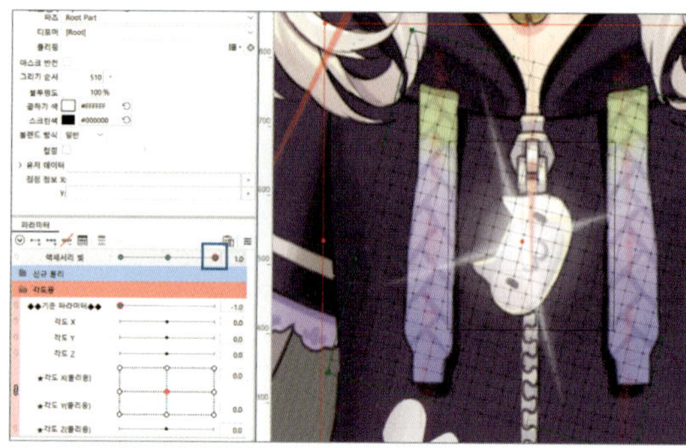

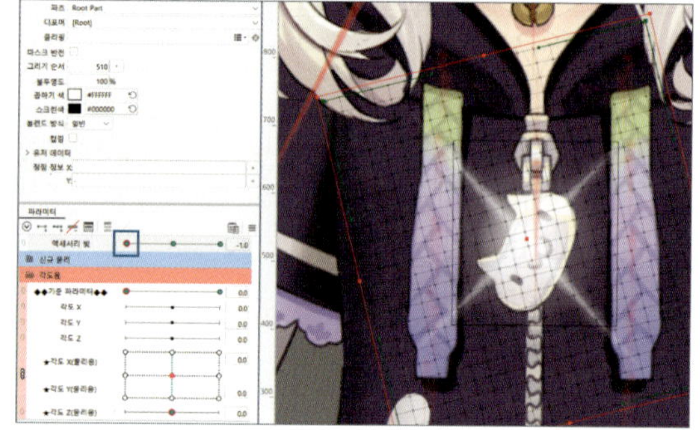

3

다음으로 물리 연산을 설정합니다. 물리 연산 설정은 그림과 같이 흔들리게 해봅니다.

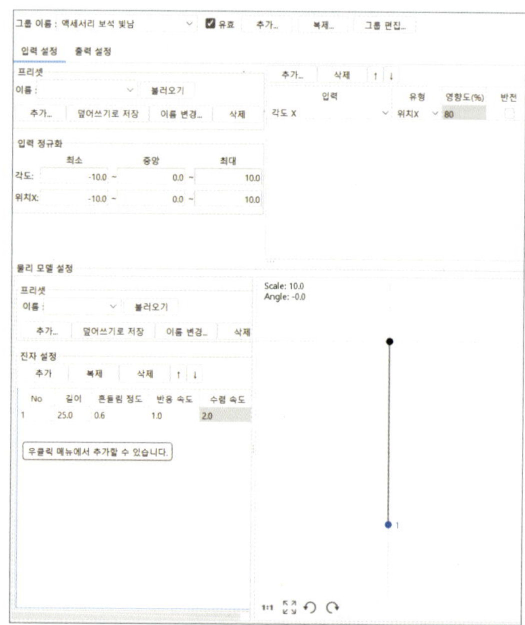

입력 설정, 진자 설정

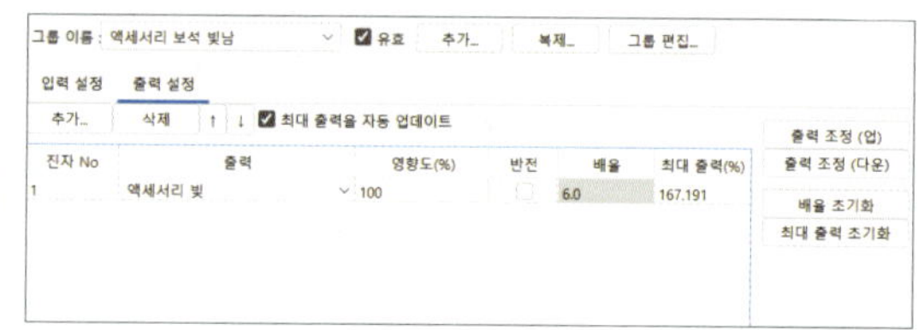

출력 설정

다양한 파츠에 이러한 기믹을 넣으면 빛나면서 흔들리는 움직임을 만들 수 있습니다. 꼭 다양한 형태로 시험해 보기 바랍니다.

간단하게 빛 반사를 표현하자

노논.

안경 렌즈에 빛이 반사되는 표현을 간단하게 만드는 방법을 소개합니다. 이 밖에도 갑옷이나 금속 파츠에 마스크를 걸어 금속의 빛을 표현하거나, 보석의 반짝임 등도 마찬가지 방법으로 간단하게 표현할 수 있습니다.

1

안경 렌즈 부분의 불투명도를 0으로 설정합니다. **페인트 소프트웨어를 사용해 렌즈에 넣을 빛의 선을 하나 만들고**, Live2D Cubism Editor에서 렌즈의 ID를 빛의 선에 클리핑 합니다.

2

빛의 선에 각도 X, 각도 Y용 워프 디포머를 준비합니다. 빛의 선은 클리핑 되어 있으므로 렌즈에 겹쳐지지 않는 한 표시되지 않습니다.

CHECK

안경 렌즈 부분이 없을 때는 페인트 소프트웨어로 렌즈 부분도 만듭니다.

3

각도 X에 왼쪽을 봤을 때 빛의 선에 워프 디포머를 가로로 미끄러지는 움직임을 만듭니다. 이렇게 하면 렌즈에 빛의 선이 겹쳐지고 빛이 반사된 듯 표현할 수 있습니다.

CHECK

여기에서는 전통적인 대각선 방향의 선을 만들었습니다. 빛의 선 형태는 어떤 것이든 좋습니다. 다양한 아이디어를 활용해서 표현해 봅시다.

동물 귀의 흔들림을 만들자

노논.

==임시 변형 도구를 사용하면 곡선을 그리듯 흔들리는 형태도 간단하고 깔끔하게 만들 수 있습니다==. 고양이 귀 같은 동물의 귀에 흔들림을 만들 때 효과적입니다. 임시 변형 도구를 사용해 고양이 귀의 흔들림을 만드는 방법을 소개합니다.

참고 동영상(일본어)
https://x.com/nonon_yuno/status/1603231787899310080

흔들림을 만들기 위한 워프 디포머를 만들고 [올가미 선택 도구] 등을 사용해 움직일 부분만 선택합니다. 이때 귀 밑동은 선택하지 않습니다.

임시 변형 도구(p.120)를 사용해 패스를 만들고 왼쪽으로 흔들렸을 때의 움직임을 만듭니다. 귀 밑동부터 순서대로 귀 끝까지 패스 3개를 배치합니다. **왼쪽으로 곡선을 그리는 형태**를 만들고, **반대쪽은 오른쪽으로 내려가는 형태**를 만듭니다.

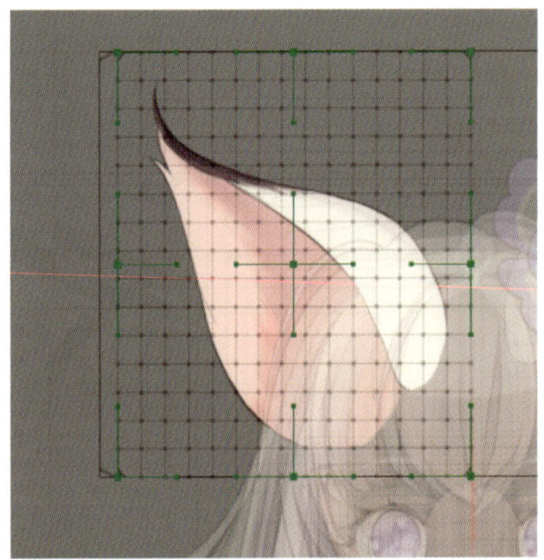

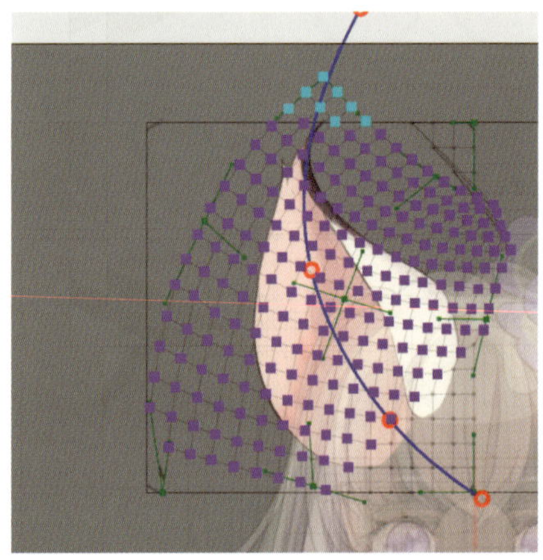

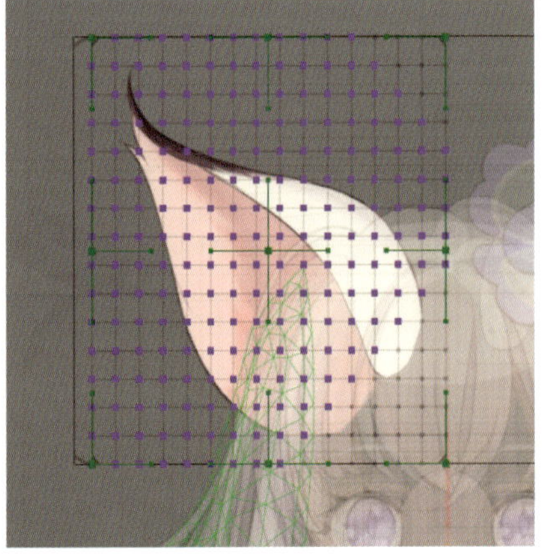

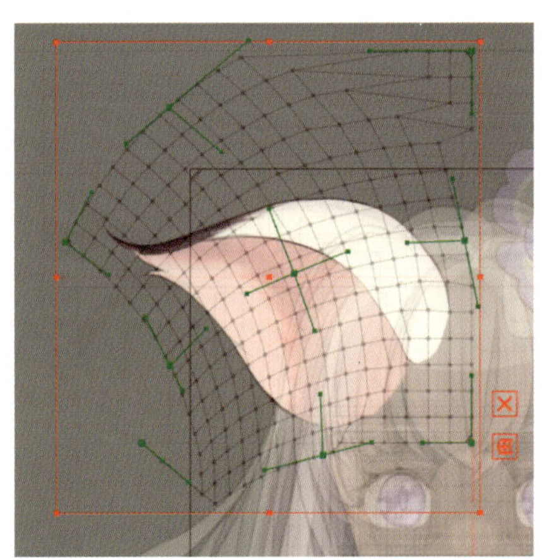

이 방법은 다단계의 흔들림을 만들 때도 응용할 수 있습니다. 스커트의 흔들림, 머리카락의 흔들림 등에도 사용할 수 있습니다.

편집 레벨 1, 2, 3을 구분해서 사용하자

노논.

편집 레벨은 워프 디포머나 변형 패스 등의 설정을 편집 레벨별로 붙일 수 있는 기능입니다. 편집 레벨은 세 가지(1, 2, 3)가 있으며, 이 구조를 기억해두면 **작업을 효율화**할 수 있습니다. 세 가지 편집 레벨을 구분해서 사용해 봅니다.

Method1 › 편집 레벨 1

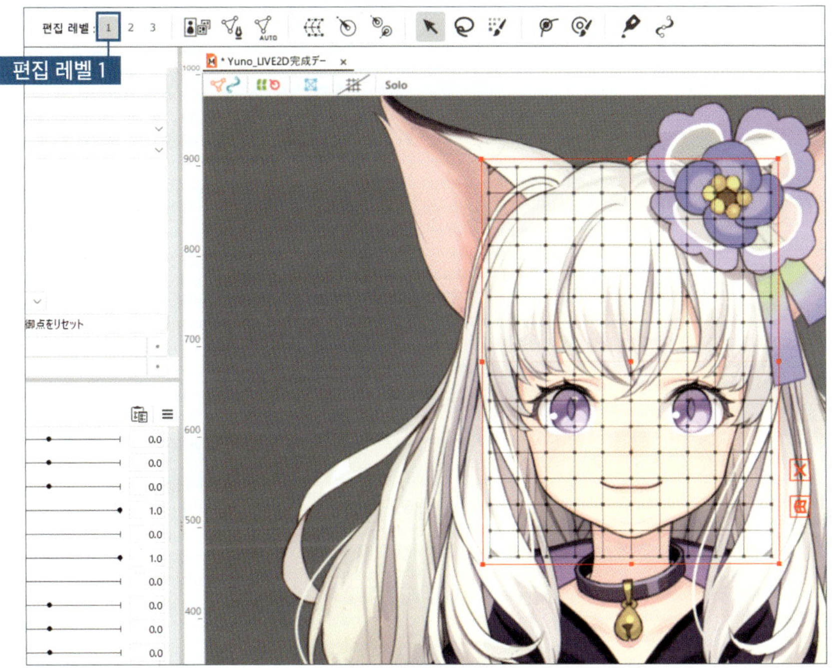

워프 디포머의 '베지어 편집(녹색 메쉬)'가 사라지고 '변환 분할 수'만 표시됩니다.

메쉬에서는 변형 패스가 사라지고 메쉬 변형에 특화된 편집을 할 수 있습니다. **세세한 편집보다는 미세 조정에 사용하는 것**이 좋습니다.

POINT

변형 브러시 도구 등을 사용할 때는 편집 레벨 1에서 작업하는 것이 쉽습니다.

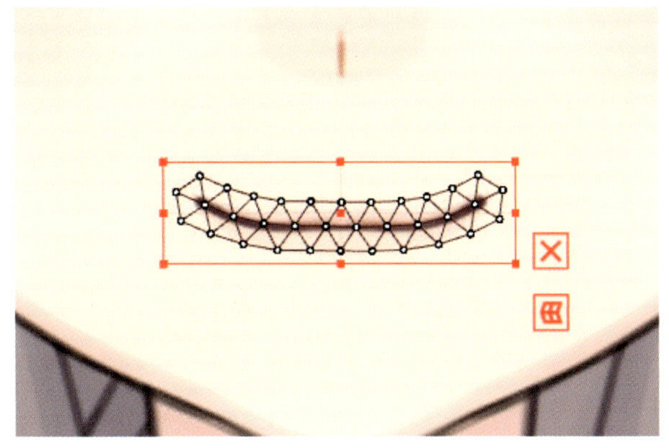

입은 변형 패스 등이 사라지고, 메쉬 변형에 특화된 편집을 할 수 있다.

워프 디포머의 녹색 선의 메쉬가
표시되고 **워프 디포머를 편집할 수
있게** 됩니다.
**메쉬에 설정한 변형 패스(p.109)도
표시**할 수 있습니다.

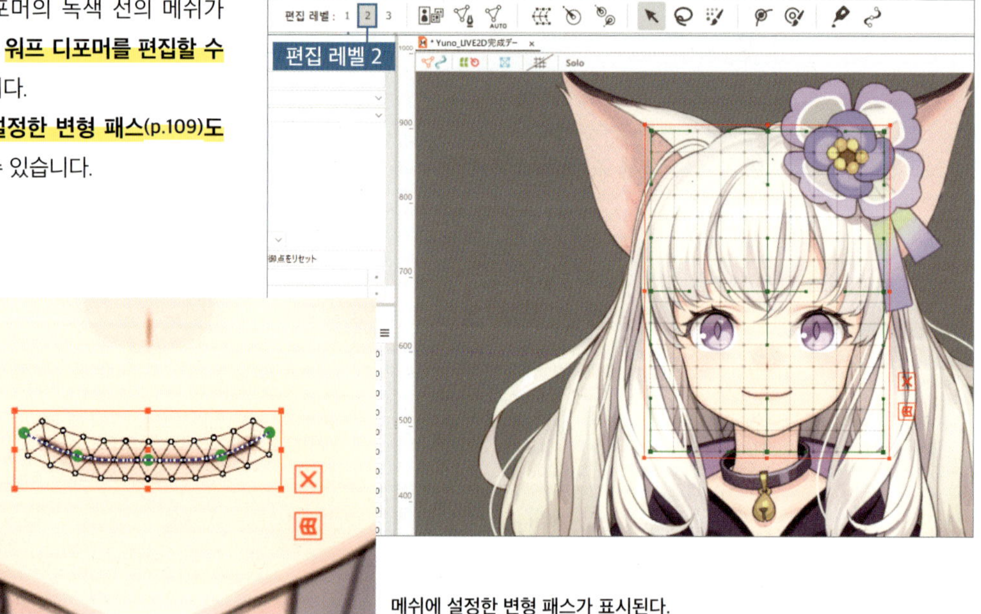

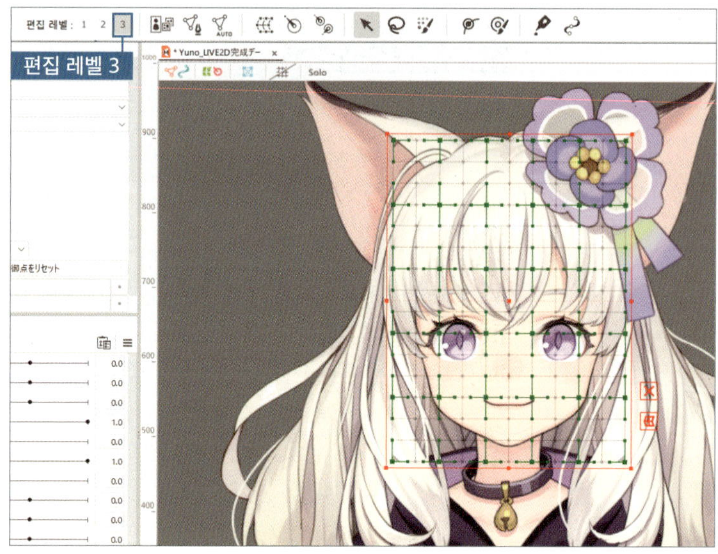

메쉬에 설정한 변형 패스가 표시된다.

편집 레벨 2와 마찬가지로 **워프 디
포머를 편집**할 수 있습니다.
편집 레벨 2와 편집 레벨 3에서 워
프 디포머의 베지어 분할 수는 각
레벨별로 설정할 수 있습니다. 편집
레벨 3에서는 베지어 분할 수를 편
집 레벨 2보다 많게 설정해서 세세
한 조정을 할 수 있습니다. **일반적
인 편집은 레벨 2, 세세한 편집은
레벨 3과 같이 구분해서** 작업하면
보다 쉽습니다.

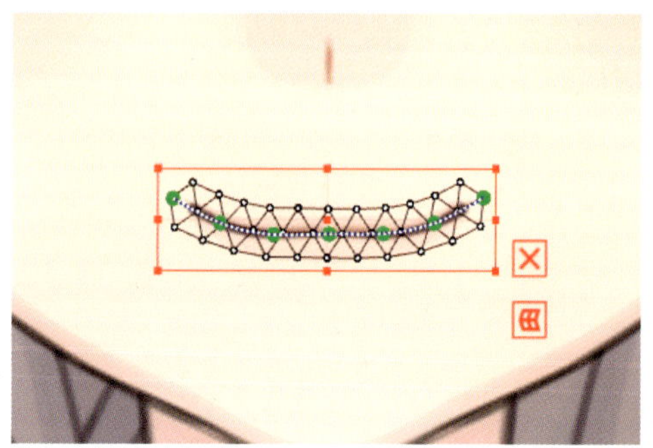

변형 패스 수를 많게 설정

편집 레벨 2, 3을 사용해 간단하게 입을 만들자

노논.

[Tips 50]에서 편집 레벨을 활용하면 효율적으로 작업할 수 있다는 것에 관해 설명했습니다. **편집 레벨 2와 3을 구분해서 사용하면** 변형 패스 조정 등을 매번 수정하지 않고 레벨별로 조정할 수 있습니다. 예를 들면 입을 만들 때는 편집 레벨 2에서는 적은 수의 변형 패스(p.109)를 넣어서 대략적인 입의 개폐 변형을 할 수 있습니다. 편집 레벨 3에서는 수를 늘려 세세한 변형 패스를 두어 세세한 조정 등을 쉽게 할 수 있습니다. 예를 들면 입을 조금 삐죽이는 형태로 만들고 싶을 때는 편집 레벨 3에서 조정하는 것이 편리합니다.

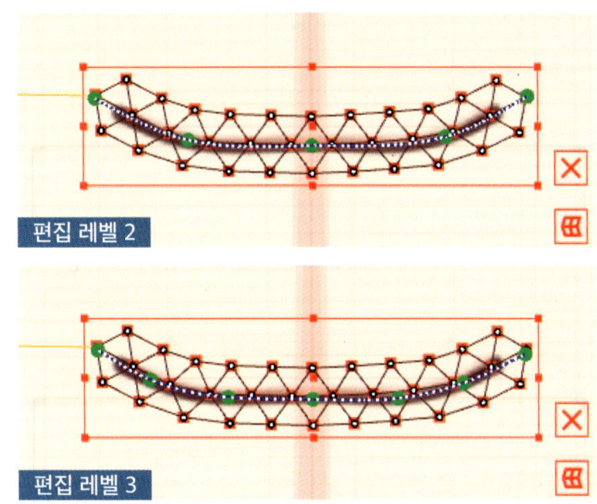

POINT

입 뿐만 아니라 머리카락 등 변형 패스를 사용해 만드는 다양한 부분에 응용할 수 있습니다.

멀티 키 편집을 활용하자

노논.

멀티 키 편집은 각 파라미터에서 설정한 그리기 순서, 불투명도, 스크린색 등을 **모든 파라미터 키에 대해 동일하게 일괄 설정하는 기능**입니다. [모델링] 메뉴 → [파라미터] → [멀티 키 편집]으로 표시합니다.

예를 들면 각도 X에서 그리기 순서를 1개 위치로 변경하면, 모든 키의 그리기 순서를 수동으로 정해야만 합니다. 그러한 경우에도 멀티 키 편집을 사용하면 일괄적으로 변경할 수 있습니다.

그리고 불투명도를 일괄적으로 80%로 변경하고 싶을 때, 스크린색의 색을 모두 통일한 색 코드로 변경하고 싶을 때 등에도 유용합니다.

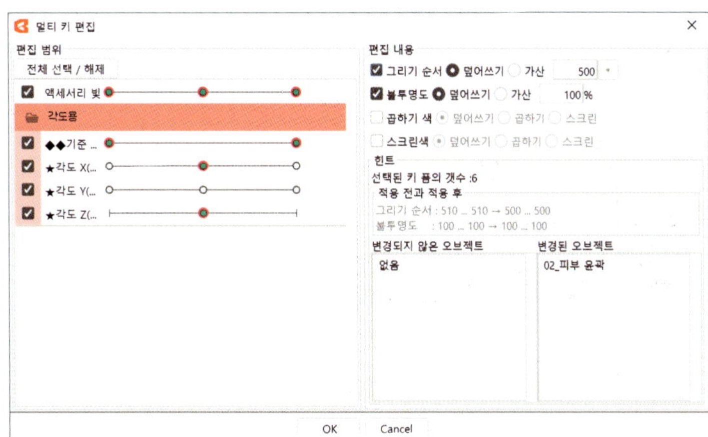

멀티 키 편집 다이얼로그

각도 Z의 변형을 간단하게 만들자

노논.

임시 변형 도구(p.120)을 사용해 각도 Z를 간단하게 변형할 수 있습니다. 여기에서는 임시 변형 도구 안의 임시 패스 변형을 사용하는 방법에 관해 소개합니다.

참고 동영상(일본어)
https://x.com/nonon_yuno/status/1602830856997175297

1

[모델링] 메뉴 → [임시 변형 도구] → [임시 패스 변형]을 선택합니다.

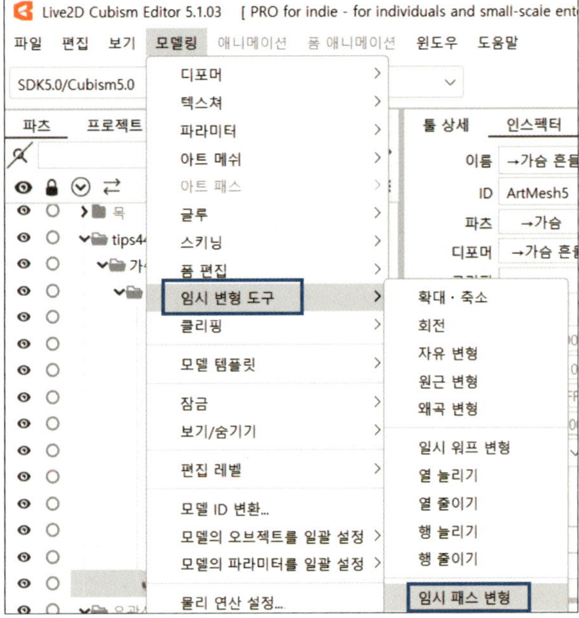

POINT

변형할 워프 디포머를 선택한 상태에서 임시 변형 도구 아이콘을 클릭하는 것만으로 임시 변형 도구를 사용할 수 있습니다.

옆머리카락의 각도 Z의 움직임에서 설명합니다. 각도를 주고 싶은 파츠를 선택하고 각도 Z의 파라미터를 -1.0 또는 1.0 으로 이동시킨 뒤, 임시 변형 도구를 엽니다. 다음 그림과 같이 패스(정점)를 넣습니다. 위에 2개를 넣음으로써 윗 부분을 고정할 수 있으며, 아래를 움직이면 곡선을 그리듯 변형시킬 수 있습니다

반대쪽도 마찬가지로 간단하게 곡선을 그리듯 각도 Z의 변형을 만들 수 있습니다.

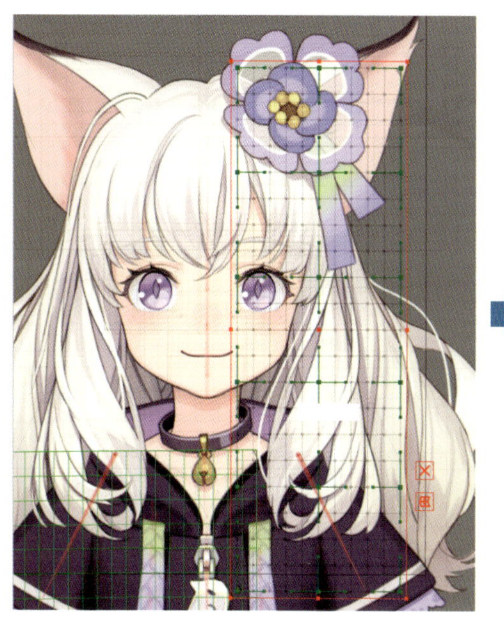

변형을 무효화하자

노논.

워프 디포머와 회전 디포머는 그 용도가 각각 다릅니다. **워프 디포머를 사용해 변형하면 변형된 상태를 유지**할 수 있습니다. 이에 비해 **회전 디포머는 변형을 무효화**하는 기능이 있습니다. 그렇기 때문에 **워프 디포머 안에 회전 디포머를 넣으면, 워프 디포머 변형을 무효화**'할 수 있습니다.

이 특성에 따라 워프 디포머로 각도 XY를 만든 뒤, 변형하지 않고 움직임을 붙일 파츠에 대해 회전 디포머를 사용함으로써 변형을 무효화할 수 있습니다.

참고 동영상(일본어)
https://x.com/nonon_yuno/status/1666278815650435073

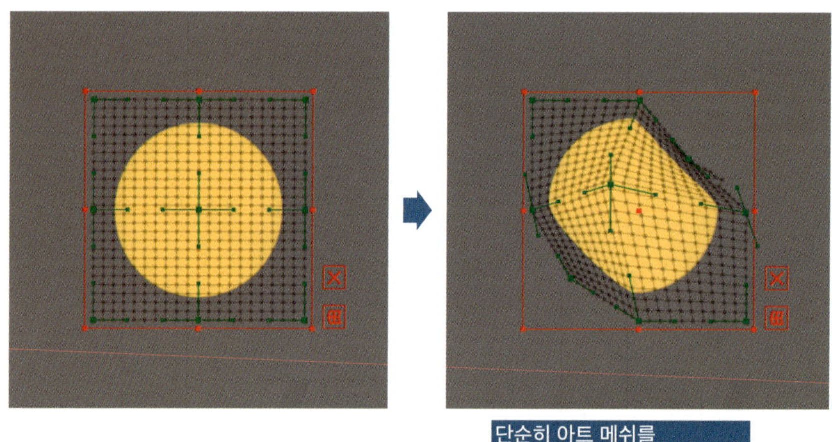

단순히 아트 메쉬를
워프 디포머로 변형한 경우

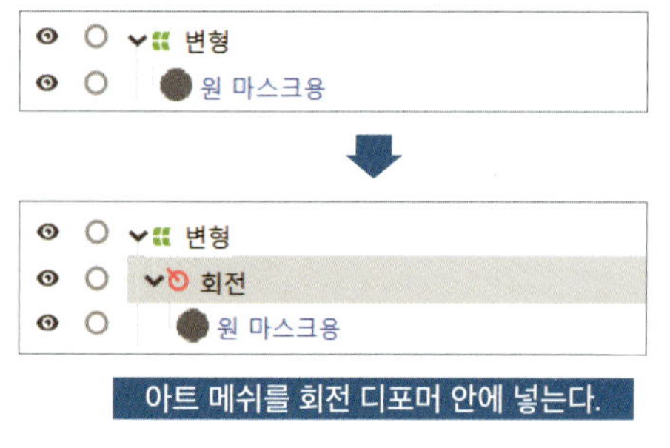

아트 메쉬를 회전 디포머 안에 넣는다.

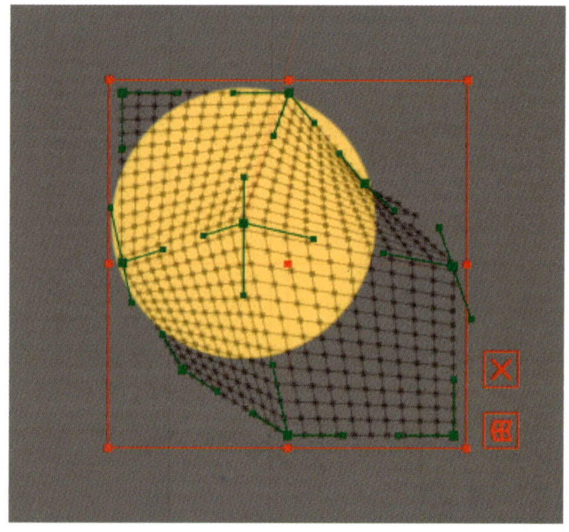

회전 디포머 안에 넣은 아트 메쉬는 워프 디포머의 변형의 영향을 받는다.

POINT

변형을 유지한 채 회전시키고 싶을 때는 회전 디포머 안에 워프 디포머를 넣습니다.

파라미터의 키를 자유자재로 선택하자

노논.

파라미터 팔레트에서 키를 선택할 때 조금이라도 어긋나면 파라미터 변형이나 조정을 할 수 없기 때문에, 키는 정확한 위치를 선택해야 합니다. 하지만 키를 잘 선택할 수 없어 편집하기 어려웠던 경험이 있을 것입니다. **간단하게 키를 선택해서 파라미터에 스냅** 시키는 방법을 소개합니다.

참고 동영상(일본어)
https://x.com/nonon_yuno/status/1661205377898401792

Method1 ▶ 키 근처에서 마우스 우클릭

선택할 키 근처에서 마우스 우클릭 해 해당 키에 스냅시킬 수 있습니다. 키를 곧바로 선택할 수 있어 매우 편리한 방법입니다.

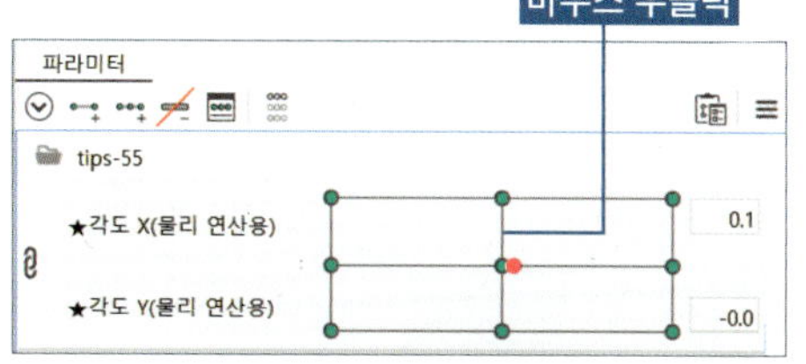

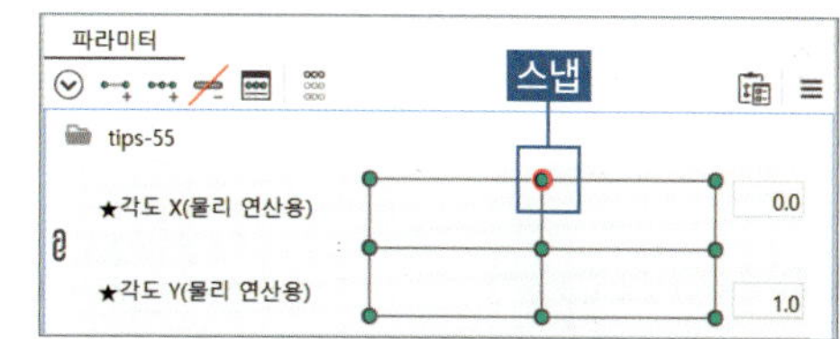

Method2 ▶ 워프 디포머를 드래그

변형시킬 **워프 디포머를 드래그 하면 가장 가까운 키에 스냅**해 편집할 수 있게 됩니다.
가까이 둠으로써 각도 Y 조정을 할 수 있게 되므로, **감각적으로 파라미터의 키를 조정하고 싶을 때** 사용하면 편리합니다.

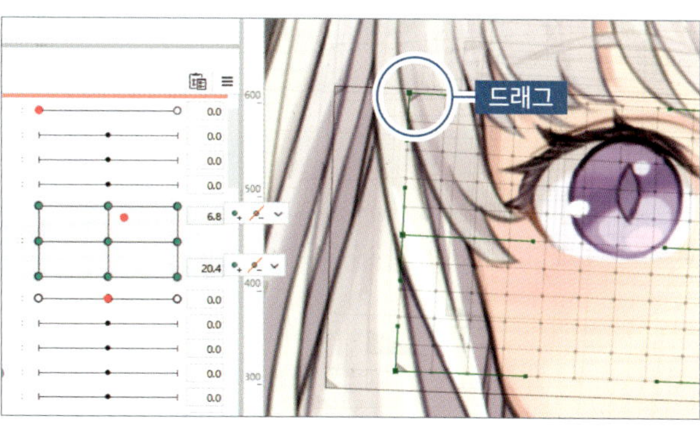

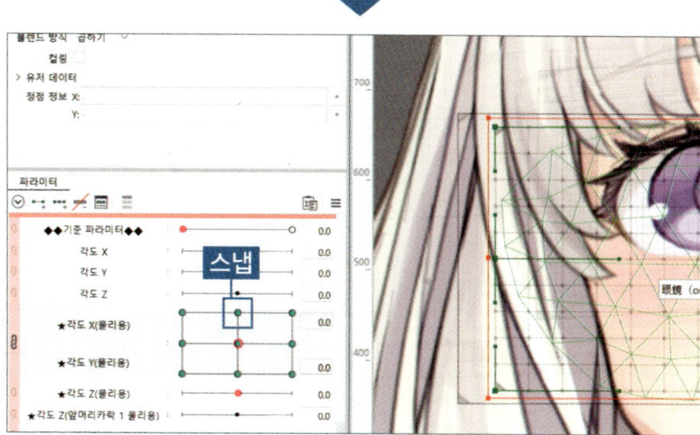

Tips 56

3개 이상의 파라미터 키의 움직임을 부드럽게 만들자

칸부츠히모노

3개 이상의 파라미터의 키(녹색 점)을 만들 때, [네 모서리의 폼을 자동 생성]을 사용해도 중간의 키 폼은 자동으로 생성되지 않습니다. 그럴 때 쓸 수 있는 팁을 소개합니다.

일반적으로 파라미터의 키는 파라미터 바 하나에 대해 가능한 키의 수를 3개 이내로 억제하는 것을 권장합니다. 하지만 모델을 만들다 보면 아무리 해도 키를 4개 이상 사용해야 할 때가 있습니다. 그럴 때는 '**중간 키**'를 만들고 변형을 추가해 나갑니다.

예를 들면 아래 모델은 4개 이상의 점을 키로 사용해 머리 각도에 따라 머리띠의 형태를 마스크로 제거해 입체감을 표현하고 있습니다.

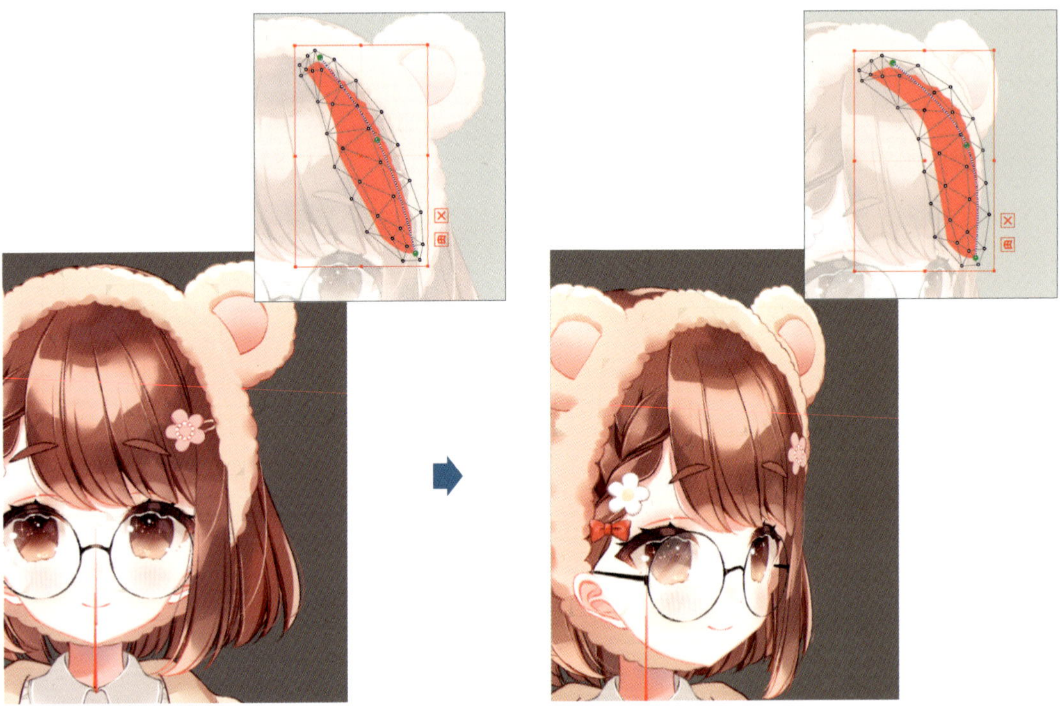

머리띠를 마스크용 아트 메쉬로 지운 모습

이렇게 최댓값, 최솟값, 0.0 이외에 키를 넣은 상태에서 [모델링] 메뉴 → [파라미터] → [네 모서리 폼을 자동 생성]을 실행하면, 그 부분에는 자동 생성 기능이 반응하지 않습니다.

오른쪽 그림처럼 각도 Y의 파라미터 수치가 0.0일 때는 깔끔하게 움직이지만, 각도 Y의 수치가 바뀌면 자동 생성이 실행되지 않고 움직임이 이상해집니다.

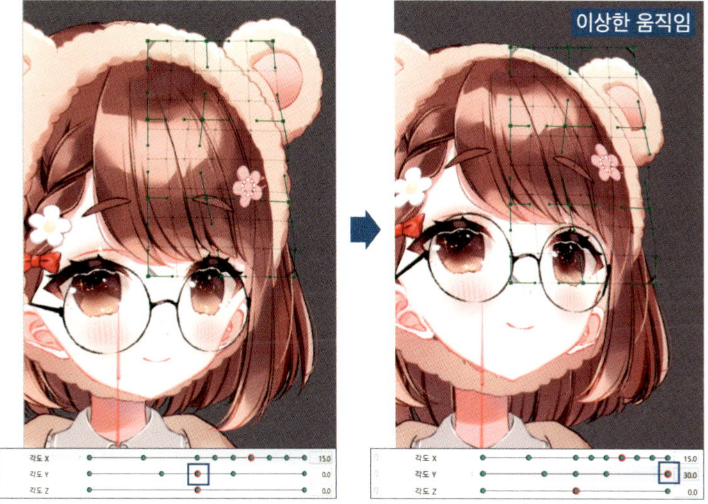

1

먼저 중간 키 이외의 네 모서리의 형태를 정리합니다.

2

곱하기가 잘 되어 있지 않은 키를 마우스 우클릭해 선택합니다.

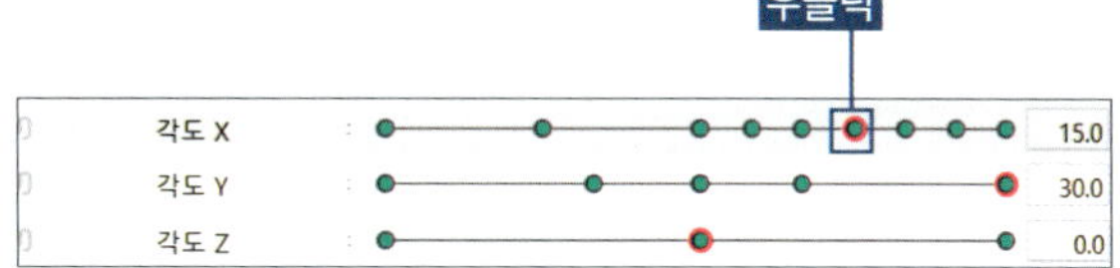

키를 마우스 우클릭 하면 값이 어긋나지 않고 **키의 값을 정확하게 선택**할 수 있습니다. **중간 키를 선택할 때는 마우스 우클릭을 사용한다**고 생각하면 실수를 줄일 수 있습니다.

3

키의 값 위에서 마우스 우클릭 하면 파라미터 바 오른쪽에 팝업이 표시됩니다. 표시된 팝업의 한가운데 있는 [키 폼 삭제]✔를 선택합니다.

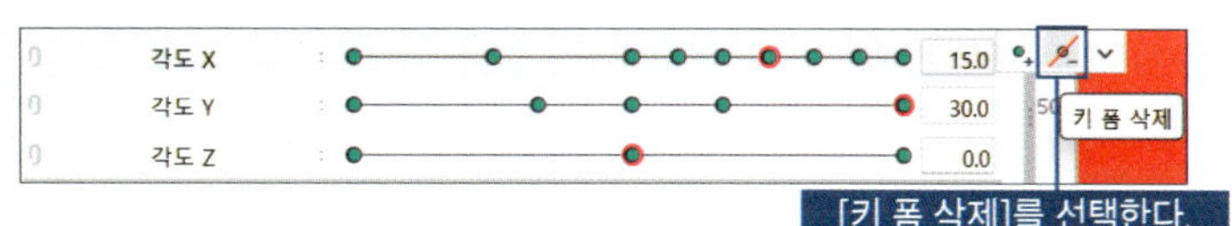

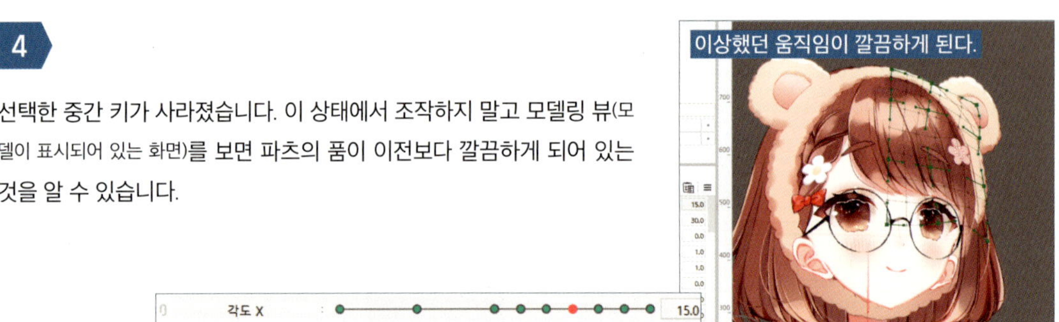

4

선택한 중간 키가 사라졌습니다. 이 상태에서 조작하지 말고 모델링 뷰(모델이 표시되어 있는 화면)를 보면 파츠의 폼이 이전보다 깔끔하게 되어 있는 것을 알 수 있습니다.

5

이 상태에서 왼쪽 위의 [모델링] 메뉴 → [폼 편집] → [폼 복사] 순서로 클릭하거나 단축키인 [CTRL] + [SHIFT] + [C]키를 누릅니다.

POINT

단축키를 사용하는 편이 편리합니다.

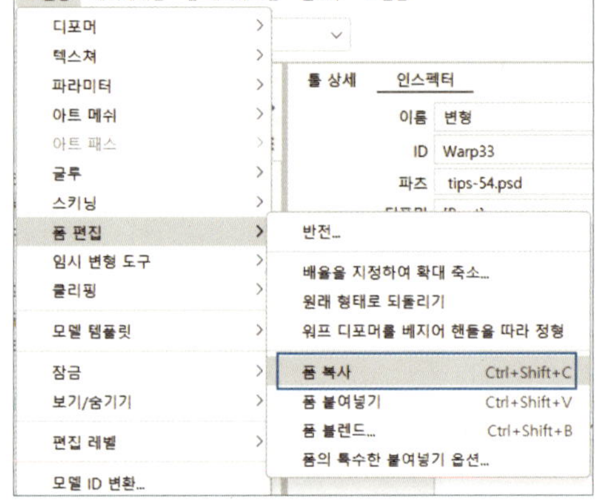

6

폼을 복사했다면 [편집] 메뉴 → [되돌리기]를 클릭하거나 단축키인 [CTRL] + [Z]키를 누릅니다. 그러면 중간 키가 되돌아 옵니다.

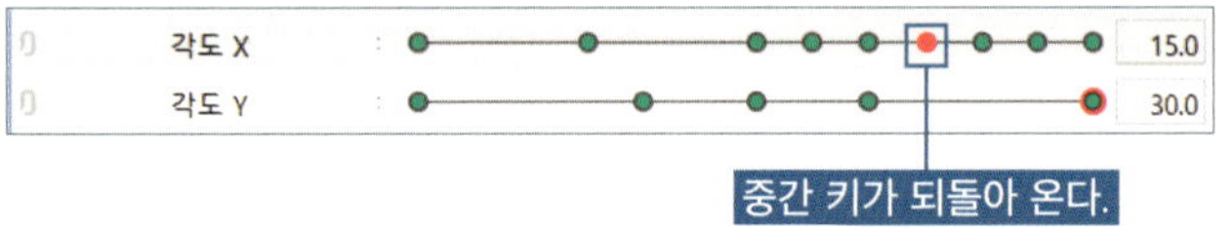

7

이 상태에서 왼쪽 위 [모델링] 메뉴 → [폼 편집] → [폼 붙여 넣기] 순서로 클릭하거나 단축키인 [CTRL] + [SHIFT] + [V]를 누릅니다. 중간 키가 없는 상태의 부드러운 폼을 복사해 붙여 넣을 수 있습니다.

만약 폼에 폼을 이해할 수 없을 때는 여기에서 조금 조정을 해 봅시다. 처음부터 조정하는 것보다 수월하게 조정할 수 있습니다.

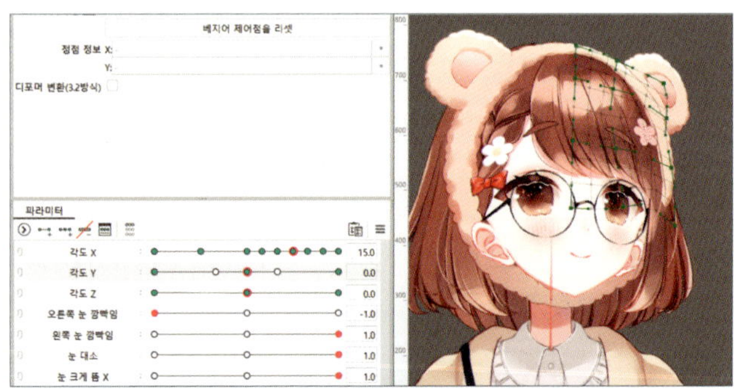

텍스처 아틀라스의 각도와 배율에 관해 알자

노논.

텍스처 아틀라스는 Live2D 모델을 트래킹 애플리케이션 등에서 사용할 수 있는 JSON 데이터로 만들 때 필요 합니다. 텍스처 아틀라스 편집은 [모델링] 메뉴 → [텍스처] → [텍스처 아틀라스 편집]에서 합니다.

텍스처 아틀라스를 사용할 때는 '**각도**'와 '**배율**' 항목에 주의해야 합니다.

'각도'는 이미지를 회전시키는 등 각도를 붙일 수 있습니다. 단, 회전시키면 화질이 낮아지거나 이미지가 흐릿하게 될 때가 있습니다. 파츠를 비스듬하게 하는 등 각도를 줄 때는 가능한 **90도 간격으로 배치**하는 것이 좋습니다.

'배율'은 100%가 원본 크기이며 숫자가 작아지면 화질에 영향을 줍니다. 예를 들면 입 파츠의 배율을 20%로 해서 배치하면, 20%의 크기의 이미지를 늘리듯 모델에 배치되기 때문에 화질이 극단적으로 낮아집니다. 배율을 높이는 경우에는 문제가 없습니다. 모델의 화질이 형편없이 좋지 않은 경우에는 배율의 숫자가 영향을 미치고 있을 가능성이 있습니다. **가능한 모든 파츠를 100%의 배율로 배치**하는 것이 좋습니다.

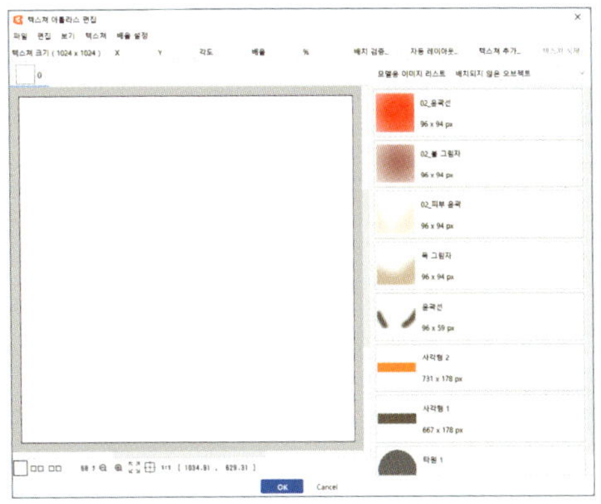

POINT

텍스처 이미지 용량은 VTS 등에서 모델을 임포트할 때 영향을 줍니다. 용량이 작으면 보다 빠르게 모델을 임포트 할 수 있습니다. 게임 계열의 모델이나 애플리케이션 등에 사용하는 경우 등에는 텍스처 용량에 주의해야 합니다.

원하는 파츠를 간단하게 선택하자

노논.

기술 발달과 함께 모델 하나와 관련된 파츠의 수도 늘어났습니다. 모델 하나에 파츠가 800개 이상인 모델도 있으며 원하는 파츠를 찾는 것이 매우 어렵습니다. 이럴 때 간단하게 원하는 파츠를 선택할 수 있는 방법을 기억해 두면 편리합니다. 먼저 **캔버스에서 모델의 파츠 위에 커서를 올립니다.** 여기에서는 팔에 맞췄습니다.

CTRL **+ 마우스 우클릭 해** 커서를 기준으로 겹쳐져 있는 모든 파츠 목록을 표시할 수 있습니다. **원하는 파츠를 클릭해 해당 파츠를 선택**합니다.

참고 동영상(일본어)
https://x.com/nonon_yuno/
status/1618089062694522880

여러 파츠를 간단하게 선택하자

노논.

파츠 수는 모델 제작 속도와 밀접한 관련이 있습니다. [Tips 58]에서 설명한 것처럼 파츠가 많아지면, 원하는 파츠가 어디에 있는지 모르게 되는 경우가 있습니다. 여기에서는 **여러 부품을 선택**하고 싶을 때 도움이 되는 방법을 소개합니다.

참고 동영상(일본어)
https://x.com/nonon_yuno/status/1623152555620825094

1

선택할 파츠 위에서 CTRL **+ 마우스 우클릭**해 겹쳐져 있는 파츠 목록을 표시합니다. 여기에서는 꽃을 선택했습니다.

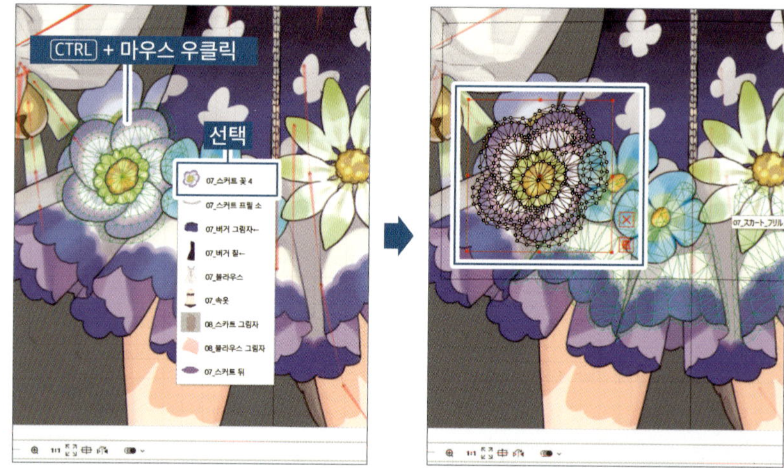

2

꽃을 선택한 상태에서 CTRL + SHIFT **키 + 마우스 우클릭 해 파츠 목록을 표시** 합니다. 이때 CTRL + SHIFT **키는 누른 상태를 유지**합니다.
그 상태로 한 번 더 파츠를 선택하면, 여러 파츠를 선택할 수 있습니다. 선택할 수 있는 파츠 수에 제한은 없습니다.

POINT

이 방법은 디포머로 이동시킬 파츠만 선택하거나, 여러 파츠를 한 번에 이동할 때도 사용할 수 있습니다.

템플릿 기본

노논.

Live2D Cubism Editor에서 신속하게 작업하기 위해 간단한 처리나 유용할 수 있는 파라미터, 물리 연산이나 디포머 구성 등 계속해서 같은 것을 반복하는 작업은 처음부터 **템플릿**을 만들어 두면 편리합니다. 새로운 모델을 만들 때 미리 만들어 둔 템플릿을 임포트 하는 것만으로 수치 설정을 할 수 있기 때문에 작업 시간을 크게 줄일 수 있습니다. 여기에서는 템플릿에 관해 간단하게 설명합니다.

Method1 　파라미터 템플릿

파라미터는 Live2D Cubism Editor를 실행했을 때 기본으로 포함된 것만 존재합니다. 그렇기 때문에 모델링을 할 때 파라미터를 늘려야 하는 작업을 하는 분들도 많을 것입니다.

항상 사용하는 매변수를 가진 템플릿을 미리 만들어 둡니다. 평소 사용하는 파라미터를 미리 만들어 두면 **같은 파라미터를 다시 만들지 않아도 됩니다.**

먼저 평소에 사용하는 파라미터를 만듭니다. 완성된 파라미터 구조는 [모델링] 메뉴 → [모델 파라미터 일괄 설정] → [익스포트]에서 익스포트 할 수 있습니다.

익스포트 한 파라미터는 새로 모델을 만들 때 [모델링] 메뉴 → [모델 파라미터 일괄 설정] → [임포트]에서 임포트 할 수 있습니다.

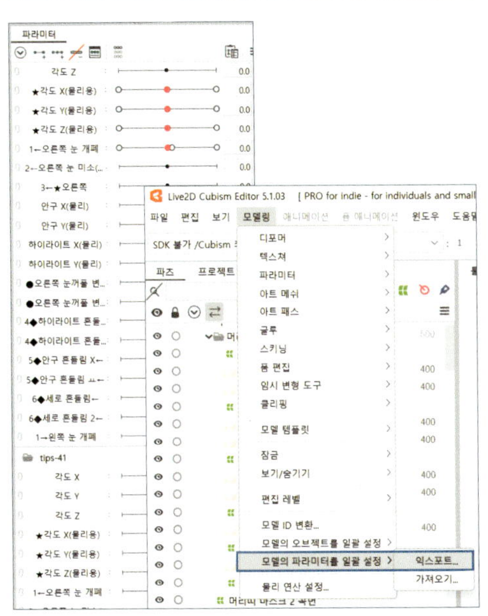

Method2 　범용 물리 템플릿

파라미터가 같다면 ID도 같아지므로 물리 연산도 범용으로 만들 수 있습니다.

예를 들면 하이라이트의 흔들림이나 물리 연산을 사용한 움직임 등의 수치를 그때마다 만들기는 매우 어렵습니다. 그렇기 때문에 흔들림의 수치 등 **범용적으로 사용할 수 있는 것은 미리 같은 수치를 사용해 물리 연산 설정을 만들어** 둡니다.

[모델링] 메뉴 → [물리 연산 설정]에서 물리 연산 설정을 만듭니다. [물리 연산 설정]의 [물리 연산] 메뉴 → [물리 연산 설정 내보내기]에서 만든 설정을 익스포트 할 수 있습니다.

익스포트 한 물리 연산 설정은 [물리 연산 설정]의 [물리 연산] 메뉴 → [물리 연산 설정 불러오기]에서 임포트 할 수 있습니다.

파라미터/물리 연산 템플릿

칸부츠히모노

파라미터나 물리 연산을 만들 때마다 처음부터 만들기는 매우 어렵습니다. 그럴 때는 **템플릿**을 만들어서 사용합니다. 여기에서는 템플릿의 구체적인 사용 방법을 설명합니다.

Method1　파라미터를 익스포트 하자

만든 파라미터를 템플릿으로 익스포트(저장) 하는 방법을 설명합니다.

1

템플릿으로 만들 원래 데이터를 준비합니다.

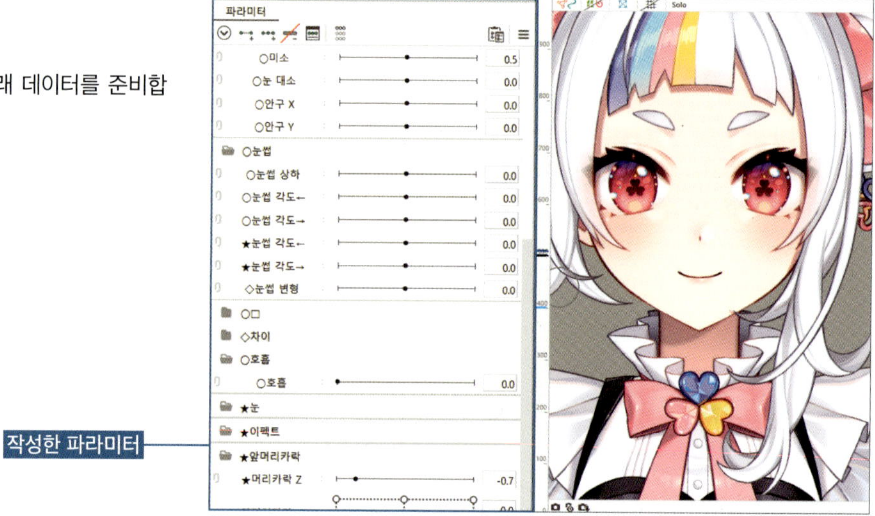

2

왼쪽 위 [모델링] 메뉴 → [모델 파라미터를 일괄 설정] → [익스포트] 순서로 클릭합니다. 적절한 곳에 적절한 이름을 붙여 저장합니다.

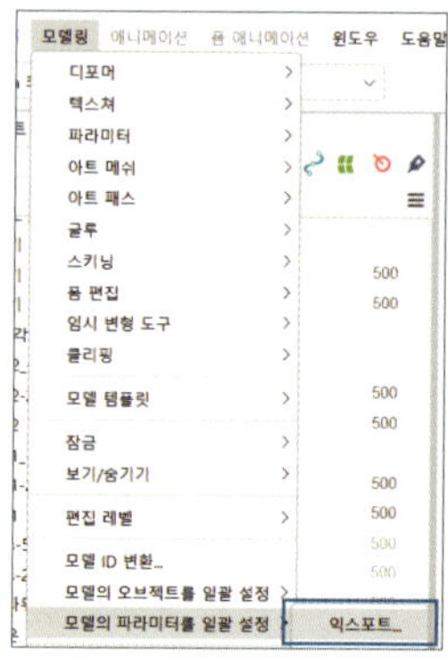

3

지정한 위치와 이름으로 csv 파일이 저장됩니다. 이 파일에 파라미터 설정이 저장되어 있습니다.

Method2 파라미터를 임포트 하자

파라미터 템플릿을 임포트 하는 방법을 설명합니다.

1

임포트 할 템플릿 데이터를 준비합니다.

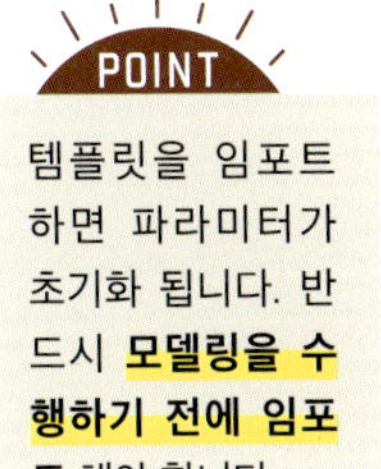

POINT

템플릿을 임포트 하면 파라미터가 초기화 됩니다. 반드시 **모델링을 수행하기 전에 임포트** 해야 합니다.

아무런 파라미터도 설정되어 있지 않는 기본값 상태

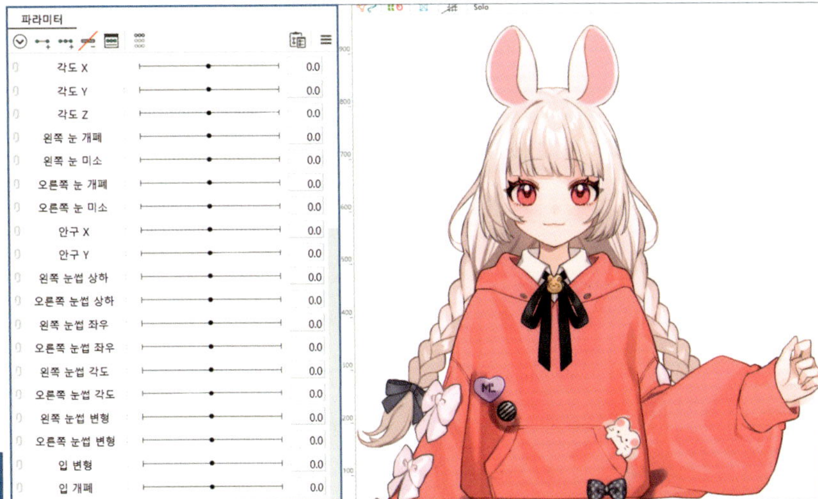

2

왼쪽 위 [모델링] 메뉴 → [모델 파라미터 일괄 설정] → [가져오기] 순서로 클릭합니다. [모델의 파라미터 불러오기] 다이얼로그가 표시됩니다. [실행전에 기존 파라미터들을 모두 삭제한다] 항목에 체크합니다.

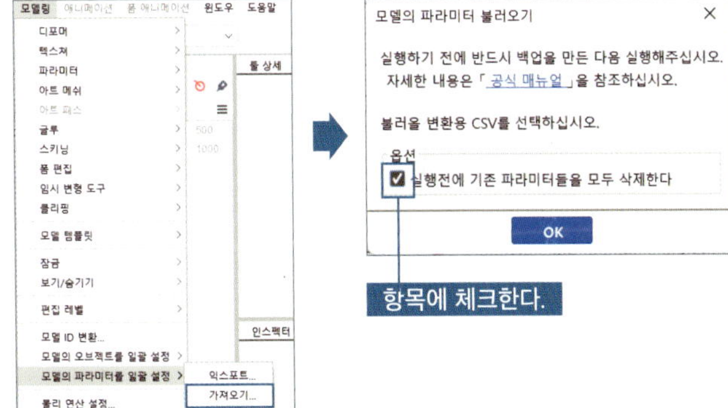

3

[Method1]에서 저장한 템플릿 파일을 임포트 합니다.

4

임포트를 완료
했습니다.

©城真ゆかな([X]@SiromaYukanaV)　일러스트：のう([X]@nounoknown)

Method3 　물리 연산 설정을 익스포트 하자

파라미터에 이어 물리 연산 설정을 익스포트 하는 방법을 설명합니다.

1

템플릿으로 만들 소스 데
이터를 준비합니다.

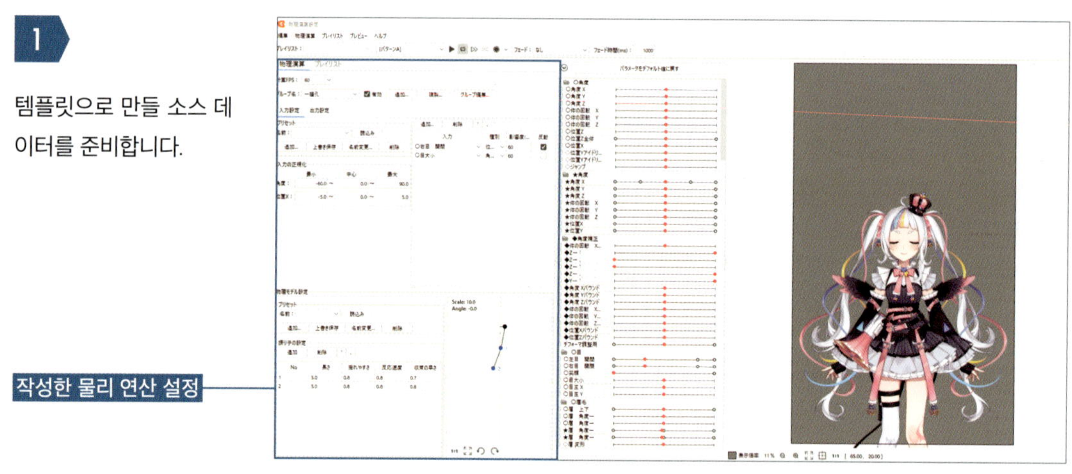

작성한 물리 연산 설정

2

왼쪽 위 [물리 연산] 메뉴 → [물리 연산 설정 내보내기] 순서로 클릭합니다.
적절한 위치에 적절한 이름으로 저장합니다.

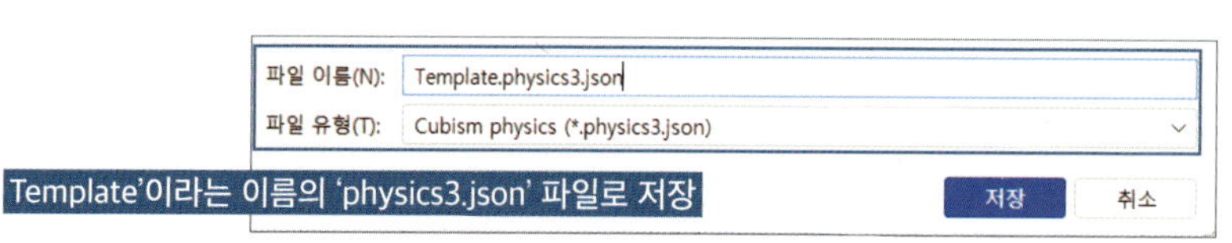

Template'이라는 이름의 'physics3.json' 파일로 저장

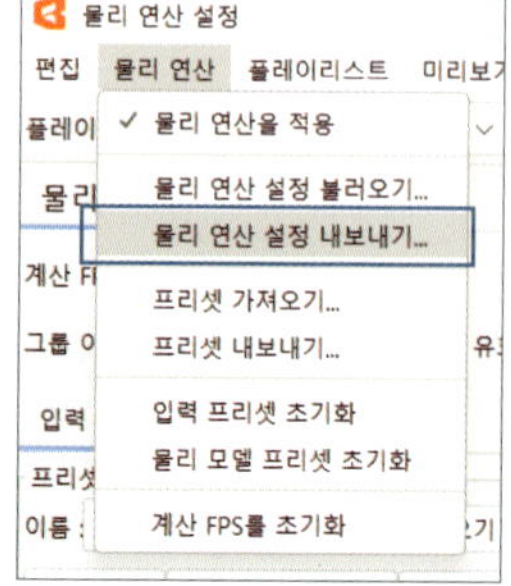

Method4　물리 연산 설정을 임포트 하자

물리 연산 설정 템플릿을 임포트 하는 방법을 설명합니다.

임포트 할 템플릿 데이터를 준비합니다.

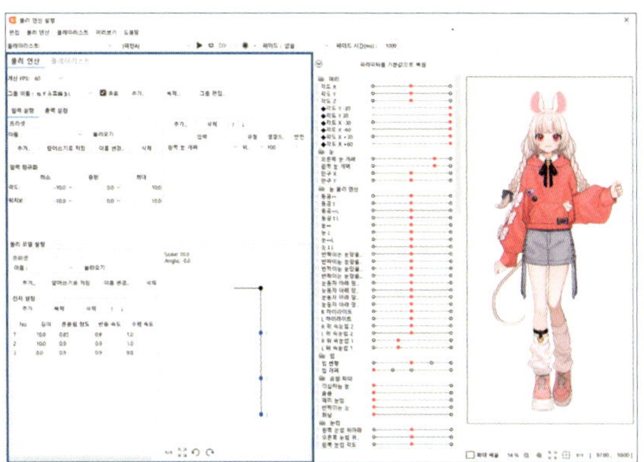

POINT

파라미터 템플릿과 마찬가지로 물리 연산 설정 템플릿
을 임포트 하면 물리 연산 설정이 초기화 됩니다. 반드시
물리 연산 설정을 수행하기 전에 임포트 합니다.

아무런 물리 연산도 설정되지 않은 기본값 상태

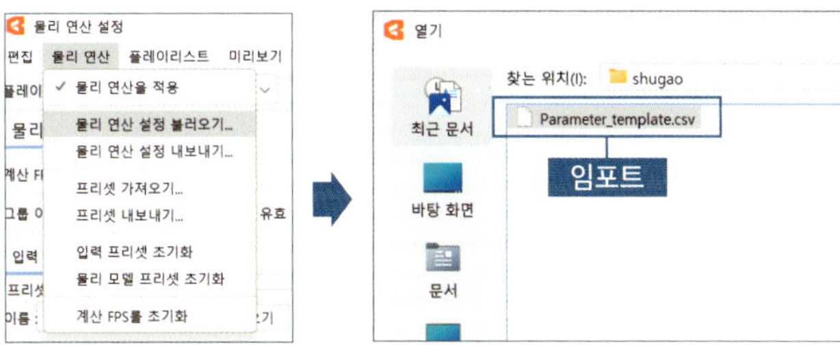

왼쪽 위 [물리 연산] 메뉴 → [물리 연산 설
정 불러오기] 순서로 클릭합니다.
[Method3]에서 만든 템플릿을 임포트 합
니다.

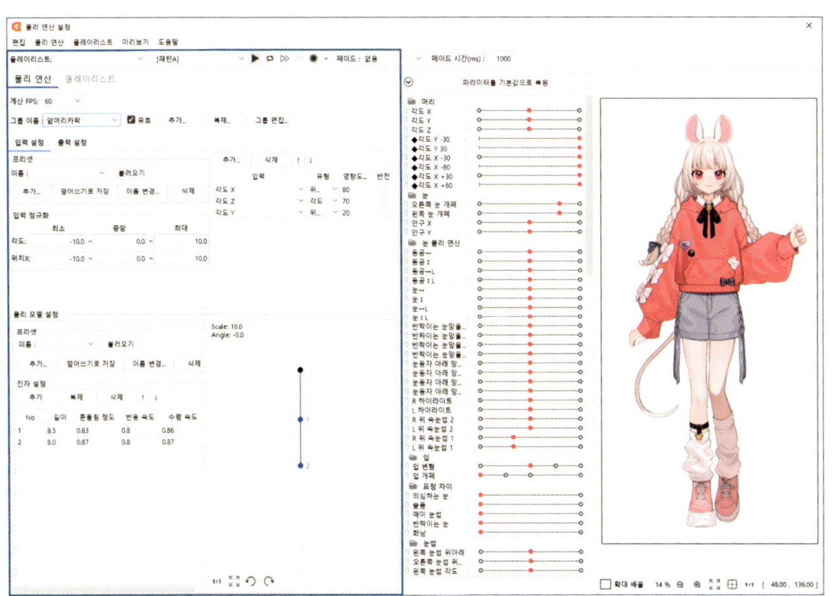

임포트를 완료하면 템플릿에 만든 물리 연산 그룹이 표시됩니다.

©しゅがお([X]@haru_sugar02)

원본과 모델용 이미지를 사용해 시간을 줄이자

칸부츠히모노

Live2D에는 '원본'과 '모델용 이미지'라는 두 가지 데이터 구조를 갖고 있습니다.
그 두 가지 구조의 차이를 이해하면 다양하게 시간을 단축할 수 있습니다.

먼저 원본과 모델용 이미지의 차이에 관해 설명합니다. Live2D
Cubism Editor에서는 psd 파일을 임포트 하는 단계에서 '**원본**'과
'**모델용 이미지**' 라는 두 종류의 데이터 구조로 나눠집니다.

cmo3 파일 안의 구조를 확인하면 원본과
모델용 이미지라는 2개의 폴더가 존재한다.

프로젝트 팔레트

Method1 ▶ 원본과 모델용 이미지의 차이

원본은 **임포트 한 psd 파일의 레이어 순서, 폴더 등의 정보를 가
능한 그대로 임포트 한 상태의 데이터**입니다.

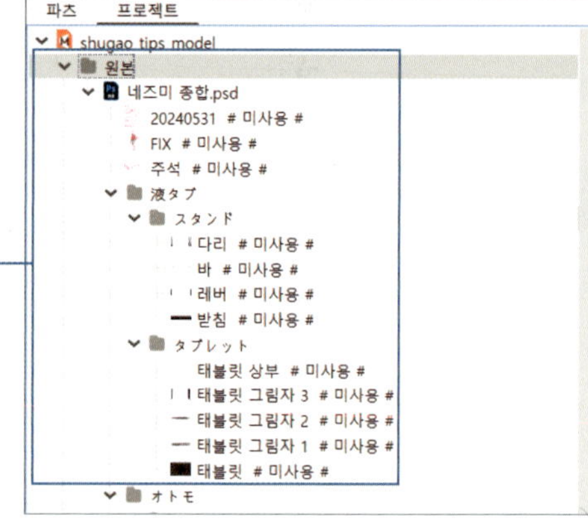

원본을 만들었을 때의 레
이어 순서, 폴더 구조가
그대로 임포트 되어 있다.

원본

하지만 Live2D Cubism Editor에 임포트 한 원본 데이터를 실제
모델링에서 사용하려면, **레이어 순서나 폴더 구조 같은 정보를 배
제한 보다 단순한 구조의 '모델용 이미지'로 변환**해야 합니다.

또한 원본과 모델용 이미지 안의 같은 레이어는 각각 연결되어 있
습니다. 예를 들면 다음 그림처럼 원본 데이터 안의 항목에서 마
우스 우클릭 하면 [관련 모델용 이미지를 선택]이라는 선택지가
나타납니다. [관련 모델용 이미지를 선택]을 클릭하면 링크된 모
델용 이미지로 이동합니다.

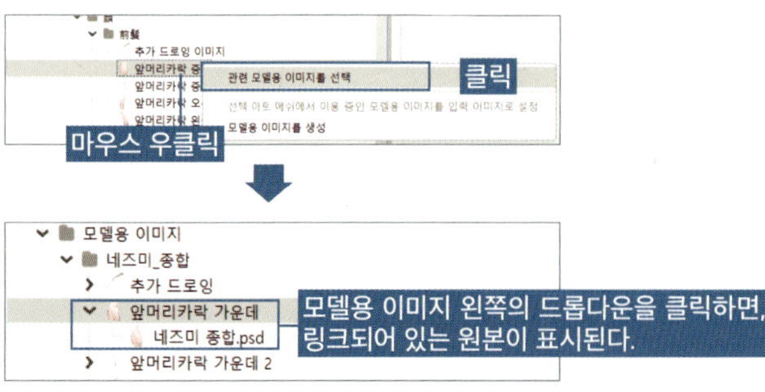

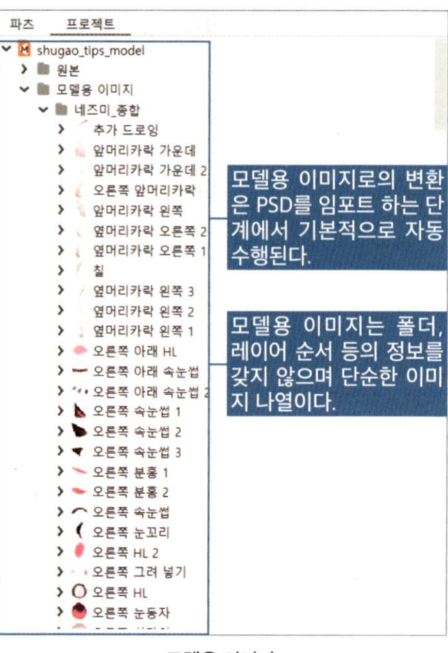

모델용 이미지로의 변환
은 PSD를 임포트 하는 단
계에서 기본적으로 자동
수행된다.

모델용 이미지는 폴더,
레이어 순서 등의 정보를
갖지 않으며 단순한 이미
지 나열이다.

모델용 이미지

모델용 이미지는 아트 메쉬와 링크되어 있습니다. 모델용 이미지에서 마우스 우클릭 → [관련 아트 메쉬를 선택]을 클릭하면 해당 모델용 이미지에 링크한 아트 메쉬가 선택됩니다.

이렇게 원본과 모델용 이미지를 구조적으로 나누고 원본 ⟷ 모델용 이미지, 모델용 이미지 ⟷ 아트 메쉬를 각각 링크할 수 있습니다. 모델의 컬러 체인이나 부분적으로 칠이 되지 않은 부분의 가필 등 **psd 파일을 원활하게 교체**할 수 있습니다.

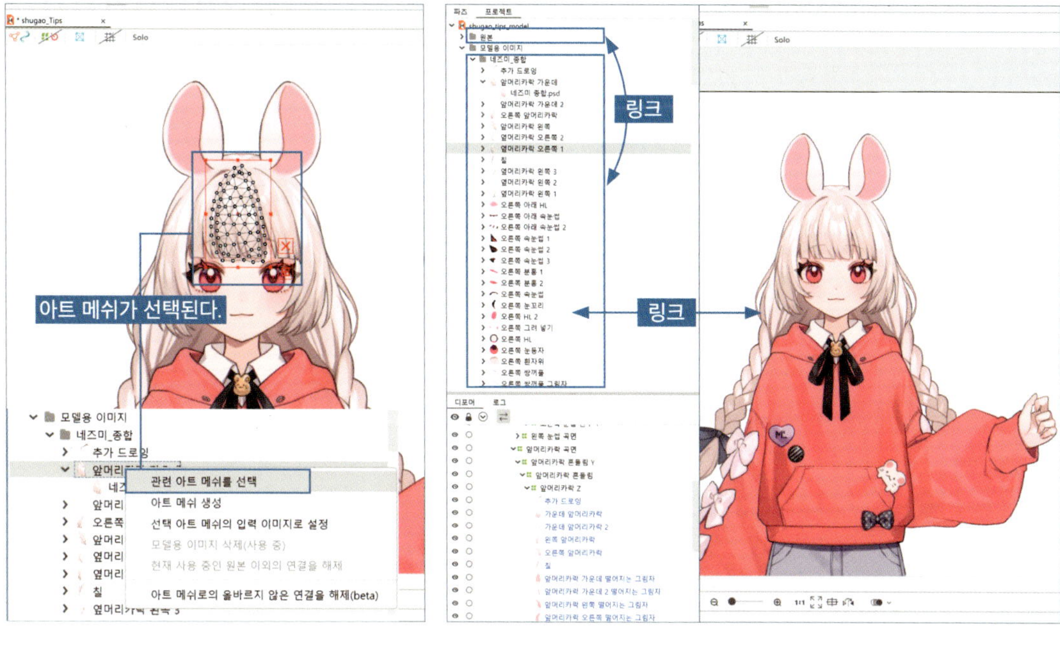

Method2 원본과 모델용 이미지의 차이를 이용해 움짐임에 활용하자

종종 'Live2D 모델용의 서있는 그림은 좌우 대칭이면 만들기 쉽다'고 말합니다. 그것은 옆머리 등의 아트 메쉬나 디포머가 좌우 대칭이면 복사 & 붙여 넣기 + 반전으로 쉽게 유용할 수 있기 때문입니다. 여기에서의 일러스트도 눈이나 머리카락의 형태는 좌우 대칭으로 되어 있습니다. 하지만 옆머리카락을 주목해서 보면 좌우의 형태나 칠 등이 미묘하게 다른 것을 알 수 있습니다. 머리카락 같이 무작위성이 있는 파츠를 형태나 칠까지 조우 대칭으로 그리면 위화감이 들거나, 움직임 등이 딱딱하게 보일 때가 많습니다. 그래서 모든 파츠를 완전히 좌우 대칭으로 그리는 경우는 거의 없습니다.

'대략적인 형태나 위치는 같아도 칠이나 세부 형태는 조금씩 다른' 파츠는 복사 * 붙여넣기 + 반전을 사용한 **디포머를 활용한 변형은 유용할 수 있는 가능성이 높아**집니다.

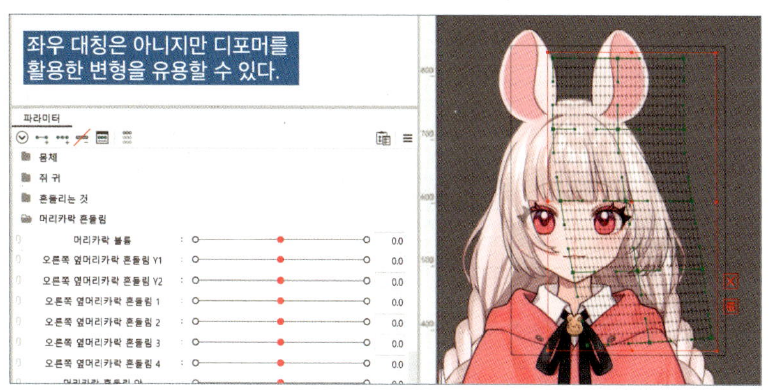

그런데 아트 메쉬는 단순히 좌우 반전하는 것만으로는 원하는 형태가 달라지며,
복사 + 붙여넣기 + 반전을 사용해, 반전한 아트 메쉬를 프로젝트 팔레트에서 교
체하고자 해도 잘 진행되지 않습니다.

그렇기 때문에 기존의 방법대로 만들었을 경우 아트 메쉬를 직접 조작한 유형의 변형은 유용하기 어렵습니다.

하지만 다음 페이지에서 소개하는 방법을 사용하면 좌우의 칠이 미묘하게 다르거나, 그 형태가 다른 아트 메쉬도 움직임
을 유용할 수 있게 됩니다.

1

옆머리카락의 예를 들어 설명합니다. 먼저 일반적인 모델링을 합니다.

Live2D Cubism Editor 화면

2

옆머리카락 파츠의 움직임을 유용할 것이므로 페인트 소프트웨어로 이동해 '옆머리카락 오른쪽 2', '옆머리카락 오른쪽 1' 레이어를 복제합니다.
복제한 레이어를 좌우 반전해 이미 제작을 마치고 유용하고자 하는 파츠와 같은 위치에 겹칩니다. 작업을 마쳤다면 저장합니다.

페인트 소프트웨어(Photoshop)의 화면

CHECK

쉽게 알 수 있도록 복제한 뒤의 레이어는 이름을 바꾸어 둡니다. 여기에서는 'OO(소스 레이어 이름)_교체용'으로 설정했습니다.

3

psd 파일을 저장한 뒤, Live2D Cubism Editor로 돌아와 psd 파일을 임포트 → 교체합니다.

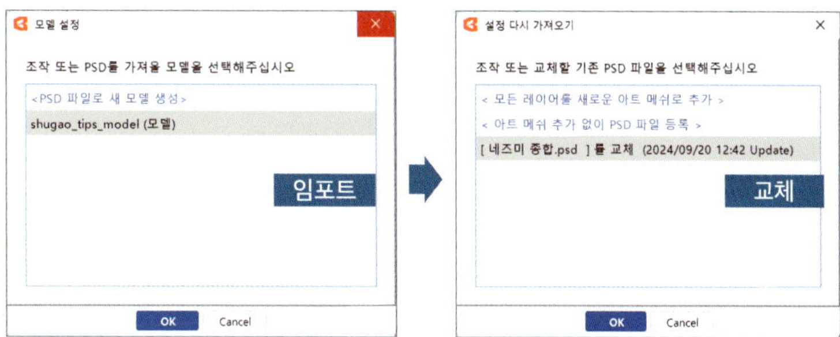

4

파츠 팔레트 가장 위쪽에 앞에서 추가한 옆머리카락의 아트 메쉬가 추가됩니다. 임포트 해서 생성된 메시는 우선 삭제합니다.

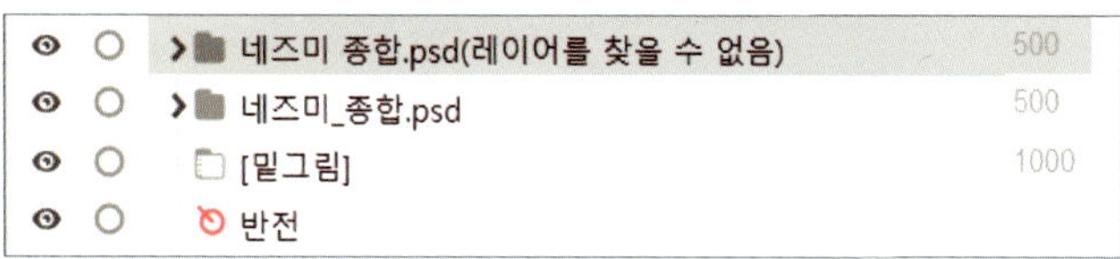

파츠 팔레트

5

다음으로 모델링을 진행 중인 옆머리카락의 아트 메쉬와 디포머를 그대로 복사(CTRL+C 키)합니다.

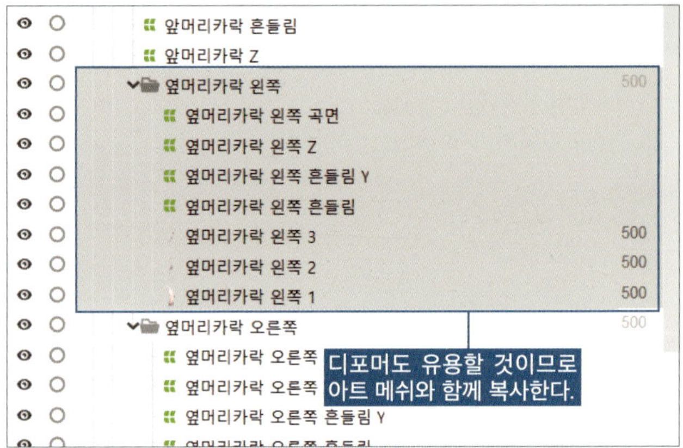

6

복사 후의 아트 메쉬를 선택합니다. 복사 후의 아트 메쉬를 선택한 상태에서 다음 단계를 진행합니다.

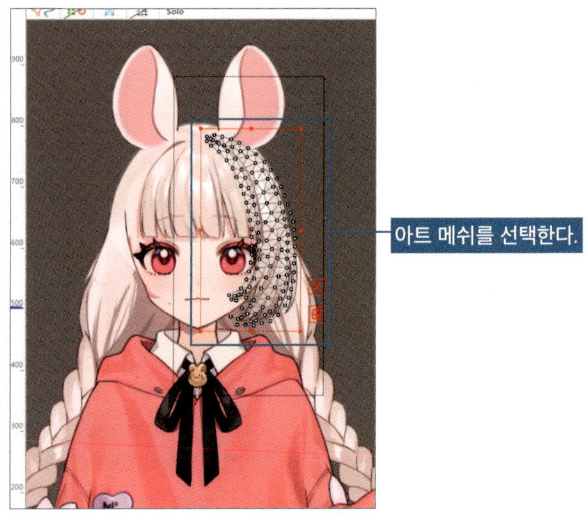

7

프로젝트 팔레트의 원본을 열고 새로 추가한 옆머리카락 부품 'OO_교체용' 위에서 마우스 우클릭 → [관련 모델용 이미지를 선택]을 클릭합니다.

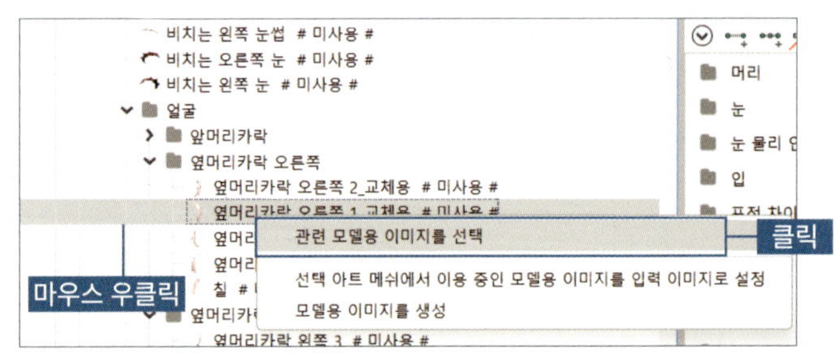

8

링크된 모델용 이미지로 이동하면 거기에서 한 번 더 마우스 우클릭 → [선택 아트 메쉬의 입력 이미지로 설정]을 클릭합니다.

9

그러면 복제한 반대쪽의 모델용 이미지로 교체할 수 있습니다.

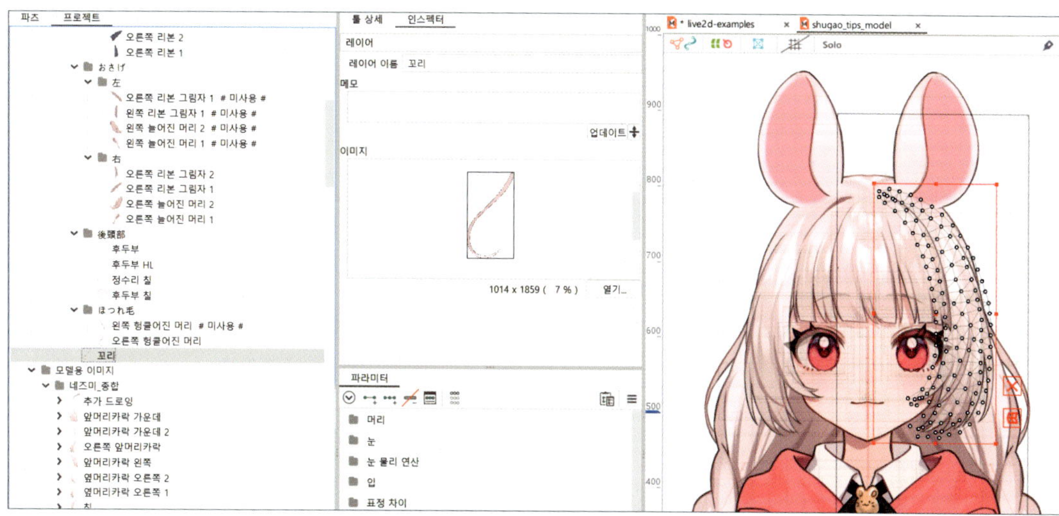

10

교체한 뒤 메쉬가 기존 형태와 맞지 않는다면 적절
하게 수정합니다.

메쉬가 기존 형태와 맞지 않고, 형태가 도중에 끊
어지는 때는 [메쉬 자동 생성]으로 수정할 수 있습
니다.

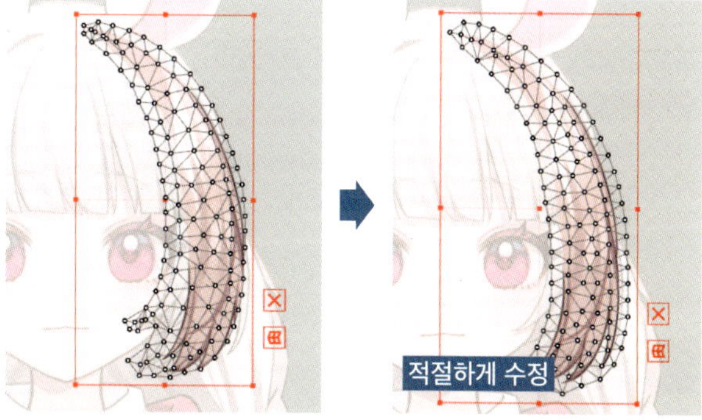

11

그리고 교체할 아트 메쉬가 여럿
일 때는 같은 위치에 있는 아트
메쉬를 선택하고 앞과 마찬가지
로 모델용 이미지로 교체합니다.
여기에서는 왼쪽 머리카락에서
는 1개의 아트 메쉬로 모은 부위
가, 오른쪽 머리카락에서는 2개
의 아트 메쉬로 나눠져 있습니
다.

그럴 때는 소스가 되는 1개의 아트 메쉬를 한 번 더 복제해 각각의 모델용 이미지로 교체합니다.

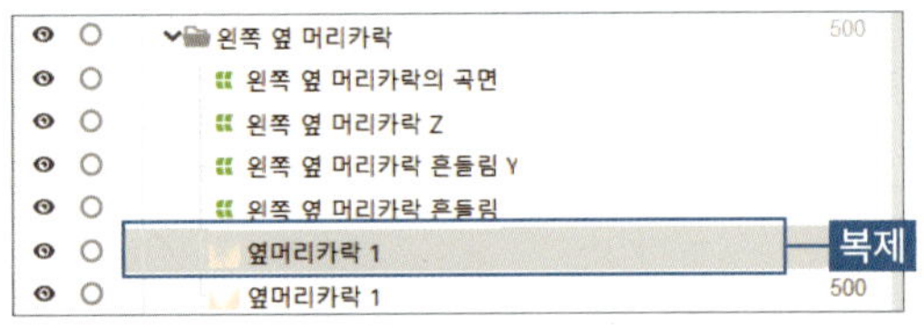

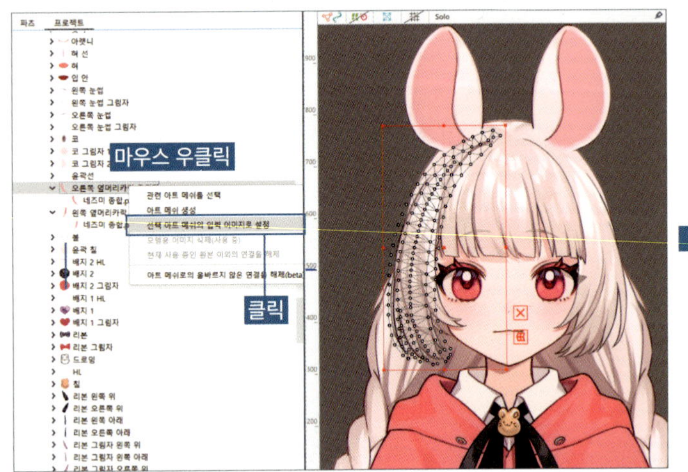

12

불필요한 아트 메쉬는 삭제하고, 흔들림을 복제하지 않아 되는 아트 메쉬는 교체 전의 것을 그대로 사용합니다.

13

교체를 마쳤다면 디포머 반전 → 움직임 반전을 수행합니다. A B C 순서로 진행합니다. 이것으로 아트 메쉬의 움직임을 유용하는 동시에 좌우 반전을 할 수 있습니다.

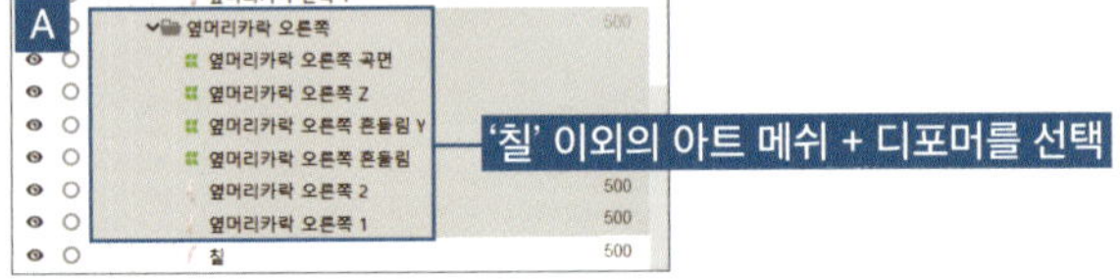

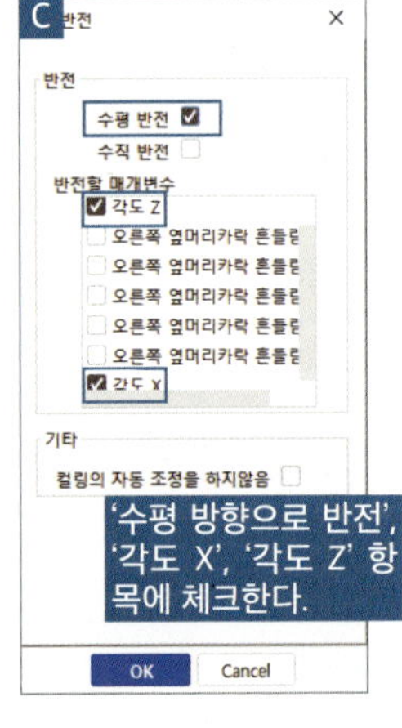

©ぶくろて([X]@niiiitoooon)

동영상에서 무엇을 보여줄 것인지 생각하자

후미

[Tips 63]~[Tips 70]에서는 스트리밍용 모델이 아니라 캐릭터를 동영상으로 움직일 때의 포인트에 관해 설명합니다.

여기에서 움직이는 일러스트는 제작 의뢰를 통해 일러스트레이터인 부쿠로테(ぶくろて) 님에게 포즈를 지정하지 않고 자유롭게 그려달라고 의뢰해서 받았습니다. Live2D에서 움직이는 것을 의식한 일러스트보다도 부쿠로테 님만 그려낼 수 있는 캐릭터의 표정 등을 활용하기 위해서입니다.

동영상의 구성을 고려하면서 먼저 **일러스트에서 읽을 수 있는 캐릭터의 매력이나 심정 등을 고찰**합니다. 거기에서 '**무엇을 보여주고 싶은가**', '**어떻게 움직이면 이 일러스트의 매력을 높여서 보는 사람에게 전달할 수 있는가**'를 생각합니다.

가운데 있는 로테짱의 귀여움을 표현하고, 주변의 다양한 미니 캐릭터가 가진 각각의 특성을 살리면서 서로 사이가 좋은 느낌을 연출하는 것을 주제로 삼았습니다.

러프 일러스트

가운데의 로테짱이 메인 캐릭터

미니 캐릭터는 위부터 시계 방향으로 우시마루짱(+누이구루미), 유후짱, 아노요코짱, 메이드짱, 텐시코짱, 아쿠마코짱. 가운데는 닌진짱.

주변의 미니 캐릭터가 가진 각각의 특성을 살리면서 사이가 좋은 느낌을 연출

완성 일러스트

CHECK

'그저 흔들리는', '움직일 수 있는 부분을 움직이는' 것만으로는 스토리를 보여줄 수 없으므로 신경을 써야 합니다. **표현하고 싶은 것을 확실하게 생각하는 것**이 중요합니다.

그림 콘티를 만들자

후미

그림 콘티에서는 어떻게 움직이면 귀여움과 화면의 화려함 등을 연출할 수 있을지를 **일러스트와 문장으로 설명**합니다.

여기에서는 긴 동영상을 만드는 것은 아니므로 14초 정도의 길이를 가정하고, 그림 콘티는 간단하게 만들었습니다.

전체 흐름을 컷(CUT) 별로 확인해 봅니다.

CUT1 …… 캐릭터가 내려오고 수면에 발이 닿으면 우유가 튄다.

CUT2 …… 발끝에서 허리 부근까지 천천히 팬 업pan-up해서 로테짱의 발을 메인으로 보여준다. 미니 캐릭터는 로테짱에게 모이는 듯한 느낌으로 움직이게 한다.

CUT3 …… 컷이 바뀌고 우유를 마시는 로테짱 주변에 미니 캐릭터나 모이게 연출한다.

CUT4 …… 미니 캐릭터가 머리 위에도 사뿐하게 앉는다.

CUT5 …… 모든 캐릭터가 모여 있으므로 즐거운 감정을 표현한다.

CUT6 …… 계속해서 일러스트를 보여주면서 즐겁고 두근거리는 느낌을 표현한다.

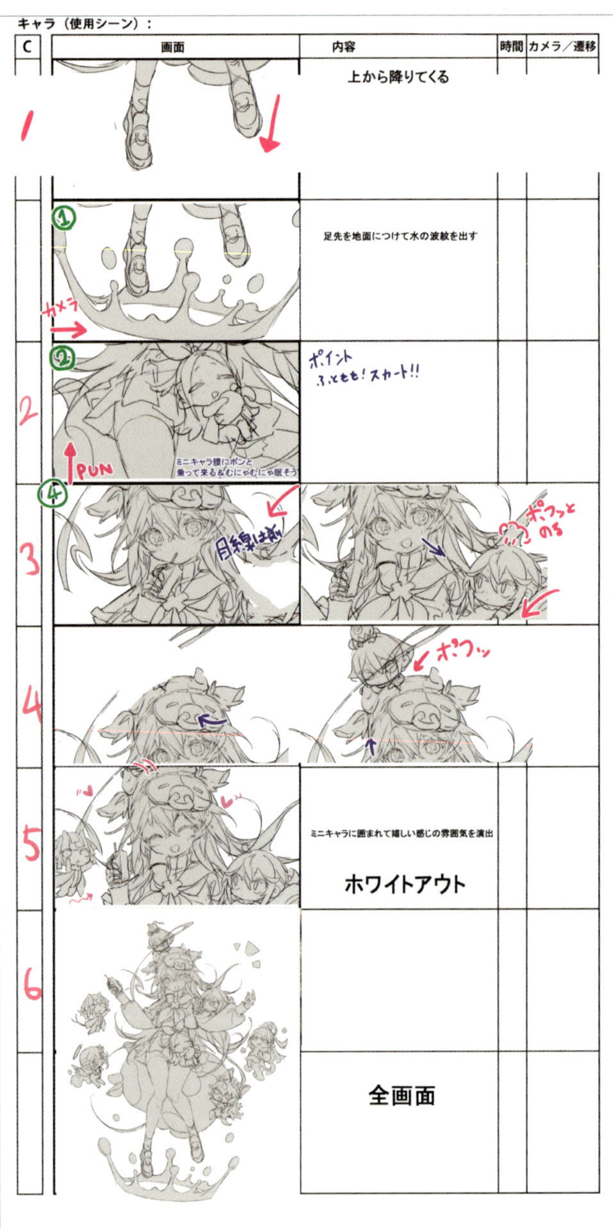

그림 콘티

그림 콘티는 **영화 제작에서의 설계도** 같은 것입니다. 캐릭터나 배경의 움직임, 이펙트를 거는 방법 등 일러스트와 문장을 사용해 만듭니다. 특히 보여주고 싶은 장면을 잘라 만화처럼 컷 단위로 나눠 갑니다.

컷은 **장면 전환 단위**를 의미합니다.

비디오 콘티를 만들자

후미

비디오 콘티는 실제로 일러스트를 움직여 **전체 영상의 균형을 확인**하는 작업입니다. 이 단계에서는 움직임을 넣을 필요는 없습니다. 그림 콘티에서 결정한 각 컷의 속도감이나 화면에 대한 캐릭터의 크기 등이 보는 사람에 잘 전달될 수 있는지 확인하는 것이 중요합니다.

비디오 콘티를 만들어 익스포트 했을 때 CUT3~CUT5에서 보여 주고 싶었던 부분이 미니 캐릭터에게 너무 집중되어 있어, 화면이 위아래로 움직여 흐름이 생각만큼 깔끔하지 않다고 느꼈습니다(VCON1.MP4). 이를 조정해 CUT3과 CUT4를 연결했습니다(VCON2.MP4)

또한 CUT5도 연결했습니다(VCON3.MP4). 결과적으로 CT3의 길이가 길어졌지만 흐름 측면에서는 자연스럽게 되었다고 판단해 'VCON3.MP4'의 흐름을 채용하는 형태로 진행하기로 결정했습니다.

비디오 콘티로 만든 동영상의 흐름

CHECK

비디오 콘티를 만들었다면 가능한 친구 등 제3자에게 보여주고, '무엇을 보여주고 싶었는가'가 전달되었는지, '원래 일러스트의 귀여움이 표현되었는가' 등에 대한 피드백을 받는 것도 좋습니다. 구체적인 수정 포인트를 발견할 수 있을 것입니다.

CHECK

비디오 콘티 파일(VCON1.MP4, VCON2.MP4, VCON3.MP4)은 다운로드 할 수 있는 샘플 파일에 포함되어 있습니다. 실제로 동영상을 보고 확인(p.6)하기 바랍니다.

POINT

동영상은 **애니메이션 워크스페이스**에서 만듭니다. 툴바의 [워크스페이스 전환]에서 [애니메이션]을 선택하면 애니메이션 워크스페이스로 표시를 전환할 수 있습니다.

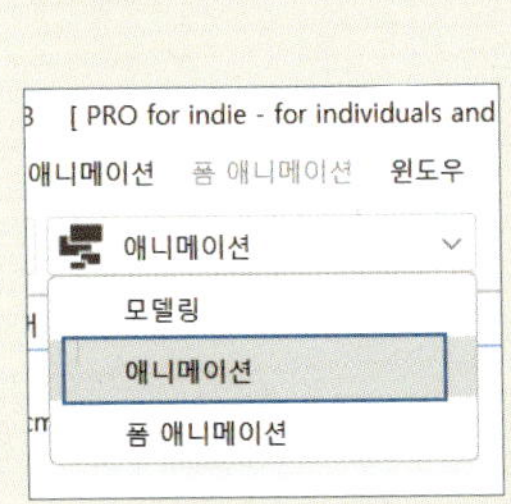

워크스페이스 전환

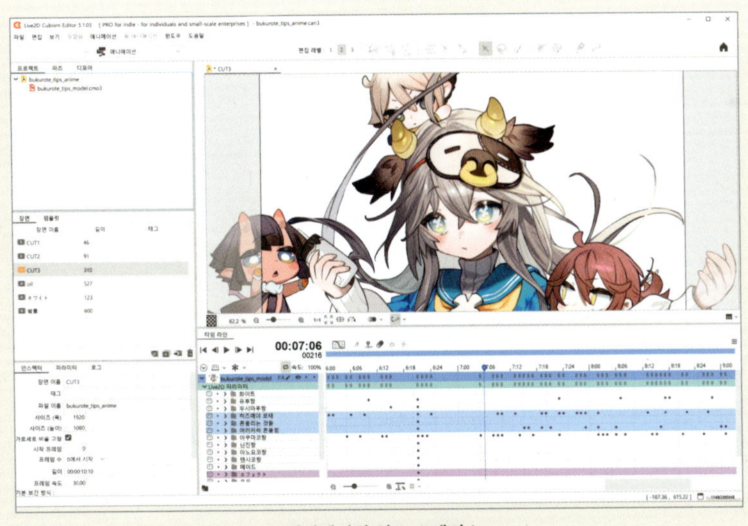

애니메이션 워크 스페이스

기본적으로 동영상은 애니메이션 워크스페이스에서 **타임라인 팔레트**에 동영상이나 모델링을 완료한 데이터(.CMO3)를 임포트하고, **키를 넣어**(키 프레임을 작성해) 만듭니다.

타임라인 팔레트에서는 **일러스트**(캐릭터나 배경 모델)가 '어떤 시점에, 어떤 움직임을 하고 있는가'를 설정할 수 있습니다.

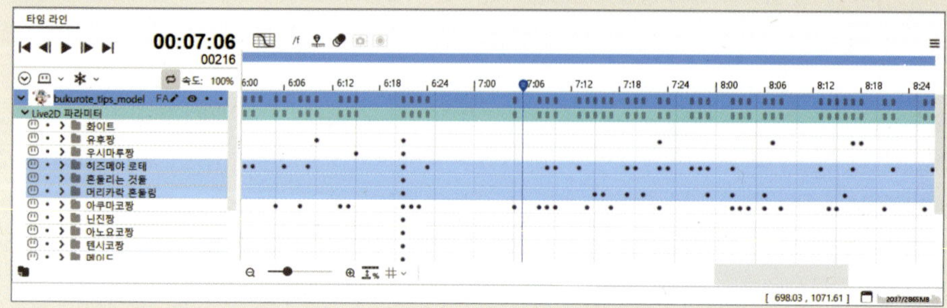

타임라인 팔레트

타임라인은 1 **프레임** 단위로 구분되어 있으며, 프레임에 **키**를 넣어 움직임을 만듭니다.

키를 넣은 프레임을 **키 프레임**이라 부릅니다. 키 프레임에는 **해당 프레임에서의 모델의 움직임이 등록**되어 있습니다. 예를 들면 '1번째 프레임에는 팔을 내리고 있다', '10번째 프레임에서는 팔을 몰린다' 같은 키 프레임을 만들면 '1번째 프레임에서 10번째 프레임에 걸쳐 점진적으로 팔을 올리는' 움직임을 만들 수 있습니다. 프레임 사이의 세세한 움직임은 자동으로 보간됩니다.

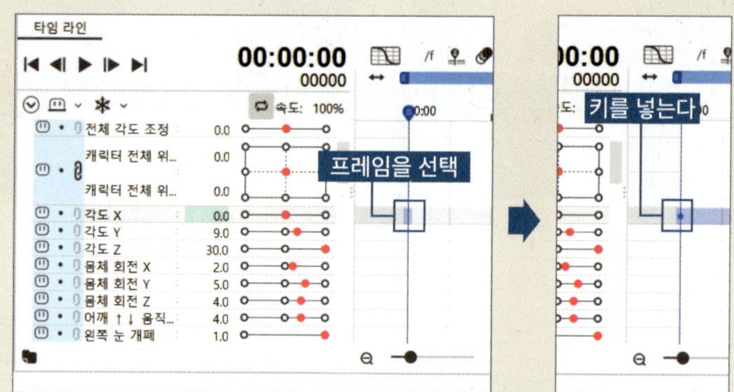

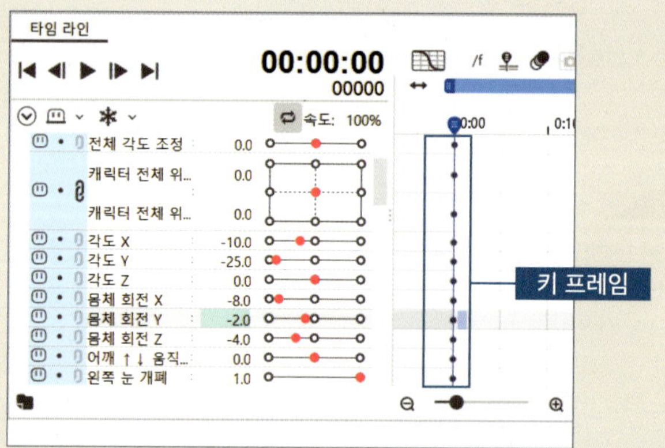

동영상의 길이는 **작업 영역**의 길이로 조정합니다.

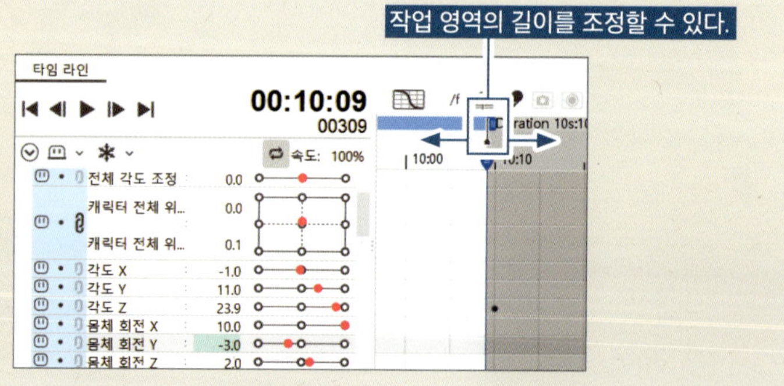

©ぶくろて([X]@niiiitoooon)

동영상에서의 캐릭터 모델링

후미

동영상에서의 모델링에서는 '**붙이고 싶은 움직임에 맞춰 모델링을 하는 것**'에 주의해야 합니다. 스트리밍용 모델링은 트래킹에 맞춘 모델링이 되지만, 동영상에서의 모델링은 필요한 움직임을 만들게 되므로 '모든 흔들리는 것을 흔들리게 만들거나', '머리의 각도 X와 Y도 스트리밍용 모델과 같이 만들어도' 만든 움직임을 사용하지 않는 경우가 있습니다. 그렇기 때문에 효율성도 고려해 확실하게 **목적을 가진 모델링**을 해야 합니다.

여기에서는 오른쪽의 미니 캐릭터 '메이드짱'을 살펴봅니다.
간단한 부분으로 말하자미녀 앞머리카락, 옆머리카락, 뒷머리카락의 흔들림을 모두 각각 만들지 않고 **같은 파라미터로 움직임을 만듭니다.**
움직임의 차이를 만들고자 한다면 나중에 파라미터를 바꾸거나, 흔들림 자체에 차이가 있도록 모델링을 조정합니다.

메이드짱의 모델링

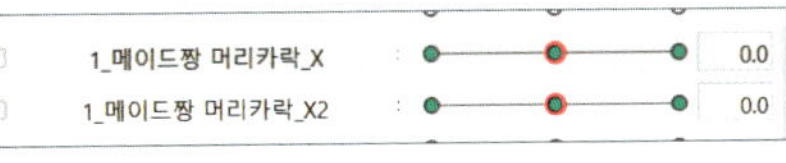

머리카락 이외의 부위도 비교적 **단순한 구조**의 파라미터로 만들었습니다. 입체감이 있는 움직임은 거의 없으며 귀, 날개, 꼬리 정도가 조금씩 움직입니다.
다른 미니 캐릭터들의 모델링도 메이드짱과 마찬가지로 단순한 구조입니다.

> **CHECK**
>
> 모델 데이터(.CMO3)는 다운로드 할 수 있는 샘플(p.6)에 포함되어 있습니다.

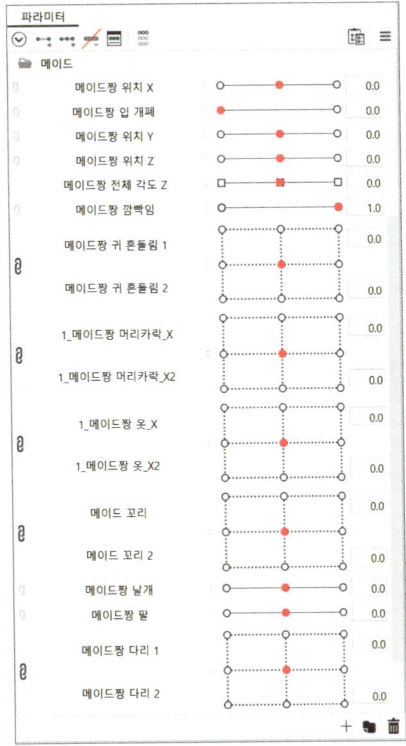
메이드짱의 파라미터

키 프레임 작성 팁

후미

모델링을 마쳤다면 움직임을 만듭니다. 처음부터 키를 넣어 키 프레임을 만들기는 매우 어렵습니다. 작업량이 많아지는 것은 물론 시점이나 움직임의 완급도 조절해야 하기 때문에 무엇부터 시작해야 할지 모를 것입니다. 그래서 우선 **비디오 콘티로 만든 대략적인 움직임을 기반으로 브러시업** 하는 방식으로 진행합니다. 여기에서는 컷 1 제작을 예로 들어 살펴봅니다.

1

새 애니메이션 파일을 만듭니다. [파일] 메뉴 → [신규 작성] → [애니메이션]을 선택합니다.

애니메이션의 대상 버전 선택 다이얼로그가 표시됩니다. 여기에서는 파일로 익스포트 하는 것을 가정해 [영상]을 선택합니다.

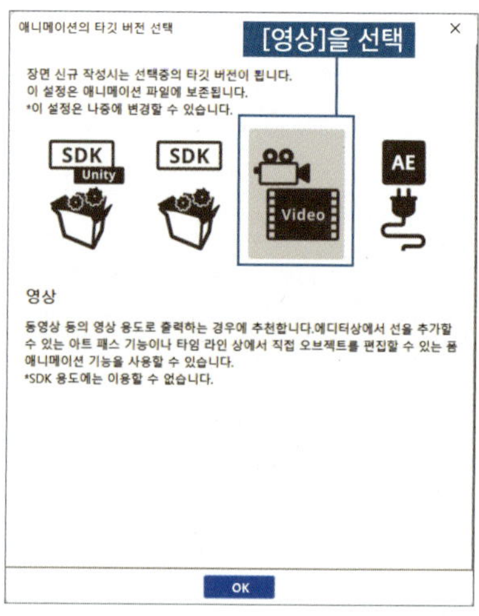

애니메이션 대상 버전 선택 다이얼로그

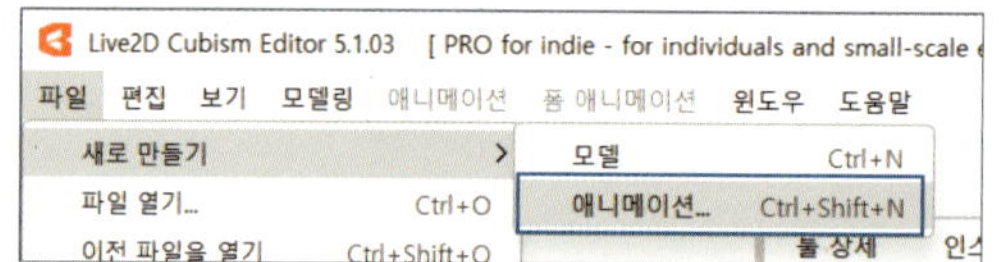

POINT

대상 버전은 동영상 파일이나 애플리케이션에 내장하기 위한 익스포트 등 최종적인 용도에 맞춰 설정합니다.
동영상이 아니라 트래킹 소프트웨어 등의 애플리케이션에 내장하는 것을 고려할 때는 [SDK(Unity)]를 선택합니다. Unity가 아닌 것을 사용한 애플리케이션에 내장하는 것을 고려할 때는 [SDK]를 선택합니다. Adobe After Effects에서의 편집을 고려할 때는 [AE 플러그인]을 선택합니다.

2

만든 장면 설정을 변경합니다. 장면 팔레트에서 'Scene1'을 선택합니다. 인스펙터 팔레트에서 [장면 이름], [크기(폭)], [크기(높이)]를 변경합니다. 크기를 변경할 때는 [가로세로 비율 고정] 항목의 체크를 해제합니다.

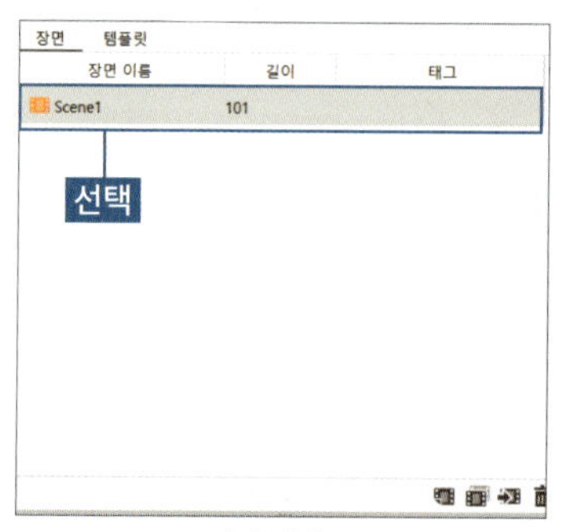

장면 팔레트

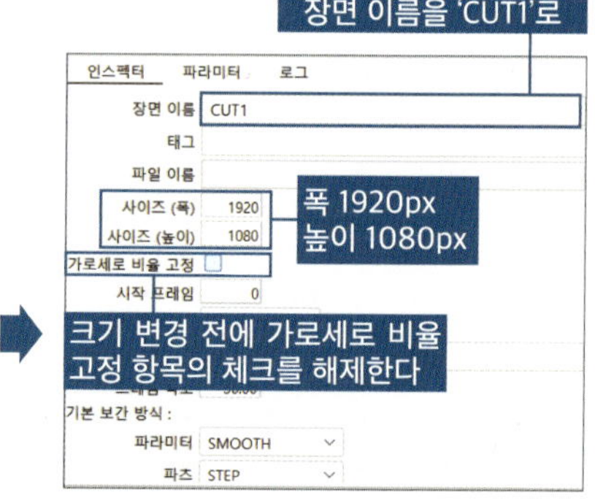

인스펙터 팔레트

3

타임라인 팔레트에 모델 데이터를 드래그 & 드
롭 합니다. 뷰 영역에는 모델이 표시됩니다.

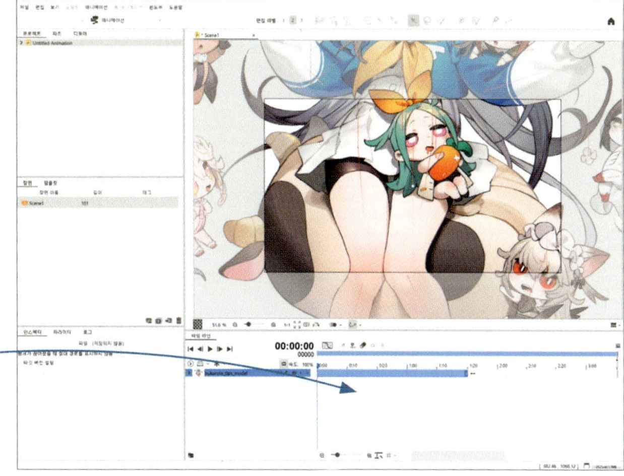

모델 데이터   드래그 & 드롭   애니메이션 워크스페이스

4

[Tips 65]의 비디오 콘티의 키 프레임과 같은 위치
에 키를 넣습니다. 이것을 기반으로 해서 세세한
움직임을 조정합니다.

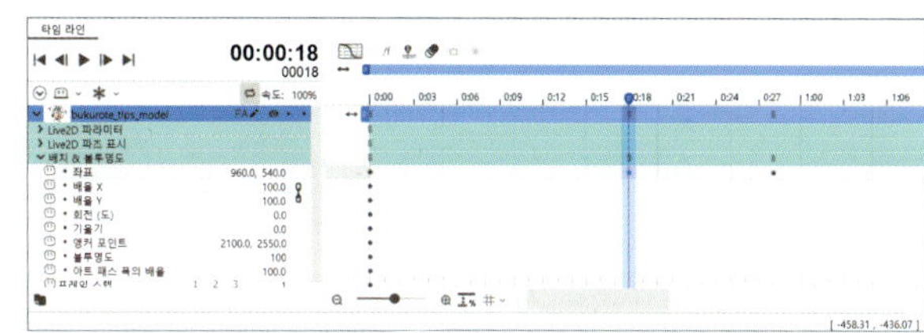

비디오 콘티의 키 프레임

5

'CUT1'은 메인 캐릭터 로테짱이 위에서 내려오는
장면입니다. 내려온 뒤 갑자기 멈춰 버리는 것은
이상하므로, 지면에 발이 닿은 뒤의 여운을 표현합
니다. 지변에 착지한다(다음 그림 A) → 우유가 튀면
서 캐릭터도 조금 위로 돌아온다(다음 그림 B) → 우
유가 중력에 의해 돌아온다(다음 그림 C)는 느낌으
로 만듭니다.

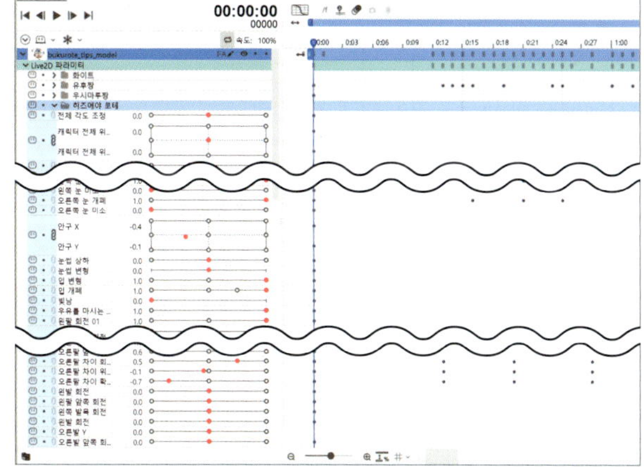

CUT1의 키 프레임

POINT

여기에서는 만들면서 세세사한 길이를 결정했지
만, 동영상 길이가 처음부터 결정되어 있을 때는
그에 맞는 움직임을 만들어야 합니다. 그리고 장면
을 컷 단위로 나눠 제작했기 때문에 최종적으로는
모든 컷을 모은 길이가 됩니다.

CHECK

실질적인 움직임을 만들기 위해 실물을 보거나 YouTube 등에서
동영상을 찾아 참고할 만한 것을 관찰해 봅시다.

그래프를 사용해 완급을 조절하자

후미

키 프레임을 많이 넣어 움직임의 느낌이 좋아졌습니다. 이번에는 완급이 없는 일직선의 움직임이 마음에 들지 않았습니다.

그럴 때는 타임라인 팔레트의 [편집 모드 변환] 버튼을 클릭하고, 편집 모드를 **그래프 에디터**로 전환합니다. 이 상태에서 **파라미터를 선택하면 선 그래프 같은 그림이 표시**됩니다. 이 그래프를 편집해서 '움직임을 부드럽게 시작했다가, 속도를 순간적으로 늘렸다가 완만하게 멈추는' 등 **완급을 조절**할 수 있습니다.

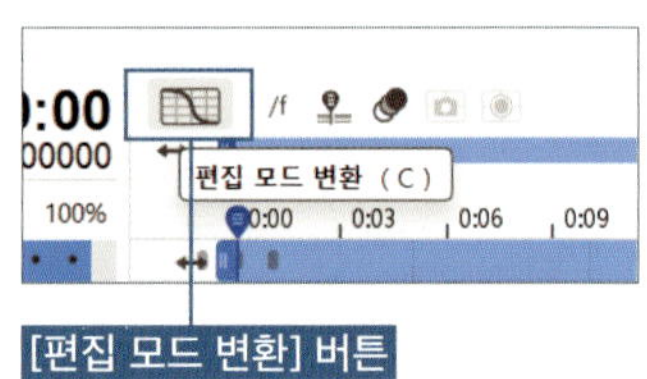

[편집 모드 변환] 버튼

여기에서의 동영상에서는 컷2(CUT2)에서 닌진짱이 위에서 사뿐하게 내려와 로테짱의 허리에 앉는 움직임이 있습니다. 그래프 에디터에서 일정한 산 모양이었던 곡선이었던 것을 완만한 곡선과 급격한 곡선 부분이 생기도록 조정하면, 닌진짱이 처음에는 천천히 내려오다가 살짝 흔들리면서 착지하는 **완급**을 조절할 수 있습니다.

POINT

타임라인의 기본 편집 모드는 키 프레임을 점으로 표시하는 '**도프 시트**'로 되어 있습니다.

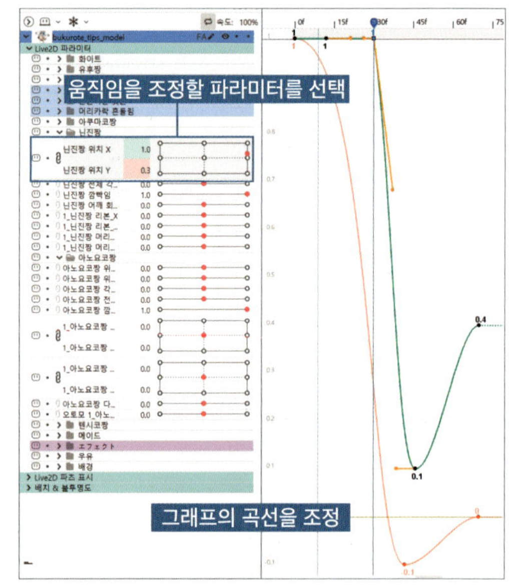

타임라인 팔레트(그래프 에디터)

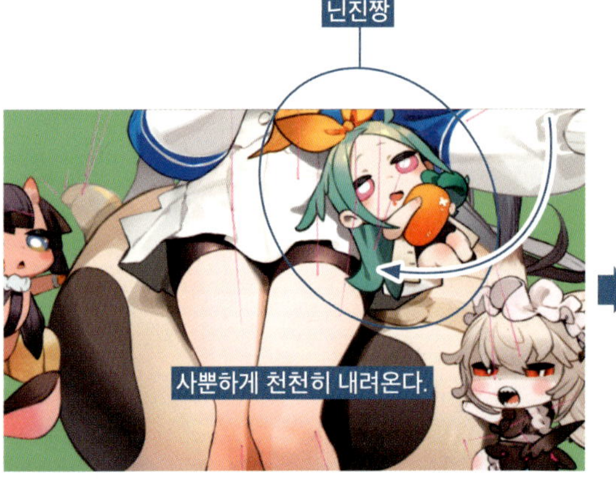

CHECK

그림만으로는 움직임을 파악하기 어려우므로 다운로드 샘플(p.6)을 참조합니다.

파라미터 복사 & 붙여 넣기를 사용해 시간을 단축하자

후미

애니메이션을 만들다 보면 '이 움직임의 뒤틀림을 조정하고 싶은' 경우가 늘어날 것입니다. 하지만 신경이 쓰이는 부분의 파라미터는 어중간한 값들이 많으며 모델링으로 돌아와 재현하기는 어렵습니다. 그럴 때 편리한 것이 [파라미터 값을 복사], [파라미터 값을 붙여 넣기]의 기능입니다.

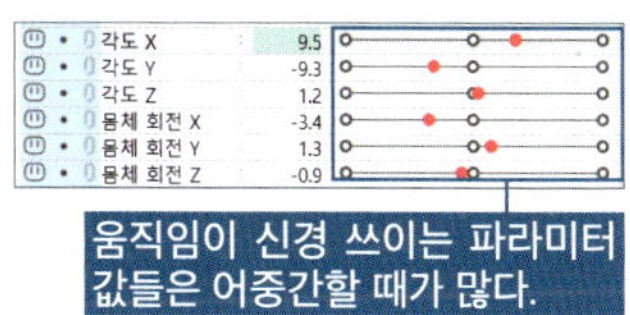

움직임이 신경 쓰이는 파라미터 값들은 어중간할 때가 많다.

1

애니메이션 워크 스페이스에서 작업 중에 모델을 조정해야 하는 부분이 발견되었다면, 편집할 프레임을 모두 선택하고(A), [편집] 메뉴 → [파라미터 값을 복사]를 선택합니다(B).

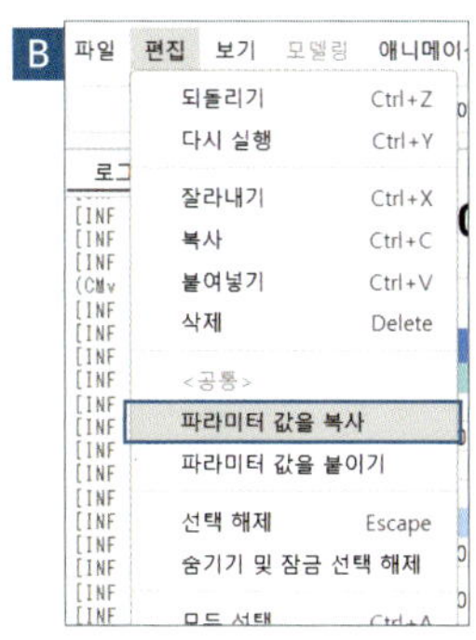

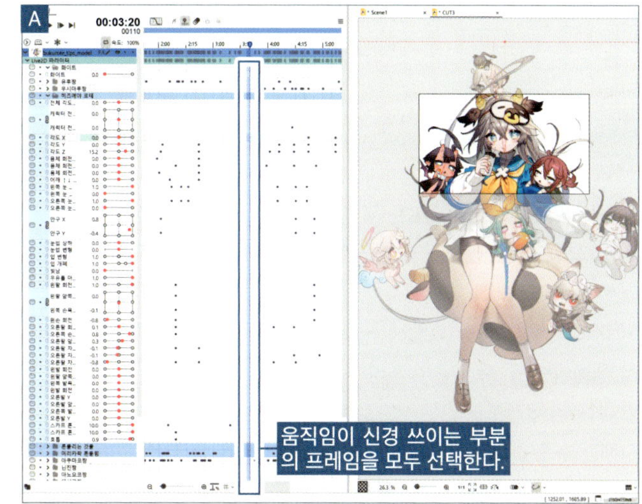

애니메이션 워크스페이스

2

모델링 워크스페이스로 돌아와 [편집] 메뉴 → [파라미터 값을 붙여 넣기]를 하면(A), **애니메이션 쪽의 포즈와 완전히 같은 파라미터 값을 재현**할 수 있습니다(B). 여기에서 조정하면 시간을 단축할 수 있습니다.

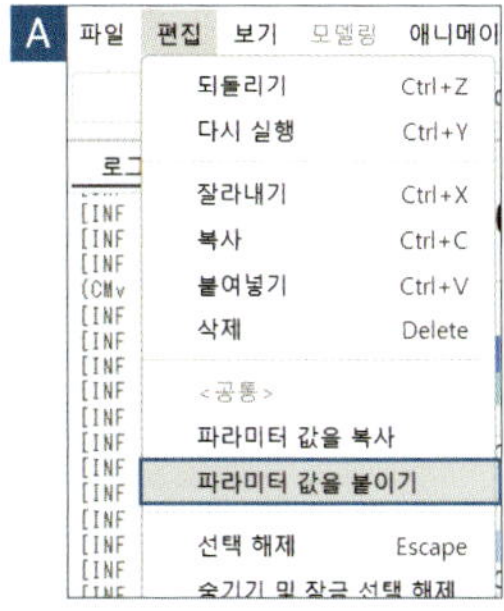

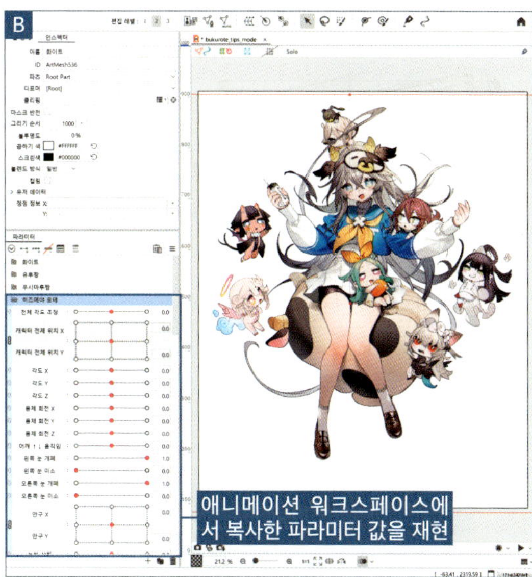

모델링 워크스페이스

©ぶくろて([X]@niiitoooon)

라벨 색을 사용해 폴더와 파츠를 관리하자

후미

여기의 동영상은 캐릭터가 많고 디포머와 파츠도 많기 때문에, 파츠를 알기 쉽게 관리하는 것이 중요합니다. 파츠를 편리하게 관리할 수 있도록 폴더를 나누는 팁을 소개합니다. 동영상 뿐만 아니라 스트리밍용 모델에도 사용할 수 있습니다.

1

레이어, 디포머 등의 파츠 관리는 **파츠 팔레트**를 수행합니다. 기본은 레이어 순서를 쉽게 알 수 있게 해서, 관계 있는 파츠를 폴더에 모아 조정합니다.

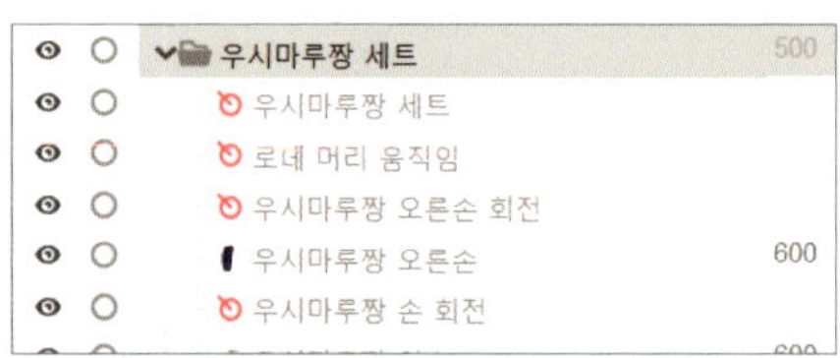

파츠 팔레트

2

파츠가 많으면 폴더만으로는 구분하기 어렵고 정리를 할 수 없습니다. 여기에서 편리한 것이 **[라벨색] 기능**입니다. 파츠 팔레트에서 색을 바꾸고 싶은 파츠의 폴더나 파츠에서 마우스 우클릭 → [라벨색]에서 **선호하는 색을 선택해서 색을 구분**할 수 있습니다. 파츠 팔레트에서 색을 나누면, 디포머 팔레트도 같은 색으로 나눠지기 때문에 작업을 진행할 수 있습니다.

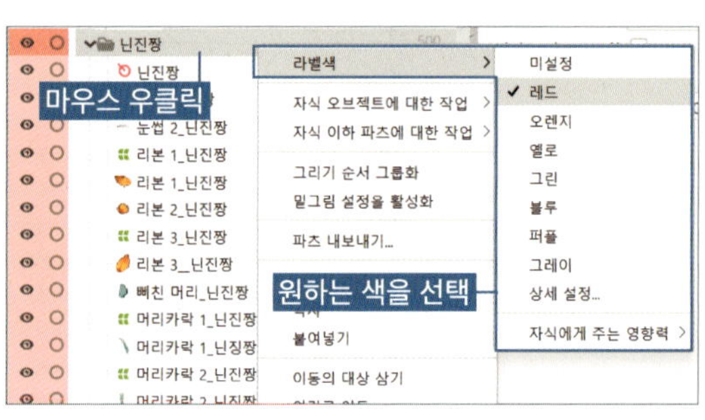

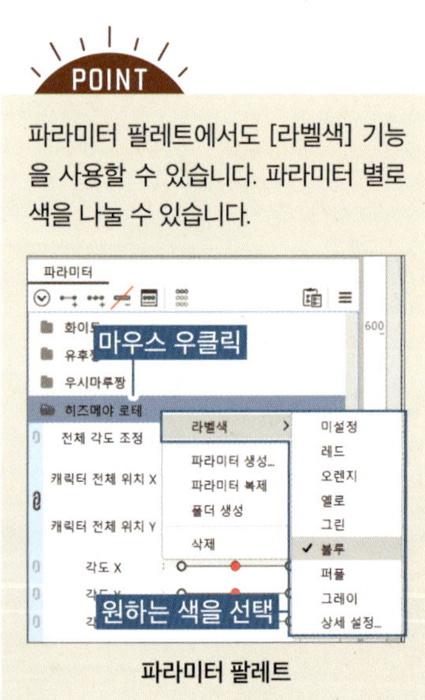

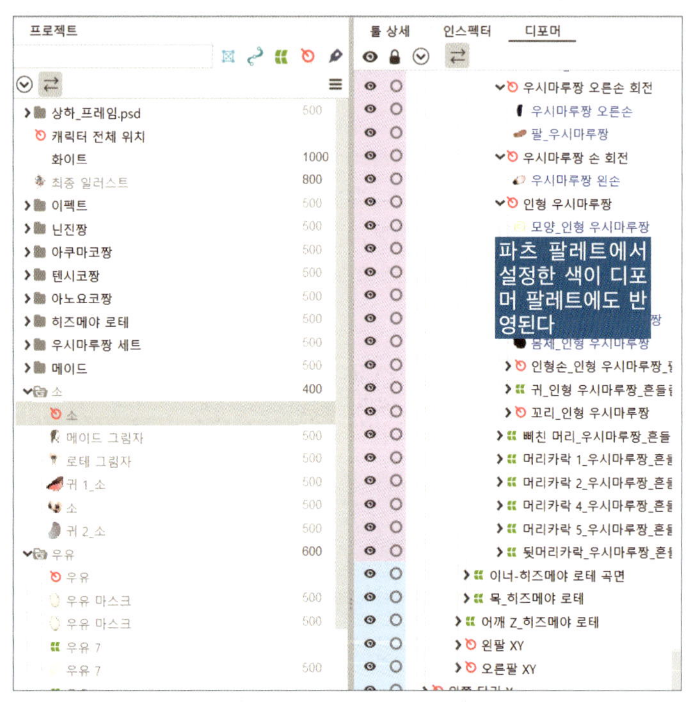

파라미터 팔레트   디포머 팔레트

소재 분할 PHOTOSHOP 플러그인

주식회사 LIVE2D

'소재 분할 Photoshop 플러그인'은 Live2D 모델링 앞 단계에서 간단하게 소재를 구분할 수 있는 Photoshop용 플러그인입니다. 소재 자르기, 칠하기 등을 반자동으로 수행할 수 있습니다. 통합된 1장의 그림에서도 간단하게 소재를 구분할 수 있습니다. (Adobe® Photoshop® software)

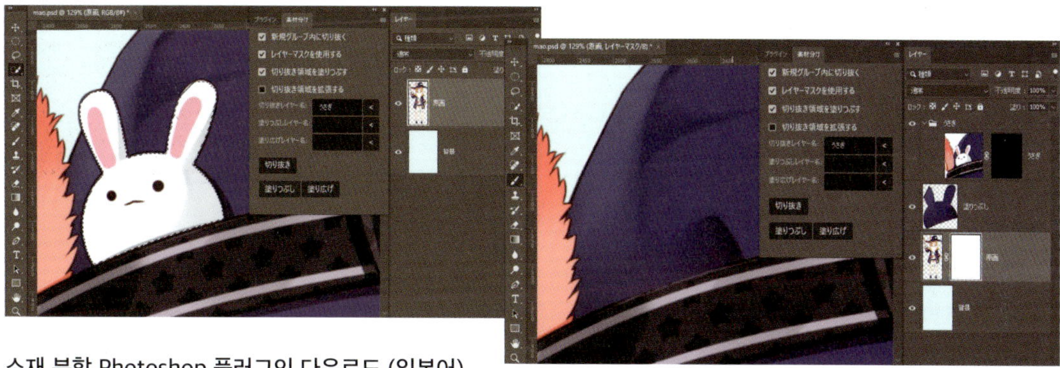

소재 분할 Photoshop 플러그인 다운로드 (일본어)
https://docs.live2d.com/cubism-editor-manual/
material-separation-ps-plugin-download/

AE 플러그인

주식회사 LIVE2D

AE 플러그인을 사용하면 이펙트에서 풍부한 영상을 만들 수 있습니다. Live2D 모델은 Cubism 'AE 플러그인'을 사용함으로써 Adobe® After Effects® software에 모델 데이터(.MOC3)이나 모션 데이터(.MOTION3.JSON)을 직접 임포트 할 수 있게 됩니다. Adobe After Effects에서 직접 Live2D 모델을 표시하거나, 모션 데이터를 편집할 수 있기 때문에 영상 제작의 효율과 표현력을 한차원 높일 수 있습니다.

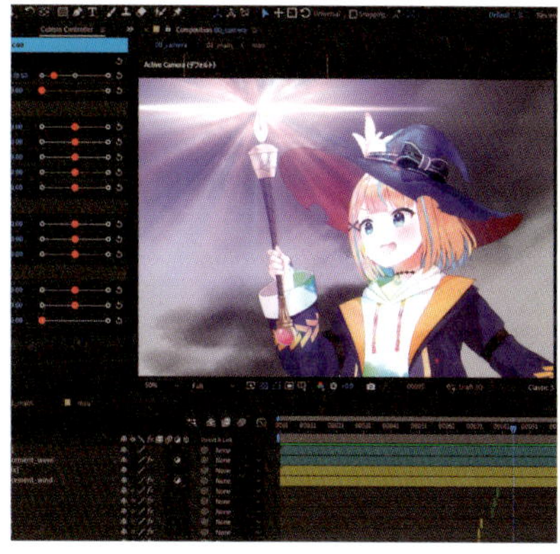

AE(After Effects) 플러그인 다운로드
https://www.live2d.com/cubism/download/ae-plugin/

Part1 캐릭터 모델

'NIZIMA LIVE'로 모델을 움직이자

주식회사 LIVE2D

'nizima LIVE'는 Live2D 공식 트래킹 애플리케이션입니다. Live2D 모델의 트래킹 외에 협업 기능, 아이템 기능, 이펙트 기능 등 폭넓은 표현을 위한 기능을 제공합니다. 직관적으로 쉽게 조작할 수 있는 것도 특징입니다.

● NIZIMA LIVE 다운로드

nizima LIVE는 아래 공식 사이트에서 다운로드 할 수 있습니다. 시험 삼아 무료 버전부터 설치해서 사용해 봅시다.

nizima LIVE 공식 사이트 https://nizimalive.com/

※ 유료 버전을 사용하면 상용 목적으로 이용하거나 기능 제한 해제 등을 할 수 있습니다 . 자세한 내용은 공식 사이트를 확인합니다 .

Method1   NIZIMA LIVE의 편리한 기능

얼굴의 움직임에 맞춰 파라미터 단위로 세세한 움직임을 미세하게 조정할 수 있습니다. 그리고 iPhone 애플리케이션 'nizima LIVE TRACKER'를 사용해 iPhone을 카메라로서 연결하면 볼을 부풀리거나, 혀를 내미는 등 풍부한 표정을 트래킹에서 표현할 수 있습니다(퍼펙트 싱크 기능).

Method2   LIVE2D CUBISM EDITOR과의 연동

Live2D Cubism Editor와 nizima LIVE를 연동해 트래킹 했을 때의 움직임을 실시간으로 확인하면서 모델링을 진행할 수 있습니다.   ※ Live2D Cubism Editor 버전 5.1 이후로 한정합니다.

'NIZIMA'에서 모델을 판매하자

주식회사 LIVE2D

'nizima'는 일러스트나 Live2D 데이터 판매, 구입, 주문 제작 의뢰를 할 수 있는 Live2D 공식 마켓입니다, 특히 수량 1개 한정 모델이나 커스텀 가능한 범용 모델이 인기입니다. 그리고 만든 모델은 Live2D 작품 콘테스트 '니지콘'에 응보할 수도 있습니다.

nizima 공식 사이트   https://nizima.com/

'Live2D 프리뷰' 기능에서는 게시된 Live2D 모델의 가동 영역, 표정, 움직임을 실제로 조작해 보면서 확인할 수 있습니다. 구입 전에 모델의 움직임을 확인하거나 카메라를 연결해 VTuber를 간접 체험할 수 있습니다.

Part 2

배경 모델

움직이는 배경 모델링이나 애니메이션 팁들을 소개합니다.
가능한 간단하면서도 풍부하게 보이게 하는 방법을 설명합니다.

레이어를 구성하자

카라아게마루

배경 일러스트 레이어 구성 예를 소개합니다. 일러스트 담당자가 Live2D 경험자가 아닐 때는 몇 가지 주의해야 할 점이 있으므로 참고해 주십시오.

[마피아 보스의 방]
https://www.youtube.com/watch?v=cBi2gwRuiGU

Method — 계층별 폴더 구분

포인트는 움직이지 않는 부분은 가능한 하나의 폴더에 모으고, 그 이외의 움직이는 물건은 큰 계층별로 폴더를 나누어 두는 것입니다. 처음부터 폴더를 나누어 두면 작화 작업이나 파츠 구별이 원활해지고, Live2D 작업 시에도 구성을 쉽게 이해할 수 있습니다.

여기서 소개하는 '마피아 보스의 방'은 오른쪽 그림과 같은 방식으로 나뉘어 있습니다.

❶ 최전면 효과
 ├ [동] 라이팅용 소재
 ├ [동] 이펙트 소재(반짝반짝, 먼지 등)
 └ 마무리 처리용 소재
❷ 움직이는 소재(전면)
 ├ [동] 조명 기구
 ├ [동] 무기고 문
 ├ [동] 오브제
 └ etc
❸ 고정 배경
❹ 움직이는 소재(후면)
 ├ [동] 물 기둥
 ├ [동] 난로
 └ [동] etc
❺ 창 밖 소재
 ├ [동] 가로등
 ├ 거리
 ├ [동] 하늘
 └ etc

실제 레이어 구조

❶ 최전면 효과

라이팅용 소재, 이펙트용 소재, 그리고 마무리 처리를 위한 레이어를 포함하고 있습니다(블렌드 방식 보통/곱하기/가산 뿐). 마무리 처리 레이어란 화면 전체에 대해 빛, 그림자, 원근 처리 등을 가필한 것입니다. 그 아래에 있는 '움직이는 소재'는 파츠를 구분하게 되면 색 조정이나 마무리 처리 효과에 대응하기 어려우므로, 그 앞쪽에서 보정을 걸기 위한 것입니다.

❷ 움직이는 소재(전면)

'고정 배경' 보다 앞쪽에 배치하는 움직이는 소재입니다. 움직이는 종류별로 폴더를 구분하고, 파츠별로 나눈 레이어를 포함합니다.

❸ 고정 배경

움직이지 않는 부분을 모두 모은 폴더입니다. 이 소재들은 최종적으로 통합해 1장의 레이어로 만듭니다. 작화 시에는 이 폴더 안에, 움직이지 않는 모든 부분의 작화를 수행합니다. 창문 등 열린 곳이나 '움직이는 소재(후면)'을 보여주기 위한 투과 부분이 있을 때는 마무리 처리에 주의해야 합니다.

❹ 움직이는 소재(후면)

고정 배경의 투과 부분에서 움직이는 것을 보이게 해야 할 때 사용합니다. '마피아 보스의 방'에서는 난로, 물이 들어간 기둥 등이 이 소재에 해당합니다.

❺ 창 밖 소재

창 밖에 보이는 풍경 소재입니다. 거리, 자영 풍경, 하늘이나 날씨 표현을 위한 소재를 포함합니다.

POINT

블렌드 방식이나 색조 보정을 사용할 때 주의해야 할 점이 있습니다. 페인트 소프트웨어 기준에서 블렌드 방식(그리기 모드)에 해당하는 블렌드 방식은 '일반', '곱하기', '가산'만 사용할 수 있습니다. 그렇기 때문에 블렌드 소프트웨어만의 블렌드 방식이나 색조 보정 레이어를 사용할 때는 주의해야 합니다.

1. 마무리 처리를 위한 레이어

'최전면 효과'에서 설명했던 마무리 처리 레이어는 화면 전체에 대해 빛, 그림자, 원근 처리 등을 더한 것입니다. 그 아래의 '움직이는 소재(전면, 후면)' 안의 소재는 파츠를 구분하면 색 조정이나 마무리 처리 효과를 적용하기 어렵기 때문에, 그 전면에서 보정을 걸기 위한 것입니다. 이들은 블렌드 방식을 '일반', '곱하기', '가산'으로 한정해 만들어야 합니다.

2. 고정 배경 마무리 처리 시 주의할 점

'고정 배경' 폴더는 최종적으로 통합하기 때문에 마무리 처리를 위한 레이어에서 모든 블렌드 방식이나 색조 보정 레이어 효과를 사용할 수 있습니다. 단, 창문 등 투과 부분을 넣는 경우에는 주의해야 합니다. 투과 부분에 의도하지 않은 블렌드 방식의 칠이 누락되면, 통합 처리 후에는 그 효과가 적용되지 않고 의도하지 않은 색이 되어 버립니다. 그리고, 색조 보정 레이어를 사용한 경우에도 고정 배경 아래 단계로 효과가 적용되지 않기 때문에, 의도와 다르게 마무리 될 수 있습니다.

대책으로서 추천하는 방법은 '고정 배경' 폴더의 안에 한 단계 더 모든 것을 모은 폴더를 만들고, 그 폴더에 대해 마무리 처리를 위한 다양한 블렌드 방식을 사용한 레이어나 색조 보정 레이어를 모두 클리핑 하면 의도하지 않은 마무리를 막을 수 있습니다.

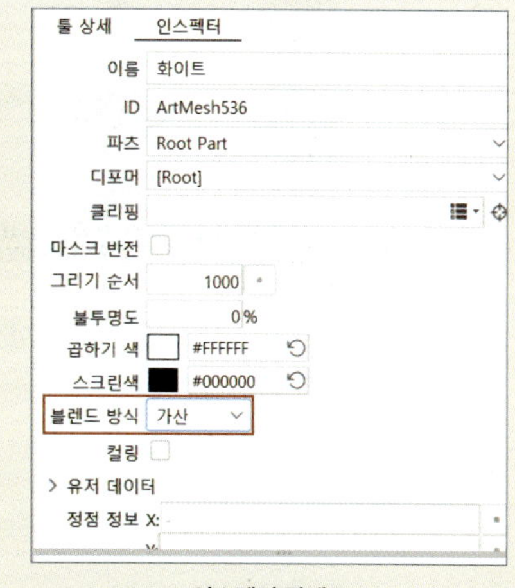

인스펙터 팔레트

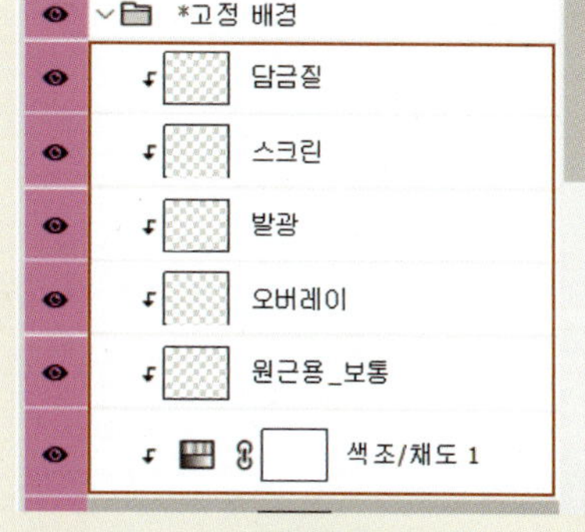

클리핑 예

범용 소재를 준비하자

카라아게마루

원본 psd 파일과 별도로 범용 소재를 모은 psd 파일을 준비하면 작업 효율을 높일 수 있으므로 항상 사용하고 있습니다. 이 psd 파일 안에는 마스크 등에서 사용할 수 잇는 사각형, 원형 같은 도형, 방사형 빛이나 반짝임 등을 표현하는 이펙트 소재, 그러데이션용 소재, 비 등 날씨용 소재 등 범용성이 높은 소재를 모아두고 원본 psd 파일과 같은 Live2D 데이터에 넣습니다.

다른 작품에서도 재활용 할 수 있으므로 자주 사용하는 것들을 추가해 두면 즐겨 사용하기 소재집이 만들어집니다.

다양한 장면에서 사용할 수 있는 범용 소재

쉽게 이해할 수 있는 이름을 붙인다

원본 psd 파일에 파츠나 마스크를 추가할 때 일반적으로는 통합 전 psd 파일 편집 → 재통합 → 저장 과정을 거쳐야 하기 때문에 다소 번거롭습니다. 이러한 경우 범용 소재 psd 파일을 사용하면, 작업 소요가 줄어들어 수정이나 추가 장벽이 낮아집니다.

星影ラピス([X]@HoshikageLapis)　使い魔メア　캐릭터 디자인：nokoyama([X]@nokoyama_en)
ラピエナガ　캐릭터 디자인：はなのすみれ([X]@hananosumire)

범용 소재를 활용하자

카라아게마루

[Tips 76]에서 소개한 범용 소재를 사용한, 퀄리티를 높일 수 있는 표현을 소개합니다. 특히 **차이**를 Live2D에서 제작할 때 라이팅 조정 등에 도움이 됩니다.

오른쪽 그림의 배경은 psd 파일에서 차이를 만들지 않고 Live2D 에서 '마루의 빛', '소등' 등의 차이를 간단하게 작성할 수 있습니다.

파츠별 색을 조정하고 범용 소재를 사용해 포인트로 그림자나 발광을 넣었습니다.

파츠별 색 조정은 [Tips 84]에서 자세히 설명합니다.

[별이 떨어지는 팜의 플라네타리움]
https://www.youtube.com/watch?v=yLK0XL7cG10

바닥 발광의 차이

소등의 차이

Method1　라이팅 사용 예

소재별 색을 변경하고 범용 소재에 라이팅을 적용하기 전의 상태입니다. 이후 블러를 넣은 도형을 사용해 조정합니다.

도형을 필요한 위치에 클리핑 → 블렌드 방식을 '가산'으로 한 뒤, 변형시켜 임의의 위치에 배치하고 투명도나 색을 변경합니다.

라이팅 추가 전

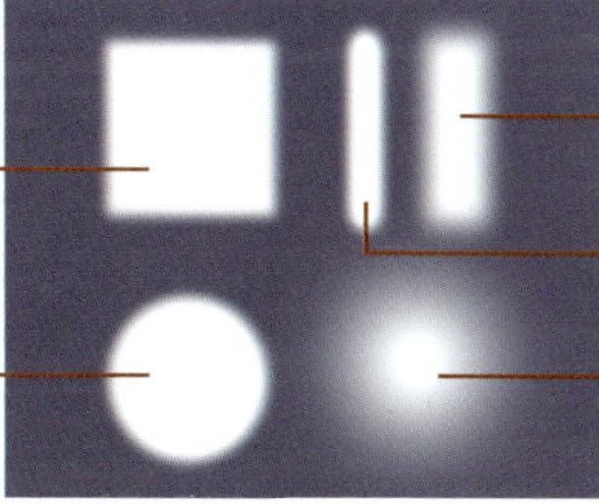

여기에서는 특히 가장 앞쪽에 흰
색으로 보이는 강한 라이팅을 추
가해 화려함을 연출했습니다. 이
렇게 범용 소재를 사용해 여러
위치에 라이팅을 추가함으로써
발광 정도나 색감을 조정할 수
있습니다.

Method2 하이라이트 사용 예

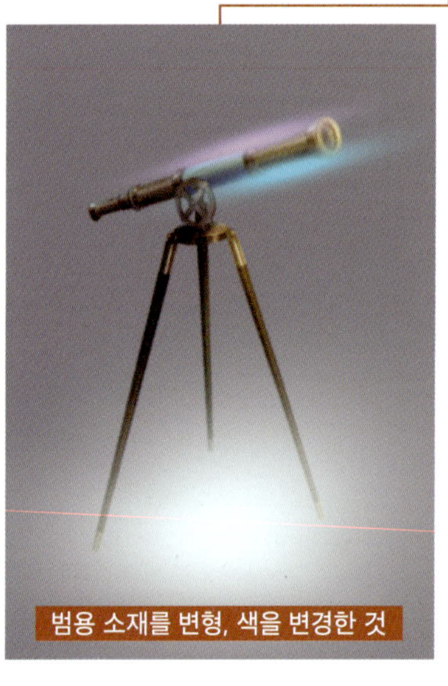

[Method1]과 같은 대략적인 라이팅과 달리 하나의 파
츠에 대해 세세하게 라이팅을 추가하는 것도 퀄리티 업
에 도움이 됩니다.
범용 소재 적용 전의 파츠에 마루의 발광에 맞춰 라이
팅과 하이라이트를 추가합니다. 그림과 같이 범용 소재
를 변형, 색 변경한 것을 가산으로 설정해 클리핑 합니
다.
마루의 강한 빛에 맞춰 삼각대 부분을 밝게 만들고, 망
원경의 가장 자리에 강한 하이트를 추가합니다. 이 간단
한 조작으로 주변 환경에 묻히지 않는 존재감이 나타납
니다.

원래 어두운 배경에 소등 차이를 만드는 경우, 원래 파츠에 대해 곱하기로 어두운 색을 곱하는 것만으로는 그저 짙은 세부가 뭉개진 느낌이 됩니다. 그래서 '스크린'으로 파란 색감의 색을 더함으로써 소등의 느낌을 냅니다. 하지만, 이 상태에서는 반대로 화려함이 약해지기 때문에 범용 파츠를 곱하기 모드로 사용하고, 포인트로 배경 색을 더하면 효과적입니다.

예를 들면 여기에서는 한 단계 아래에 있는 마루의 안쪽이 너무 밝으므로, 이 위치에 블러를 적용한 원을 변형시켜 클리핑 합니다.

이렇게 빛이나 그림자 색이 부족하다고 생각하는 부분에 범용 소재를 사용해 색을 더하고, Live2D 에서 차이 등의 그림을 만들 수 있습니다. 단, 이러한 가공은 개인의 감각에 크게 좌우되고, 직접 그린 것이 아닐 때는 일러스트의 이미지를 손상시킬 가능성이 있습니다. 그렇기 때문에 **일러스트레이터와 모델러가 다를 때는 반드시 허가나 감수가 필요하므로** 주의해야 합니다.

복제 2점 루프를 만들자

카라아게마루

흐르는 구름, 비, 연기, 반복되는 모양 등 **같은 위치에 반복해서 움직이게 하고 싶은 배경**을 만들 때, '**복제 2점 루프**'를 사용하면 매우 편리합니다. 루프 시킬 소재를 복제해서 이용하고, 가이드라인을 사용해 **반복 파라미터**에 키를 넣으면, 혼란스럽지 않은 깔끔한 루프를 만들 수 있습니다. 배경 모델리에서 응용도가 높고, 액티브한 형태로 폭넓은 표현에 사용할 수 있으므로 추천하는 기법입니다.

복제 2점 루프의 주요한 장점은 다음 세 가지입니다.

· 아트 메쉬가 **1장이면 충분**하므로 **원본 제작이나 수정**을 간단하게 할 수 있다.
· 파라미터와 애니메이션 키 츠레임에도 기본적으로 **(키를) 2개만 넣기 때문에 효율적으로 작업**할 수 있다.
· 루프를 만들고 부모에 워프 디포머를 만들어 **이동, 변형, 간단한 속도 조정도 가능**하게 되어 폭넓은 범위에 응용할 수 있다.

Method1 ▶ 파츠를 준비하자

오른쪽 도형을 사용해 복제 2점 루프의 기본을 설명합니다. 루프를 염두에 둔 원본을 준비할 필요는 없습니다. **1개의 루프용 파츠**로 만들 수 있습니다. 일러스트 제작 수고를 줄일 수 있고, 동시에 일러스트 담당자가 다를 때의 지시도 간단합니다.

CHECK

복제 2점 루프 외의 방법에서는 원본 시점에서 이 2배의 루프용 원본이 필요합니다. 이러한 단순한 도형이라면 큰 차이가 없지만, 복잡한 칠이나 그림 수가 많아질수록 많은 수고가 들고 모델링 중에 수정하고 싶을 때도 많은 시간이 소요됩니다. 원본을 1장으로 만드는 편이 보다 효율적이고 깔끔하게 루프 시킬 수 있습니다.

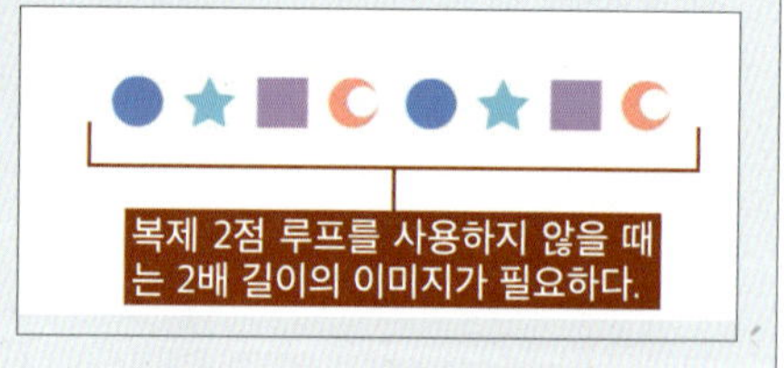

Method2 ▶ 모델링을 하자

모델링을 합니다. [Method1]에서 준비하는 3개의 도형 이미지는 **1장의 아트 메쉬**로 되어 있습니다.

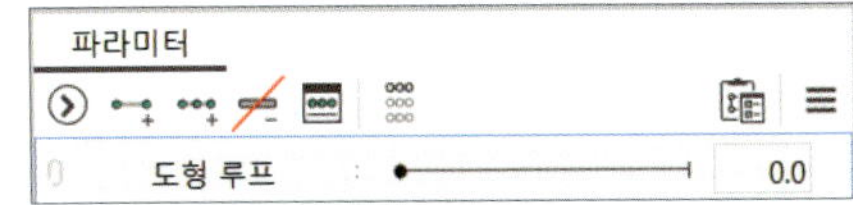

1

'도형 루프' 라는 파라미터를 만들고 최솟값 '0.0', 최댓값 '1.0'으로 설정합니다. 이 시점에서는 [반복]을 파라미터에는 설정하지 않습니다.

파라미터 팔레트

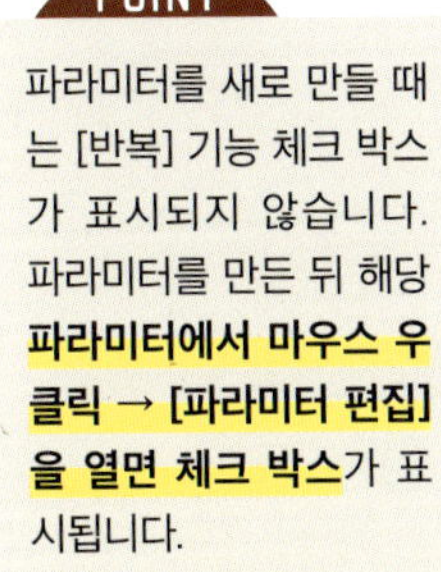

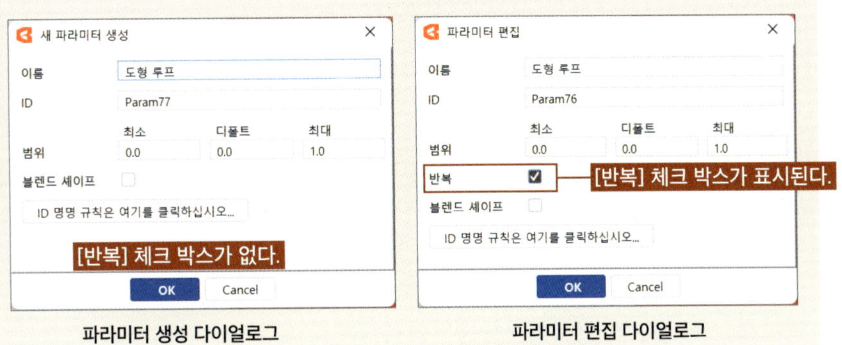

파라미터를 새로 만들 때는 [반복] 기능 체크 박스가 표시되지 않습니다. 파라미터를 만든 뒤 해당 **파라미터에서 마우스 우클릭 → [파라미터 편집]을 열면 체크 박스**가 표시됩니다.

파라미터 생성 다이얼로그   파라미터 편집 다이얼로그

2

워프 디포머를 만듭니다.

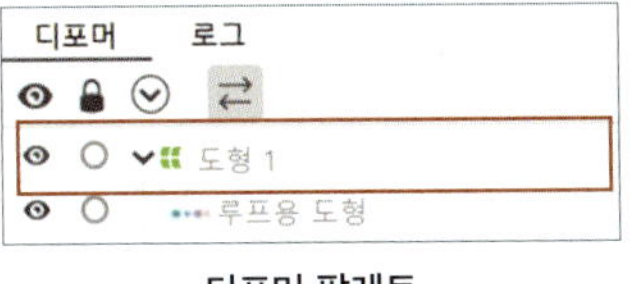

디포머 팔레트

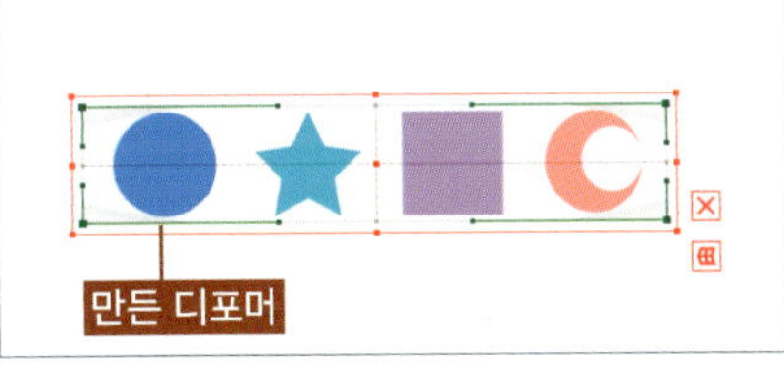

3

가이드를 설정합니다. **디포머 왼쪽 위 꼭지점만 선택**한 상태에서 [보기] 메뉴 → [가이드라인] → [선택한 버텍스의 좌표에 가이드라인 추가]를 실행합니다.

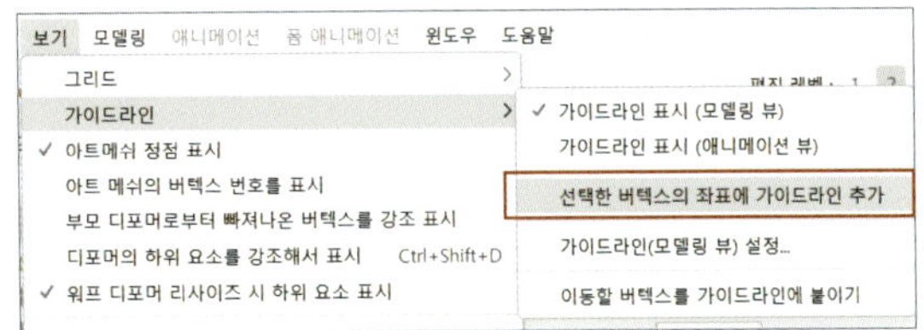

그러면 디포머 왼쪽 위 꼭지점을 기준으로 수평과 수직의 가이드라인이 추가됩니다.

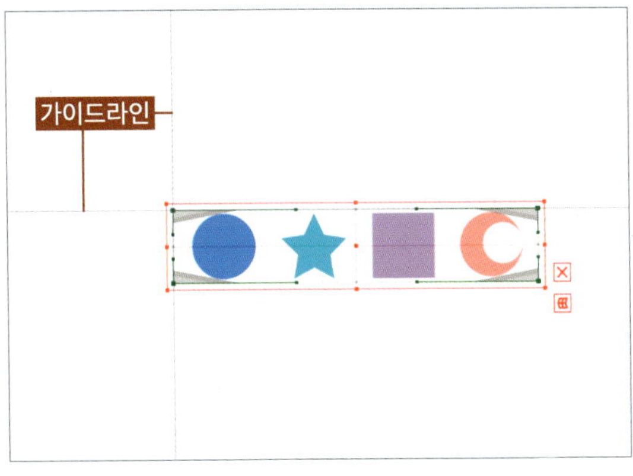

4

수평 가이드라인은 불필요하므로 삭제합니다. [보기] 메뉴 → [가이드라인] →
[가이드(모델링 뷰) 설정]을 엽니다.
가이드라인 설정 다이얼로그에서 수평 가이드를 선택한 뒤 삭제합니다. 그리고
남은 수직 가이드의 색을 알기 쉬운 임의의 색으로 변경합니다.

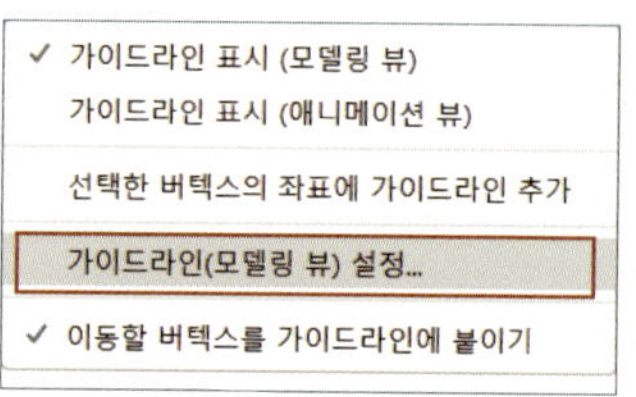

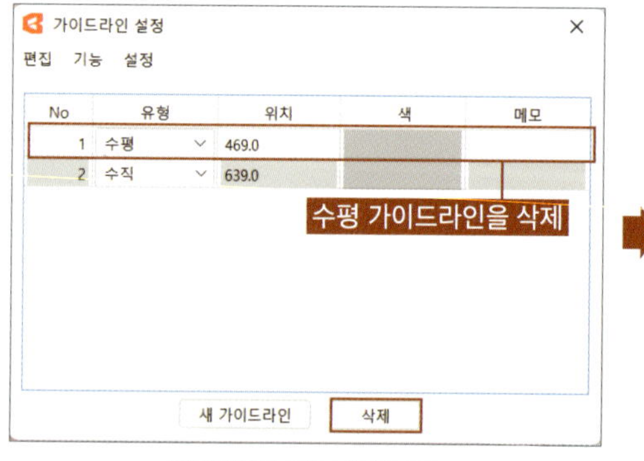

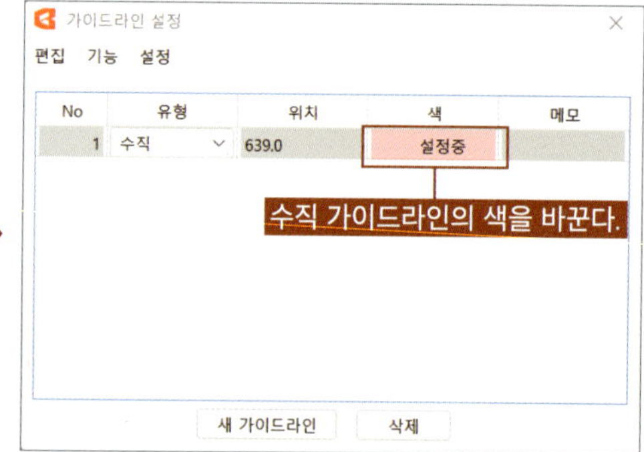

가이드라인 설정 다이얼로그

그러면 오른쪽 그림과 같이 수평 가이드라인이 삭제되고, 수직
가이드라인의 색이 바뀝니다.
다음으로 **가이드라인을 기준으로 도형을 움직입니다.**

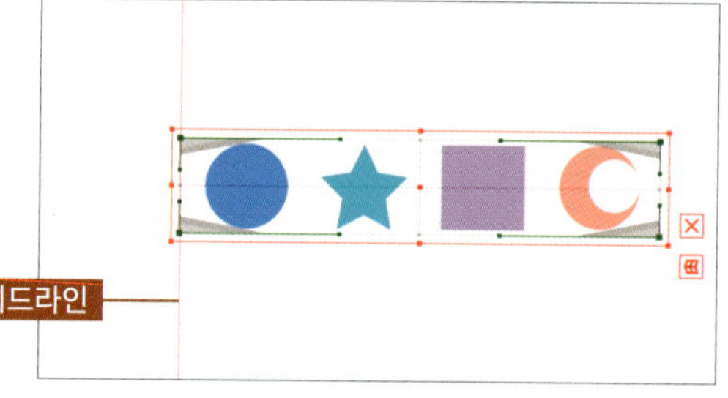

5

워프 디포머 '도형 1'과 아트 메쉬 '루프용 도형'을 선택하고 복제합니다. 복제한
쪽의 디포머 이름을 '도형 2'로 변경합니다.

복제한 쪽의 디포머를 SHIFT 키를 누른 상태에서 수평으
로 왼쪽 방향으로 이동해 **디포머의 오른쪽 끝이 가이드라
인에 딱 맞게 위치하도록** 배치합니다.

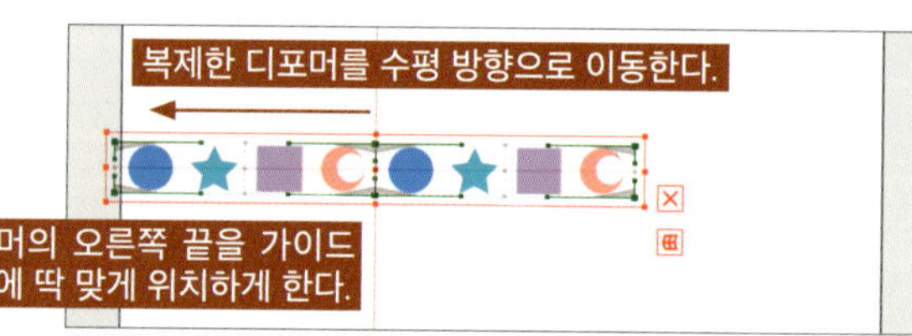

6

디포머 '도형 1', '도형 2'를 선택한 상태에서 1 에서 만든 파라미터 '도형 루프'에 2개의 키를 넣습니다.

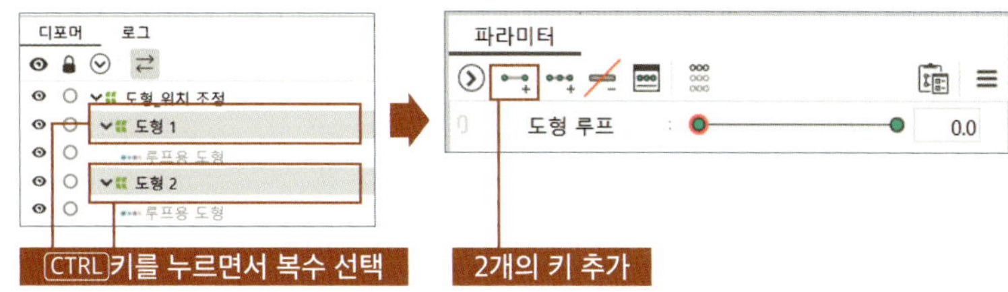

7

파라미터 슬라이더를 '0.0'에서 '1.0'의 값으로 이동시키고, 선택되어 있는 2개의 디포머를 함께 수평으로 오른쪽으로 이동합니다. 이때, **왼쪽 디포머의 왼쪽 끝이 가이드라인에 딱 맞게 위치**하도록 배치합니다.

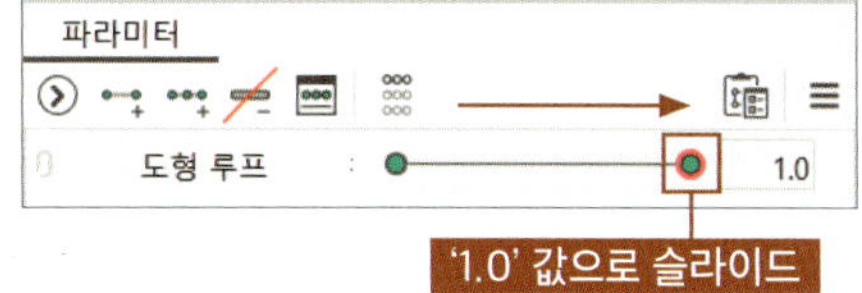

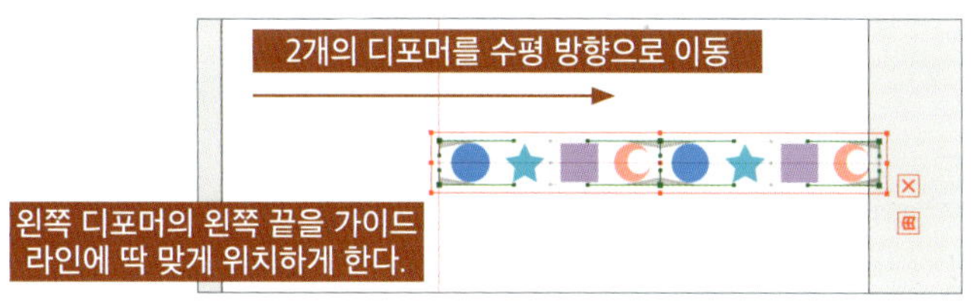

8

여기에서 반복을 설정합니다. 파라미터 '도형 루프'에서 마우스 우클릭 → [파라미터 편집]을 열고 **[반복] 항목에 체크**합니다.

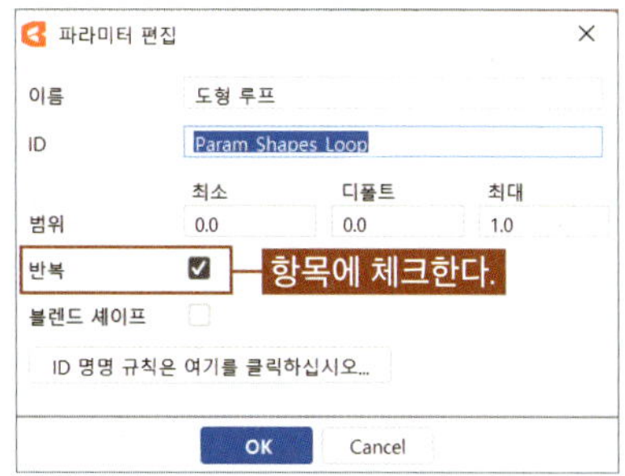

파라미터 편집 다이얼로그

9

8까지의 과정으로 루프는 완성입니다. 이후 작업에서 이미지 루프 표시 위치 조정을 쉽게 할 수 있도록, 새롭게 **위치 조정용 디포머를 만듭니다.** 만든 **위치 조정용 디포머가 '부모'**, 그 안에 **지금까지 만든 디포머와 아트 메쉬를 넣어 '자식'**으로 만듭니다.

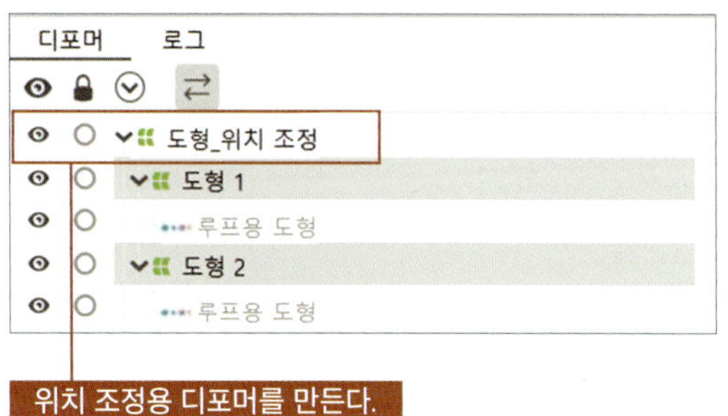

위치 조정용 디포머가 '자식' 디포머와 아트 메쉬의 **이동 거리를 감싸도록 설정**합니다.

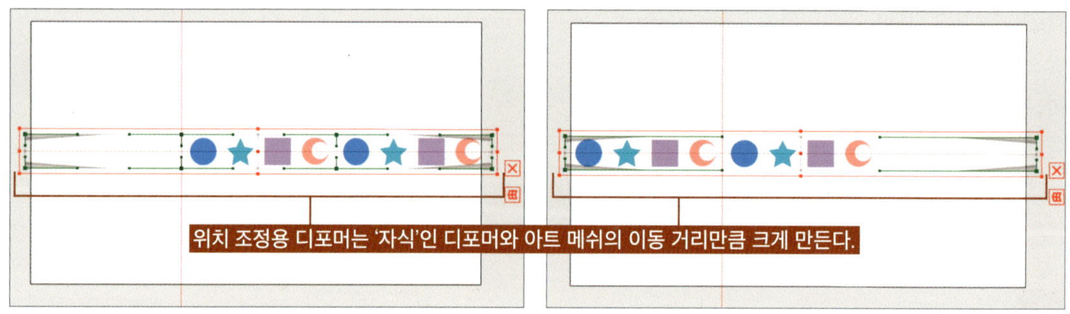

POINT

여기에서 만드는 복제 2점 루프가 도중에 끊어지지 않고 루프하는 범위는 **이동 거리의 중심 1/3**뿐입니다. 그렇기 때문에 이동이나 변형했을 때 기준이 되도록 디포머의 **베지어 분할 수의 가로 수를 3의 배수로 설정**하면 나중에 편리합니다.

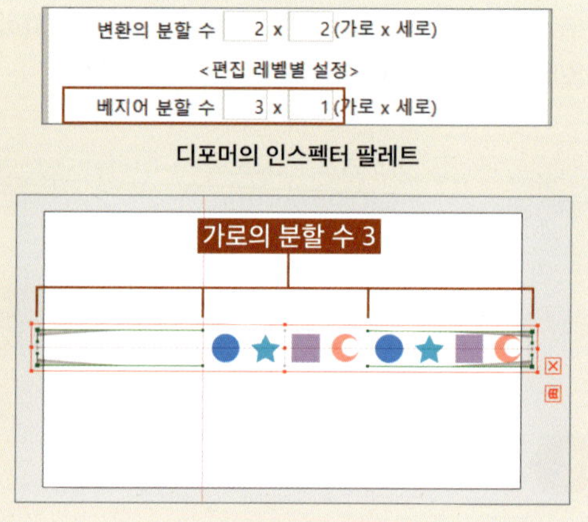

10

객체의 이동 거리의 중심 1/3이 루프로 사용되는 부분이므로 **중심부에 마스크**를 적용합니다.
루프 시킬 도형의 아트 메쉬에 마스크용 소재를 클리핑 합니다. 그리고 **마스크용 소재의 불투명도를 '0%'**로 설정합니다.
이것으로 깔끔한 루프의 모델링을 완성했습니다.

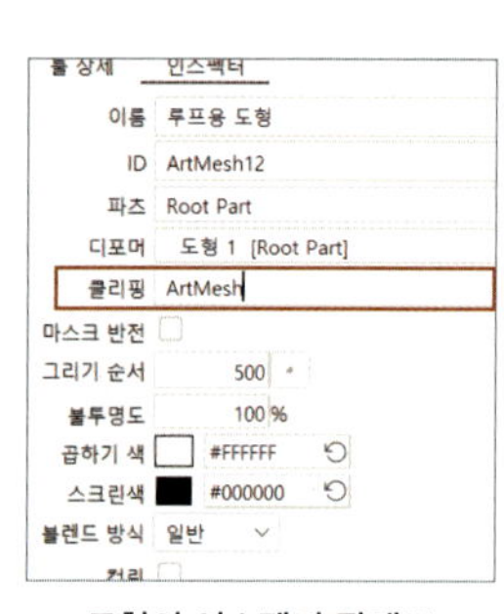

도형의 인스펙터 팔레트

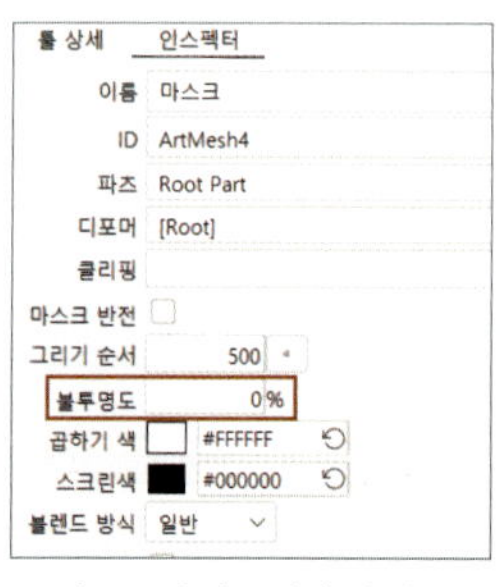

마스크의 인스펙터 팔레트

루프 애니메이션을 만듭니다. 애니메이션 워크스페이스에서 작업합니다.

1

애니메이션용으로 20초짜리 타임라인을 만듭니다. 먼저 시작점에 파라미터 '0'의 키 프레임을 넣습니다.

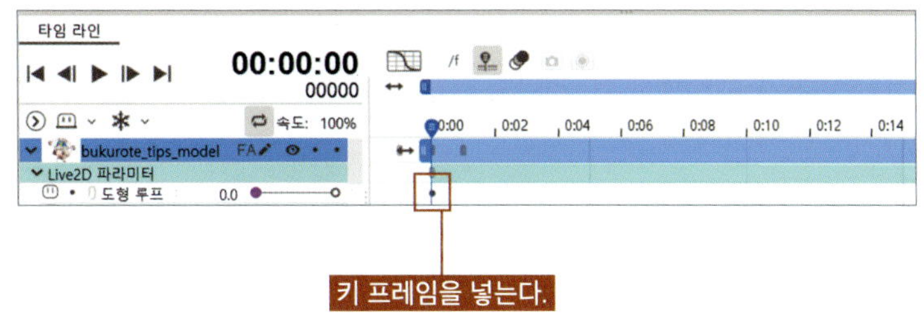

2

인디케이터를 애니메이션 종료점으로 이동하고, 파라미터 슬라이더의 오른쪽 점을 클릭합니다. 클릭하는 만큼 반복 횟수가 늘어납니다. 여기에서는 15.0으로 설정했습니다.

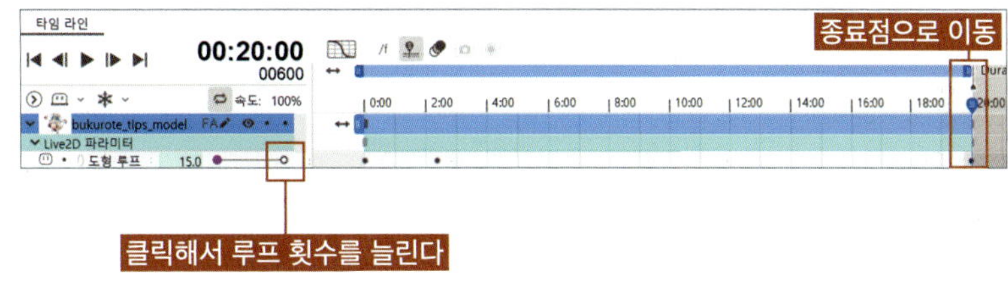

3

우선 애니메이션 편집 모드를 '도프 시트'에서 '그래프 에디터'로 변경합니다. 이때, '자동 스무스'가 걸린 상태로 되는 경우가 있으므로 **반드시 확인**합니다. [자동 스무스]가 걸린 상태에서는 **[리니어] 아이콘을 클릭해 일정한 속도로 루프하도록 수정**합니다.

애니메이션을 재생해 정상적으로 루프 하는지 확인합니다. 문제가 없다면 '복제 2점 루프' 방식의 루프 애니메이션은 완성입니다.

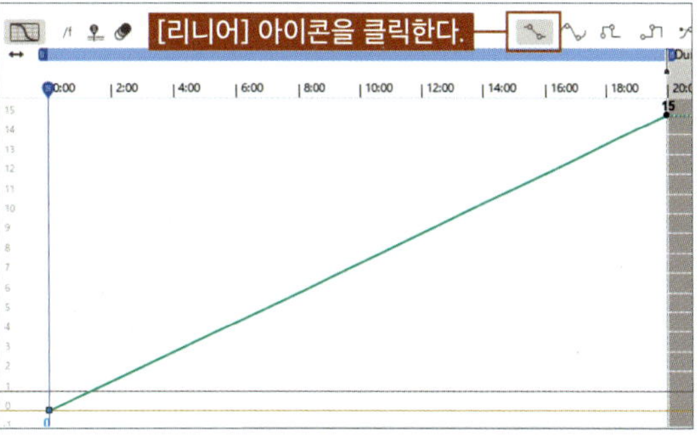

POINT

[자동 스무스]는 키 사이가 부드러운 곡선으로 연결되고, 애니메이션은 천천히 움직이기 시작해 다음 키 프레임을 향해 가속하는 움직임이 됩니다. [리니어]는 키 사이가 직선으로 연결되고, 애니메이션을 일정한 속도로 변화해 직선적인 움직임이 됩니다. [베지어]는 곡선의 형태를 자유롭게 편집할 수 있습니다. 그 밖에 [스텝], [인버스 스텝] 등이 있습니다.

실제 배경에 '복제 2점 루프'를 활용한 다양한 패턴은 [Tips 79]에서 소개합니다. 이번 [Tips 78]에서 소개한 기본 계열은 오른쪽 배경과 같은 창 밖의 구름의 이동 등에 사용할 수 있습니다.

[No.1 펜트 하우스]
https://www.youtube.com/
watch?v=YvXeedbIdDs

구름의 아트 메쉬를 1장으로 만듭니다. 2개 점의 파라미터, 가이드라인을 만들고 구름의 아트 메쉬를 복제합니다.

구름 이동을 위한 파라미터

움직임을 만들 때, 이 배경에서는 디포머를 만들지 않고 아트 메쉬에 직접 움직임을 설정합니다.
움직임을 만들었다면 '구름 이동' 파라미터에 [반복]를 설정합니다.
구름이 왼쪽에서 오른쪽으로 흐르는 듯한 움직임으로 만듭니다. 구름을 표시하고 싶은 부분은 화면 표시 범위 밖에 있거나, 다른 배경에 가려지므로 굳이 마스크를 만들지 않아도 됩니다.

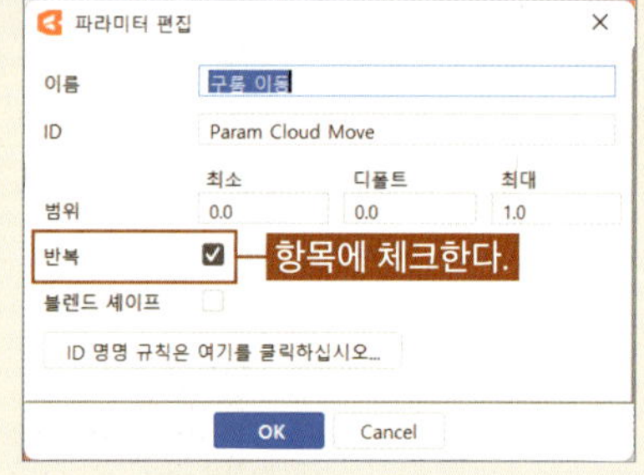

파라미터 편집 다이얼로그

복제 2점 루프를 응용하자

카라아게마루

'복제 2점 루프'는 배경 모델링에서 다양한 표현에 활용할 수 있습니다. 여기에서는 그 예와 응용 기법을 소개합니다.

にじさんじ 不破湊([X]@Fuwa_Minato)

Method1 — 날씨 표현에서의 활용

실제 배경에 복제 2점 루프를 활용한 예와 그 응용으로써 **각도 조정**을 적용한 예를 소개합니다.

구름의 흐름, 비나 눈이 내리는 움직임을 복제 2점 루프를 사용해 간단하게 만들 수 있습니다.

[No.1 펜트 하우스]
https://www.youtube.com/watch?v=YvXeedbIdDs

비를 표현할 때는 복제 2점 루프를 세로로 만들고 조금 각도를 줍니다. 만드는 방법을 차례로 설명합니다.

 **1**

비를 표현할 때는 먼저 루프를 세로 방향으로 만듭니다. 루프 자체는 아트 메쉬에 직접 키를 넣었습니다.

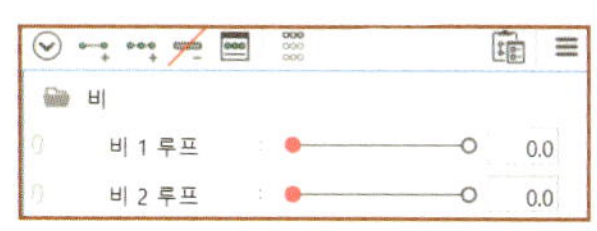

파라미터 팔레트

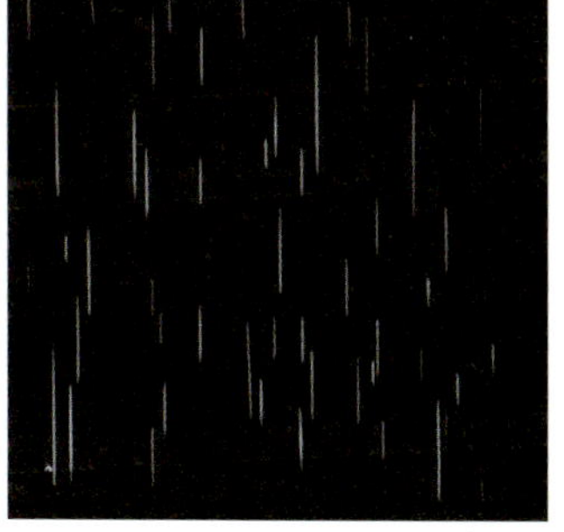

비의 아트 메쉬

세로 방향의 비의 루프

디포머 구성은 오른쪽 그림과 같습니다. 디포머를 사용해 비의 **각도와 위치를 조정**합니다.

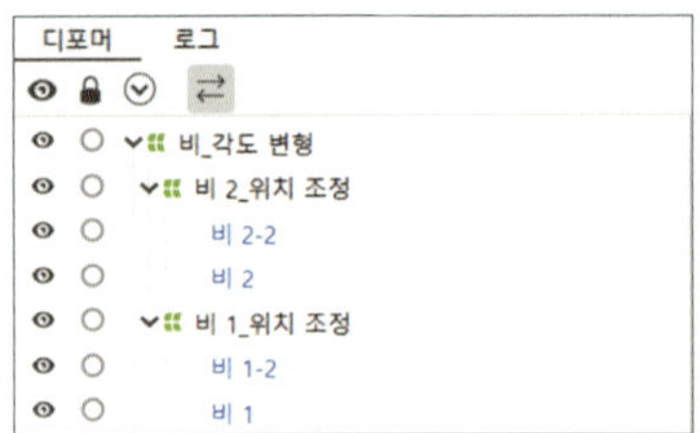

디포머 팔레트

다음 그림과 같이 '0.0'~'1.0'의 값을 갖는 각도 변형용 파라미터를 만들고 '0.0'에 키를 넣고, 디포머에서의 변형 전 형태를 저장합니다.

'1.0' 값에서 디포머를 변형시켜 비의 각도를 줍니다.

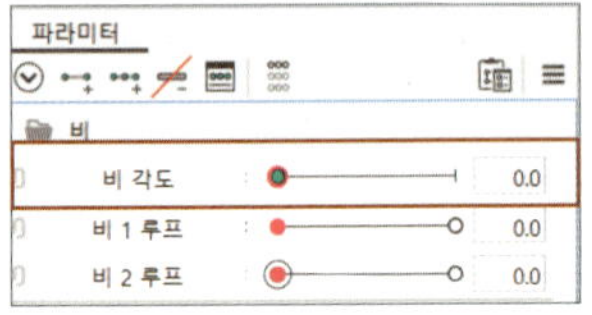

파라미터 팔레트

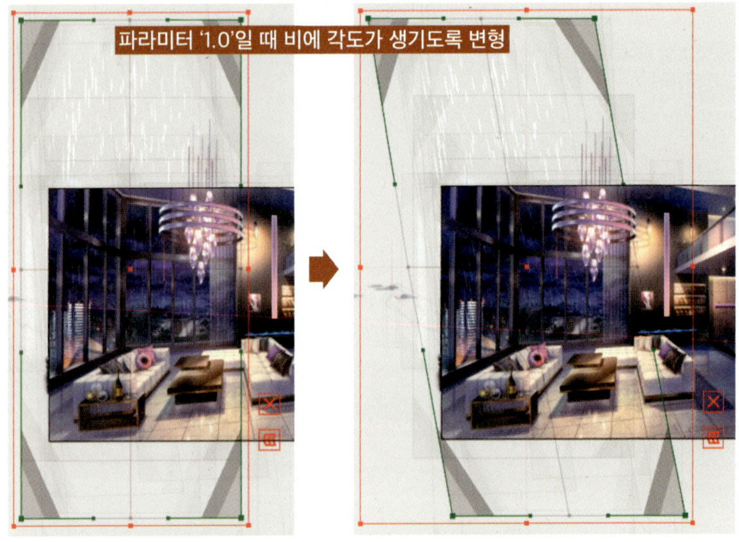

파라미터 '0.0'   파라미터 '1.0'

위와 같이 만들면 각도를 갖는 루프도 간단하게 만들 수 있습니다.

각도를 가진 비의 루프

Method2　흐르는 물의 표현에서의 활용

복제 2점 루프는 소재가 정면인 상태에서 루프를 만들고, **나중에 원근감에 맞춰 변형**시킬 수 있어 매우 편리합니다. 오른쪽 배경에서는 복제 2점 루프를 사용해 여러 개의 폭포, 수로, 분수 등 흐르는 물을 표현하고 있습니다.

[푸른 연기와 물에 비친 달의 마성]
https://www.youtube.com/watch?v=NqM-HqwWOhk

배경의 오른쪽에 위치한 벽에 흐르는 폭포 벽에 관해 설명합니다.

폭포 벽

1

폭포의 텍스처용으로 오른쪽 그림과 같은 텍스처 소재를 만들었습니다.
원근감 이외의 변형 작업을 **메쉬는 세세하게 분할**합니다. 아트 메쉬를 복제해 세로 방향의 복제 2점 루프를 만듭니다. 그리고 아트 메쉬의 블렌드 방식을 '가산'으로 설정하고, 폭포의 베이스 소재에 클리핑 합니다.

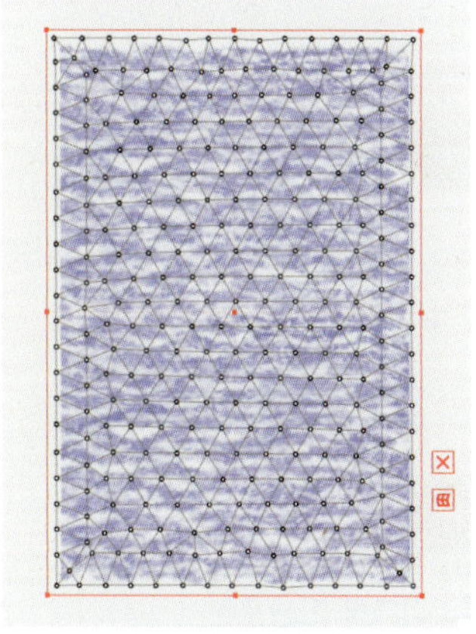

폭포의 텍스처 소재　　　아트 메쉬

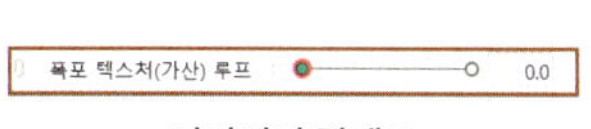

파라미터 팔레트

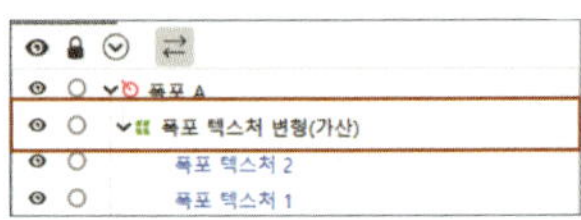

디포머 팔레트

2

폭포의 텍스처를 변형하기 위한 워프 디포머를 준비합니다. **4**에서 원근감을 붙여
변형합니다.

3

변형 전 형태를 저장하기 위한 파라미터를 만듭니다. 이 파라미터를 사용해 **2**에서
만든 디포머를 변형합니다.

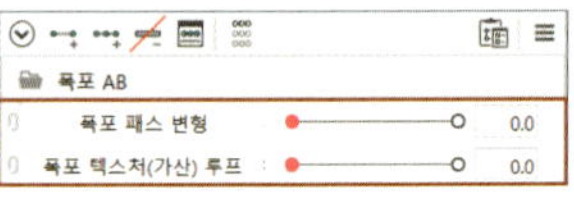

파라미터 팔레트

4

디포머는 오른쪽 그림과 같이 변형했습니다. 원근을 고려한 전체 변형
(각도 변형 및 깊은 곳일 수록 압축) 과 흐르는 물을 조금 구부러지게 하기 위
해 **중심부에 곡선**을 넣었습니다.
1에서 메쉬를 세세하게 분할했으므로 디포머 안을 흐르는 폭포의 텍스
처 소재가 디포머 변형에 맞춰 세세하게 변형됩니다.

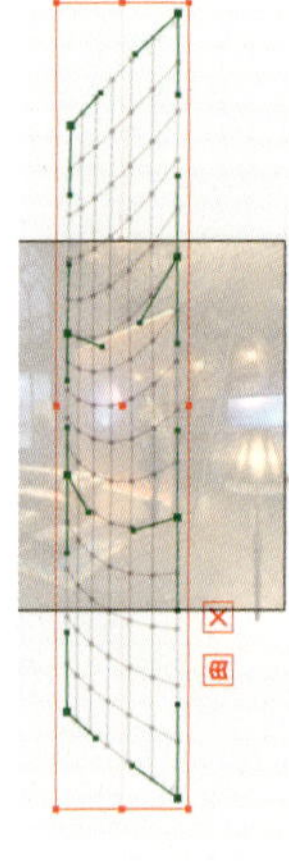
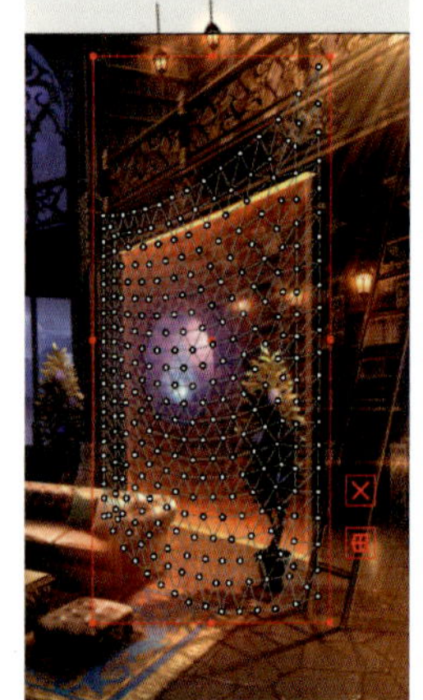

5

변형용 디포머의 인스펙터 팔레트에서 '불투명도' 조정과 '곱하는 색'을 변형합니
다. 폭포의 텍스처 소재의 색감이 자연스럽게 됩니다.

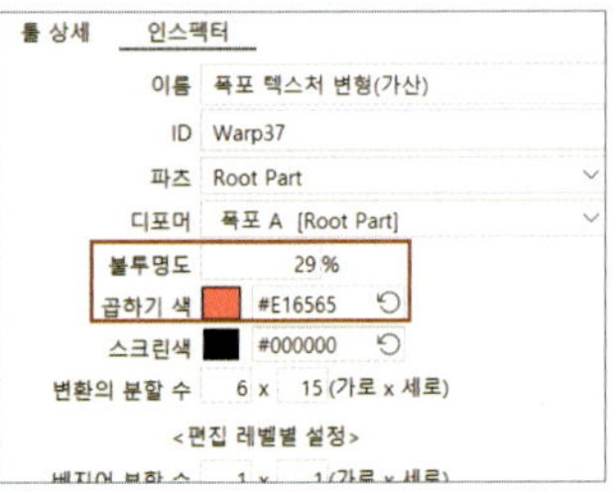

인스펙터 팔레트

6

어느 정도 완성했다면 디포머와 아트 메쉬를 복제하고 아트 메쉬의 블렌드 방식
을 '곱하기'로 변경합니다.

7

파라미터를 가산용에서 곱하기용 파라미터로 옮겨, 형태를 세세하게 조정해서
완성합니다. 애니메이션에서는 이 2개의 루프 파라미터 재생 속도를 바꿔 물의
불규칙성을 추가했습니다.

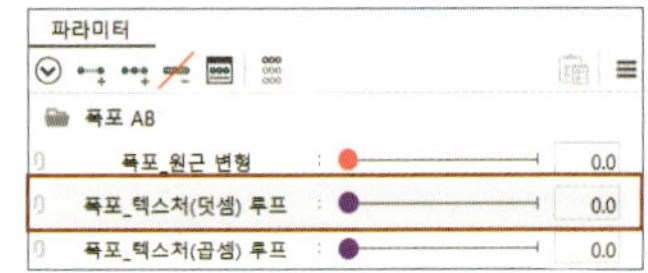

안쪽의 폭포 커튼이나 수로도 같은 방법으로 만듭니다. 텍스처에 따라 다르지만 단순한 파츠 구성으로 어느 정도 리얼한 표현을 할 수 있으므로, 많은 시간을 들이지 않고 좋은 효과를 얻을 수 있습니다.

共同制作[窓外制作]：Kstudio かわにな([X]@kawanina0218)

Method3 ▶ 이펙트 표현

복제 2점 루프는 연기나 빛의 입자 같은 **이펙트에도 응용**할 수 있습니다.
그리고 변형용 디포머를 사용해 제어하면 크기 뿐만 아니라 **각도도 쉽게 조정**할 수 있습니다.
오른쪽 배경의 찻잔의 온기 표현을 예로 들어 설명합니다.

[V와 P 침대 특급]
https://www.youtube.com/watch?v=jBRSeivKJXo

1

아트 메쉬는 오른쪽 이미지 1장입니다. 복잡한 변형을 할 것이므로 **메쉬도 세세하게 분할**합니다.

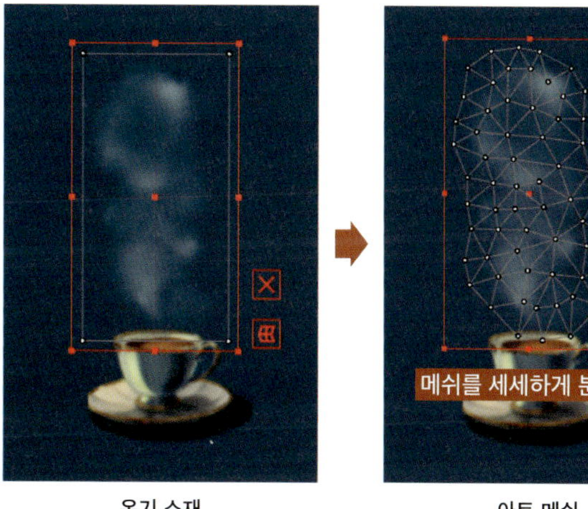

온기 소재　　　　　　　아트 메쉬

2

디포머 구성은 오른쪽 그림과 같습니다. 디포머를 사용해 세로 방향의 루프를 만들고 '부모'로 변형용 디포머를 만듭니다.

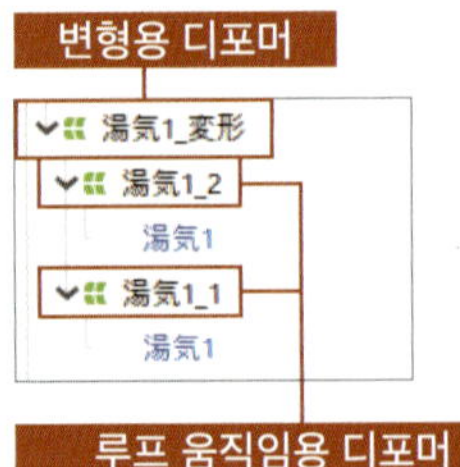

3

변형용 디포머의 변환 분할 수는 세세하게 설정합니다. 이것은 온기의 형태를 복잡하게 변형하기 때문입니다.

그리고 여기에서 만드는 복제 2점 루프 뿐만 아니라 반복하는 범위는 이동 거리의 중심의 1/3 뿐입니다. 따라서 이동이나 변형을 할 때 기준이 되도록 디포머의 베지어 분할 수의 세로 값을 3의 배수로 설정하면 편리합니다.

이 항목들은 모두 인스펙터 팔레트에서 설정합니다.

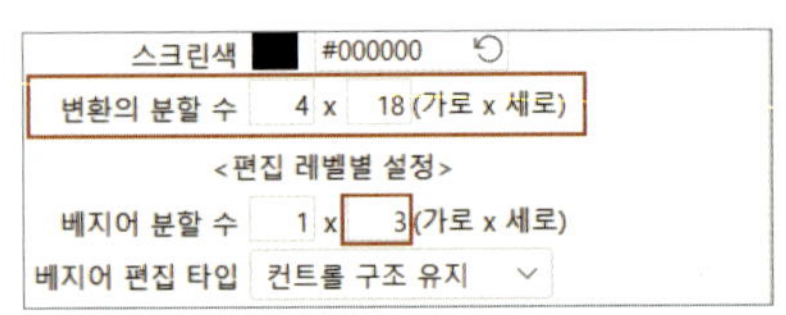

인스펙터 팔레트

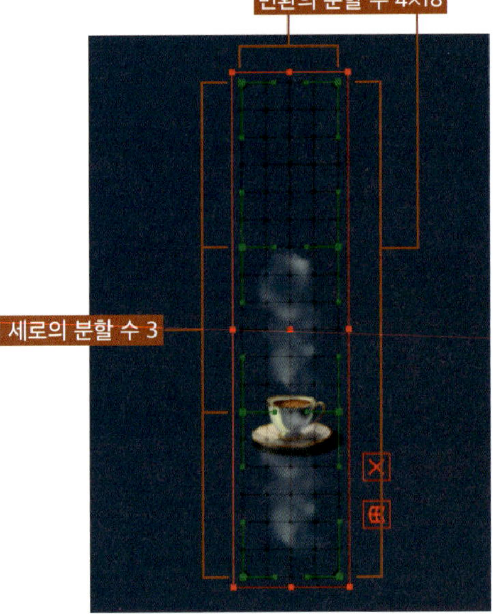

4

[Tips 78]의 **10**과 같은 요령으로 온기를 표시하고 싶은 부분에 마스크를 겁니다.

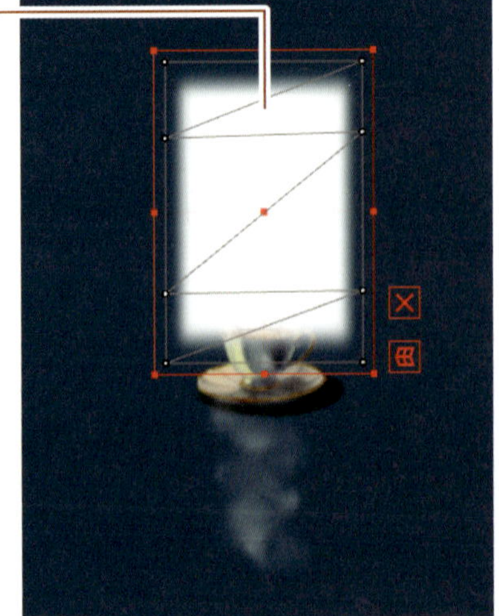

POINT

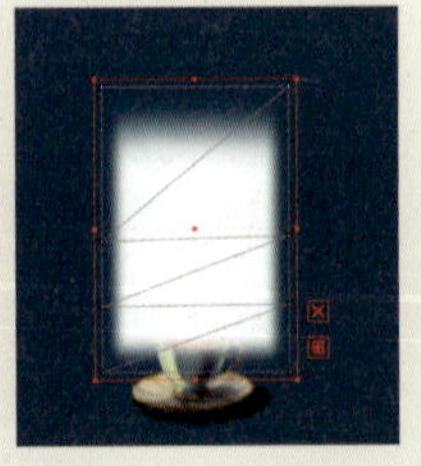

직사각형의 흐릿한 이미지를 사용해 마스크를 건 이유는 흐림 정도를 쉽게 조절하기 위해서 입니다. 이를 사용하면 **온기가 점점 사라지는 것을 표현**할 수 있습니다.

5

변형용 디포머를 변형합니다. 온기가 발생하는 부근을 **A**와 같이 좁혔습니다.

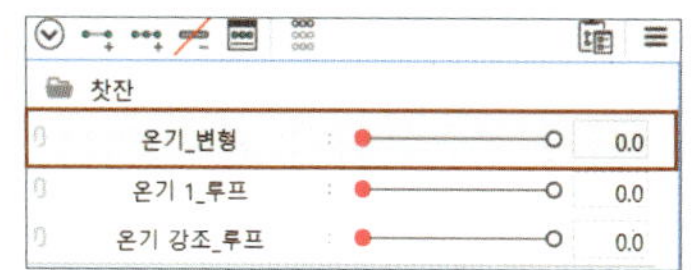

파라미터 팔레트

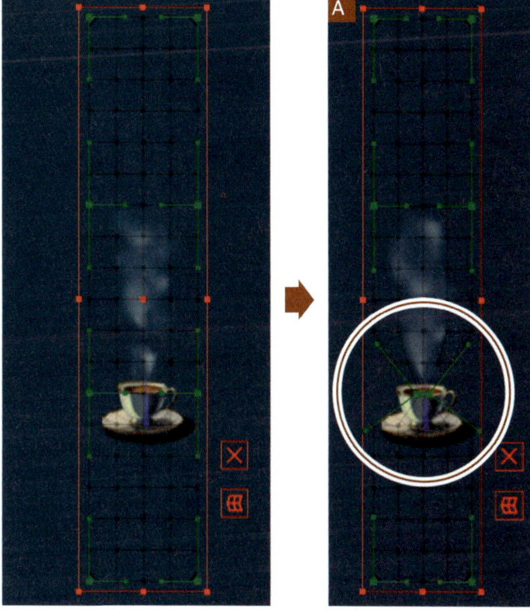

POINT

이 시점에서 애니메이션 데이터를 만들고 온기의 움직임을 확인합니다. 이 정도로도 나쁘지는 않지만, 보다 효과적인 움직임을 만들고 싶었습니다.

6

A와 같이 아래쪽과 위쪽에서 움직임의 속도를 바꿉니다. 기준으로 변환의 분할 간격이 좁을수록 안을 통과하는 객체의 속도가 느려지고, 간격이 넓을수록 객체의 속도가 빠르게 보입니다.

이러한 특성을 의식해 **B**와 같이 변형했습니다. 좌우로 움직이는 속도가 교대로 달라져, 온기가 불규칙하게 변형되는 것처럼 보이게 할 수 있습니다.

POINT

원하는 움직임이 만들어지도록 애니메이션과 모델링을 오가면서 조정합니다.

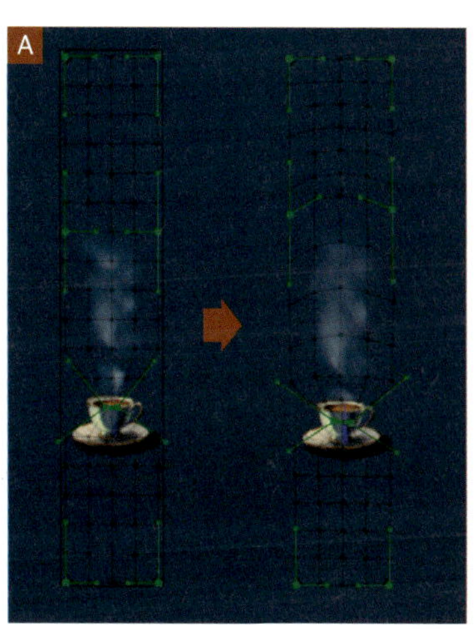

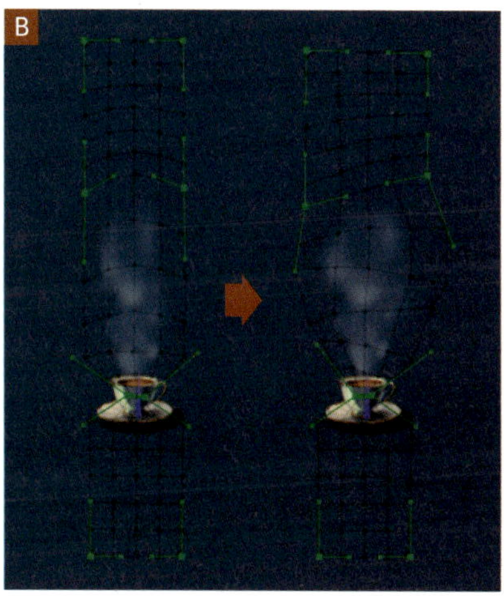

파라미터가 2개, 애니메이션 키 프레임이 2
개로도 디포머를 어떻게 변형하는가에 따라
형태와 속도의 완급을 손쉽게 제어할 수 있습
니다.

오른쪽 그림과 같이 나열해서 차이를 관찰하
는 것도 재미있습니다.

또한 디포머의 길이가 길면 작업 중 방해가
되므로, 3분할 중 가장 위와 아래를 오므려
줍니다. 루프는 가운데 1/3만 영역에서만 수
행하므로 문제가 되지 않습니다.

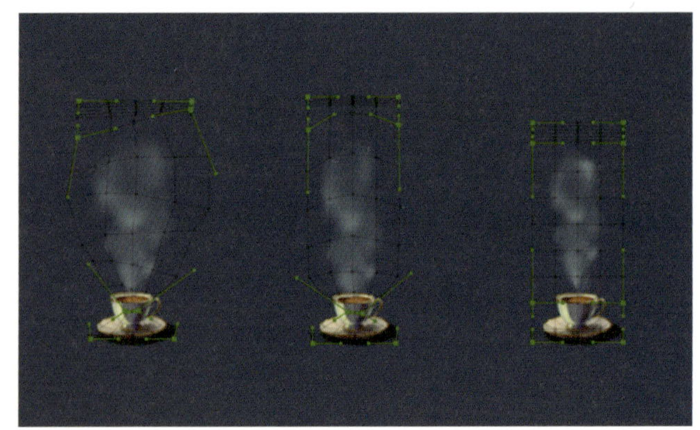

7

특징적인 온기 파츠를 더 추가합니다. 하나만 추가하면 양이 부족하므로 복제해서 좌우에 배치하고, 디포머로 감쌌습니
다. 이 디포머를 복제해서 루프를 만듭니다.

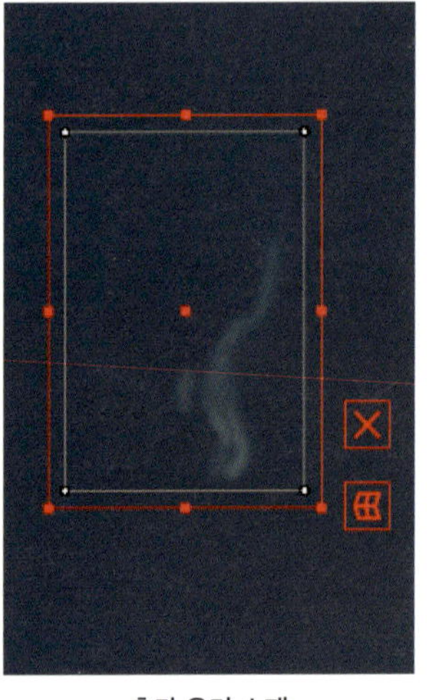

추가 온기 소재

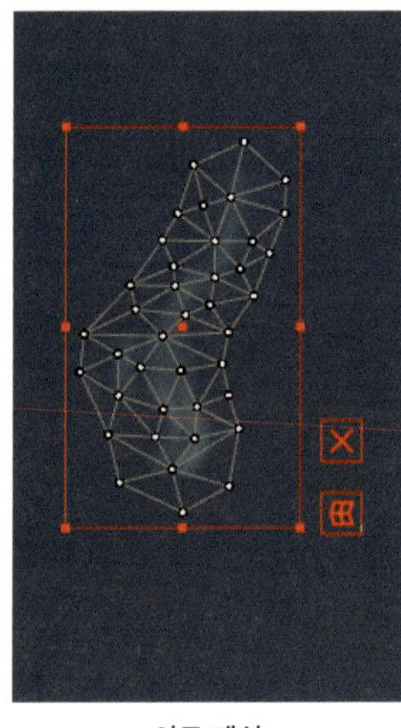

아트 메쉬

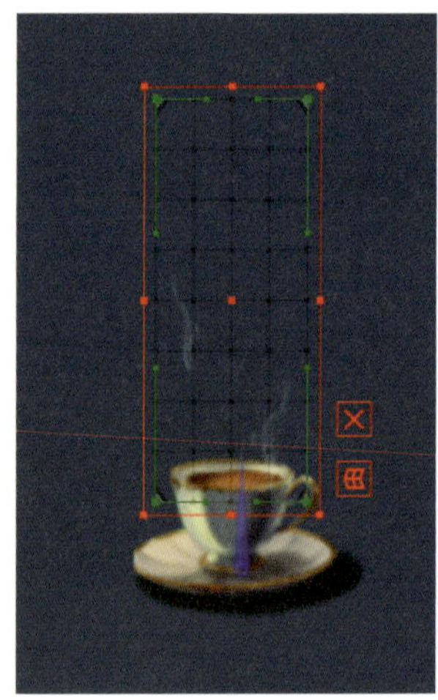

디포머

8

디포머를 변형했습니다. 가늘고 긴 온기가 피어 오르는 것처럼 보이게 만들었습
니다. 애니메이션에서의 루프 횟수, 디포머의 상태를 조정해서 완성합니다.

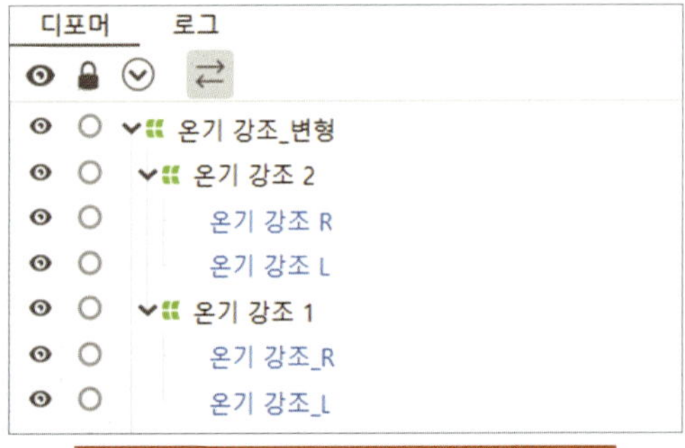

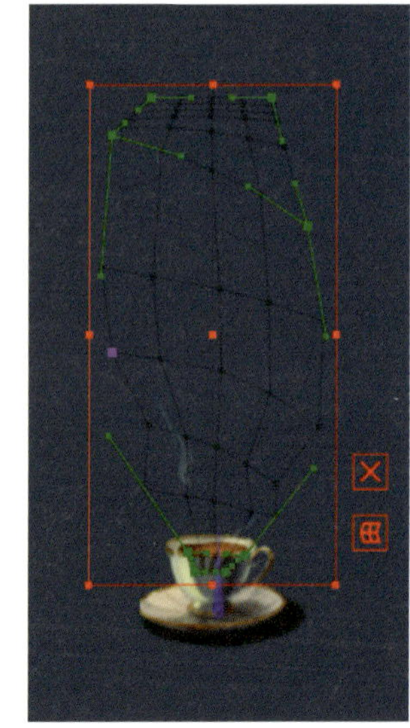

공동 제작 [로고 디자인]: 九埜かぼす([X]@kuno_to_yomu)

온기를 만들 때와 사고 방식을 사용해 하늘로 올라가는 빛의 입자를 움직이게 할 수 있습니다.

[Verdigris - 섬의 유적, 맥주 라운지]
https://www.youtube.com/watch?v=McgHVktJhHg

たみーCh/民安ともえ([YouTube]https://www.youtube.com/@tammy_ch　[X]@tammy_now)

복제 2점 루프를 열차 창문 밖의 경치 등에 응용할 수 있습니다. 여기에서 소개한 작품은 숲의 각 나무의 원근감과 속도를 조정해 표현했습니다.

[특급열차, 구름과 별의 VIP]
https://www.youtube.com/watch?v=MAko_4VCPg8

차창을 지나가는 품의 나무들에 복제 2점 루프를 활용

반복 그러데이션

카라아게마루

루프 시킬 그러데이션을 만드는 방드는 방법을 설명합니다.

[Tips 78], [Tips 79]과 마찬가지로 **반복 파라미터**를 사용합니다. 아래 그림의 스피커 부분에 그라데이션을 추가해 나갑니다.

[초록과 수변의 작업실] https://www.youtube.com/watch?v=Mch0_NG2Iec

1

먼저 그러데이션 소재를 만듭니다. 페인트 소프트웨어(여기에서는 Photoshop)에서 세로로 긴 직사각형 소재를 만듭니다. [레이어 스타일]의 [그레이디언트 오버레이]를 사용하면 쉽고 간단하게 만들 수 있습니다.

[혼합 모드]는 [표준], [스타일]은 [선형], 각도를 [90도]로 설정합니다.

다음으로 사용할 그러데이션을 선택하거나 만듭니다. 이때 **처음과 끝이 반드시 동일한 색이 되도록 조정**하는 것이 포인트입니다. 임의의 그러데이션을 만들었다면 Live2D Cubism으로 가져옵니다.

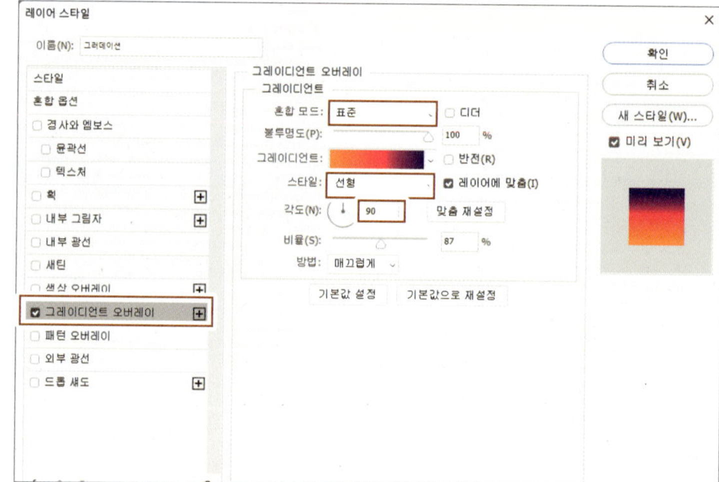

그러데이션용 루프 파라미터를 '0.0'~'1.0'으로 만듭니다. 1에서 만든
그러데이션 소재를 [Tips 78]에서 설명한 복제 후 이동시키는 방법을
사용해 위에서 아래로 이동하도록 파라미터에 키를 넣고, [파라미터
편집]을 연 뒤 [반복] 항목에 체크합니다.

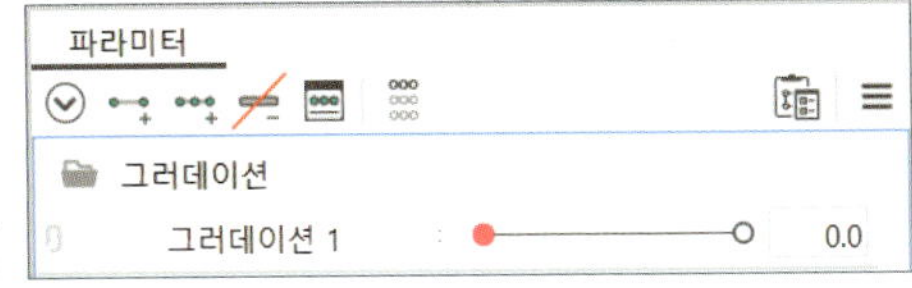

그러데이션용 루프
파라미터

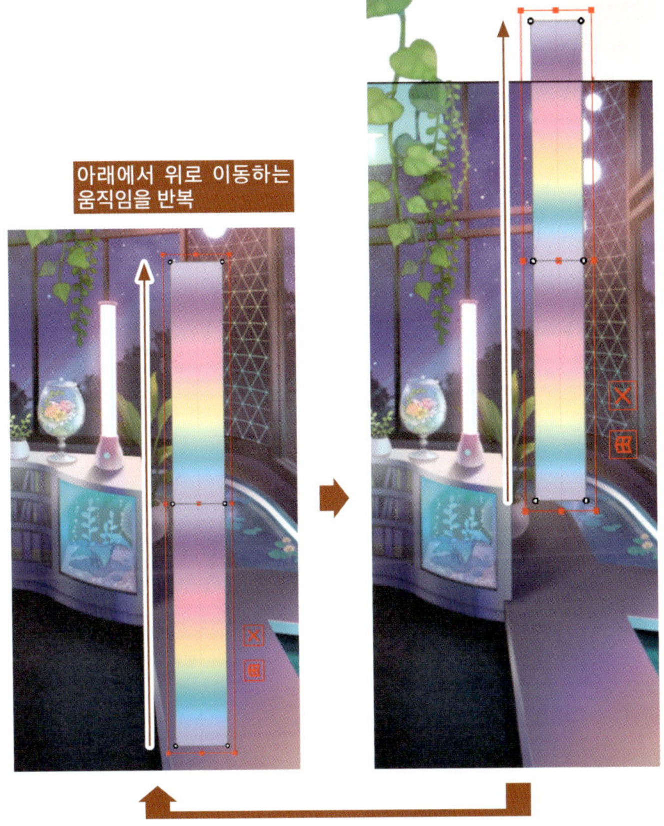

3

2에서 만든 아트 메쉬의 부모에 위치 조정용 디
포머를 만듭니다. 나중에 이 디포머를 이동, 크
기, 투명도 조정 등에 사용합니다.

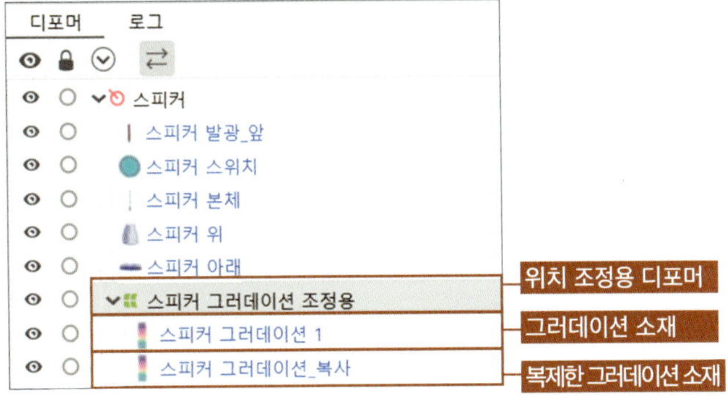

이렇게 복제해 이동시켜 반복을 만드는 방법의 경우 이동 거리 전체의 중심 1/3이 완전한 라푸 위치가 되므로, **디포 머를 3분할**해 두면 이동이나 변형시킬 때의 기준이 되므로 편리합니다.

단, 너무 크게 변형하면 아트 메쉬와 아트 메쉬의 연결 부분이 떨어져 루프가 도중에 끝어질 수 있으므로 주의해야 합니다.

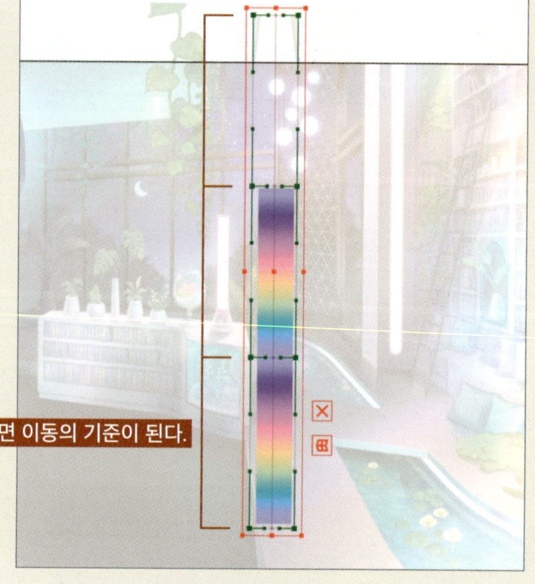

4

디포머를 스피커 위로 이동시킵니다. 다음으로 그러데이션 아트 메쉬 전부를 스피커 본체의 아트 메쉬에 클리핑 합니다. 그리고 클리핑 한 소재의 모양을 보이기 위해 여기에서는 그러데이션 아트 메쉬의 블렌드 방식을 [곱하기]로 변경했습니다.

디포머를 사용해 그러데이션 폭을 조정하거나, 투명도를 변경해 색의 균형을 조정해 완성합니다.

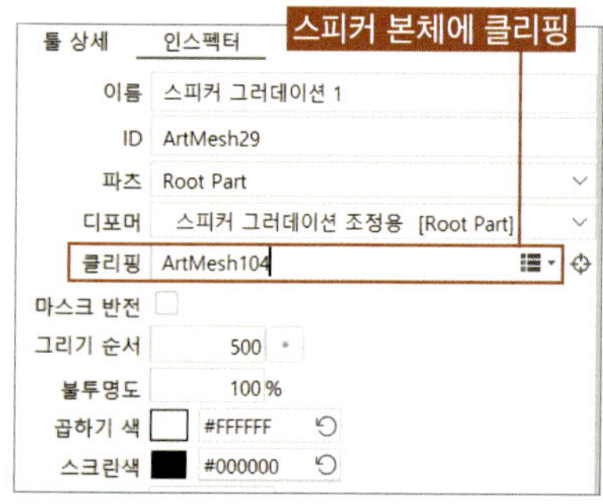

인스펙터 팔레트

© Live2D Inc.

회전하는 반복 그러데이션

카라아게마루

[Tips 80]에서는 일정한 방향으로 반복하는 그러데이션에 관해 설명했습니다. 여기에서는 회전하는 그러데이션에 관해 설명합니다. **원형 소재**와 **회전 디포머**를 사용합니다.

[초록과 수변의 작업실] https://www.youtube.com/watch?v=Mch0_NG2Iec

1

그러데이션 소재를 만듭니다. 여기에서는 포토샵을 사용해 원 도형을 만듭니다. [레이어 스타일]의 [그레이디언트 오버레이]를 사용하고, 스타일을 [각도]로 변경합니다.

색을 조정해 임의의 그러데이션을 만들었다면 Live2D Cubism Editor에 psd 형식으로 저장한 데이터를 임포트 합니다.

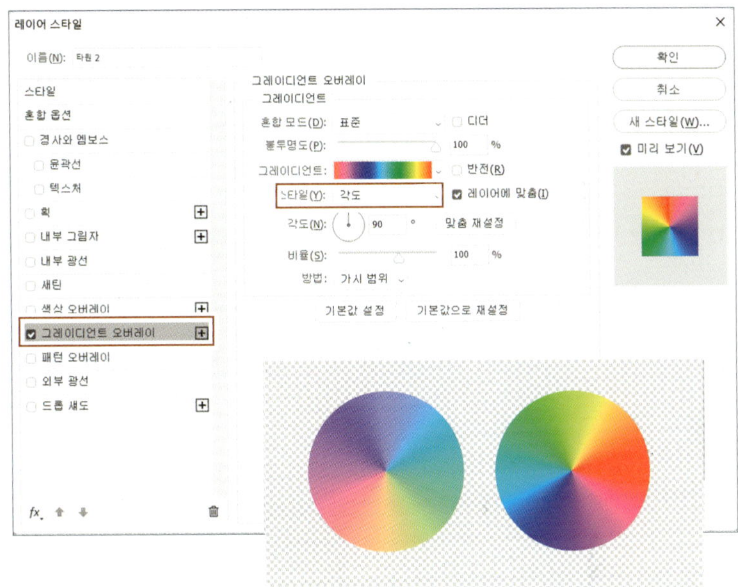

Part2 배경 모델

2

그러데이션용 파라미터를 키 '0.0'~'1.0'으로 만듭니다. 그러데이션의 부모에 회전 디포머를 만듭니다.。

Live2D Cubism Editor에 임포트한 그러데이션 소재

회전 디포머를 만든다.

파라미터에 키를 2개 넣습니다. 시작점에는 회전 디포머의 각도를 0도, 종료점에는 360도로 설정합니다. 다음으로 [파라미터 편집]을 열고 [반복] 항목에 체크합니다.

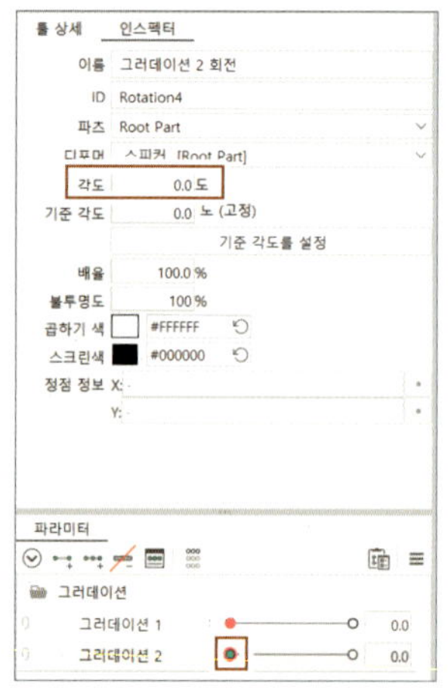

시작점의 파라미터

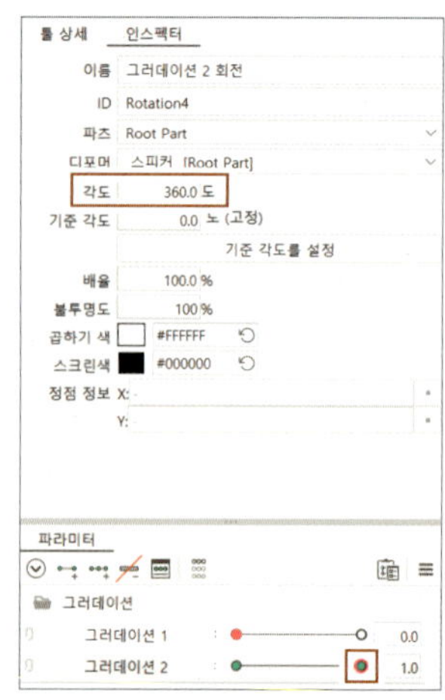

종료점의 파라미터

3

그러데이션 아트 메쉬의 부모에 조정용 디포머를 만듭니다. 뒤에서 이 디포머를 사용해 이동, 회전, 투명도 조정 등을 합니다. 조정용 회전 디포머는 스피커 위로 이동시킵니다.

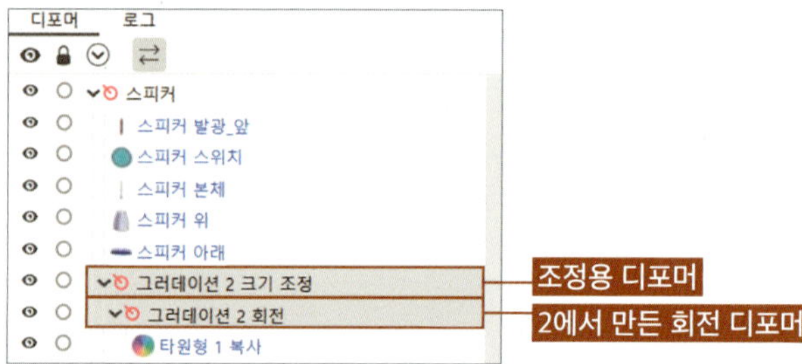

4

스피커에 그러데이션 원의 왼쪽만 걸치도록 배치하고, 그러데이션 아트 메쉬를 스피커 본체 아트 메쉬에 클리핑 합니다.
아트 메쉬의 블렌드 방식을 변경하거나, 크기나 투명도를 조정해 완성합니다.

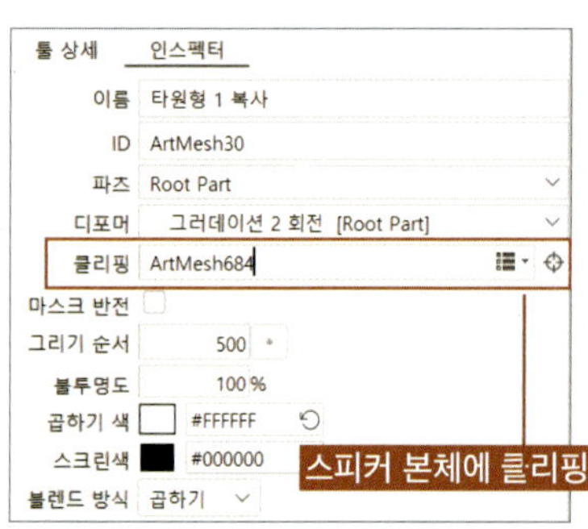

반복 파라미터의 권장값

카라아게마루

반복 파라미터의 키를 최소 '0.0', 최대 '1.0'으로 설정하고 루프 애니메이션을 만들 때, 애니메이션 타임 라인에서 시작점의 값은 '0.0', 애니메이션 종료점의 값은 루프 횟수에 따라 '1.0'/'2.0'/'3.0'과 같이 더해진 수치가 됩니다. 그렇기 때문에 키는 '0.0'~'1.0, 0.0'~'10.0'과 같이 **반복 횟수로 나눠 떨어지는 수치로 하는 것**이 좋습니다.

예를 들면 키를 '0.0'~'3.0'으로 하고 125번 반복 시키는 경우 종료점의 값이 딱 나눠 떨어지지 않는 값이 됩니다. 그래프 중간에서 속도를 조정하고 싶은 경우에도 1 루프의 구분을 즉시 판단하기 어려워 작업 효율이 그리 좋지 않습니다. 그리고 키에 최소 '-1.0', 기본 '0.0', 최대 '1.0' 과 같이 -값을 사용했을 때도 합계 값을 파악하기 어렵고, 조정이 번거로워지므로 사용하지 않는 것이 좋습니다.

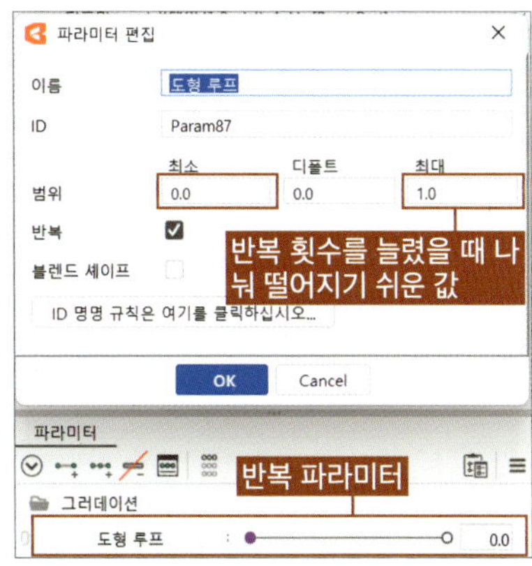

파라미터 팔레트와 파라미터 편집 다이얼로그

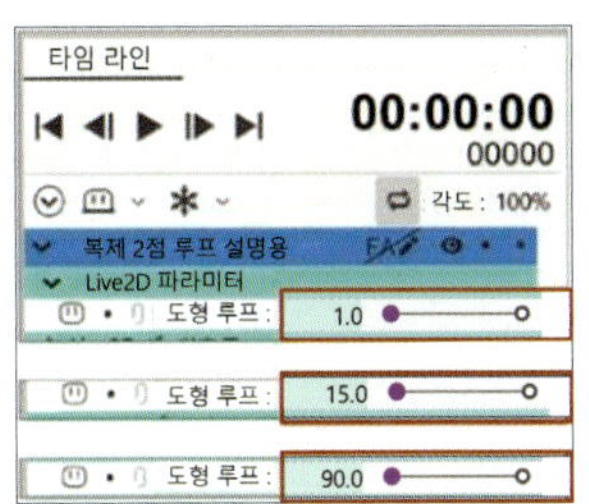

파라미터의 키를 나눠 떨어지는 수치로 해두면, 여러 차례 반복해도 종료점의 값을 쉽게 알 수 있다.

애니메이션 워크스페이스의 타임라인 팔레트

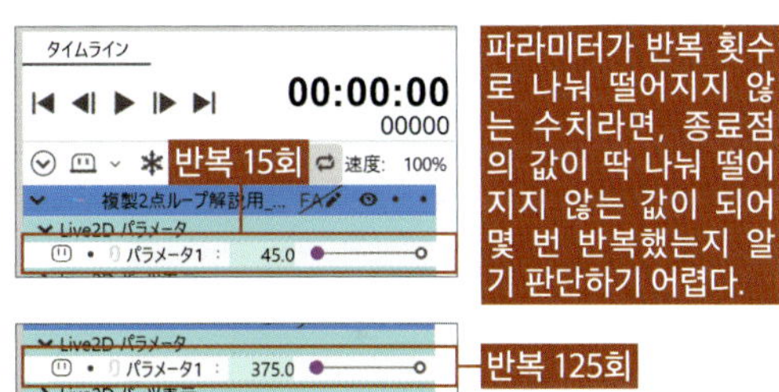

파라미터가 반복 횟수로 나눠 떨어지지 않는 수치라면, 종료점의 값이 딱 나눠 떨어지지 않는 값이 되어 몇 번 반복했는지 알기 판단하기 어렵다.

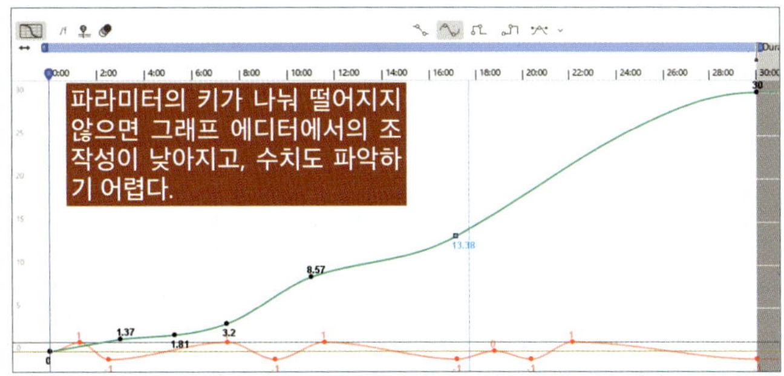

타임라인 팔레트의 그래프 편집기 표시

POINT

타임라인 팔레트에 표시되어 있는 파라미터의 오른쪽 끝에 있는 키를 클릭하면, 클릭 수에 따라 종료점 값(루프 횟수)이 늘어나지만, 값을 줄일 수는 없습니다. 루프 횟수를 줄일 때는 **수치를 넣은 곳 또는 그래프의 키를 수동으로 이동**시켜야 합니다.

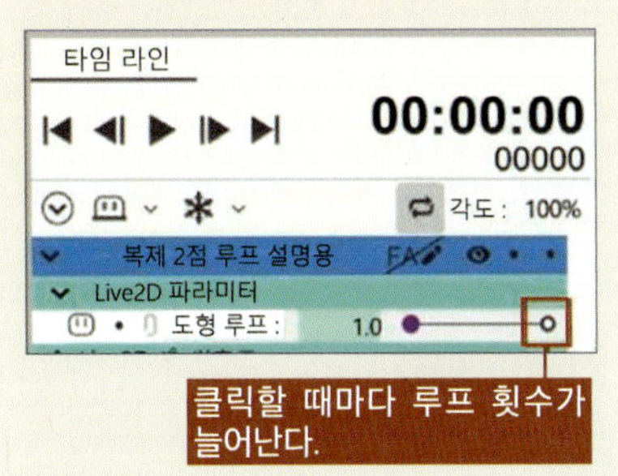

클릭할 때마다 루프 횟수가 늘어난다.

POINT

반복 파라미터는, 예를 들면 **구름과 같이 단독으로 일정한 속도로 움직이는 대상에 최적**입니다. 하지만 생물 등 다른 파라미터와 시점을 맞춰 속도를 조정하고 싶을 경우에는 적합하지 않습니다. 첫 번째 이유는 앞서 설명한 수치의 문제와 같이 타임라인 도중에서의 파라미터 최솟값과 최댓값을 구별하기 어렵고, 수치 계산이 필요한 점입니다. 두 번째 이유는 그래프나 반복 수에 따라 오른쪽 위를 향하게 되어, 여러 개를 표시했을 때 반복 파라미터가 아닌 쪽의 상하폭이 좁아져 조작성이 나빠지는 점입니다.

색 변경 그러데이션

카라아게마루

'**곱하기 색**'과 '**스크린색**' **기능** 에 의한 색 변경을 사용한 그러데이션을 만드는 방법을 설명합니다.
p.151에서 설명한 블렌드 방식과는 다른 기능으로, **객체에 임의의 색을 곱하기 합성 또는 스크린 합성**할 수 있으며, **함께 사용할 수도 있습니다.** 아트 메쉬 뿐만 아니라 **디포머에도 적용할 수 있는** 것이 특징입니다.

[초록과 수변의 작업실]
https://www.youtube.com/watch?v=Mch0_NG2Iec

1

그러데이션 변화용 디포머 '발광 라인_그러데이션'을 만듭니다. 여기에서는 회전 디포머를, 마찬가지로 색 변경시킬 아트 메쉬를 모든 부모에 설정합니다.

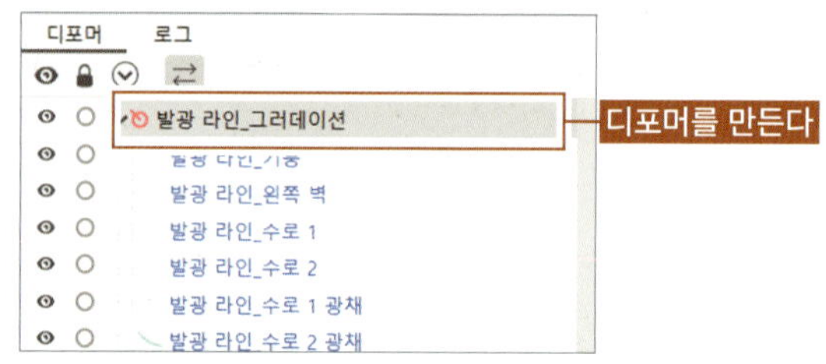

2

회전 디포머 '발광 라인_그러데이션'을 선택하고 그러데이션용 디포머를 '0.0'~'1.0'으로 만듭니다. 여기에서는 세세하게 색을 변화시킬 것이므로 [키 폼 편집]에서 0.0~1.0까지 총 11개의 키를 넣습니다. 반복시킬 것이므로 0.0과 1.0은 같은 색이 됩니다. 총 10가 색을 사용해 색을 지정합니다.

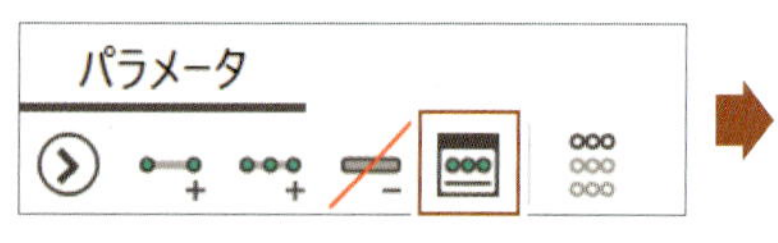

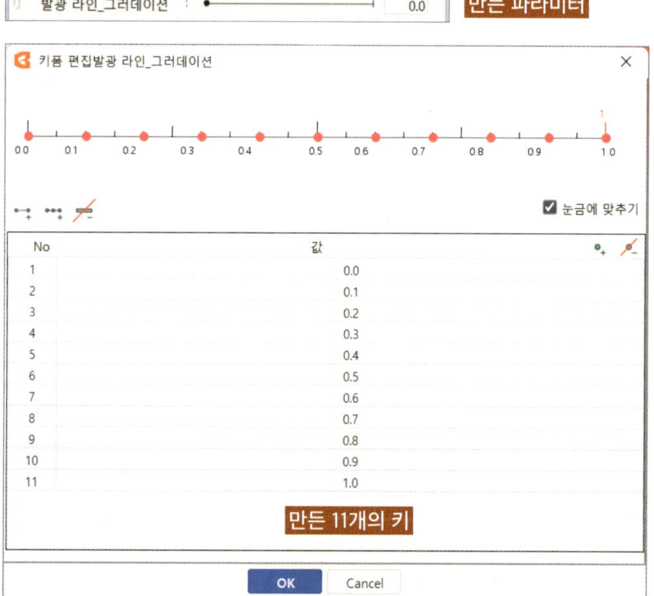

키 폼 편집 다이얼로그

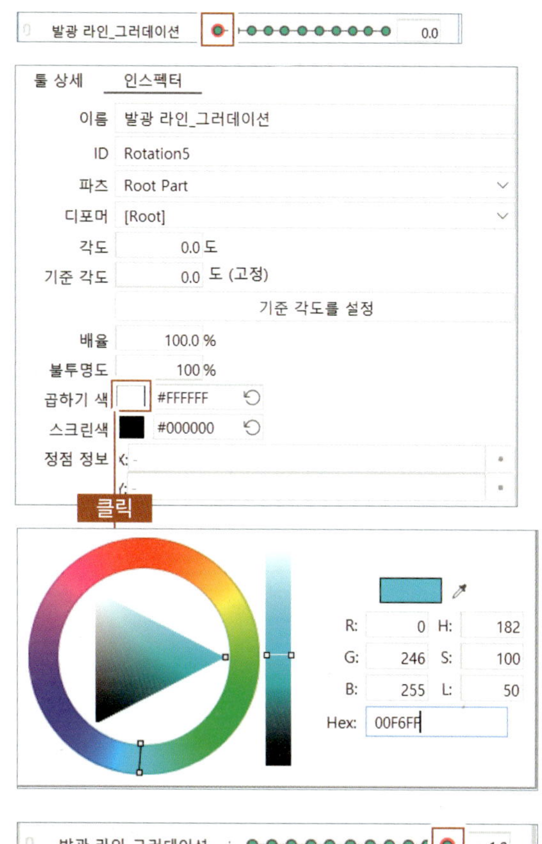

회전 디포머 [발광 라인_그러데이션]을 선택한 상태에서 파라미터 0.0을 클릭합니다. 인스펙터 팔레트의 '곱하기 색'과 '스크린색'을 사용해 색을 설정합니다. 여기에서는 곱하기로 임의의 색을 곱합니다. '곱하기 색' 옆에 있는 컬러 박스를 클릭하면 컬러 피커가 팝업됩니다. 여기에서는 기본 색을 하늘색으로 했습니다.

0.0의 색을 결정했다면 종료값인 1.0에도 같은 색을 설정합니다.

다른 파라미터 값은 컬러 서클을 참고하면서 파라미터를 움직였을 때 깔끔한 그러데이션이 되도록 색을 설정합니다. 마지막으로 [파라미터 편집]을 열고 [반복] 항목에 체크해서 완성합니다.

소등의 차이를 만들자

카라아게마루

'**곱하기 색**'이나 '**스크린색**'을 사용한 색 조정은 배경 일러스트에서에도 다양하게 사용할 수 있습니다. 다음 그림의 배경 일러스트의 경우 원본 psd 파일은 하나의 데이터 안에 차이를 만들지 않고, Live2D Cubism에서 소등의 차이를 만들었습니다.

[호반의 가상 글램핑]
https://www.youtube.com/watch?v=D2k3DaBX4NA

이 배경 레이어 폴더 구성은 대략 오른쪽 그림과 같습니다. '3. 고정 배경'은 일반적으로 하나의 레이어로 통합합니다. 하지만 여기에서는 색을 변경할 것이므로 가구, 텐트, 바닥 등 어느 정도 파츠를 분할했습니다.

1. 최전면 효과
  └ 라이팅용 소재
2. 움직이는 소재(전면)
  └ 앞쪽 랜턴, 안쪽 랜턴, 전선의 등, 모닥불
3. 고정 배경
  └ 텐트, 텐트 내부, 장작대, 가구, 난간, 마루
4. 기타 소재
  └ 하늘, 산, 호수, 다리, 숲, 큰 나무 등

동시에 색을 조정할 아트 메쉬는 어느 정도 모아서 소등용 디포머를 만들어 넣어 둡니다. 이미 흔들림 등의 디포머가 설정되어 있는 경우에도 모아서 소등용 디포머에 넣습니다. 디포머를 모아두면 이후 곱하기 색, '스크린색'을 사용해 디포머에 넣은 아트 메쉬의 색을 한 번에 변경할 수 있습니다.

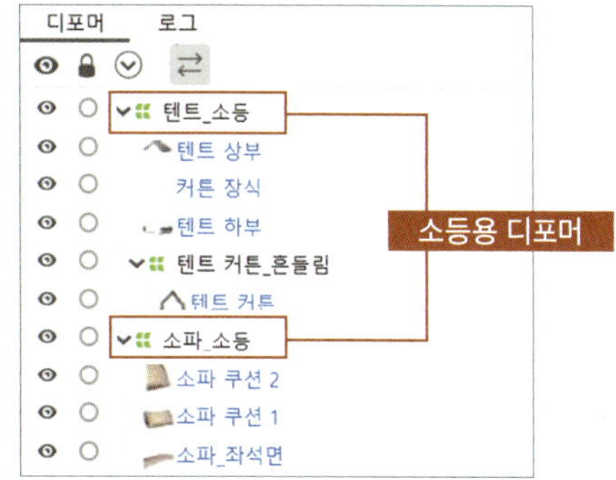

POINT

소등 차이 외에 텐트, 가구 등의 색 배리에이션을 만들기 위해 위와 같이 세세하게 파츠를 분할했지만, 반드시 필요하지 않은 경우에는 어느 정도 통합하는 것이 좋습니다.

3

소등용 파라미터를 '0.0'~'1.0'으로 만듭니다. 예시로 마루의 데크면에 소등용 색 변경을 설정합니다. 바닥 이외의 모든 색 변경을 완료한 상태에서 소등용 디포머를 선택합니다. 인스펙터 팔레트의 '곱하기 색', '스크린색'을 사용해 0.0이 평상 시의 배경, 1.0에서 소등되도록 설정합니다.

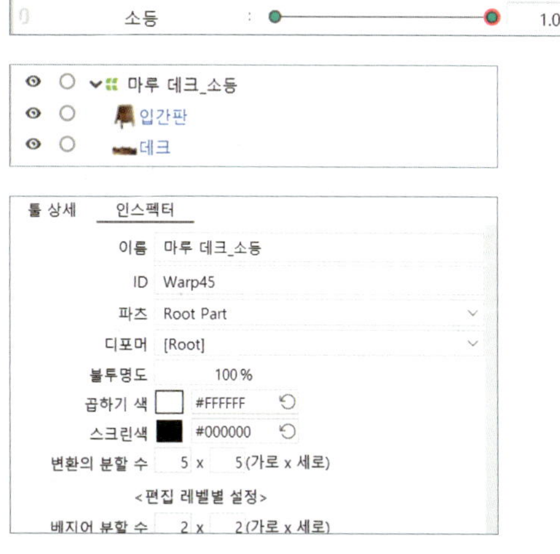

Part2 배경 모델

먼저 곱하기 색을 올립니다. 색이 단지 어두워질 뿐이므로 달이 뜬 밤의 분위기가 나도록 '곱하기 색'을 사용해 채도를 낮춰 푸른 빛이 도는 색으로 조정합니다.
이렇게 조금의 조정만으로 느낌을 크게 바꿀 수 있습니다.

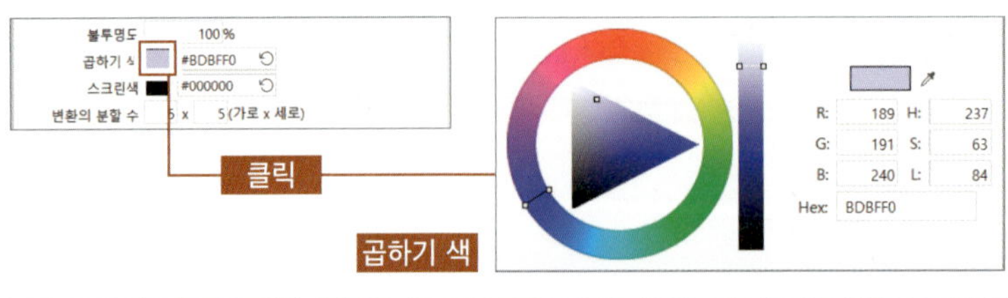

[스크린색]에도 세세한 조정을 추가합니다. 아주 조금 푸른 색감을 띠는 검은색으로 합니다. 모든 소등용 디포머에 '곱하기 색', '스크린색'을 설정하면 완성입니다.
간단한 방법이지만, 이렇게 하면 **원본 psd 파일을 복제해서 차이를 만들지 않아도 Live2D Cubism에서 차이를 만들 수 있습니다.**

星影ラピス([X]@HoshikageLapis)　使い魔メア　캐릭터 디자인：nokoyama([X]@nokoyama_en)
ラピエナガ　캐릭터 디자인：はなのすみれ([X]@hananosumire)

원본을 수정하지 않고 객체의 투명도를 조정하자

카라아게마루

객체의 **투명도를 바꾸고 싶을 때 원본을 수정하지 않고 조정하는 방법**을 소개합니다. 다음 그림의 배경 일러스트의 한가운데 있는 수정 구슬을 사용해 설명합니다.

[별이 떨어지는 밤의 플라네타리움]
https://www.youtube.com/watch?v=yLK0XL7cG10

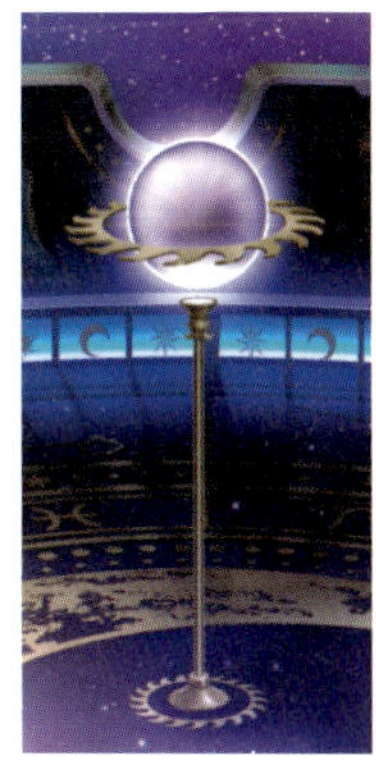

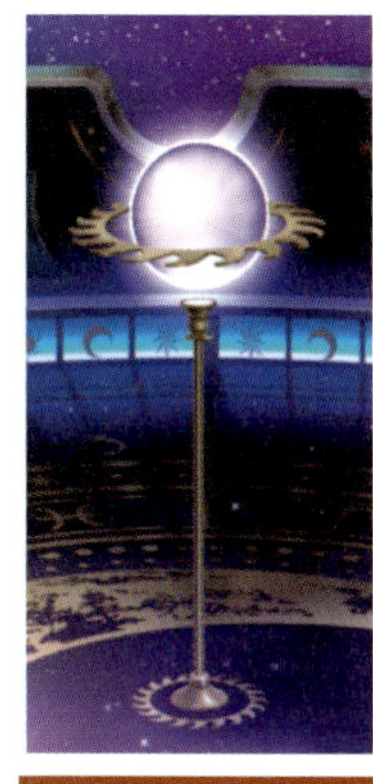

수정 구슬 중심부의 투명도 조전 전

1

오른쪽 그림은 수정 구슬의 파츠 구성입니다. 깔끔한 발광 표현과 컬러 변형을 만들기 위해 이와 같은 파츠 구성으로 만들었습니다. 크게 표면 발광용 소재, 베이스 소재, 텍스처, 그림자, 하이라이트, 전면 발광 소재 순으로 겹쳐져 있습니다. 파츠를 만드는 시점에서 수정의 베이스 소재나 발광용 소재 중앙에 투명도 변화를 주지 않은 것에는 이유가 있습니다. Live2D에서 곱하기 색이나 스크린색을 사용해 색을 변경할 때, 반투명 부분에도 변경이 영향을 주어 의도대로 조정하기 어려울 가능성이 있기 때문입니다.

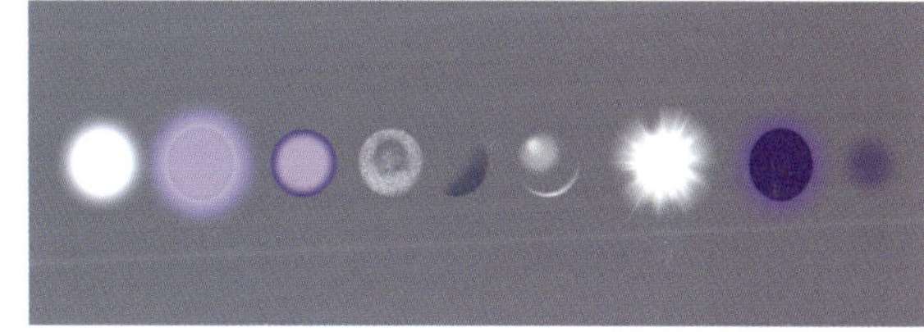

2

먼저 수정체 베이스 소재에 투명도를 적용합니다. 원에 블러 처리한 것을 투명도 조정용 소재로 준비합니다.
투명도 조정용 소재를 베이스 소재에 겹치고, 베이스 소재를 투명도 조정용 소재에 클리핑 합니다.

'마스트를 반전' 항목에 체크한 뒤, 투명도 조정 소재의 불투명도를 높입니다.

투명도 조정용 소재의 불투명도를 20~30% 정도로 설정하고, 여기에 곱하기 등으로 색을 더 올려 수정의 불투명도 부분의 색도 조정할 수 있습니다.

그 밖의 발광용 소재 등도 마찬가지로 투명도 조정용 소재에 클리핑 해 중앙부를 불투명하게 만들어 완성합니다.

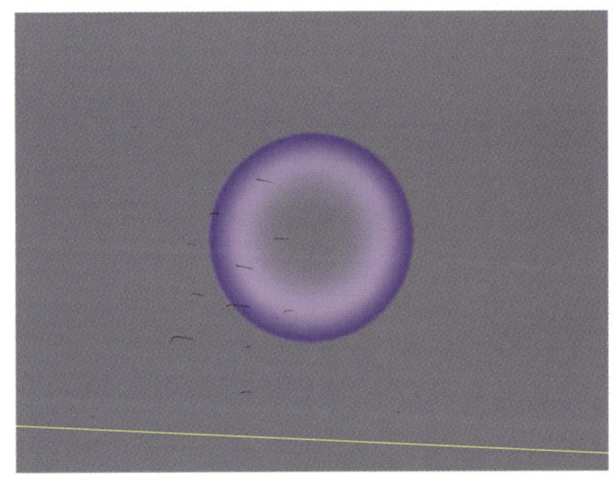

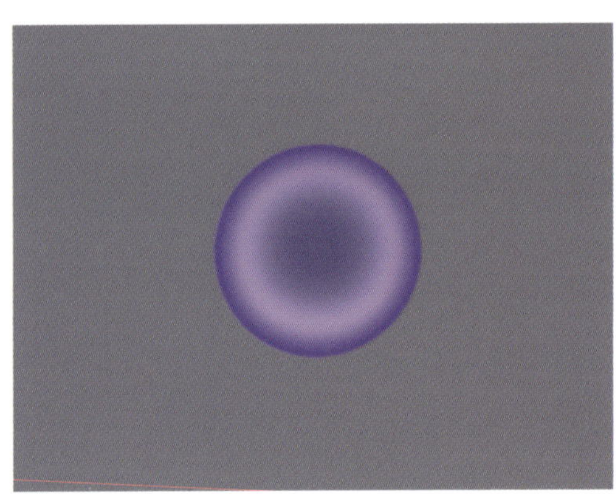

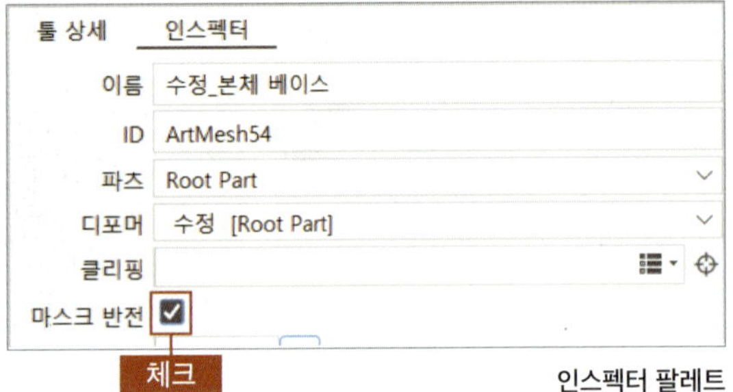

인스펙터 팔레트

각 파츠의 색을 곱하기 색이나 스크린색을 사용해 조정하면서 컬러 변형을 만듭니다.
이때 불투명용 소재의 색감도 조금 조정해 원하는 투명감을 만들었습니다.

共同制作［ロゴデザイン］：九埜かぼす（[X]@kuno_to_yomu）

조명 기구의 파츠 분할 팁

카라아게마루

흔들리는 조명 기구를 만들 때는 **움직이는 방법을 고려한 파츠 분할**과 **발광용 소재 준비**가 중요합니다. 여기에서는 한 가지 예를 소개합니다.

[Verdigris - 섬의 유적, 비어 라운지]
https://www.youtube.com/watch?v=McgHVktJhHg

조명 기구 파츠를 오른쪽 그림과 같이 구성했습니다. 발광용 소재는 Live2D에서 블렌드 방식으로 가산으로 설정해서 사용합니다.

조명 기구 1대에 대해 필자는 보통 **3~4개**의 발광용 소재를 사용합니다. 그것들은 조명 기구 본체의 앞면과 뒷면에 배치합니다. 이유는 원본 제작 시에는 물론 Live2D 작업 시에도 빛의 색감이나 발광 정도를 쉽게 조정할 수 있기 때문입니다.
발광 1~4의 각 역할을 나누어 두면 조광용 파라미터로 빛의 강약을 주거나, 라이트 색을 주황색에서 파란색으로 순식간에 변화시키고 싶을 때 등에 특히 유용합니다.

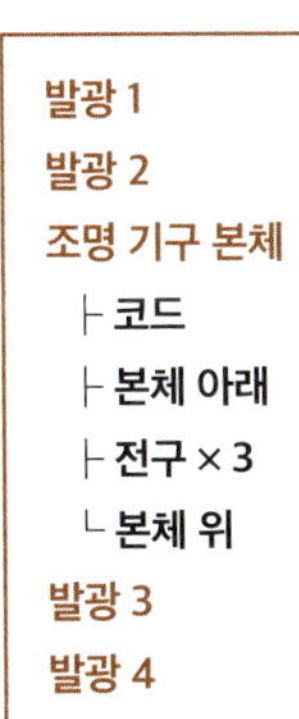

레이어 구성

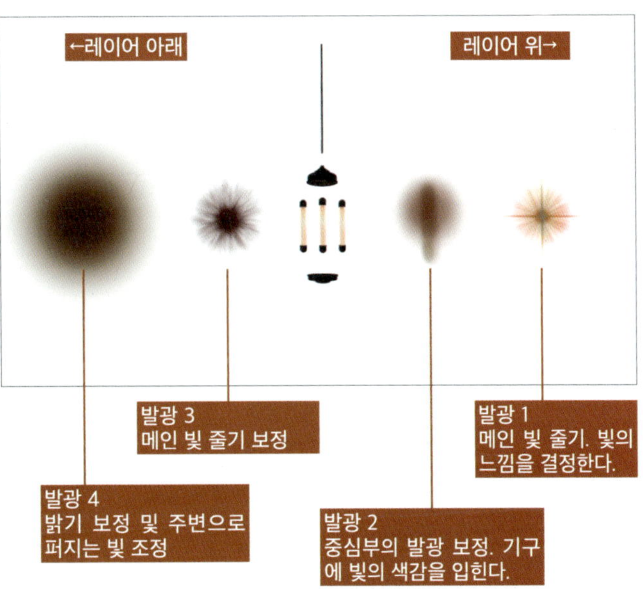

![1]

발광 1 ······ 조명 기구 본체의 앞면에 배치합니다. 메인 빛 줄기이며 빛 디자인의 핵심이 되므로 형태가 중요합니다.

![2]

발광 2 ······ 조명 기구 본체의 앞면에 배치합니다.
조명 중심의 발광 강화, 조명 기구 자체에 빛의 색감을 올리기 위해 배치합니다.

![3]

발광 3 ······ 조명 기구 본체의 뒷면에 배치합니다. 메일 빛 줄기를 보조합니다.
조명 기구 앞에 배치하면 발광 정도가 너무 높아져 하얗게 뜨기 때문에, 뒷면에 배치해 크기와 투명도를 바꿈으로써 빛의 퍼짐을 연출합니다.

![4]

발광 4 ······ 조명 기구 본체의 뒷면에 배치합니다.
밝기 보조, 및 조명 주변에 해당하는 빛의 색감을 결정하는 역할을 합니다. 조광을 붙일 때는 발광 4의 투명도를 바꾸는 것만으로 빛의 강약을 줄 수 있어 효율이 좋아집니다.

빛의 강약을 줄 때, 발광 1~4를 하나로 모은 뒤 투명도를 함께 낮추는 것만으로는 빛이 나는 느낌이 약해지거나 탁한 느낌의 색감이 되기도 합니다. 그렇기 때문에 예를 들면 발광 1 또는 발광 4 등 **한 부문의 투명도를 낮추면** 빛이 나는 느낌과 빛의 투명감을 유지하면서 라이트의 빛을 약하게 보이게 할 수 있습니다.
라이트의 색감을 변경하고 싶을 때도 마찬가지로, 모두 조정하지 않고 발광 1과 발광 4만 곱하기 색 변경 또는 스크린색 변경을 하면 깔끔하게 색을 변경할 수 있습니다.

POINT

발광용 소재의 블렌드 방식을 '가산'으로 했을 때의 포인트를 소개합니다.

1. 색 선택에 관해
가산할 소재의 색을 선택할 때의 포인트는 **색감을 더하고 싶을 때는 '채도가 높고 명도가 낮은 색 ', 휘도를 높이고 싶을 때는 '채도가 낮음~중간이고 명도가 중간인 색'** 부근을 선택하면, 배경의 그림을 살리면서 발광감을 쉽게 낼 수 있다는 점입니다. 단, 배경의 색에 따라 가산의 영향도가 크게 달라지므로 조정하면서 시험해 보십시오.

2. 배경색에 관해
기본적으로 **가산은 배경이 어두울 때 효과가 두드러집니다.** 배경이 밝으면 가산용 소재의 그러데이션 변화가 약해지고 하얗게 뜨기 쉽습니다. 그 때 발광 4 아래에 저하시가 아닌 일반 레이어 소재를 추가하고, 발광의 색감을 조정하는 것도 한 가지 방법입니다.

빛의 움직임을 추가해 풍부하게 만들자

카라아게마루

배경 애니메이션에서 빛의 움직임을 추가하면 화면이 풍부해집니다. **빛을 움직이거나 강약을 주는** 등의 방법이 있습니다. 여기에서는 3가지 예를 소개합니다.

공동 제작 [로고 디자인] :九埜かぼす([X]@kuno_to_yomu)

1

조명 기구의 조광 예입니다. 조광용 파라미터를 만들고 조명 기구의 빛의 강약을 줍니다.

[Verdigris - 섬의 유적 비어 라운지]
https://www.youtube.com/
watch?v=McgHVktJhHg

© Live2D Inc.

2

전체의 조광 예입니다. 화면 안의 조명 기구 뿐만 아니라 화면 안으로 들어오는 빛이나 전체의 밝기에 강약을 줍니다.

[초록과 수변의 작업실]
https://www.youtube.com/
watch?v=MchO_NG2Iec

3

창으로 들어오는 햇빛의 강약, 퍼지는 빛의 각도를 움직인 예입니다. 조광 파라미터를 만들고 애니메이션으로 빛의 흔들림을 연출합니다.

[순백의 시사이드 선룸]
https://www.youtube.com/
watch?v=LgpOMciN89Y

다음 그림은 그래프 데이터에서의 햇빛(녹색)과 조명 기구의 조광(빨간색)의 타임 라인입니다. 각각 밝을 때와 어두울 때의 물결이 가까워지도록 설정했습니다.

이렇게 그래프 에디터에서 작업하면 빛의 형태를 시각화하고 쉽게 이해할 수 있어 권장합니다.

애니메이션 촬영 처리를 참고하거나 렌즈 플레어 등을 추가하면 퀄리티가 한층 높아집니다.

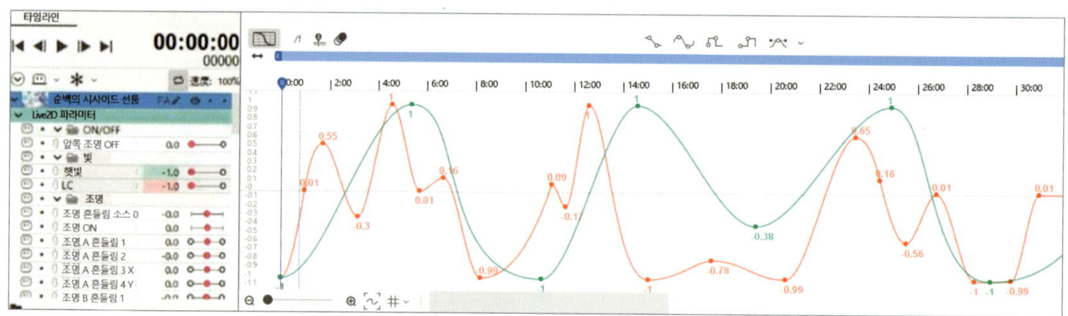

조광 시, **일러스트레이터와 모델러가 다를 때는 허가나 감수가 필요**하므로 주의합니다.

빛의 흔들림을 만들자

카라아게마루

빛의 흔들림을 만드는 두 가지 방법을 소개합니다. 낮의 햇빛이나 조광의 강약을 애니메이션으로 표현하면 실제로 그 공간에 시간이 흐르고 있는 듯한 느낌을 주어, 보다 매력적인 공간감을 연출할 수 있습니다.

Method1 ▶ 애니메이션을 만들자

첫 번째 방법은 [Tips 87]에서 소개한 것처럼 조광용 파라미터를 만들고 애니메이션에 키를 넣는 방법입니다. 조광용 파라미터는 각 조광 기구나 종류에 따라 나누는 것도 좋지만, 너무 많으면 조정이 어렵거나 화면이 조잡하게 되므로 어느정도 모아서 작업하는 것이 좋습니다.

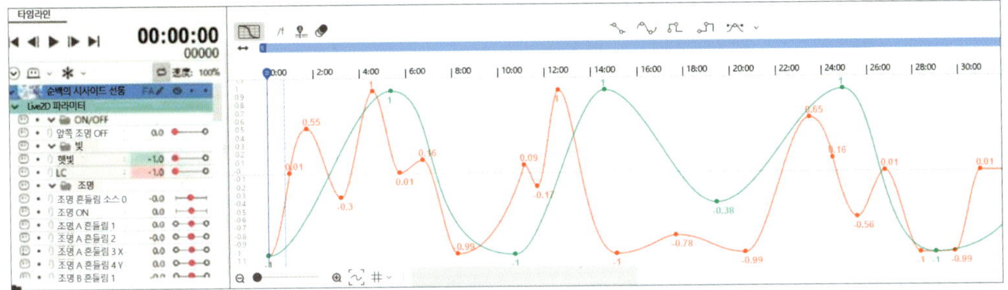

[순백의 시사이드 선룸]
https://www.youtube.com/watch?v=LgpOMciN89Y

Method2 ▶ 물리 연산에 넣자

조명 기구의 흔들림으로 반응하도록 물리 연산에 넣습니다.
무작위성이 표현되는 점은 좋지만, 흔들리는 정도에 크게 영향을 주기 때문에 실내 등 흔들림이 그리 많지 않은 경우에는 효과가 작고, 흔들림이 많은 경우에도 빛의 밝기가 조잡하게 되어 조정이 어려울 수 있습니다.

같은 소재를 위화감 없이 재배치하자

카라아게마루

같은 형태나 디자인의 조명 같은 매달린 물건이 화면에 여럿 있을 때는 먼저 하나의 모델, 물리 연산을 설정한 뒤 **복제해서 다른 위치에 배치하면 시간을 단축**할 수 있습니다. 이럴 때 위화감이 적게 재배치하는 방법을 소개합니다.

[서커스 단장의 숨겨진 방]
https://www.youtube.com/watch?v=aNNKfoMORu4

1

이번 배경에서는 오른쪽 그림의 조명을 화면 두 곳에 배치합니다. 모델링에서는 여러 단계의 흔들림, 그리고 조명 본체가 360도 회전하도록 만들었습니다.

CHECK

재배치를 할 때 배치하는 위치에 따라 원근감이 다르므로 객체의 각도를 반드시 조정하게 됩니다. 가능하면 작화 단계에서 복제해 확대, 축소, 및 이동해 각도 조정이 필요하지 않은 형태로 객체를 만들면 시간을 단축할 수 있습니다.

2

모델링과 물리 연산 설정을 마쳤다면 조명 기구를 구성하는 모든 디포머의 부모에 위치 조정용 회전 디포머를 만듭니다.

디포머	로그
👁 🔒 ⌄ ⇄	
👁 ○ ⌄ 조명 A 위치 조정용	
👁 ○ ⌄ 조명 A 흔들림 1	
👁 ○ ⌄ 조명 A 흔들림 2	
👁 ○ 조명 A 체인	

위치 조정용 회전 디포머

2의 조명 A를 모두 선택해서 복제한 뒤, 이름을 조명 B로 바꿉니다.

위치 조정용 디포머를 사용해 임의의 위치로 이동하고 조명 전체를 축소합니다. 위치 이동과 크기 조정을 마쳤다면 공간에 어울리도록 색을 조정합니다.

조명 기구의 색과 빛의 색을 [Tips 84]에서 설명한 '곱하기색'과 '스크린색' 기능을 사용해 조정합니다.

조명 B를 조금 어둡게 만들어 앞쪽과 안쪽의 원근감을 표현할 수 있습니다.

CHECK

색 변경으로 일러스트의 이미지가 변할 수 있습니다. **일러스트레이터와 모델러가 다를 때는 반드시 허가나 감수가 필요**하므로 주의합니다.

POINT

배치 위치에 따라 천장의 높이가 달라질 수 있습니다. 화면 바깥이라 해도 천장 높이에 조명이 매달린 부분이 있고, 매달린 부분 = 흔들림의 시작점이 됩니다. 이때, 매달린 부분의 위치를 조정해 **위치 조정용 디포머를 매달린 부분이 있다고 가정한 위치로 이동**하고, 동시에 **첫 번째 흔들림을 만드는 회전 디포머도 매달린 부분의 위치로 이동**합니다. 파라미터 하나를 수정해야 하지만, 이렇게 하면 천장에 매달려 있는 객체의 위치상 위화감이 없는 흔들림을 만들 수 있습니다.

이동용 파라미터를 사용해
표현을 보다 풍부하게 하자

카라아게마루

애니메이션에서 크게 이동하는 객체는 **이동용 파라미터**를 만들어 위치, 크기, 색 조정을 함으로써 원근감을 갖는 이동을 표현할 수 있습니다. 오른쪽 배경에서 창문 밖을 날아가는 비행선을 예로 들어 설명합니다.

[No.1 펜트 하우스]
https://www.youtube.com/watch?v=YvXeedbIdDs

1

비행선의 오르내림, 흔들림, 라이트 각도 등의 필요한 모델링을 마쳤다면, 모든 부모에 이동 X의 회전 디포머를 만들고 이동 범위의 중심이 되는 위치에 비행선을 이동시킵니다.
그 뒤 이동 X의 부모에 이동 Y의 회전 디포머를 만듭니다.

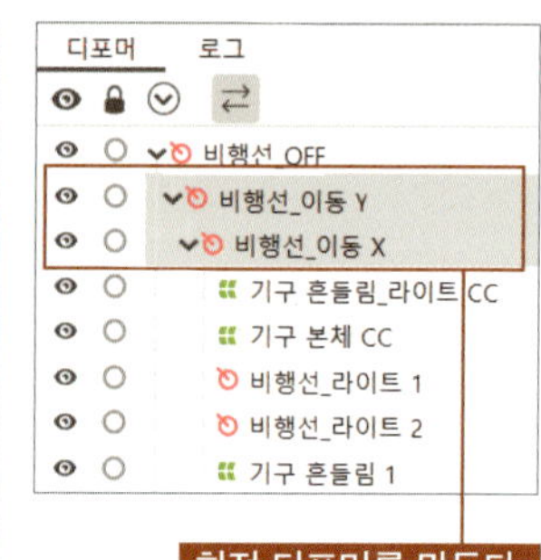

2

'비행선_이동 X'과 '비행선_이동 Y' 파라미터를 '-1.0'~'0.0'~'1.0'으로 만듭니다.

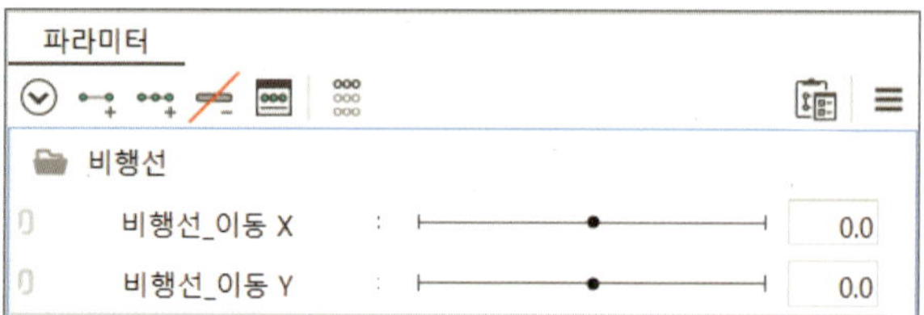

1에서 만든 회전 디포머 '비행선_이동 X'에 파라미터 '비행선_이동 X'로 키 3개를 설정합니다. 파라미터 키 '-1.0'은 중심에서 왼쪽으로 수평 이동해 창문에서 보이지 않는 위치에 설정합니다.

키 '1.0'은 중심에서 오른쪽으로 수평 이동해 벽에 가려져 보이지 않게 되는 위치까지 이동합니다.

이때, 키 '-1.0'은 비행선이 가까이 있는 상태이므로 회전 디포머를 조정해 비행선의 크기를 확대하고, 키 '1.0'은 멀리 있는 상태이므로 회전 디포머를 조정해 비행선 크기를 축소시킵니다.

파라미터를 이동하면서 비행선이 앞쪽에서 안쪽으로 자연스럽게 작아지는지 확인하며 조정합니다.

키 '-0.6'

키 '-0.0'

키 '0.6'

3

이동 Y의 파라미터를 설정합니다.

회전 디포머 '비행선_이동 Y'에 파라미터 '비행선_이동 Y'로 키 3개를 설정합니다.

키 '-1.0'은 중심에서 아래로, 키 '1.0'은 중심보다 위에 설정합니다.

이때에도 아래의 경우에는 , 위의 경우에는 축소시키면 좋습니다.

파라미터를 결합해 빙글빙글 움직여 봅니다. 비행선이 깔끔하게 이동, 축소 및 확대되면 완성입니다.

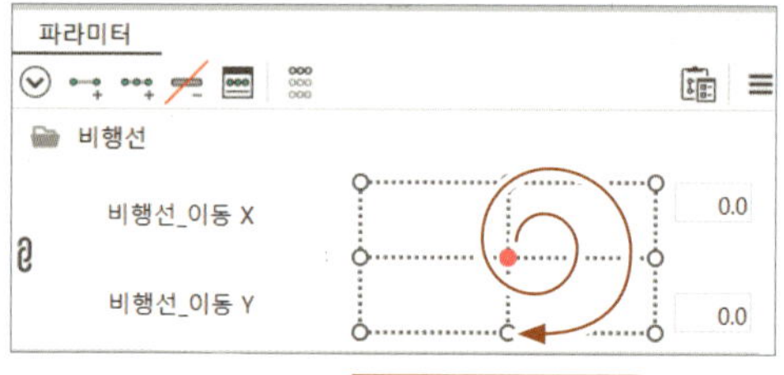

결합한 파라미터

1개의 디포머에 이동 X와 Y, 2개의 파라미터를 연결해도 좋지만 이동 범위를 변경하거나 색을 조정해야 하는 경우 관리가 어려워지기 때문에 별도로 만들었습니다.

4

객체 이동에 따른 원근감을 고려해 색 조정을 추가해 마감 작업을 합니다.

색을 변경할 대상에 색 변경용 디포머를 만들고, 이동 X의 파라미터에 키를 넣습니다.

'곱하기 색'과 '스크린색'을 사용해 색 변경을 설정했습니다. 가까울 때는 어둡게, 중간 부분은 빛을 받아 밝아지게, 멀어질수록 공기 원근법을 고려해 푸른 빛을 띄는 흰색으로 변화시킵니다. 이러한 이동 파라미터를 설정하면 비행선이 어떤 경로로 이동해도, 원근감을 자연스럽게 반영해 이동하게 할 수 있습니다.

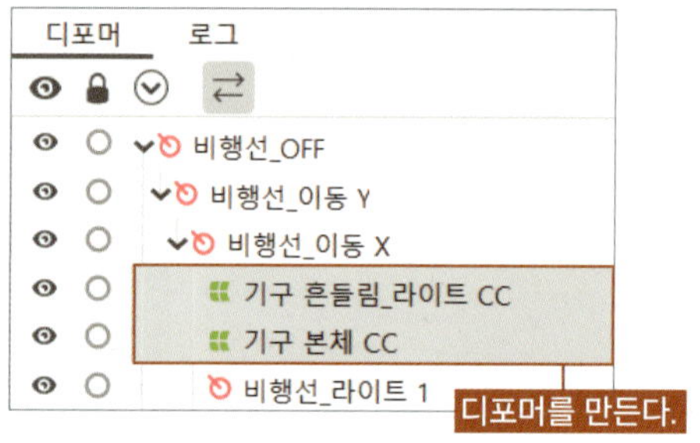

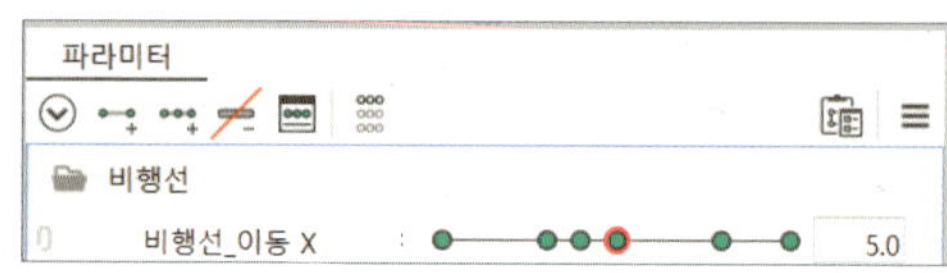

株式会社yokaze([X]@yokazeinc)

물고기가 헤엄치는 애니메이션을 만들자

카라아게마루

가능한 빠르게 배경 일러스트에 많이 등장하는 수조나 물 속의 물고기를 높은 품질의 애니메이션으로 만드는 방법을 소개합니다.

[BLAST PROJECT 사이버 시티 아지트]
https://www.youtube.com/watch?v=4njow-HhBDw

Method1 　 모델링

모델링 워크스페이스에서 모델링을 합니다. 오른쪽 그림의 배경의 거대한 수조 안에서 아로와나를 예로 들어 설명합니다.

1

오른쪽 그림의 **아트 메쉬 1장으로 모델링**합니다. 파츠를 분할하지 않고 꼬리 지느러미가 흔들리는 움직임은 아트 메쉬를 직접 변형할 것이므로, 메쉬를 가능한 세세하게 분할합니다.

1장의 아트 메쉬

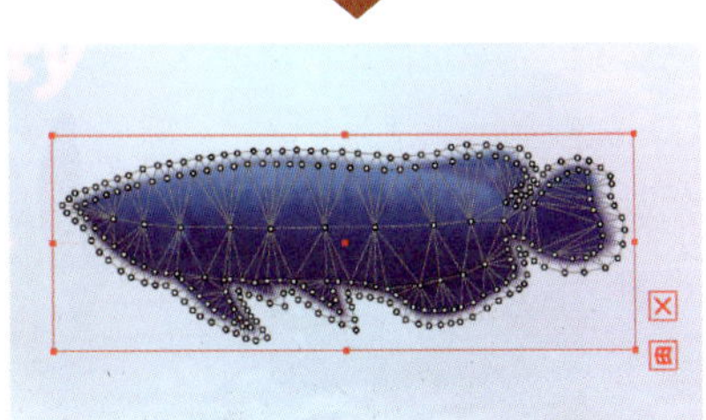
메쉬는 세세하게 분할한다.

파라미터는 오른쪽 그림의 5개입니다. '아로와나 A 이동 X(X축의 움직임)', '아로와나 A 이동 Y(Y축의 움직임)', '아로와나 A 각도(각도 Z)', '아로와나 A 흔들림 1', '아로와나 A 흔들림 2'의 5개 파라미터를 만들었습니다.

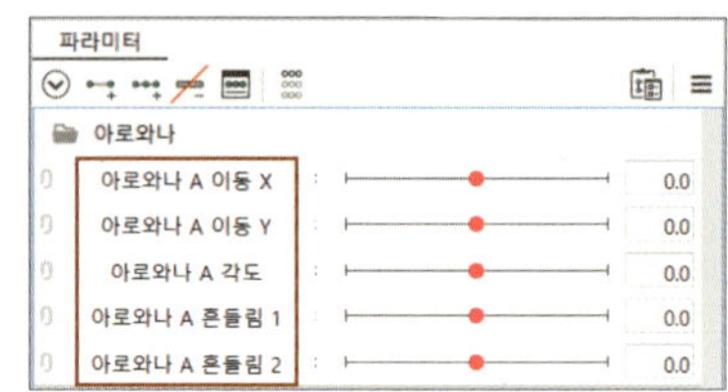

아로와나의 디포머 구성은 오른쪽 그림과 같습니다. 각도 Z, Y축, Z축, 흔들림 순서로 움직임을 붙입니다.

회전 디포머로 아로와나 본체의 '아로와나 A 각도(각도 Z)'의 움직임을 붙입니다.

물고기가 수조 전체 공간에서 이동할 수 있도록 Y축과 X축 이동의 움직임을 붙입니다. 먼저 Y축(세로 방향)의 움직임입니다.

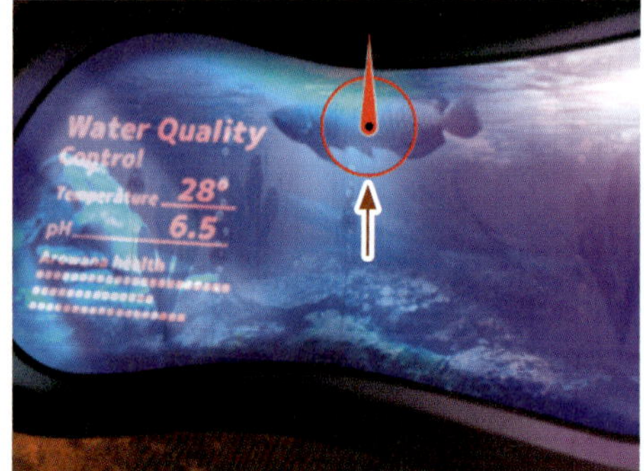

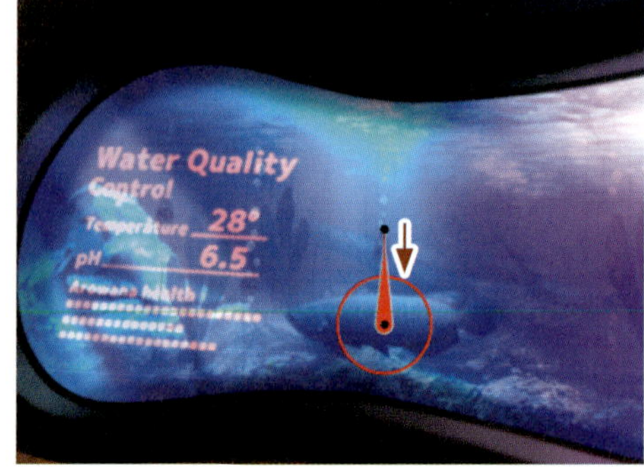

계속해서 X축(가로 방향)의 움직임을 붙입니다.

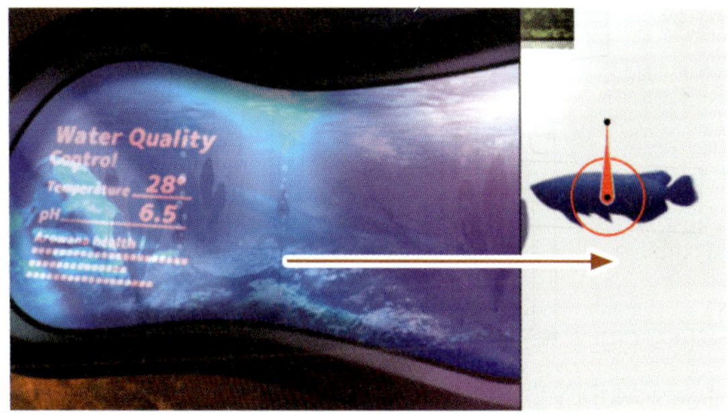

6

물고기의 흔들림을 만듭니다. '아로와나 A 흔들림 1'은 디포머를 사용해 꼬리 쪽 움직임을 크게 붙입니다.

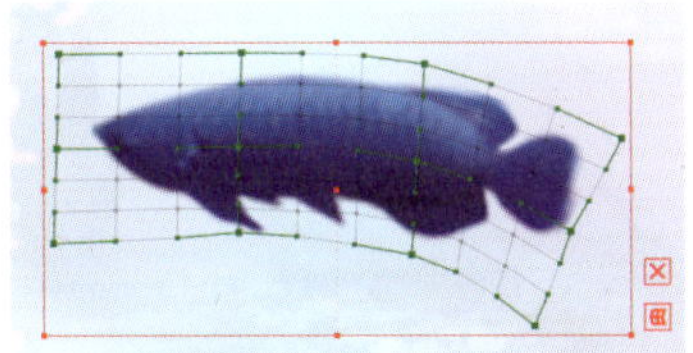
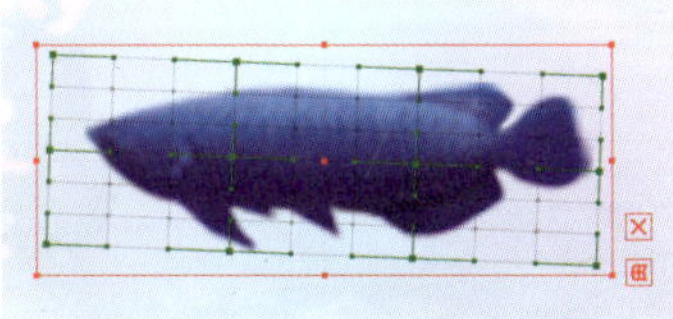
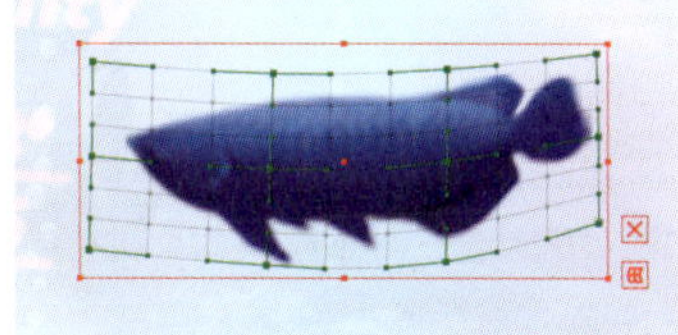

7

'아로와나 A 흔들림 2'에서는 아트 메쉬를 직접 변형시켜 세세한 꼬리 지느러미의 움직임을 만듭니다.

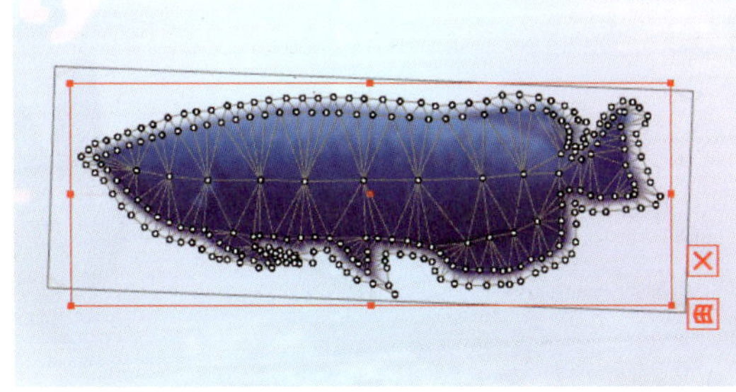
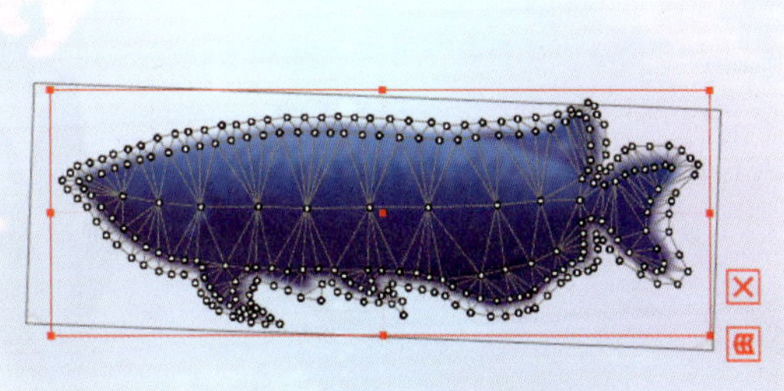

CHECK

물고기의 변형에 관해서는 **실제 물고기를 관찰해 보는 것**을 적극 권장합니다.

애니메이션 워크스페이스에서 작업합니다. 이번 예시와 같은 물고기의 애니메이션에서는 **순서에 맞게 키를 넣어** 효율적으로 애니메이션을 만들 수 있습니다.

1

기본적으로 도프 시트가 아니라 **그래프 에디터**를 사용해 편집합니다. 먼저 '아로와나 A 흔들림 1'의 파라미터에서 일정 간격의 곡선을 만듭니다. 이것을 복사해 나갑니다.

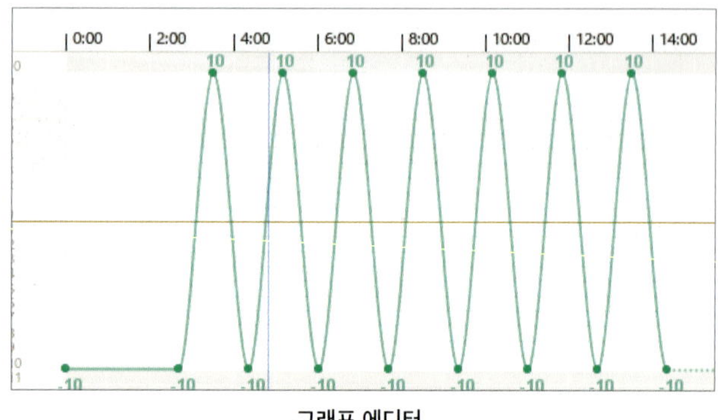

그래프 에디터

2

1에서 복사한 그래프를 '아로와나 A 흔들림 2'의 타임라인에 붙여 넣습니다. 그리고 전체를 오른쪽으로 어긋나게 합니다.

이 상태에서 애니메이션을 재생하면 물고기가 이동하지 않고 그 위치에서 움직입니다. 꼬리 지느러미가 흔들리는 정도를 보면서 곡선의 간격이나 '아로와나 A 흔들림 1', '아로와나 A 흔들림 2'의 어긋난 정도를 조정합니다. 이렇게 어긋나게 만들어 물리 연산에서 진자의 2번째 단계처럼 '아로와나 A 흔들림 2'의 지연을 쉽게 만들 수 있습니다. 결과적으로 움직임이 보다 실제처럼 보입니다.

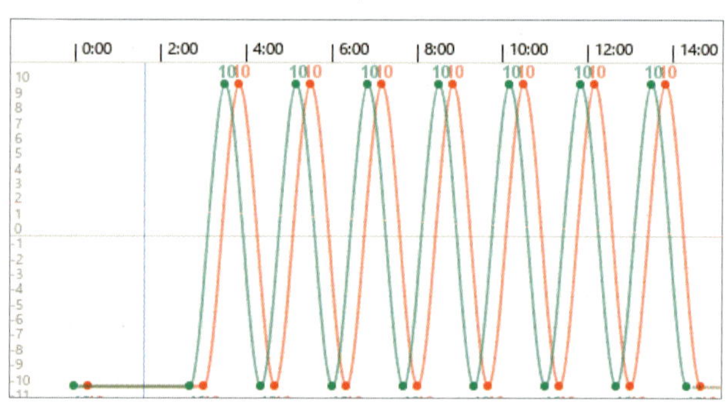

아로와나 A 흔들림 1 = 녹색, 아로와나 A 흔들림 2 = 빨간색

3

여기에서는 이동 파라미터(X축, Y축, 각도 Z)를 이동합니다.

먼저 이동 X의 파라미터에 흔들림과 속도의 완급을 고려하면서 키를 넣습니다.

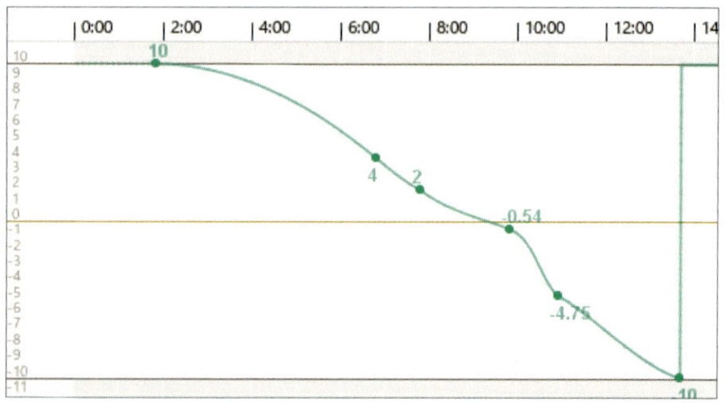

CHECK

이동의 완급을 붙이면 퀄리티가 높아집니다. 여기에서도 실제 물고기를 관찰하는 것이 좋습니다.

계속해서 이동 Y의 파라미터에 키를 넣어 상하
이동을 추가합니다.

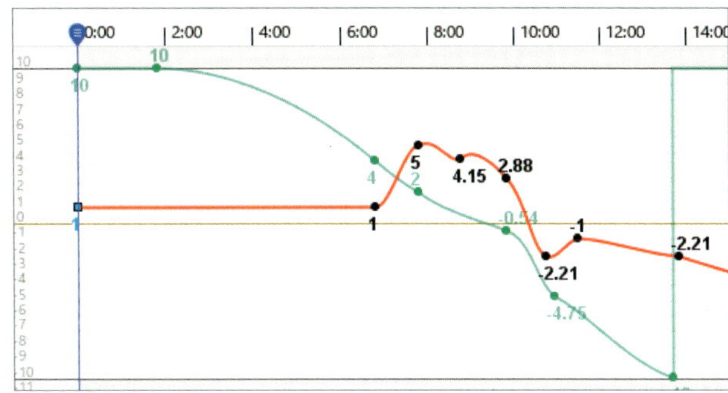

진행 방향에 아로와나의 머리가 향하도록 각도를 붙입니다. XY 좌표나 이동 속도가 크게 변화하기 직전에 각도를 붙이면
아로와나가 생각을 갖고 헤엄치는 것처럼 보이게 할 수 있습니다.

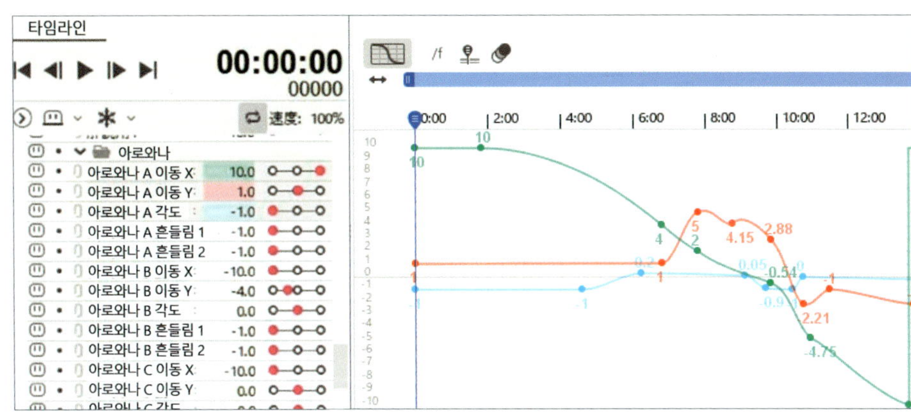

마지막으로 한 번 더 흔들림이 이동에 맞도록 2
를 조정합니다. 세세하게 곡선을 조정하면 한층
퀄리티가 높아집니다.

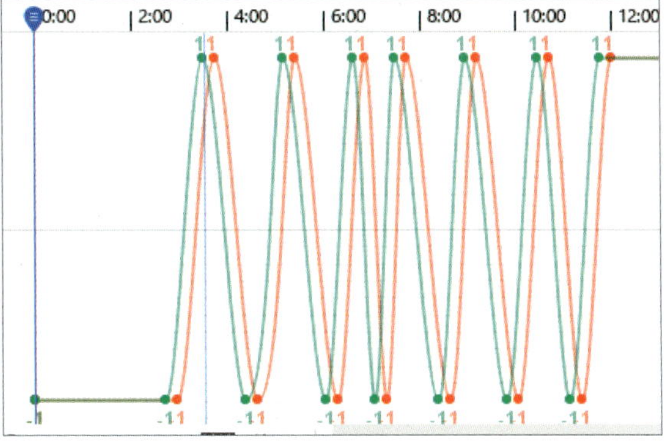

아트 메쉬 1장에 파라미터 5개라는 수고를 줄인 작업 방법은 아니지만, 이것만으로도 실제에 가까운 물고기의 헤엄치는 동작을
만들었습니다.

물고기 떼의 애니메이션을 만들자

카라아게마루

오른쪽 그림은 바닷속 설정으로, 창 밖에는
물고기가 헤엄치고 있습니다.

[순백의 씨사이드 선룸]
https://www.youtube.com/watch?v=LgpOMciN89Y

메인 물고기인 가오리 외에 작은 물고기를 많이 움직여야 했습
니다. 한 마리씩 움직이면 퀄리티는 높아지지만 먼 배경에 있고
메인 물고기가 아니기 때문에 효율적으로 그럴 듯하게 모델링
을 하고 애니메이션을 만듭니다.

Method1　모델링

모델링 워크스페이스에서 작업합
니다. 오른쪽 물고기 떼를 예로 들
어 설명합니다. 원본 시점에서는 **일
곱 마리가 하나의 레이어**로 되어
있습니다. 원본을 만들 때는 한 마
리를 복사해 붙여 넣은 뒤, 확대/축
소하거나 각도를 바꿔서 배치했습
니다.

한 마리를 메쉬에 할당한 뒤 그것을 복사해 붙여 넣은 뒤 각각 형태를 맞추는 것뿐이므로, 물고기 수가 많더라도 어느 정도 짧은 시간에 메쉬를 할당할 수 있습니다.

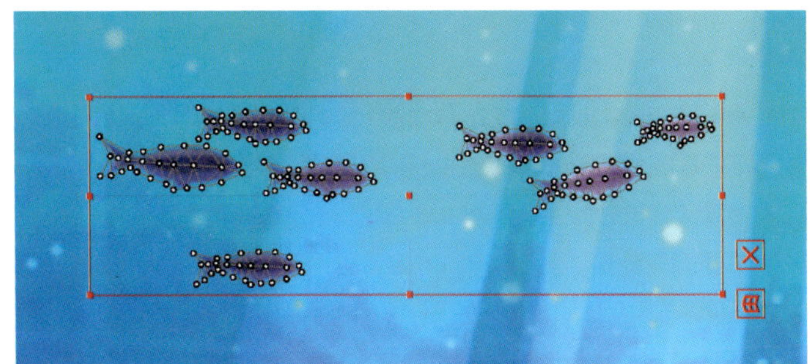

파라미터는 5개를 만들었습니다(여기에서는 물고기 떼 중에서 '물고기 B4'에서 확인했습니다). 기본적으로는 'Tips 92'와 같은 방식이나, 여기에서는 특징으로 '흩어짐'이라는 파라미터를 추가했습니다. 그리고 아트 메쉬에 파라미터 3개를 직접 붙여서 블렌드 셰이프를 함께 사용합니다.

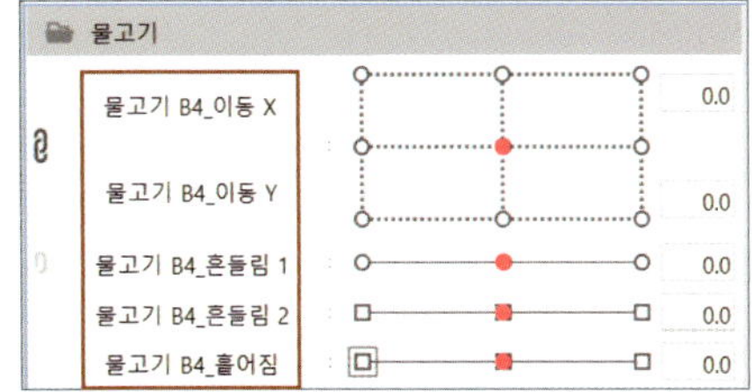

오른쪽 그림은 디포머의 구성입니다. 회전 디포머를 3개 만들었습니다.

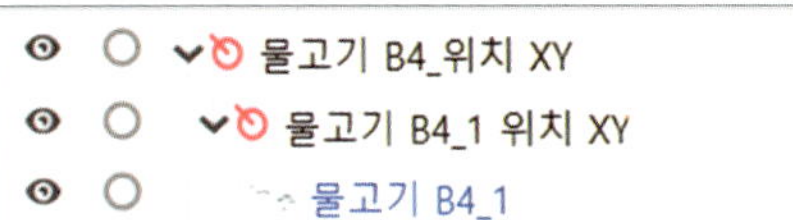

이동 XY에 관해서는 [Tips] 91과 마찬가지로 눈에 보이는 바다의 범위를 모두 이동할 수 있도록 X와 Y를 설정합니다.

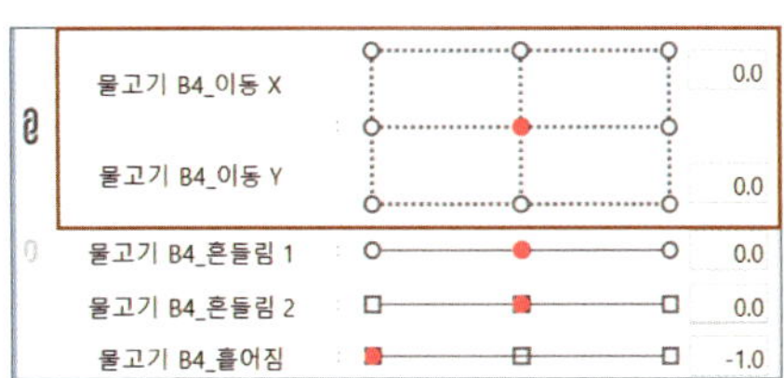

흔들림을 설정합니다. '물고기 B4 흔들림 1' 파라미터에 꼬리의 위아래 움직임을 붙입니다. 실제 이러한 **물고기는 꼬리를 위아래로 움직이기 보다는 옆으로 흔들며 헤엄치기 때문에의 꼬리는 상하로 움직이기 보다는 옆으로 조심스럽게** 움직임을 붙입니다. 모든 물고기 꼬리의 위아래 움직임을 같은 방향으로 만들기 보다는 **물고기 절반은 반대 방향으로 움직이도록 해서 다양함을 표현**합니다.

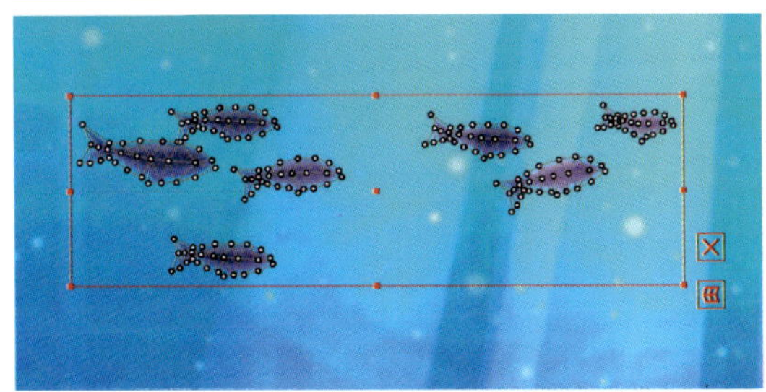

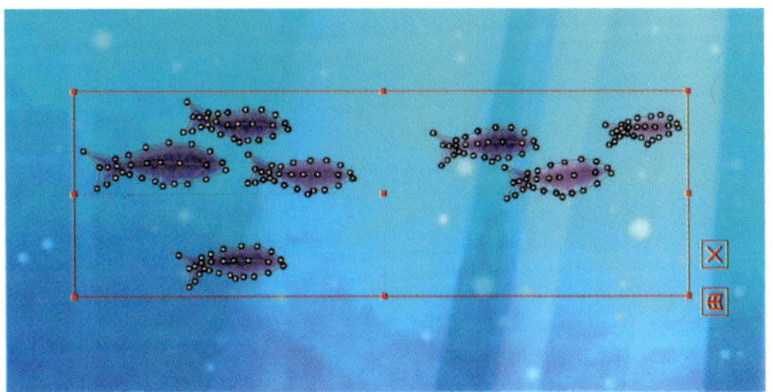

'물고기 B4 흔들림 2' 파라미터는 꼬리의 가로 방향 흔들림(앞뒤 움직임)을 설정합니다. **꼬리 지느러미가 앞쪽으로 나온 것처럼 보이도록** 꼬리를 찌그러뜨리면서 몸체의 길이를 조금 압축했습니다. '물고리 B4 흔들림 1'과 조합되어 입체적인 움직이므로 보이므로 '물고기 B4 흔들림 2'는 '-1.0', '1.0' 갑 모두 같은 형태로 만들면 좋습니다.

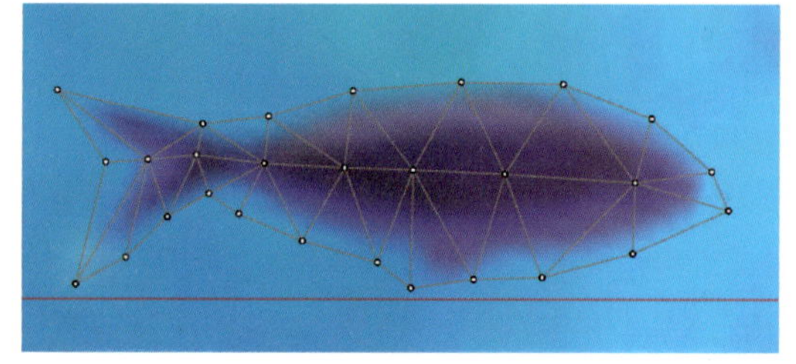

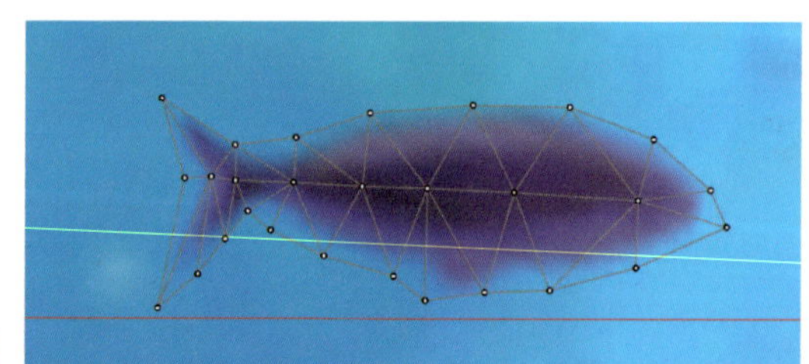

꼬리 지느러미가 앞쪽으로 나와 있는 것처럼 변형한다.

엄밀하게는 꼬리가 앞으로 나왔을 때는 찌그러뜨리면서 확대, 앞쪽으로 갔을 때는 찌그러뜨리면서 축소하는 등 원근감을 생각하며 형태를 만들면 보다 퀄리티를 높일 수 있습니다.

이 시점에서 '물고기 B4 흔들림 1'과 '물고기 B4 흔들림 2'에만 애니메이션을 붙이고 재생을 확인하면서 세세한 조정을 하는 것도 좋습니다.

물고기 수를 더 늘릴 것이므로 복제해서 위치 조정 디포머를 사용해 대각선 방향으로 오른쪽 아래 배치합니다.

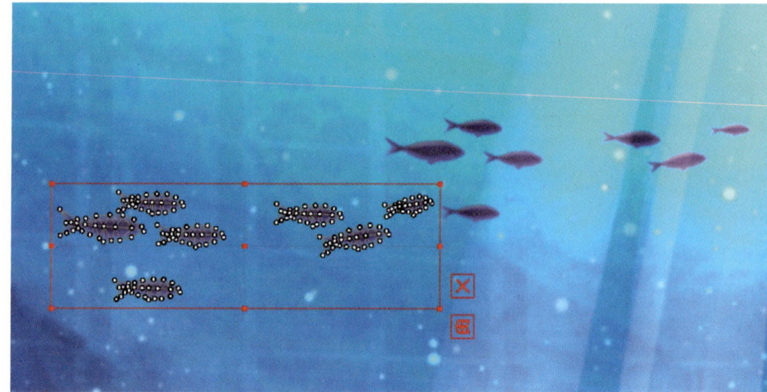

마지막으로 파라미터 '흩어짐'을 붙입니다. 이것은 **물고기 떼 전체로 물고기가 넓게 펴지거나 가까이 모이는 움직임**이 됩니다. 각 물고기별로 아트 메쉬를 포함해 선택하고 이동시킵니다.

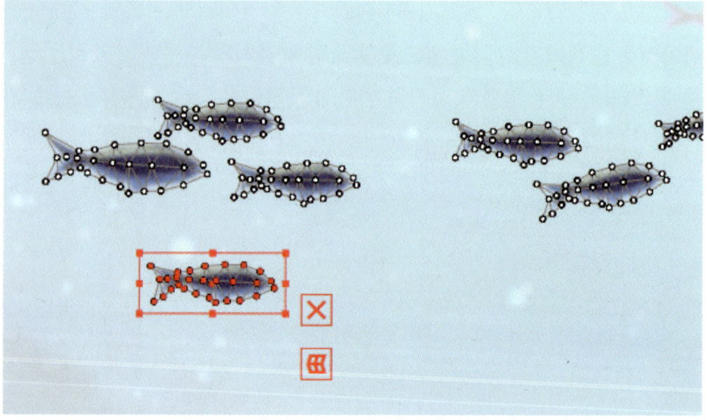

파라미터의 값 '0.0'에 대해 '-1.0'은 **물고기의 간격을 좁히도록 이동**, '1.0'은 전체적으로 크게 퍼지도록 변형했습니다. 이 때, **물고기의 이동 거리나 위치가 제각각이 되도록** 설정합니다. **위아래 위치를 바꾸거나, 앞의 물고기를 앞서거나, 크게 뒤쳐지거나** 같은 물고기를 만들면 물고기 떼의 움직임을 무작위로 보이게 만들 수 있습니다. 이것은 1개의 파라미터로 각 물고기가 헤엄치는 속도가 달라지게 보이도록 하는 기법입니다.

Method2 ▶ 애니메이션

애니메이션 워크스페이스에서 움직임을 붙입니다.

1

흔들림과 이동의 XY에 관해서는 [Tips 91]과 마찬가지로 만듭니다. 이동 XY는 물고기의 이동 루트와 완급을 고려하면서 움직임을 붙여 나갑니다.

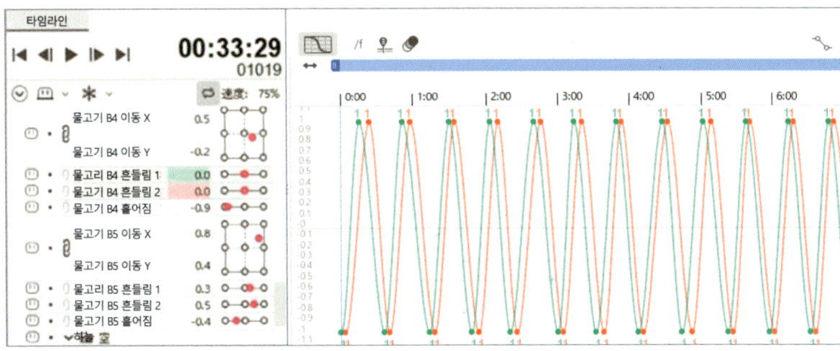

'물고기 B4 흔들림 1', '물고기 B4 흔들림 2'

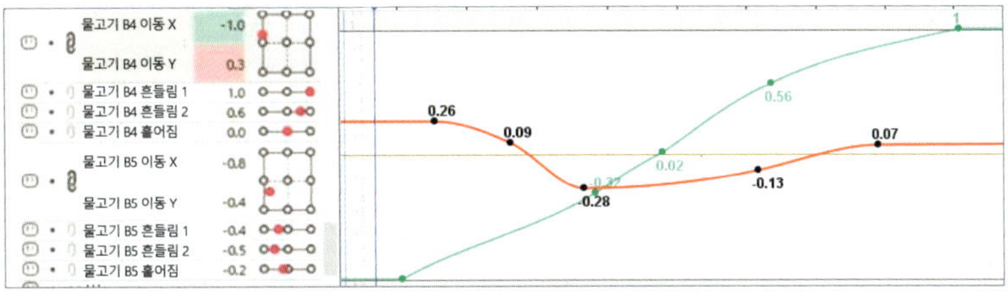

'물고기 B4 이동 X', '물고기 B4 이동 Y'

2

'흩어짐' 파라미터를 이동에 맞춰 조정합니다. 이동 속도가 느려졌을 때 물고기의 거리가 가까워지고, 이동할 때는 물고기의 거리가 멀어지게 설정합니다. 이렇게 함으로써 개체 수가 많은 물고기 떼라도 어느 정도 무작위성을 가지게 할 수 있습니다.

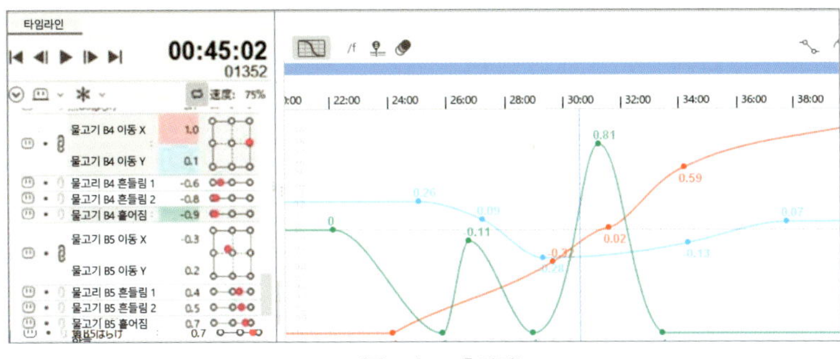

'물고기 B4 흩어짐'

공동 제작 [창 밖 제작]:Kstudio かわにな([X]@kawanina0218)

식물의 흔들림을 모델링하자

카라아게마루

배경의 관엽 식물을 사용해 **2단계 흔들림**으로 만드는 식물의 모델링 예를 소개합니다.
식물이 많은 배경의 경우 2단계 흔들림에 한해 **적은 순서로 그럴 듯하게 보이도록 하는 것**이 효과적입니다.

[V와 P 침대 특급]
https://www.youtube.com/watch?v=jBRSeivKJXo

1

관엽 식물은 잎을 각각 움직이기 때문에 각각의 부품으로 만들었습니다. 아트 메쉬를 직접 변형할 것이므로 가능한 **메쉬를 세세하게 분할**했습니다.
벽에 가려진 부분은 별도로 마스크를 겁니다.

'잎 A1_흔들림 1', '잎 A1_흔들림 2' 파라미터를 만듭니다.
여기에서는 잎의 밑동이 보이지 않으므로 회전 디포머를 사용
해 큰 좌우 흔들림을 파라미터 '잎 A1_흔들림 1'에 붙였습니다.
이때, 회전 디포머의 위치는 **화분의 위치를 고려해 잎의 밑동이
있을 듯한 위치에 설정**하는 것이 포인트입니다.

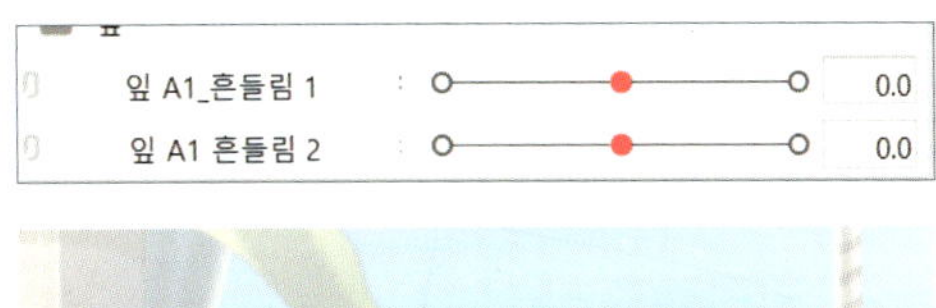

POINT

밑동이 보일 때는 워프 디포머를 만들면 정확하게 만들 수 있습
니다.

3

워프 디포머를 만들고 잎 전체
의 큰 흔들림의 변형을 만듭니
다. 이것도 파라미터 '잎 A1_흔
들림'에 키를 넣습니다.

워프 디포머를 변형

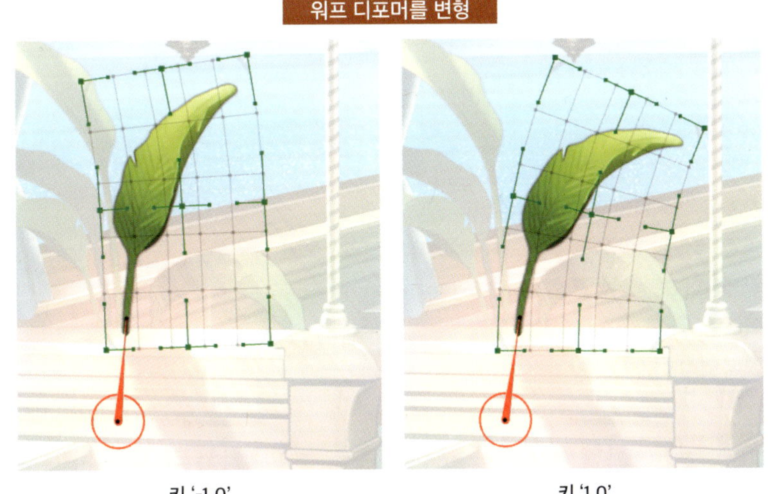

키 '-1.0' 키 '1.0'

아트 메쉬를 직접 변형

다음으로 아트 메쉬를 직접 변
형하고 파라미터 '잎 A1_흔들
림 2'를 만듭니다.

키 '-1.0' 키 '1.0'

잎 끝의 흔들림의 변형을 만듭니다.

계속해서 잎 전체도 변형시킵니다. 이때 원근감과 비틀어짐을 생각하면서 변형을 추가해 식물다운 느낌을 연출합니다. 여기에서는 -1.0일 때 잎의 폭을 넓혀 앞쪽으로 잎의 수평면이 보이도록 하고, 1.0일 때는 잎의 폭을 좁혔습니다. 이때 정확하게 변형시키는 것보다 약간 움푹 패인 것을 만들면, 움직였을 때 잎의 입체감과 부드러움이 나타나는 유기적인 움직임이 됩니다.

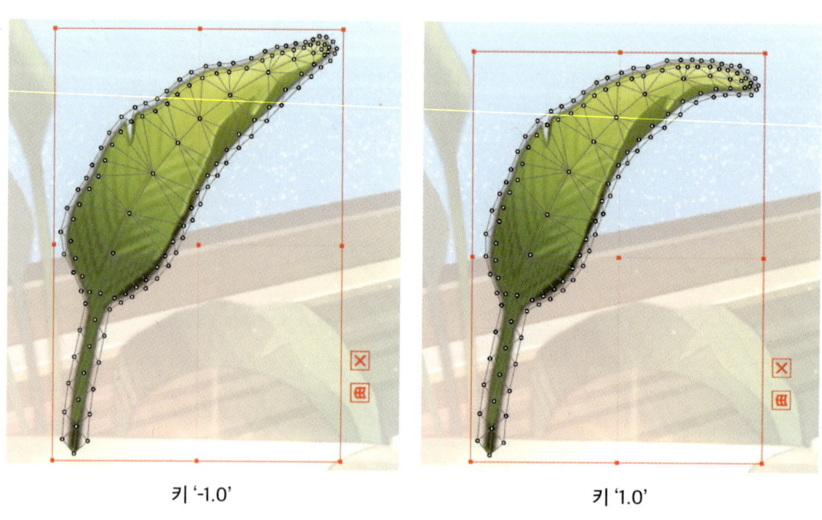

키 '-1.0'   키 '1.0'

오른쪽 잎의 변형도 살펴봅니다.

잎 뒤쪽까지 보일 때는 메쉬를 세세하게 분할함으로써 입체감이 있는 변형을 할 수 있습니다. 물리 연산 설정 다이얼로그에서 흔들림을 확인하면서 변형 정도를 조정해 완성합니다.

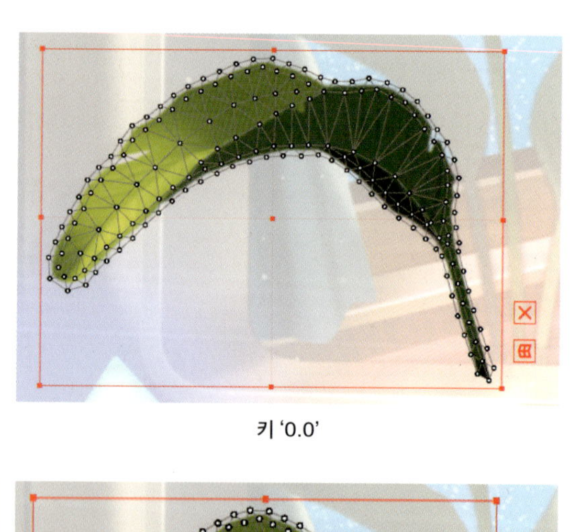

키 '0.0'

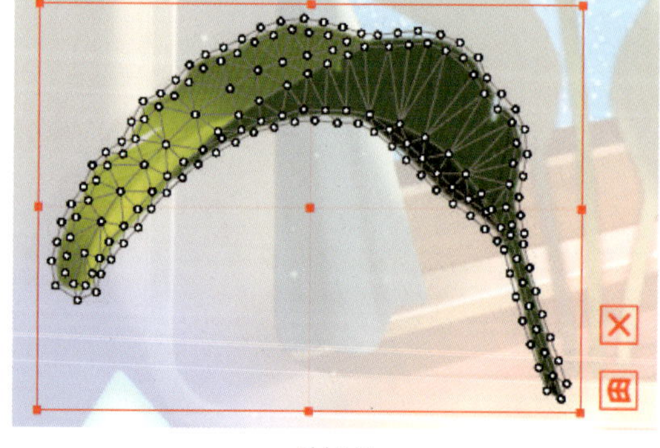

키 '-1.0'

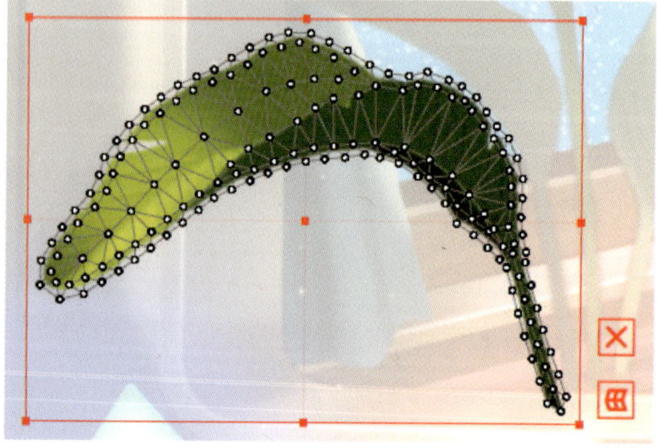

키 '1.0'

천둥을 표현하자

카라아게마루

날씨 변화의 천둥을 표현하는 방법을 소개합니다. 모델링 자체는 단순하지만 **천둥 이외의 파츠 여러 파츠를 준비하고**, 여러 파라미터를 조합해 애니메이션을 만들어서 뇌우의 분위기를 한층 연출할 수 있습니다.

[No.1의 펜트 하우스]
https://www.youtube.com/watch?v=YvXeedbIdDs

Method1　모델링

모델링 워크스페이스의 천둥의 모델링은 **1개의 파츠**에서 수행합니다.

1

천둥 파츠 자체는 인스펙터 팔레트의 블렌드 방식을 '가산'으로 해서 만듭니다.

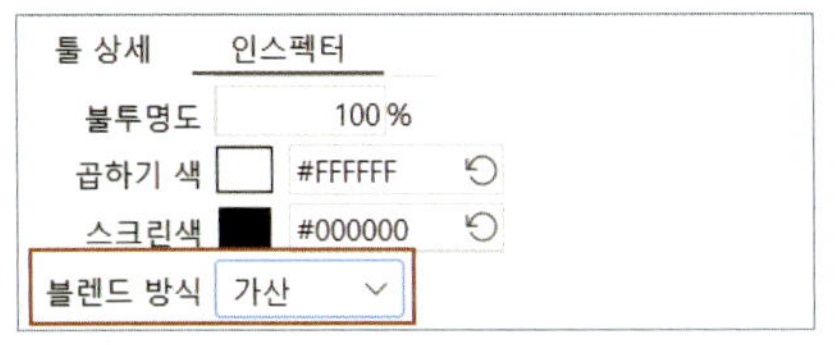

툴 상세	인스펙터	
불투명도	100 %	
곱하기 색	#FFFFFF	↺
스크린색	#000000	↺
블렌드 방식	가산	∨

인스펙터 팔레트

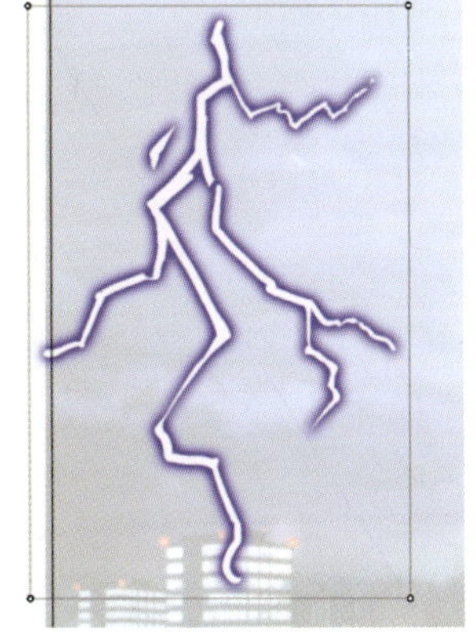

2

가장자리를 흐림 처리한 직사각형 마스크용 이미지를 사용해 천둥 전체를 감쌉니다. 마스크용 이미지를 천둥의 아트 메쉬에 클리핑 하고, [마스크 반전] 항목에 체크합니다. 마스크용 이미지의 불투명도를 '0%'로 설정합니다.

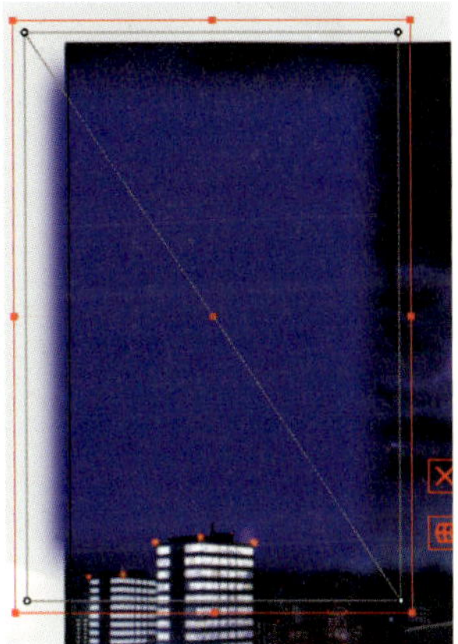

툴 상세	인스펙터
이름	천둥 1_낙하
ID	ArtMesh59
파츠	천둥
디포머	천둥 1_낙하 [천둥]
클리핑	ArtMesh271
마스크 반전	☑
그리기 순서	500

천둥의 인스펙터 팔레트

그리기 순서	500
불투명도	0 %

마스크의 인스펙터 팔레트

천둥 낙하용 파라미터를 '0.0'~'1.0'으로 만들고, 마스크용 이미지의 '0.0', '0.9', '1.0'의 세 점에 키를 넣습니다. '0.0' 키일 때 천둥이 완전히 사라지도록 마스크용 이미지를 축소합니다. 이것으로 파라미터 '0.0'에서 '0.9'에 걸쳐 천둥이 떨어지는 것을 간단하게 표현할 수 있습니다.

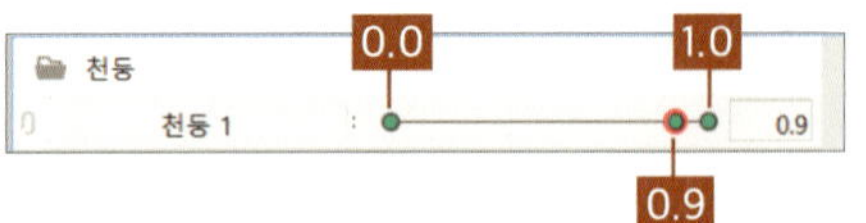

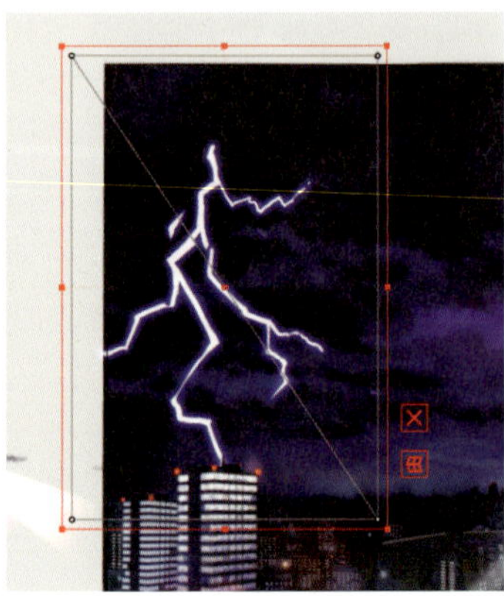

파라미터 '0.0' 파라미터 '0.5' 파라미터 '0.9'

낙하시킨 뒤 단숨에 천둥을 없앨 것이므로 천둥의 아트 메쉬에 파라미터 '0.9'에서 파라미터 '1.0'에 걸쳐 불투명도를 '100%' → '0%'가 되도록 키를 넣어 완성합니다.

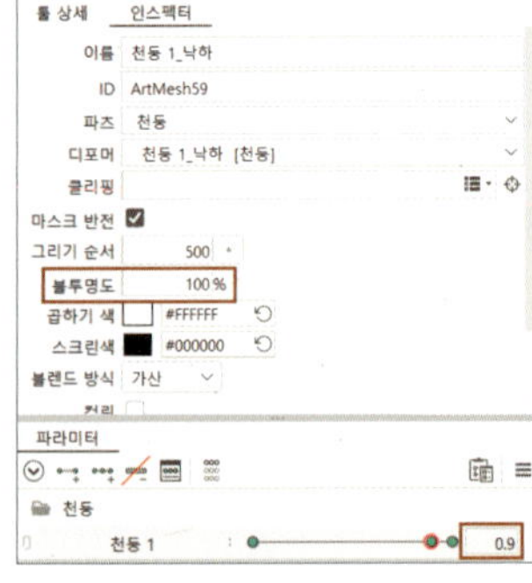

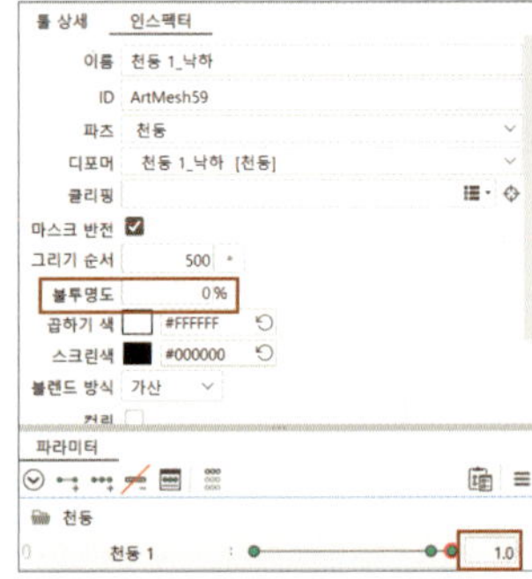

파라미터 '0.9' 파라미터 '1.0'

같은 방식으로 천둥을 여러 개 만듭니다. 앞쪽 천둥은 크게, 뒤쪽 천둥은 작게 만들어 원근감을 줍니다.

천둥이 치는 날씨 표현의 퀄리티를 높이기 위한 파츠 몇 가지를 소개합니다.

1

천둥이 발생하는 위치의 구름의 발광 소재를 만들고 '0.1' 값에서 천둥의 발광을 ON/OFF 하는 파라미터를 만듭니다.
애니메이션으로 **천둥의 낙하와 구름의 발광 시점을 어긋나게** 하기 위해 천둥과 별도로 파라미터를 만듭니다.

2

하늘 전체를 밝게 만들기 위해 블렌드 방식이 '가산'인 소재를 준비한 뒤, 구름 전체 발광 파라미터를 만듭니다. '구름 전체 발광 1', '구름 전체 발광 2'를 만들고 겹쳐서 ON 했을 때 보다 세게 발광하도록 만들었습니다.

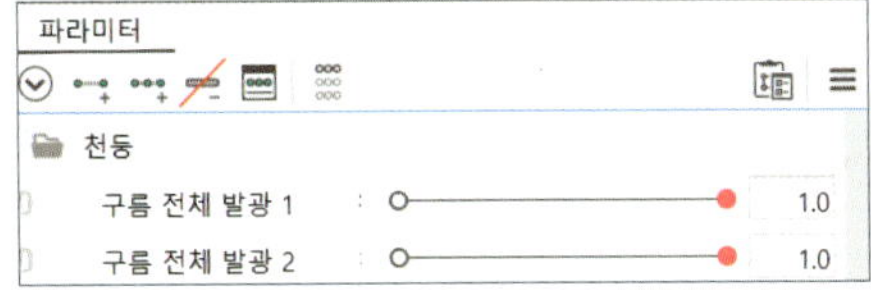

[Method1]에서 만든 천둥과1, 2에서 만든 구름을 조합해
보면 오른쪽 그림과 같은 분위기가 됩니다.

한층 변화를 주고 싶을 때는 오른쪽 그림과 같이 가로로
움직이는 천둥 파츠를 만드는 것도 좋습니다.

Method3 〉 애니메이션

애니메이션 워크스페이스에서 번개의 애니메이션을 만들어보겠습니다.

1

최종적인 파라미터 구성은 오른쪽 그림과 같이 되었습니다. 이 파라
미터들을 사용해 애니메이션을 만듭니다.

2

가장 먼저 천둥이 낙하하는 포인트를 몇 군데 만든 뒤, 구름의 발공
이나 전체 발광을 붙은 순서로 작업하면 원활하게 진행할 수 있습니
다.

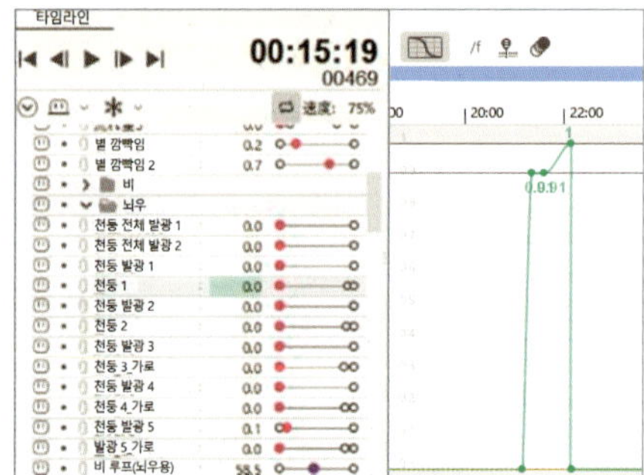

천둥에 맞춰 빛나는 구름, 천둥이 치지 않아도 구름이 빛나는 포인트를 세세하게 만듭니다.

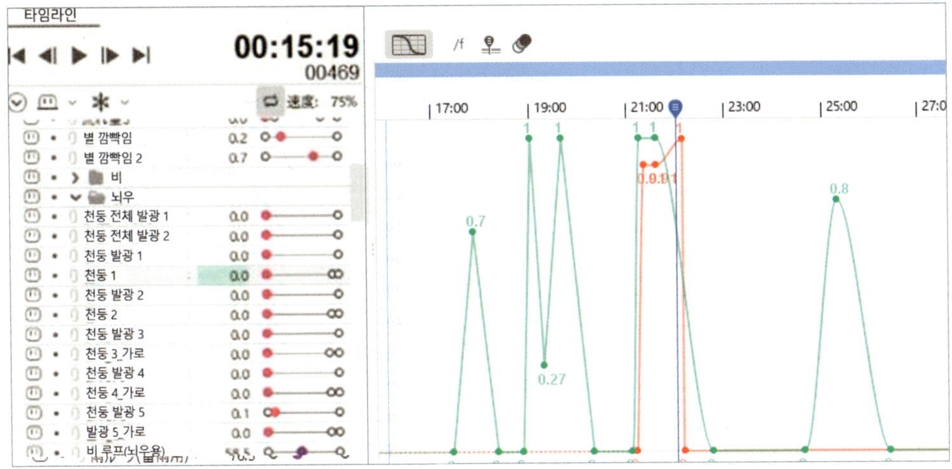

또한 구름의 발광에 맞춰 하늘 전체가 빛나게 합니다, 천둥이 떨어지는 시점에는 하늘이 가장 밝게 되도록 '구름 전체 발광 1', '구름 전체 발광 2'의 양쪽 파라미터를 사용합니다.

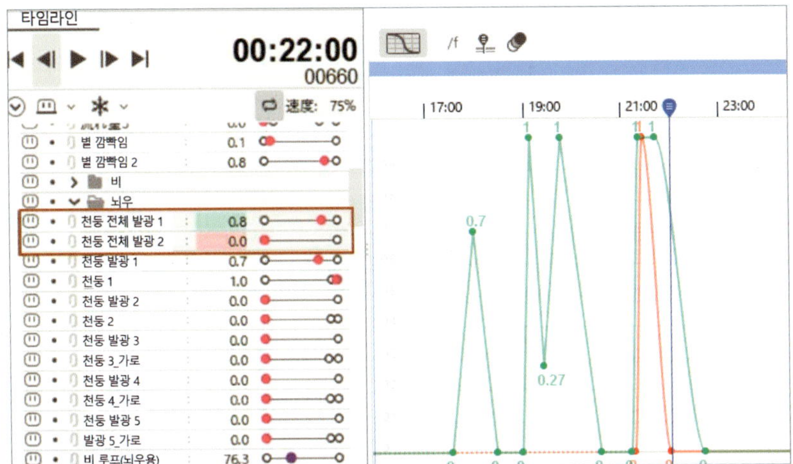

천둥이 치기 전

천둥이 치기 직전

Method4 　실내의 발광을 만들자

[Method1]~[Method3]의 배경에는 없지만 경우에 따라 떨어진 천둥에 맞춰 실내 일부를 빛나게 하면, 비가 오고 천둥이 치는 분위기를 한층 더 연출할 수 있습니다. 여기에서는 실내도 빛나게 하는 예를 소개합니다.

[악희 단피의 고딕 룸]
https://www.youtube.com/watch?v=_Q_wi3KLzq8

1

이 배경에서는 그림과 같이 천둥을 넣고 천둥이 가장 밝게 빛날 때는 하얗게 뜰 정도로 창 밖을 밝게 만들었습니다.

2

천둥의 발광에 맞춰 실내도 밝아지게 만듭니다. 발광용 소재 여럿을 창 쪽에 겹쳐서 실재 전체의 색감을 조정합니다. 일러스트의 분위기에 맞춰 다양한 효과를 시도해 봅시다.

화면이 전환되는 모니터를 만들자

카라아게마루

아래 작품 속에 있는 모니터에는 간단한 아이콘 액션 혹은 트랜지션 영상이 60초 동안 멈추지 않고 이동하는 듯한 애니메이션을 만들었습니다.

[No.1의 펜트 하우스]
https://www.youtube.com/watch?v=YvXeedbIdDs

작화 단계에서는 실제 모니터 위치가 아니라 **모든 파츠를 정면 상태에서 만듭니다.**
모니터와 관련된 모든 파츠의 부모에 원근 변화용 디포머를 만듭니다.
원근 변화용 파라미터를 '0.0'~'1.0'으로 만들고 키를 2개 넣습니다.

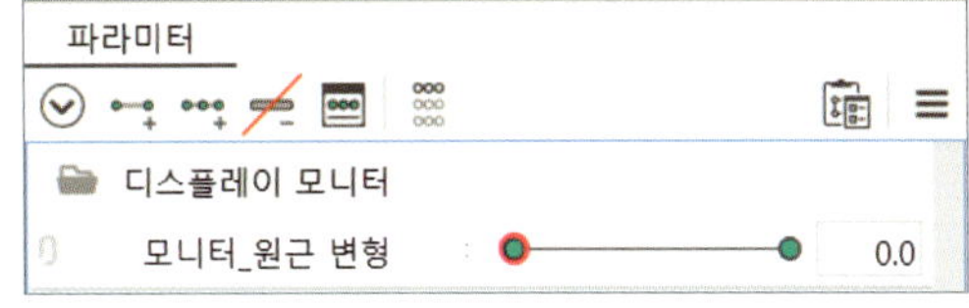

파라미터가 1.0에 되었을 때 배경의 올바른 위치에 자리 잡도록 변형합니다. 오른쪽 그림과 같이 배치했습니다. 다음으로 키 0.0의 정면으로 돌아가, 모니터 영상용 모델링을 합니다.

비스듬하게 배치된 모니터 안의 애니메이션을 편집할 때, 원근을 준 상태에서 다양한 움직임을 편집하는 것은 매우 번거롭습니다. 원근 변형용 파라미터를 만든 다음 정면 상태에서 편집하면 간단하게 다양한 표현을 할 수 있습니다.

배경 애니메이션에서 애니메이션을 베이크하자

카라아게마루

물리 연산에서 설정한 흔들림 등의 움직임은, '애니메이션 베이크'를 실행해 타임라인 위에 키 프레임으로써 즉시 반영할 수 있습니다.

배경에서는 입력에 해당하는 파라미터가 눈에 보이지 않는 것(바람이나 공기의 흐름 등)일 때가 많고, 이러한 것들을 만들 때는 조금의 팁이나 순서가 있습니다. 여기에서 소개하는 배경에서는 펜던트 등 4개, 샹들리에 2개, 천장에 달린 장식 8개가 있습니다. 천장에 달린 장식의 수가 많고 각각 2단계 흔들림 이상의 파라미터로 만들어져 있습니다. 이러한 경우에는 애니메이션 베이크를 사용해 흔들림을 일괄 적용하면 효율이 높아집니다.

[악희 탐피의 고딕 룸]
https://www.youtube.com/watch?v=_Q_wi3KLzq8

캐릭터 모델의 경우 X축, Y축 등 머리나 몸의 움직임을 키프레임에 넣은 뒤 '애니메이션 베이크'를 실행하면 몸의 움직임과 관련된 파라미터를 입력으로 갖는 물리 연산이 설정된 파라미터가 자동 입력됩니다. 자동 입력은 간단하게 생각할 수 있지만 애니메이션 베이크를 사용해 간단하게 물리 연산 결과를 타임라인에 적용할 수 있다 하더라도 그 뒤에 세부 조정(물리 연산, 애니메이션 모두)에 상당한 시간이 걸릴 때가 있습니다. 애니메이션을 직접 만드는 것과 애니메이션 베이크를 사용하는 것 중 어느 것이 좋은지는 모델링 숙련도, 배경 내용, 만들고 싶은 움직임의 종류, 모델러의 기호에 따라 다를 것입니다.

Method1 ▸ 물리 연산 설정

우선 모델링을 완료했다면 물리 연산 화면에서 흔들리는 것을 만들면서 물리 연산 설정을 합니다.

1

입력용 빈 파라미터를 만들어야 합니다. 오른쪽 그림은 펜던트 라이트의 파라미터 목록입니다. 입력용 빈 파라미터 'PL 흔들림 소스 0'을 '-1.0'~'0.0'~'1.0'의 값으로 만들었습니다. 이 키에는 아무것도 넣지 않았으며, 물리 연산 설정 및 애니메이션 베이크에서 사용합니다.

빈 파라미터　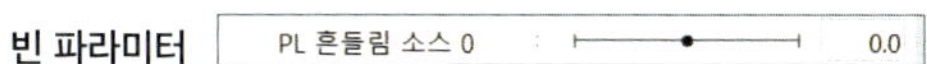

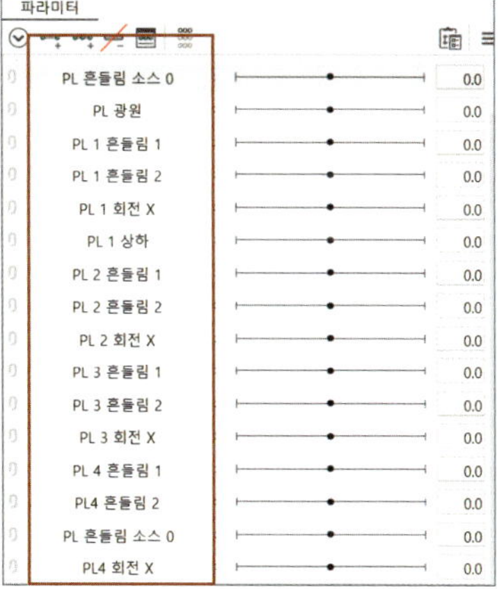

2

[모델링] 메뉴 → [물리 연산 설정]을 열고 물리 연산 설정 다이얼로그의 [미리보기] 메뉴 → [커서 트래킹 설정]을 선택합니다.

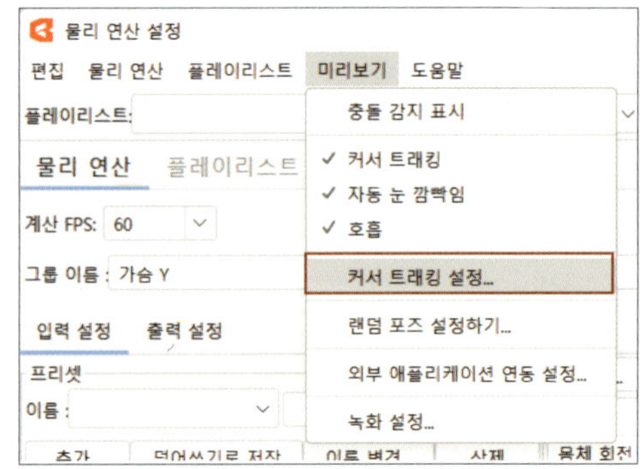

물리 연산 설정 다이얼로그

3

커서 트래킹 설정 다이얼로그에서 'PL 흔들림 소스 0'의 [유형]을 선택하고 [마우스 왼쪽 X]를 설정합니다. 이렇게 설정하면'PL 흔들림 소스 0'을 물리 연산 입력으로 설정한 흔들리는 것은 마우스 좌클릭 드래그로 흔들 수 있게 됩니다.

커서 트래킹 설정 다이얼로그

4

이 상태에서 물리 연산을 붙입니다. 펜던트 라이트 4개의 설정값을 모두 동일하게 하는 것이 아니라, 자연스러운 차이가 생기도록 설정합니다.
자연스러운 차이를 만들 때 필자가 자주 조정하는 것은 기준이 되는 조명의 물리 연산 중에서 [흔들림 정도], [수렴 속도]는 거의 변경하지 않고 [길이], [반응 속도]에 한해 세세하게 조정하는 방법입니다(다양한 설정을 변경하면 겹친 분위기가 변하거나 조정이 어려워지기 때문입니다).
모든 흔들리는 것의 물리 연산을 설정해 완료합니다.

물리 연산 설정

애니메이션 베이크의 입력을 위한 키를 만듭니다. 애니메이션 워크 스페이스에서 작업합니다.

1

편집 모드는 [그래프 에디터]를 사용합니다. 흔들림을 확인하기 위한 임시 파라미터로 'PL 1 흔들림 1'에 키를 넣습니다.

POINT

입력의 'PL 흔들림 소스 0'에 갑작스레 키를 넣지 않는 것이 포인트입니다. 하늘의 파라미터로 움직이는 대상이 없어 흔들리는 대상의 흔들리는 정도나 속도를 시각적으로 확인하기 어렵기 때문입니다.

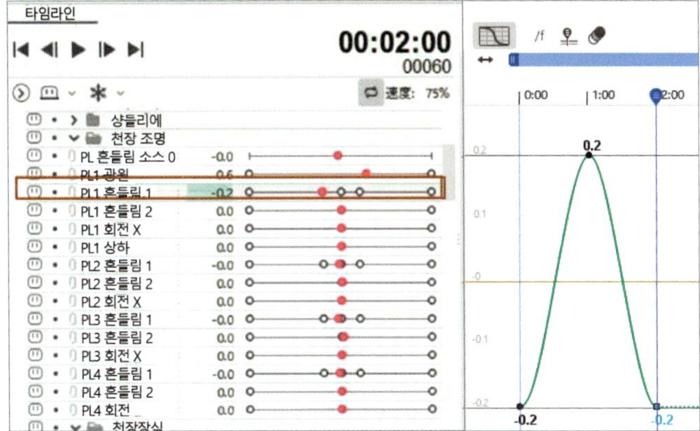

기준이 되는 일정 속도의 흔들림의 키프레임을 만듭니다. 오른쪽 그림과 같이 '-0.2'와 '0.2'의 값의 커브를 산처럼 하나 만든 후, 복사 & 붙여넣기를 사용해 같은 커브를 재생 시간 가득 채웁니다.

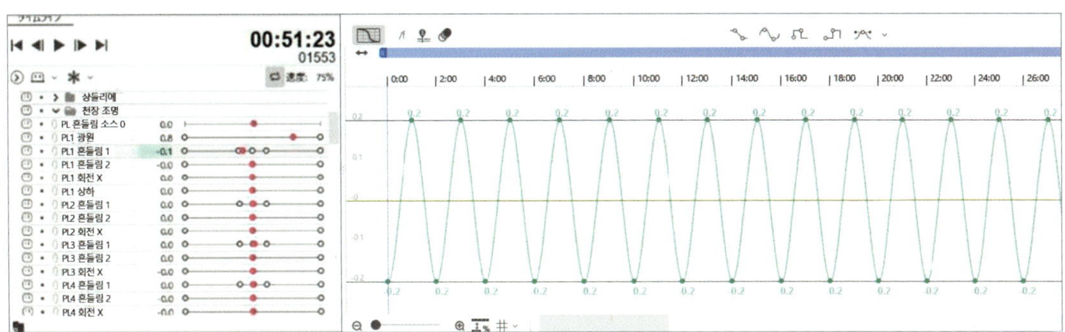

2

지금까지 작업했다면 재생해 봅니다. 'PL 1 흔들림 1' 객체가 흔들립니다. 그 속도를 보면서 커브의 폭이나 수치를 조정합니다.

CTRL + A 키를 눌러 모두 선택하면
바운딩 박스가 표시됩니다.
바운딩 박스 오른쪽 끝을 좌우로 드래
그 해서 커브의 폭을 좁히거나 넓혀서
빠르게 조정할 수 있습니다.

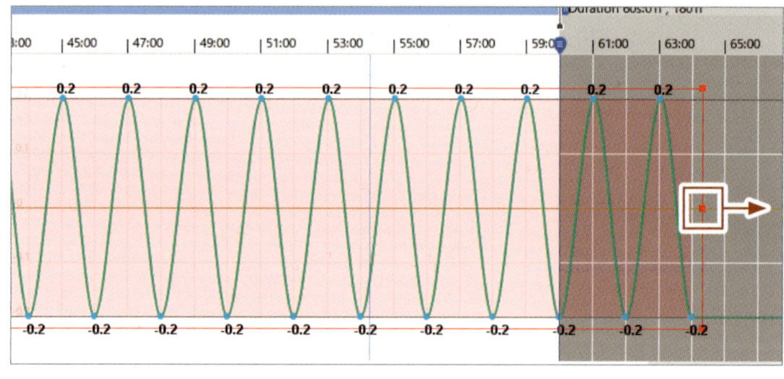

3

바운딩 박스의 상하좌우 중 하나에 ALT 키를 누르면서 드래그 하면 **중심을 유지한 상태에서 커브를 상하로 축소**할 수 있습니다.

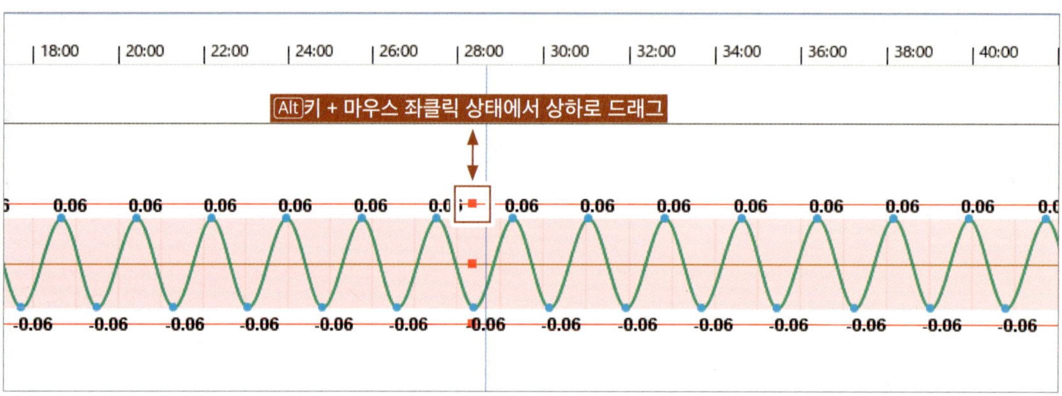

4

기본이 되는 커브를 만들었다면 일부를 확대 도는 축소하면서 흔들림의 강약을 붙입니다. 애니메이션을 재생해 실제 흔들림을 확인하면서 진행합니다.
여기에서는 작게 흔들리다가 크게 흔들리는 포인트를 만들 것이므로 다음 그림과 같은 키 프레임으로 만들었습니다.
애니메이션 베이크를 실행한 뒤 보다 세세하게 수정할 것이므로, 이 단계에서는 대략적으로 만들어도 좋습니다.

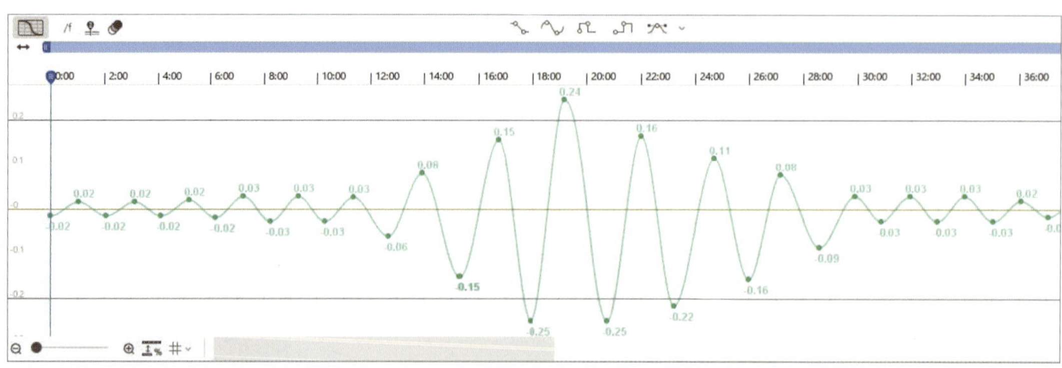

애니메이션 베이크를 설정합니다.

1

[Method2]에서 만든 'PL 1 흐름 1'의 키 프레임을 모두 선택합니다. 다음으로 'PL 흔들림 소스 0' 파라미터를 선택하고, 인디케이터를 트랙의 앞쪽에 맞춘 상태에서 붙여 넣습니다.

이것으로 'PL 1 흔들림 1'과 같은 키 프레임이 'PL 흔들림 소스 0'에 설정되었습니다.

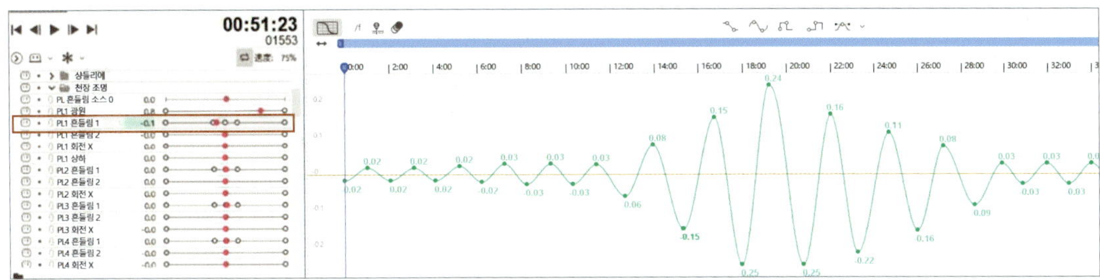

2

여기에서 애니메이션 베이크를 합니다. [애니메이션] 메뉴 → [트랙] → [물리 연산 애니메이션 베이크]를 선택합니다.

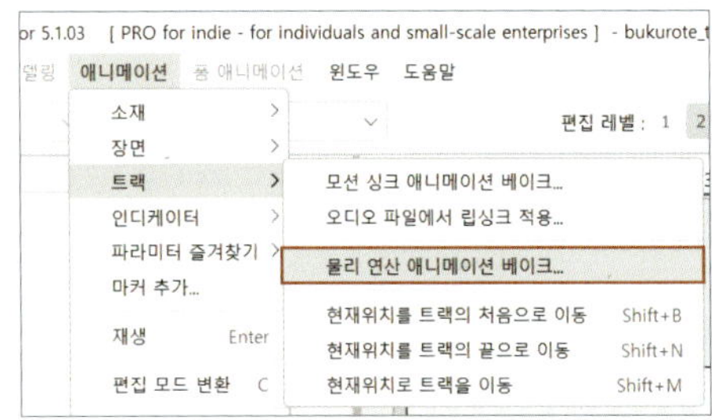

3

물리 연산의 애니메이션 베이크 설정 다이얼로그가 표시됩니다. 애니메이션 베이크를 적용할 파라미터에 체크를 하고 [OK]를 클릭합니다. 이제 모든 펜던트 라이트에 물리 연산이 적용되었습니다.

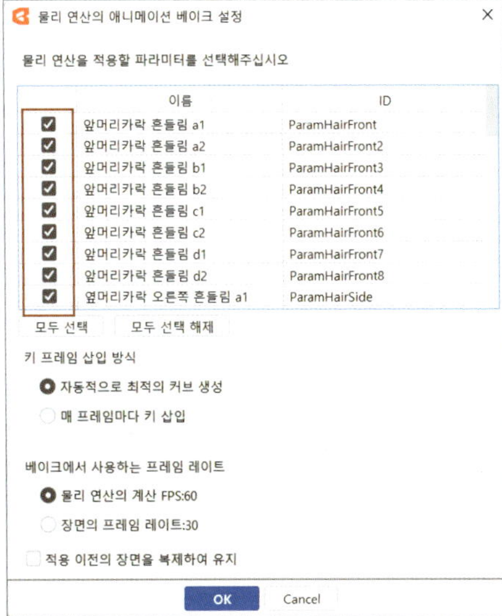

물리 연산의 애니메이션 베이크 설정 다이얼로그

애니메이션을 재생해 움직임을 확인하면서 생각한 것과 다를 때는 'PL 흔들림 소스 0'의 키 프레임을 조정하거나, 물리 연산 수치를 조정해 다시 애니메이션 베이크를 실행합니다.

애니메이션 베이크에서 단시간에 이상적인 결과를 얻는 것이 어려울 때는 어느 정도 설정이 반영된 단계에서 수동으로 세부 조정을 하는 것이 좋습니다. 예를 들면 흔들림이 작아지기(혹은 커지기) 쉬운 부분은 수동으로 크게(혹은 작게) 되도록 조정하거나, 베지어 핸들을 사용해 움직임의 완급을 만드는 것도 효과적입니다.

또 이 방법의 애니메이션 베이크에서는 물리 연산으로 만든 변동이 생각만큼 반영되지 않는 경향이 있습니다. 해결 방법으로는, 예를 들어 펜던트 라이트 2와 3의 흔들림 타이밍을 어긋나게 하고 싶을 경우, 펜던트 라이트 3의 "PL 흔들림1"과 "PL 흔들림2"의 타임라인을 전부 선택한 뒤, 바운딩 박스를 좌우로 약간 움직이면 어긋남을 만들 수 있습니다.

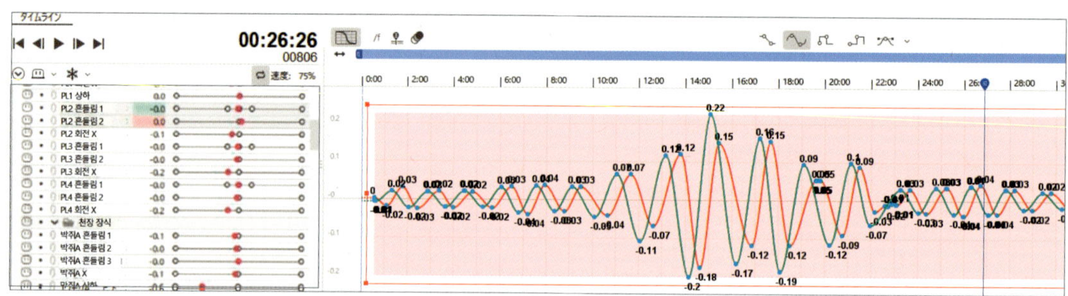

수동으로 세부 조정한 뒤 애니메이션 베이크를 하면 작업 내용이 덮어 써지므로 주의해야 합니다.

간단하게 애니메이션 베이크를 설정하는 방법으로 'PL 흔들림 소스 0'의 '0.0'~'1.0' 값만 사용해, 스위치 처럼 물리 연산을 적용하는 방법이 있습니다.

파형은 오른쪽 그림과 같은 형태입니다. 물리 연산 화면에서 마우스로 흔들었을 때의 움직임에 가까운 효과를 얻을 수 있습니다.

간단하게 설정할 수 있고 물리 연산으로 만든 흔들림이나 차이, 깔끔한 마무리를 쉽게 만들 수 있지만 몇 가지 주의할 점이 있습니다.

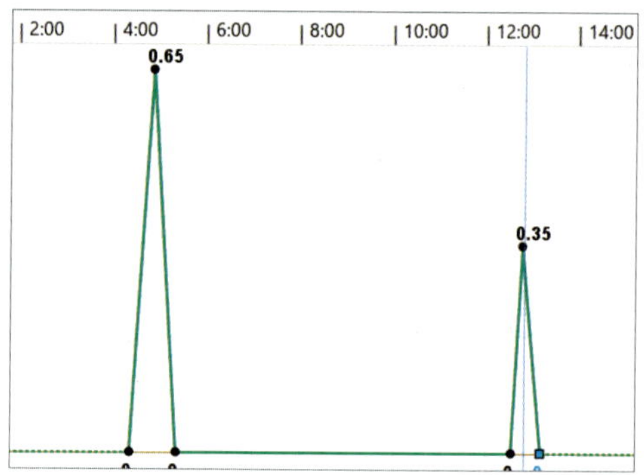

· 흔들림의 시작에 부자연스러운 힘이 걸린 것처럼 보이기 쉽다.

· 흔들림의 수습이 완료되기 전에 다시 스위치가 걸린 경우, 물리 연산이 잘 적용할 수 없을 수 있다.

· 위 두 가지 이유 때문에 흔들림의 시작 조정이나 (애니메이션) 이음새를 조정하는 데 시간이 소요된다 (흔들리는 대상이 많을수록 조정이 늘어난다).

필자는 천장에 달린 대상을 흔드는 경우, 완전한 정지 상태(정지 상태가 노이즈가 되는 상태)를 만들고 싶어하지 않는 편이고, 흔들림의 시작을 깔끔하게 만들고자 하기 때문에 [Method1]~[Method4]와 같은 방법을 따라 작성합니다. 하지만 스위치 방식도 수동 조정과 조합하면 실제 같은 흔들림을 재연할 수 있기도 합니다. 두 가지 방법 모두 사용 위치, 흔들림의 형태 등에 따라 사용할 수 있는 방법의 하나로 참고합니다.

배경 차이를 효율적으로 만들고 치환하자

카라아게마루

Live2D Cubism Editor는 psd 파일 안의 레이어 이름과 구성이 같다면, 다른 psd 데이터라 하더라도 그대로 치환할 수 있습니다. 이러한 특성을 이용한 배경 차이의 모델 데이터를 만들고 애니메이션을 치환하는 방법을 소개합니다.

Method1 ▸ 모델 데이터 치환

오른쪽 그림의 낮 모델 데이터에서 저녁 모델을 만들어봅니다.

[순백의 시사이드 선룸]
https://www.youtube.com/watch?v=LgpOMciN89Y

1

오른쪽 그림은 Photoshop 에서 본 레이어 구성입니다. 낮과 저녁의 psd 파일에서는 같은 파츠는 모두 같은 레이어, 같은 폴더명, 같은 구성으로 만들었습니다(색만 다른 상태입니다. 추가 파츠가 있을 때는 신규 아트 메쉬로 추가되므로 문제 없습니다).

레이어 이름, 폴더명, 구성이 동일하다.

낮 레이어 구성	저녁 레이어 구성
*A 코드 펜	*A 코드 펜
A 발광 1	A 발광 1
A 발광 2	A 발광 2
A 원 프레임 아래	A 원 프레임 아래
A 원 프레임 위_앞	A 원 프레임 위_앞
A 천장 장식	A 천장 장식
A 연결 장식	A 연결 장식
체인	체인
A 세로 프레임_바깥	A 세로 프레임_바깥
A 발광 베이스	A 발광 베이스
A 발광 베이스 2	A 발광 베이스 2
A 세로 프레임_바깥	A 세로 프레임_바깥
A 원 프레임 위_뒷면	A 원 프레임 위_뒷면
A 세로 프레임_바깥 복사	A 세로 프레임_바깥 복사

POINT

기본적으로 낮의 모델링과 애니메이션 작업을 모두 완료한 뒤, 차이가 있는 모델링 데이터를 만듭니다.

2

'순백의 시사이드 선룸_낮.CMO3'을 복제한 뒤 이름을 '순백의 시사이드 선룸_저녁(분홍).CMO3'으로 변경하고, 복제한 데이터를 엽니다. 그리고 저녁 psd 파일을, 모델 데이터를 연 Live2D Cubism Editor에 드래그 & 드롭 합니다. 모델 설정 다이얼로그가 표시됩니다. psd 파일을 임포트 할 모델에 '순백의 시사이드 선룸_저녁(분홍)'을 선택합니다.

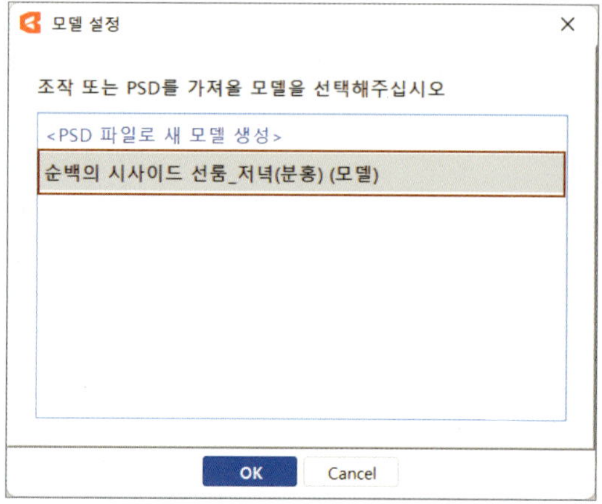

모델 설정 다이얼로그

3

설정 다시 가져오기 다이얼로그가 표시됩니다. 치환할 기존 psd 파일 '순백의 시사이트 선룸_낮_임포트 용.PSD'를 선택합니다.

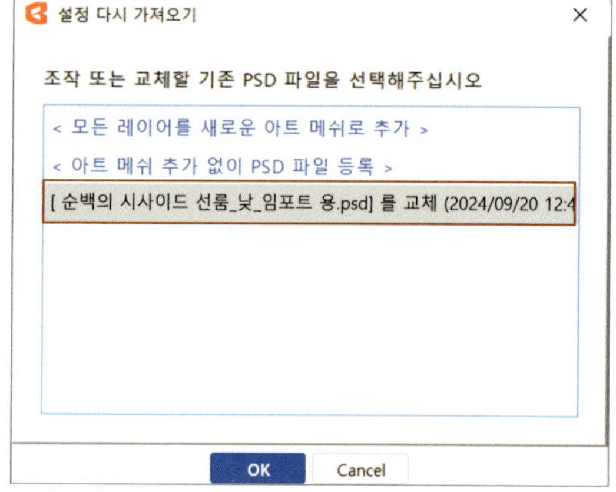

설정 다시 가져오기 다이얼로그

4

모델의 psd를 낮에서 저녁으로 치환했습니다. 저녁용에 맞춰 모델링 세부 설정이나 추가 파츠를 모델링 한 뒤, 저녁 모델 데이터를 완성합니다. 여기에서는 주로 조명 기구나 자연 광 등의 빛 관련 소재를 저녁 색에 맞게 변경하고, 추가 파츠인 태양이나 바다에 반사되어 비치는 빛 등을 모델링 했습니다.

CHECK

낮 psd에 없는 파츠가 저녁 psd 파일에 존재하면 파츠의 가장 위쪽에 임포트 됩니다. 올바른 레이어 계층으로 이동합니다.

저녁 모델 데이터

모델 데이터 다음으로 애니메이션 데이터도 치환합니다.

1

애니메이션 워크스페이스의 장면 팔레트에서 애니메이션이 완성되어 있는 낮 장면을 선택해 복제한 뒤 이름을 저녁으로 변경합니다.

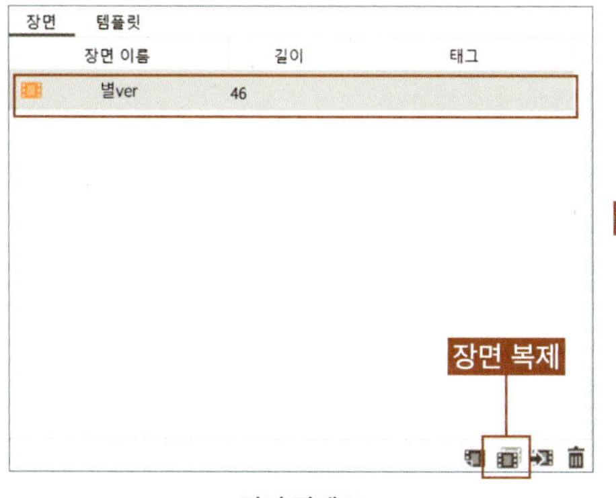
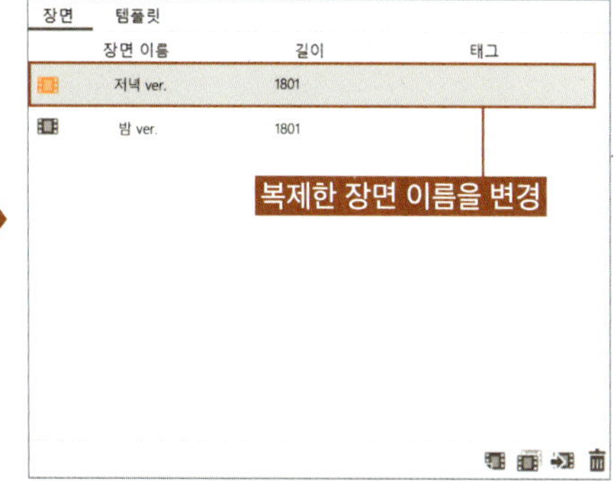

장면 팔레트

2

장면 '저녁'을 선택한 상태에서 타임라인에서 모델 데이터를 선택합니다.

타임라인 팔레트

3

[애니메이션] 메뉴 → [소재] → [선택한 모델 교체]를 선택한 뒤, 저녁 모델 데이터(cmd3)를 임포트 합니다.
이렇게 해서 이미 만든 애니메이션 내용을 그대로 유지한 채 모델 데이터를 변경할 수 있습니다.

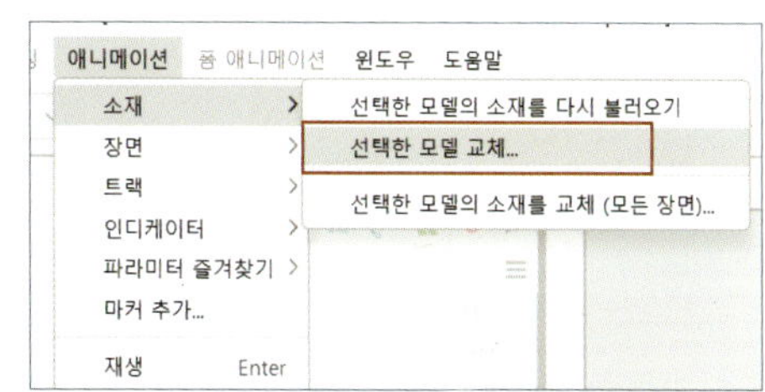

치환 전 데이터에 없는 파라미터가 치환 후 데이터에 있을 때는, 치환 후에 애니메이션을 만듭니다.

이렇게 장면을 복제하고 모델 데이터를 치환함으로써 하나의 애니메이션 파일로 복제의 차이를 관리할 수도 있습니다.

동영상을 출력할 때는 '전체 장면을 출력' 항목에 체크해 두면 모든 차이 동영상을 한 번에 익스포트 할 수 있습니다. 이 방법을 사용해 다양한 차이를 만들었습니다.

동영상 출력 설정 다이얼로그

저녁(분홍색)

저녁(주황색)

밤

소등

바닷속

거센 파도

간단한 수작업 애니메이션을 만들자

카라아게마루

천장에 달려 있는 대상의 애니메이션에 대해 애니메이션 베이크를 사용하지 않고 만드는 수작업 애니메이션 순서를 소개합니다. **2단계 흔들림 정도까지 움직임 파라미터가 적을 때는 효과적**입니다. 시간을 단축할 수 있으며, 초보자도 쉽게 만들 수 있는 간단한 애니메이션 만들기 방법의 하나입니다. 다음 그림의 배경 코드 펜던트 라이트의 2단계 흔들림으로 예로 들어 설명합니다. ㅅ

코드 펜던트 라이트

[610bit 상점] https://www.youtube.com/watch?v=Ci7svUA-f0A

Part2 배경 모델

Method1 　디포머, 파라미터 구성 확인

먼저 디포머와 파라미터 구성을 확인합니다.
'CP 흔들림 소스 0'은 물리 연산 입력에 설정하는 파라미터입니다. 'CP_LC'는 조광용 파라미터입니다(LC는 Light Control의 약자입니다).

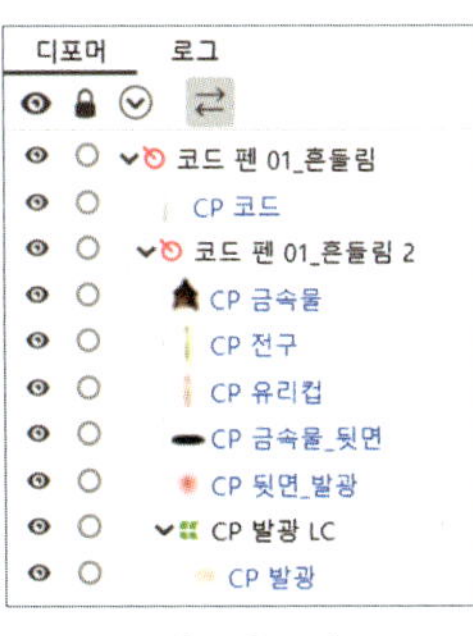

디포머 구성

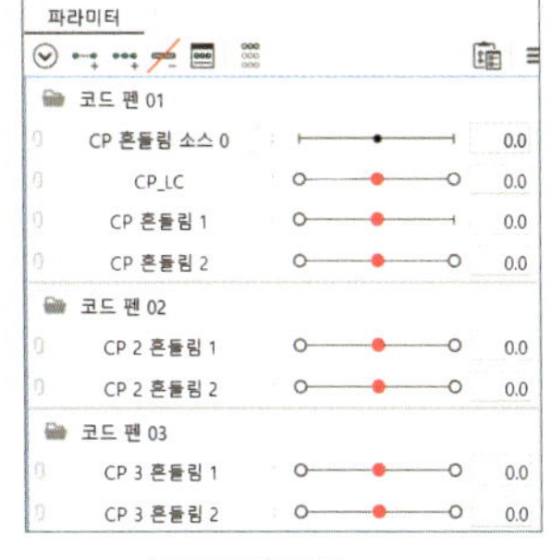

파라미터 구성

POINT

애니메이션을 수작업으로 만든다고 설명했지만, 변형 형태를 확인하거나 흔들리는 방법을 참고할 수 있도록 필자는 반드시 물리 연산도 설정하고 있습니다. 흔들리는 대상의 물리 연산에 관해서는 [Tips 96]의 애니메이션 베이크를 참조해 주십시오.

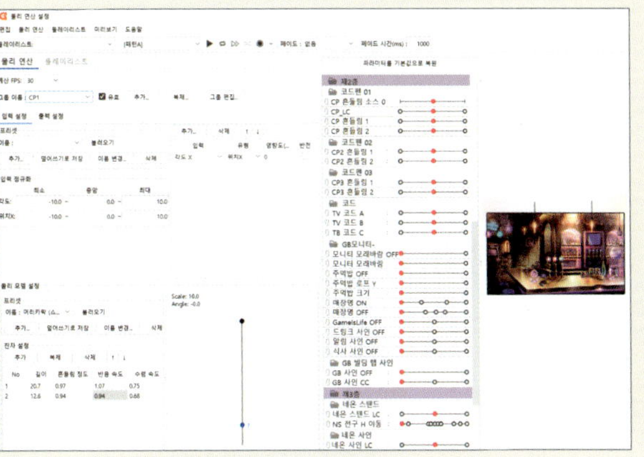

일정한 속도 및 일정한 폭으로 흔들리는 기본 키 프레임을 만듭니다. 기본 파형을 만든 뒤 강약을 붙임으로써 길이가 긴 애니메이션에서도 비교적 빠르게 작업할 수 있습니다. 조금이라도 항상 흔들리는 상태로 만들고 싶은 객체에 특히 권장합니다. 직관에 따라 갑자기 만드는 것보다 쉽게 조정할 수 있어 효율을 높일 수 있습니다.

1

애니메이션 워크스페이스의 타임라인 팔레트를 [그래프 에디터] 상태에서 작업합니다. 먼저 'CP 흔들림 1' 파라미터를 선택하고, 그래프 에디터에 키를 넣습니다.

0초 지점에 '-1.0', 1초 지점에 '1.0', 2초 지점에 '-1.0'을 넣어 좌우로 균등한 흔들림을 만듭니다.

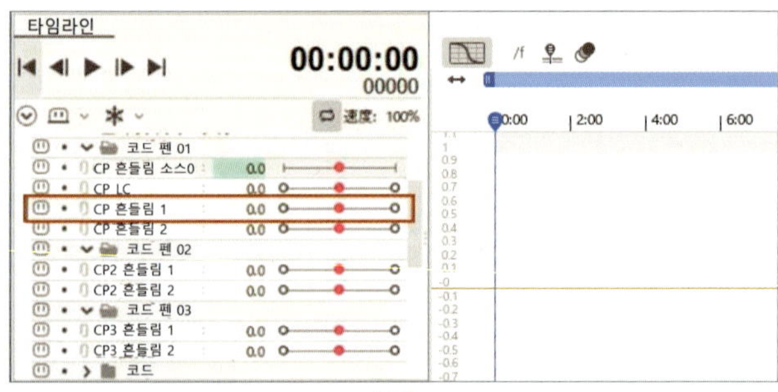

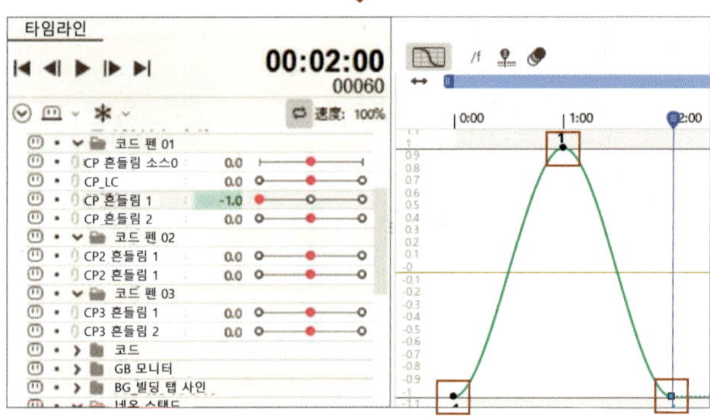

2

1에서 만든 그래프를 CTRL + A 키를 눌러 모두 선택하면 바운딩 박스가 표시됩니다. 이것을 복사한 뒤 인디케이터를 마지막 키 프레임 위치(2초 지점)로 옮긴 상태에서 붙여 넣습니다.

키 프레임 파형을 복제했다면 모두 선택, 복사, 붙여 넣기를 반복해 재생일정한 폭의 파형을 재생 시간 전체에 가득 채웁니다.

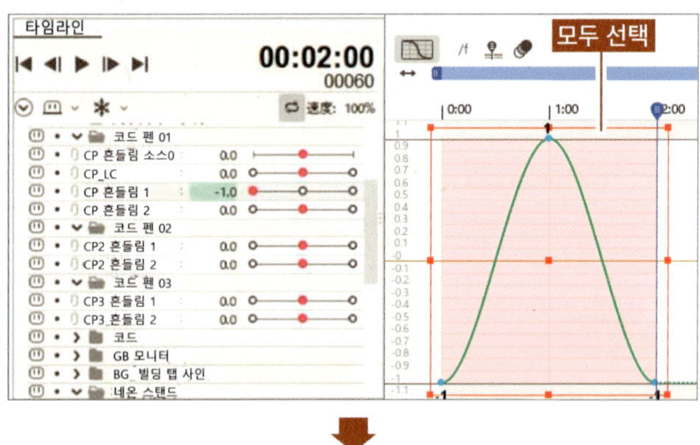

POINT

여기에서 일단 애니메이션을 재생해 봅니다. 'CP 흔들림 1' 객체가 흔들리므로, 그 속도를 보면서 커브의 폭이나 수치를 조정합니다.

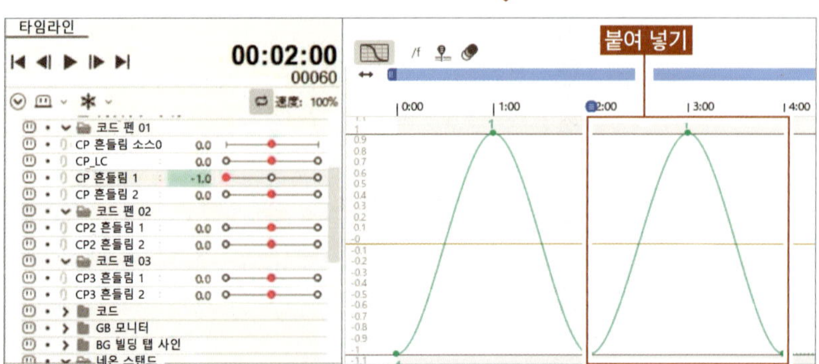

3

CTRL + A 키를 눌러 모두 선택한 바운딩 박스의 오른쪽 끝을 좌우로 드래그 하면 키 프레임 파형을 늘리거나 줄일 수 있습니다. 파형을 늘리면 객체의 흔들림이 느려지고, 파형을 줄이면 흔들림 빨라집니다.

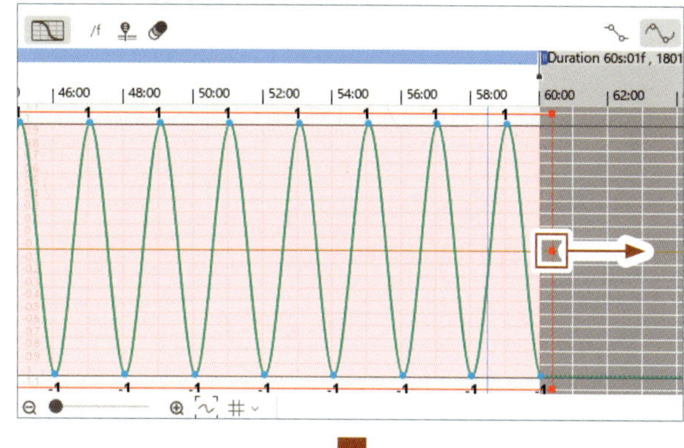

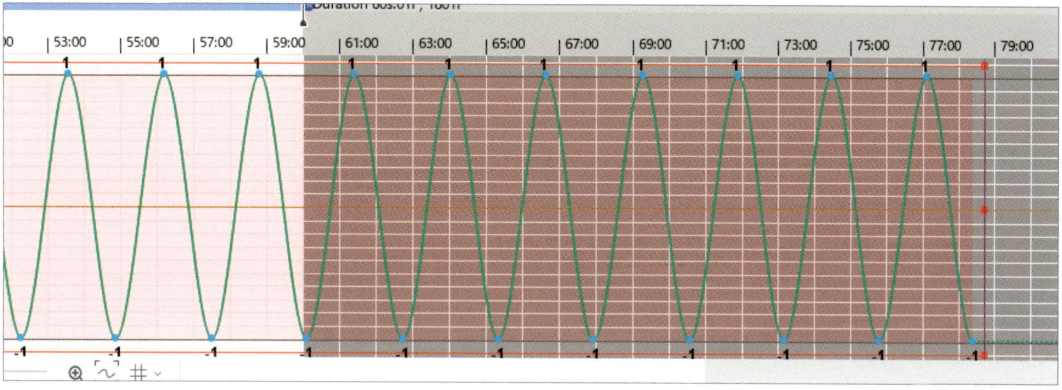

세로 방향으로도 확대 축소할 수 있습니다. 선택한 바운딩 박스의 가운데 부분의 위 또는 아래를 ALT 키 + 마우스 좌클릭 상태에서 드래그 하면 중심을 유지한 채 커브를 위아래로 축소할 수 있습니다. 애니메이션을 재생해 흔들림의 폭이나 속도를 확인하고 베이스가 되는 키 프레임을 완성합니다.

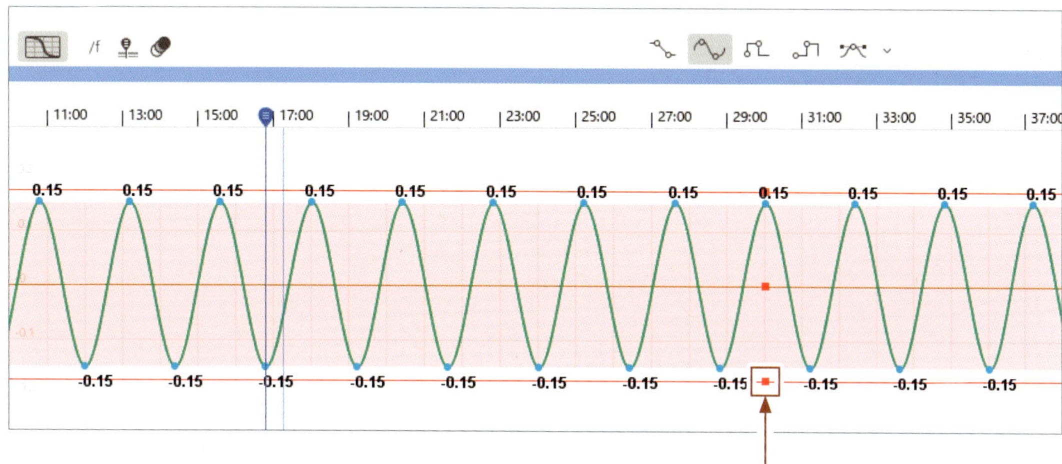

흔들림에 강약을 붙입니다.

1

기본적으로는 살짝 흔들리는 정도이지만 60초 중 1~2번
정도 상당히 큰 흔들림을 만들기로 했습니다.
바운딩 박스를 확대, 축소하면서 점점 크게 또는 점점 작
게 되는 파형을 만듭니다.

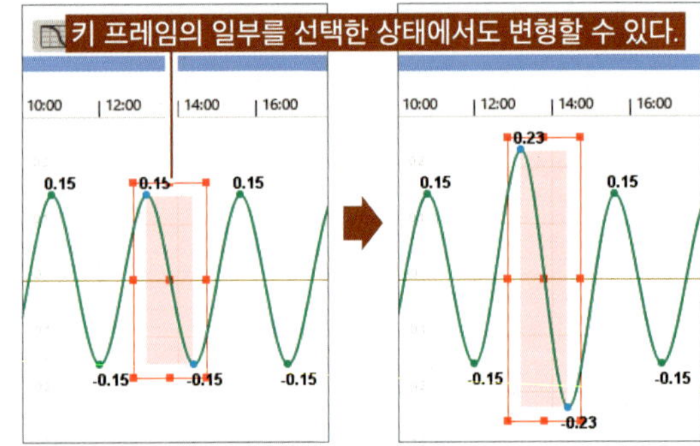

2

키를 하나씩 조작하면서 세세하게 조장합니다. 최종적으로는 아래 그립과 같이 만들었습니다. 재생해서 흔들림의 강약
정도를 확인한 뒤 다음 단계를 진행합니다.

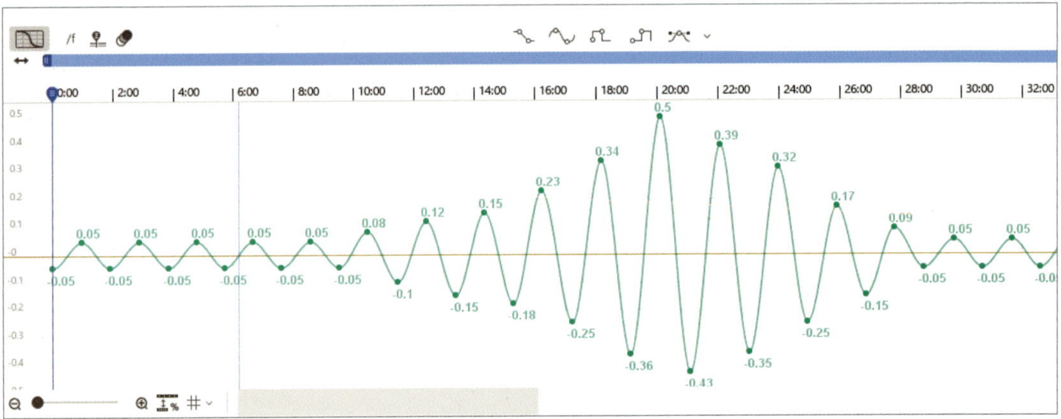

첫 번째 흔들림을 이용해 두 번째 흔들림의 애니메이션을 만듭니다.

1

[Method3]에서 만든 'CP
흔들림 1'의 타임라인 그래
프를 모두 선택하고 복사합
니다.

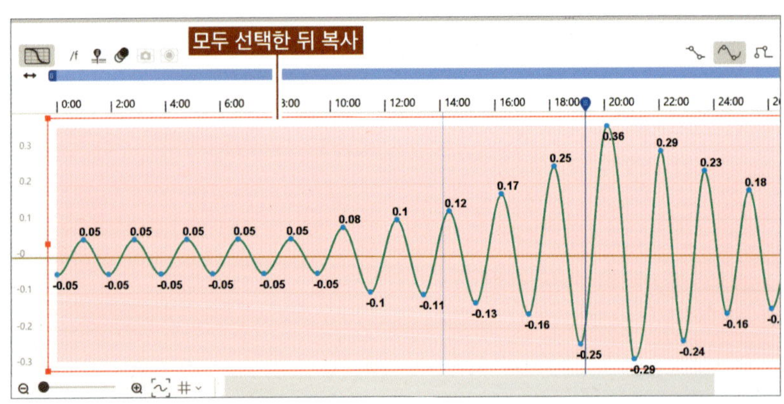

파라미터 'CP 흔들림 2'를 선택하고 인디케이터가 트랙의 맨 앞에 있는 상태에서 1에서 복사한 그래프를 붙여 넣습니다.

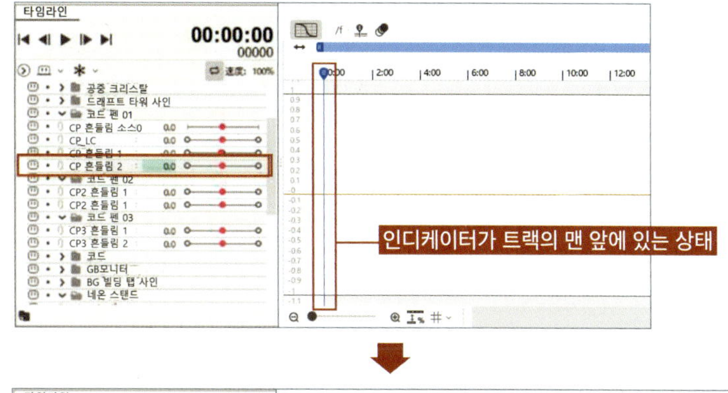

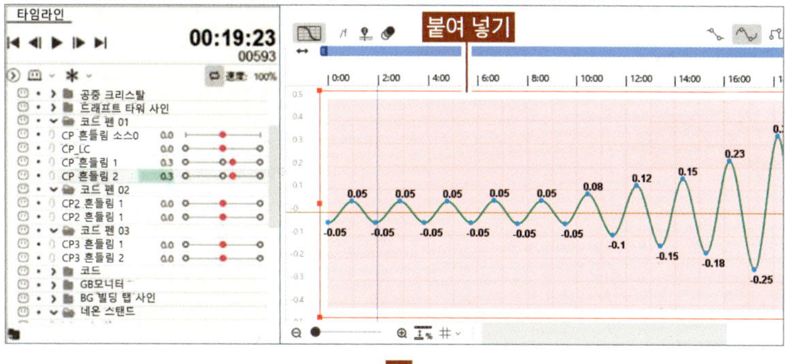

붙여 넣었다면 다시 모두 선택하고 십자키를 사용해 오른쪽으로 어긋나게 합니다.

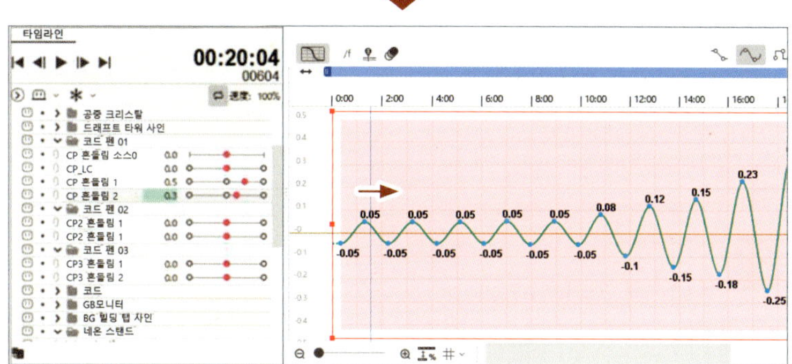

파라미터 'CP 흔들림 1', 'CP 흔들림 2'를 모두 선택하면 다음 그림과 같이 양쪽 키 프레임이 겹쳐서 표시됩니다. 'CP 흔들림 1'에 대해 'CP 흔들림 2'은 지연되어 흔들리는 것을 알 수 있습니다.

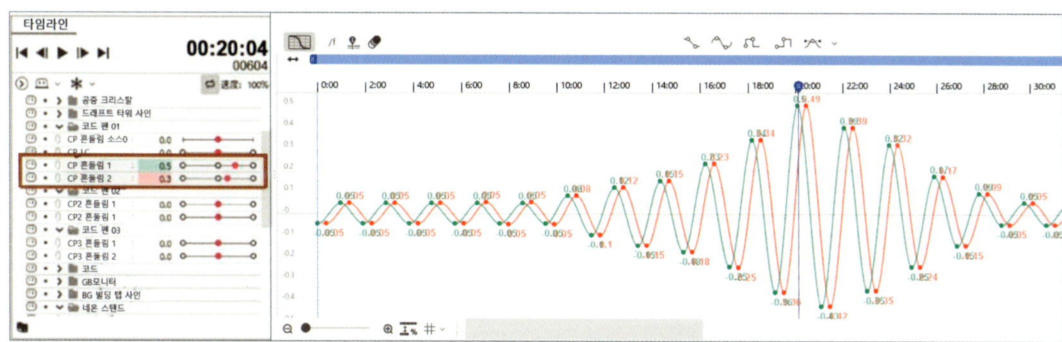

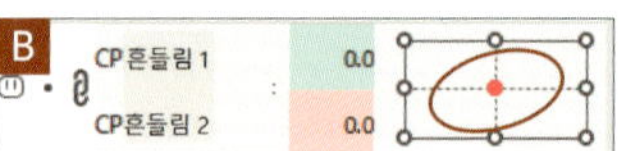

4

애니메이션을 재생하고 흔들림을 확인합니다. 시각적으로 이해하기 어려울 수도 있으므로 깔끔하게 지연이 되는지 확인하는 기준을 소개합니다. 타임라인의 파라미터 'CP 흔들림 1', 'CP 흔들림 2'를 결합해서 표시하고, 애니메이션을 재생해서 빨간색 점이 어떻게 움직이는지 확인합니다.

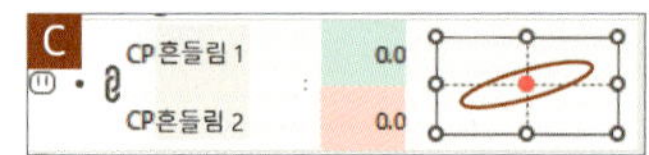

'CP 흔들림 1', 'CP 흔들림 2'의 키프레임의 파형이 완전히 겹쳐 있을 때는 **A**와 같이 직선 형태로 움직입니다.

적절하게 지연을 만들면 **B**와 같이 타원 형태로 움직입니다.

지연이 너무 작으면 **C**와 같이 납작한 타원 형태로 움직입니다.

Method5 ▷ 마지막 조정

마지막으로 퀄리티를 높이기 위해 세부 조정을 합니다. 각 흔들림의 크기나 속도를 조정합니다.

1

흔들림이 너무 크다고(혹은 너무 작다고) 느껴지면 파라미터 2개를 모두 표시하고 그래프를 모두 선택한 뒤 한번에 확대 또는 축소해서 조정합니다.

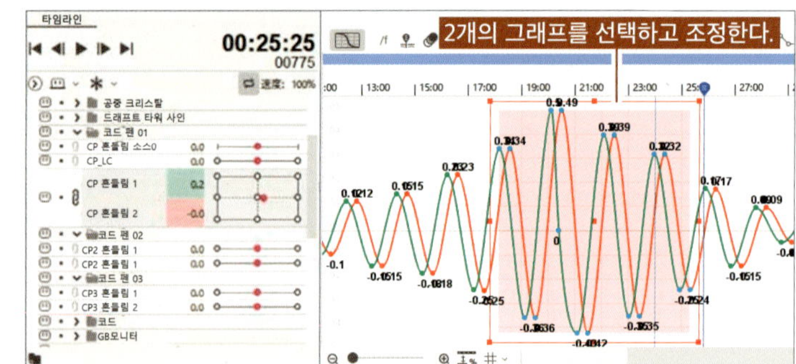

2

또한 각각의 그래프도 조정합니다. 최종적으로 여기에서는 다음 그림과 같이 조정했습니다. 애니메이션에서는 'Tips 99'의 루프 처리를 해서 완료합니다.

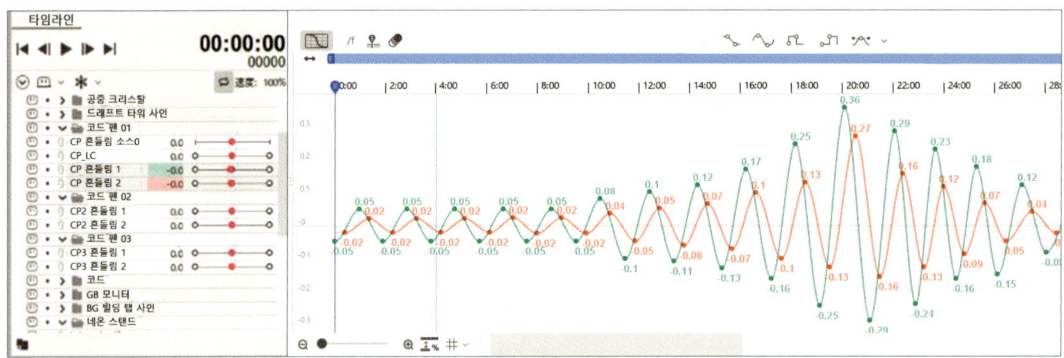

퀄리티를 한층 높여 리얼한 흔들림이나 큰 흔들림을 만들고 싶을 때는 베지어 핸들을 사용해 세세한 완급을 만드는 것도 좋습니다. 베지어 핸들로 편집하고 싶을 때는 그래프 에디터에서 커브를 선택한 상태에서 키 프레임 보간법을 [베지어]로 설정합니다.

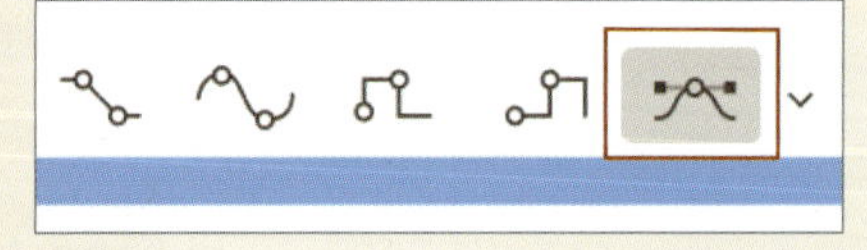

루프 애니메이션을 효율적으로 처리하자

카라아게마루

여기에서는 [Tips 98]과 같은 흔들림의 애니메이션을 만든 뒤 루프 처리 방법을 소개합니다.

1

애니메이션을 깔끔한 루프로 만들려면 **시작점과 완료점의 파라미터 수치가 같고 동시에 커브의 피치나 각도가 정렬되도록 조정**해야 합니다.
화면의 처음과 마지막에 큰 파형을 가진 경우를 예로 들어 설명합니다. 흔들림 1의 시작점이 커브의 꼭지점(-0.5)에서 시작하므로, 이것을 기준으로 전체를 세세하게 조정합니다.,

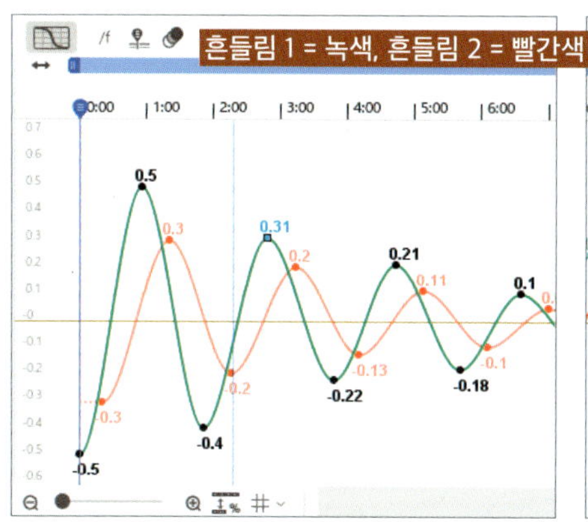

시작점 부근

종료점 부근

2

타임라인 끝은 길이를 넘어 키 프레임을 넣으면 처리하기 쉽습니다.
종료점을 넘은 위치에 시작점과 같은 파라미터 값인 -0.5를 만들었으므로 이것을 종료점으로 정렬합니다. 흔들림 1과 흔들림 2를 모두 선택한 상태에서 바운딩 박스를 축소해 -0.5가 종료점에 맞도록 조정합니다.
이것으로 흔들림 1에 대한 루프 처리를 완료했습니다.

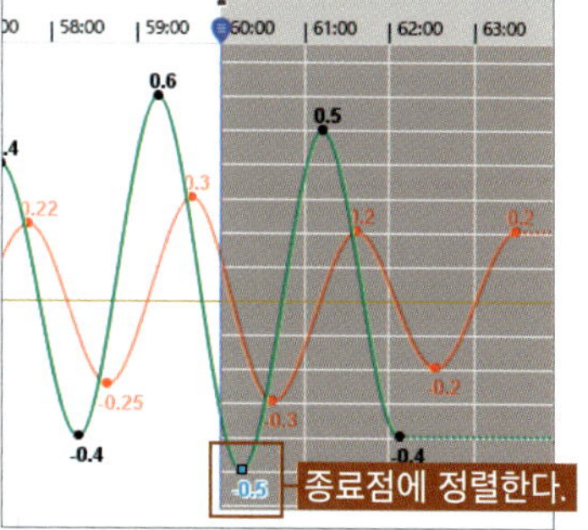

POINT

여러 단계의 흔들림이라면 관련 파라미터를 모두 선택한 상태에서 키 프레임을 모두 선택합니다.

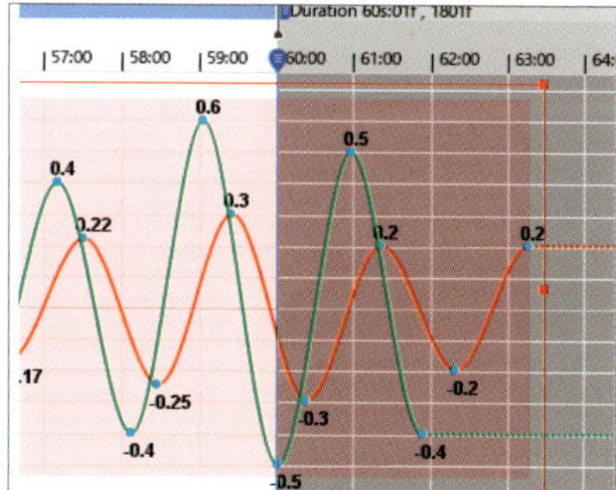

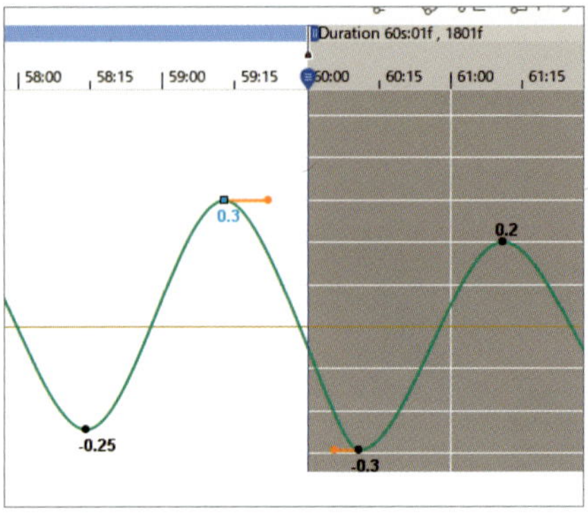

흔들림 2의 파라미터만 표시

3

다음으로 흔들림 2의 루프 처리를 합니다. 현재 상태에서는 동영상의 시작점과 종료점의 파라미터 값이 다르므로 동영상을 반복 재생했을 때 연결점이 자연스럽지 못하고 딱딱하게 느껴집니다. 이 처리를 함으로써 매끄러운 애니메이션을 만들 수 있습니다.

4

여기에서 종료점에 키를 넣습니다. 이 그래프 에디터에서 종료점에 맞춰 CTRL 키 + 마우스 좌클릭 해 키를 넣을 수 있습니다. 하지만 키의 위치가 정확하지 않을 수 있습니다. 정확하게 키를 넣으려면 먼저 편집 모드를 **[도프 시트]**로 되돌립니다.

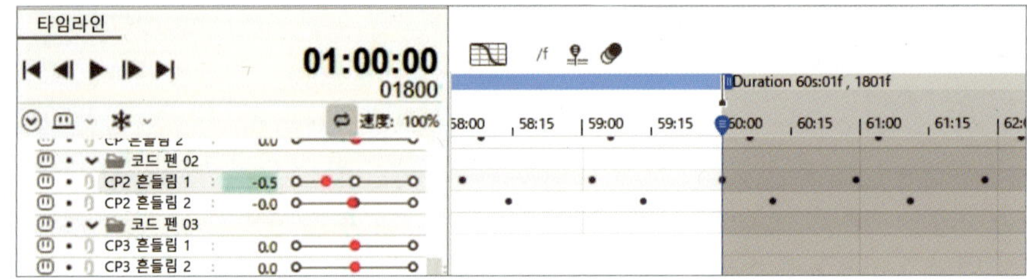

도프 시트로 되돌린 타임라인

5

인디케이터를 종료점에 맞춘 상태에서 CTRL 키 + 마우스 좌클릭 해 현재 상태의 파라미터 수치를 넣을 수 있습니다.

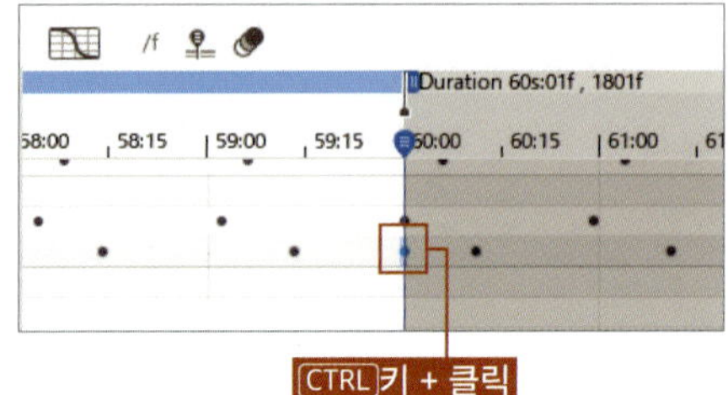

6

[그래프 에디터]로 돌아와 키가 삽입되어 있는 것을 확인합니다. 이 때, 커브가 약간 변경되어 있을 가능성이 있습니다. 그 때는 베지어 핸들을 사용해 조정합니다.

POINT

퀄리티를 더 높여 리얼한 흔들림이나 큰 흔들림을 만들고 싶을 때는 베지어 핸들을 사용해 세세한 움직임의 완급을 만드는 것도 효과적입니다.

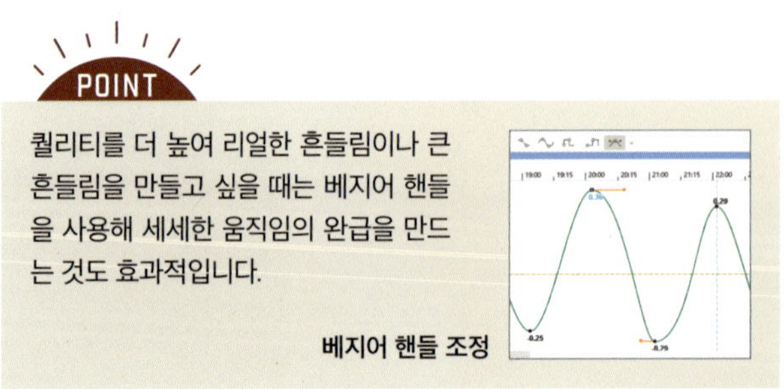

베지어 핸들 조정

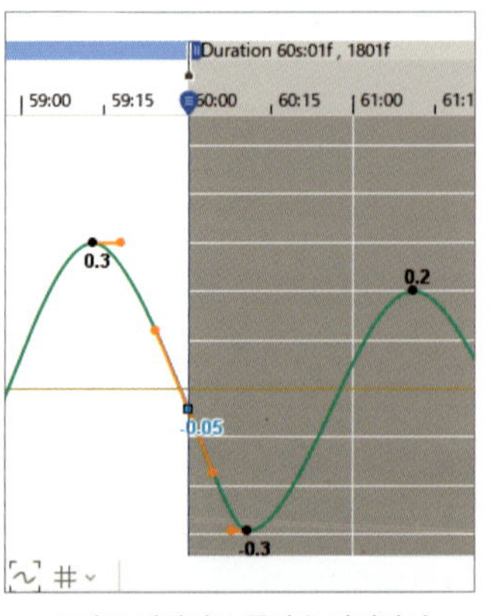

그래프 에디터로 돌아온 타임라인

7

종료점 및 그 이후의 키 프레임을 선택하고 이것을 복사합니다.

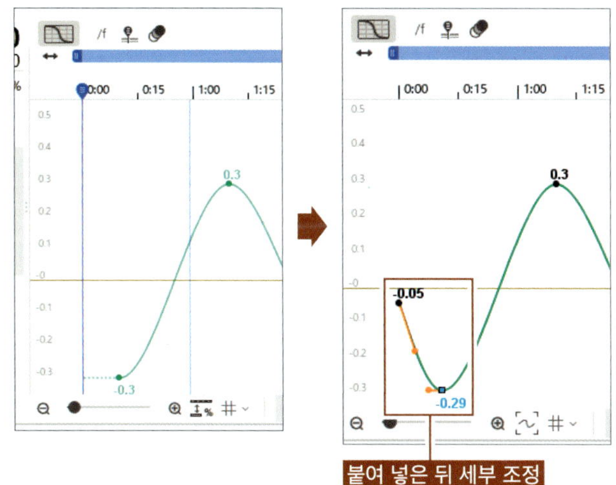

타임라인 시작점으로 이동해 7에서 복사한 키 프레임을 붙여 넣습니다.

베지어 핸들을 사용한 세부 조정, 시작점 이후의 키 수치를 세부 조정합니다. 이것으로 루프 처리를 완료합니다.

POINT

이 상태에서는 루프 재생했을 때 조금 딱딱하게 멈추는 움직임이 됩니다(키 프레임이 작은 움직임일 때는 눈에 띄지 않지만 큰 움직임일 때는 눈에 띕니다).
이를 제거하기 위해 **익스포트 할 때는 시작점을 1프레임 줄인 뒤 익스포트** 하면 부드러운 루프 애니메이션을 만들 수 있습니다.

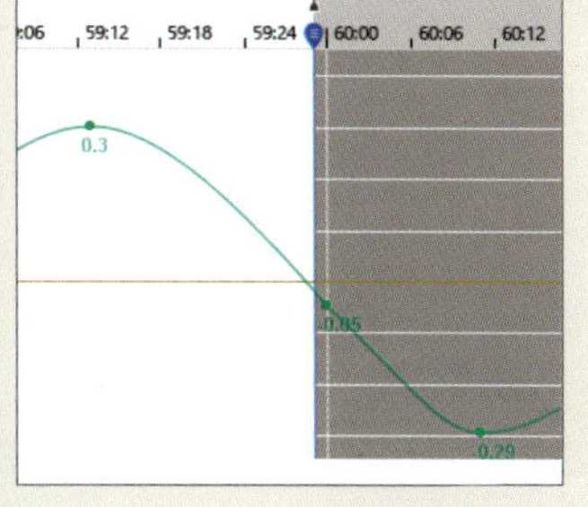

Part2 배경 모델

기준값 키를 한 번에 넣자

카라아게마루

애니메이션 워크스페이스의 **도프 시트에서는 해당 부분은** [CTRL]**키 + 마우스 좌클릭 해 여러 파라미터의 기준값의 키를 한 번에 넣을 수 있습니다.**

여러 파라미터의 적용 범위는 다음 3가지입니다.

● 트랙 바

트랙의 바(파란색 부분)을 [CTRL] 키 + 마우스 좌클릭 해 트랙에 포함된 모든 요소에 한 번에 키를 넣을 수 있습니다.

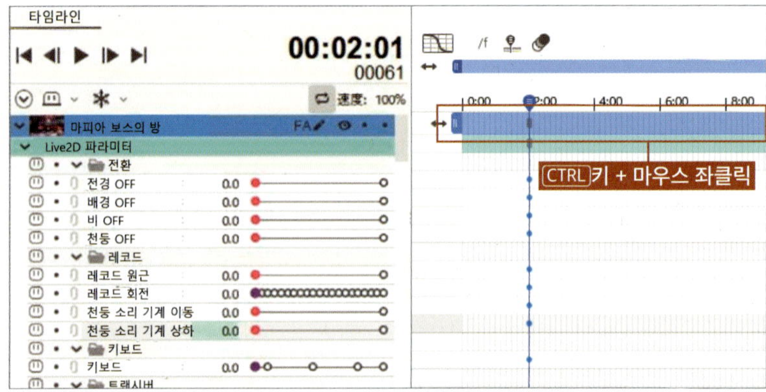

● 속성 그룹

속성 그룹의 바(하늘색 부분)을 [CTRL]키 + 마우스 좌클릭 해 파라미터, 파츠 표시, 배치 및 불투명도 등 그룹별로 한 번에 키를 넣을 수 있습니다.

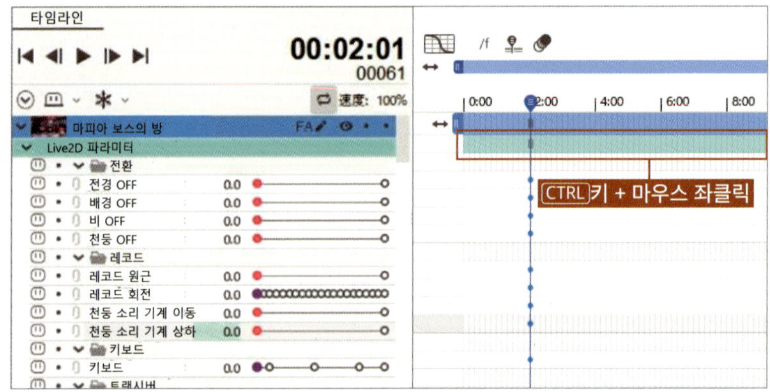

● 파라미터 그룹

파라미터 그룹의 바(회색 부분)을 [CTRL]키 + 마우스 좌클릭 해 파라미터 그룹별로 한 번에 키를 넣을 수 있습니다. 0번째 프레임에 한 번에 키를 넣고 싶은 때 등에 권장합니다.

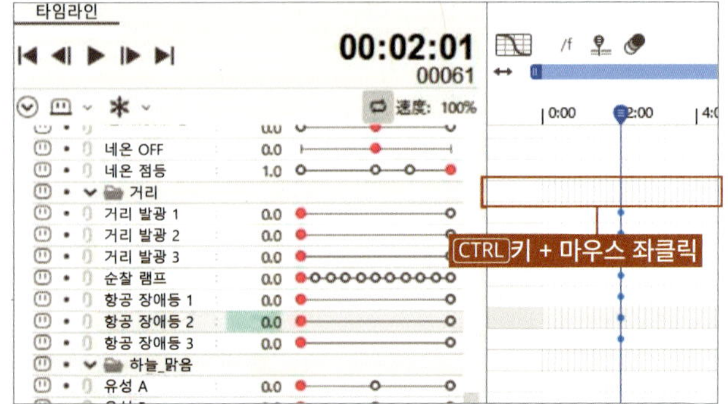

POINT

해당 바에서 마우스 우클릭 → [키 프레임 삽입]으로 키가 이미 설정되어 있는 경우에도 영향이 없이 키를 넣을 수 있습니다.

움직이는 배경에 트래킹 소프트웨어를 활용하자

카라아게마루

스트리밍용 배경에서 VTube Studio나 nizima LIVE 같은 **트래킹 소프트웨어에서의 임포트를 전제로 만들 수도 있습니다.** 사용자가 일부분을 만들 수 있고, 동시에 트래킹 소프트웨어로 임포트 했을 때의 장점, 표현 방법 등에 관해 몇 가지 작품의 예를 들어 설명합니다.

星影ラピス([X]@HoshikageLapis)　使い魔メァ　캐릭터 디자인 : nokoyama([X]@nokoyama_en)
ラピエナガ　캐릭터 디자인 : はなのすみれ([X]@hananosumire)

Method1　키 바인드를 활용한 파츠의 ON/OFF 설정 및 애니메이션 재생

오른쪽 배경에서는 의뢰인의 요구사항에 맞춰 각 파츠나 라이트의 ON/OFF 등을 다양한 **키 바인드**(p.250)을 설정했습니다.

POINT

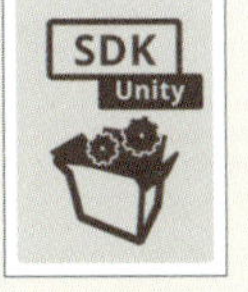

트래킹 소프트웨어로 임포트 할 때, 애니메이션을 만들 때의 타깃 버전을 [SDK (Unity)]로 설정합니다.

[별이 떨어지는 밤의 플라네타리움]
https://www.youtube.com/watch?v=yLK0XL7cG10

1

ON/OFF 전환은 오른쪽 그림곽 같은 파라미터를 설정합니다.

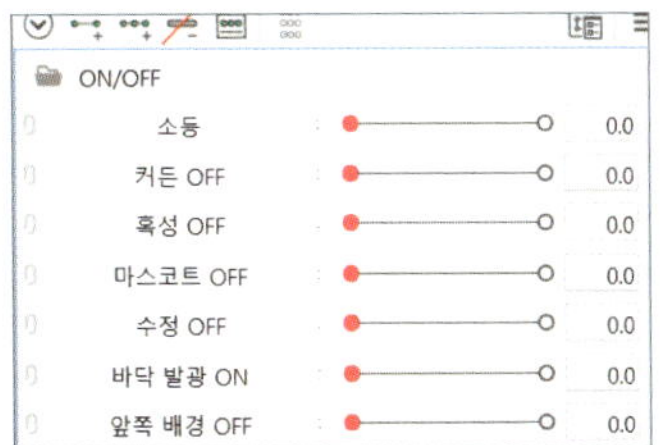

각 파츠의 표시 ON/OFF

소등

바닥 발광 ON

별자리의 점을 연결하는 애니메이션의 재생을 12별자리 만큼 구현합니다. 별 점 스트리밍 시 별자리를 치환하고 싶다는 요구사항에 따라 만들었습니다. 트래킹 소프트웨어 이기 때문에 가능한 사양입니다.

Method2 키 바인드를 사용한 다양한 움직임

오른쪽 글램핑 배경에서는 키 바인드를 사용한 소등이나 바비큐 애니메이션을 설정했습니다.

CHECK

키 바인드는 키보드의 조작에 따라 움직임을 전환하는 기능입니다.

[호반의 가상 글램핑]
https://www.youtube.com/watch?v=D2k3DaBX4NA

[Tips 84]에서 설명한 소등의 차이를 키 바인드로 전환할 수 있게 했습니다.

점등

소등

배경을 사용하는 스트리밍 사용자의 앞쪽에 한층 겹쳐져 있는 파츠도 Live2D 모델로 만들었습니다. 키 바인드를 사용해 식재료를 선택해 바비큐 그릴에 놓을 수 있고, 불의 애니메이션을 재생해 식재료를 굽는 듯한 느낌을 주도록 설정했습니다.

바비큐 그릴과 식재료

식재료를 굽기 전

식재료를 그릴로 이동

식재료를 구운 뒤

Method3 사용자가 할 수 있는 색 변경

VTube Studio와 같은 트래킹 소프트웨어에는 1개의 아트 메쉬를 선택해 '곱하기 색'이나 [스크린색]을 사용해 색을 변경할 수 있는 기능을 제공하기도 합니다. 글램핑 배경은 범용적으로 판매하는 소재로, 구입한 사용자가 아트 메쉬 일부에 한해 색을 커스터마이즈 할 수 있는 파츠로 구성되어 있습니다. 텐트, 가구는 색 변경을 전제로 흰색 계열로 만들어 세세하게 파츠를 분할해 색을 변경할 수 있게 했습니다.

사용자가 색 변경을 할 수 있는 아트 메쉬라는 것을 쉽게 알 수 있도록 대상 아트 메쉬의 [ID]를 만들어 줍니다. 여기에서는 파츠명과 함께 쉽게 알 수 있도록 'OK'라는 문자열을 넣었습니다. 'OK'라고 표시되어 있는 아트 메쉬는 색 변경을 할 수 있음을 사용 규칙에 명기했습니다.

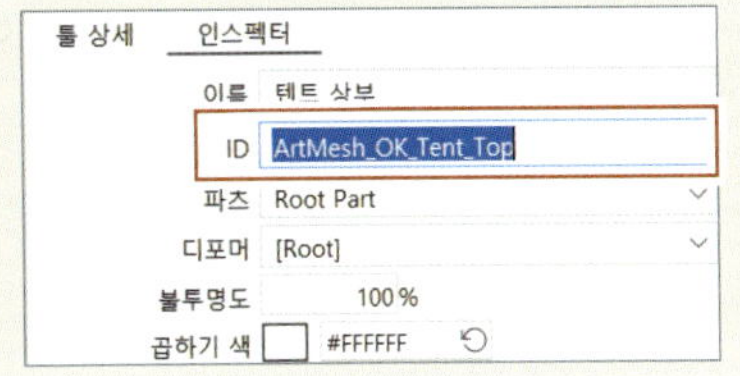

星影ラピス([X]@HoshikageLapis)　使い魔メア　キャラクター デザイン:nokoyama([X]@nokoyama_en)
ラピエナガ　キャラクター デザイン:はなのすみれ([X]@hananosumire)

Method4 ▸ 장시간 대기 모션을 사용한 효과

필자는 평소 동영상을 납품할 때 애니메이션 재생 시간을 90초로 설정합니다. 하지만 60초에 1번 루프를 도는 파라미터가 있는 경우, 60초간 재생에서는 움직임임이 너무 빨라집니다. 예를 들면 구름의 움직임은 보는 범위에 따라 다르기도 하지만 1분에 1루프를 도는 경우 상당히 빨라지는 경향이 있습니다.

보통 '소재의 이동 거리와 동영상 시간'에 따라 '속도'가 결정되므로, 루프를 전제해 움직이는 배경의 가장 큰 어려움이었습니다. 트래킹 소프트웨어를 사용하면 이 문제를 해결할 수 있습니다.

오른쪽 배경의 첫 번째 배경인 성운 부분의 파츠는 **A**와 같은 원형이며 1회전 하도록 디포머를 붙였습니다. 대기 모션에서는 루프 처리한 60초 애니메이션을 설정했으나, 그렇게 했을 때는 이 성운의 회전이 상당히 빨랐습니다. 그래서 **대기 모션용으로 성운이 10분에 1회전하도록 애니메이션을 만들었습니다.** 성운을 제외한 애니메이션은 1분짜리로 만들고, 10번 복제해서 연결합니다.

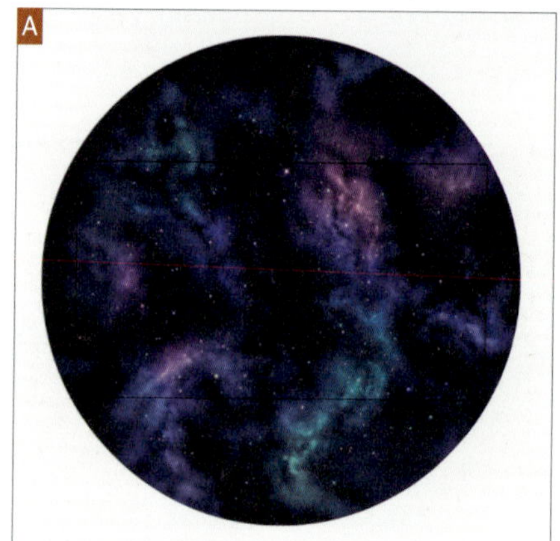

CHECK

동영상의 경우 10분짜리 애니메이션을 익스포트 하면 익스포트 시간은 물론 데이터 크기도 상당히 큽니다. 하지만 트래킹 소프트웨어를 사용하면 작은 용량으로 장시간 애니메이션을 재생할 수 있습니다.

Method5 ▸ 장시간 애니메이션 재상을 활용한 시간 경과 연출

작은 용량으로 장시간 애니메이션을 재생할 수 있는 특성을, 키 바인드를 사용한 애니메이션 재생에도 활용할 수 있습니다. 오른쪽 새해용 배경에서는 1개의 파라미터로 밤부터 해가 뜨고, 낮이 되기까지의 변화를 만들었습니다. 조금 억지스러운 방법이기는 하나 **원본에서는 차이 psd를 만들지 않고 세세하게 나눈 파츠로 곱하기 색, 스크린색을 활용한 색 변화와 스크린 마스크를 적용해 모두 Live2D에서 시간 경과를 만들었습니다.**

[운해의 사이 ~초복사를 바라보는 방~]
https://www.youtube.com/watch?v=_WJIEU2I3UI

스트리밍 사용자가 스트리밍 중 천천히 솟아 오르는 첫 일출을 즐길 수 있도록 한 시간에 걸쳐 밤 → 아침(일출) → 낮으로 변하는 모션을 만들어 키 바인드에 설정했습니다(1시간의 모션 데이터를 익스포트 하는 데는 많은 시간이 소요되지 않습니다).

다른 흔들리는 대상은 60초의 대기 모션을 설정했습니다. 그래서 키 바인드에 따라 그와 관계없이 시간 경과 애니메이션이 재생됩니다.

밤 1

밤 2

아침 1

아침 2

아침 3

낮 1

낮 2

CHECK

배경 작품도 이렇게 트래킹 소프트웨어를 활용해 사용자가 커스터마이즈 하거나 즐길 수 있는 기믹이나 연출을 내장한 작품으로 만들 수 있습니다. 아이디어에 따라 가능성은 무한대이므로 꼭 도전해 보기 바랍니다.

저자 소개

카라아게마루
(唐揚丸 からあげまる)

일러스트레이터 & Live2D 디자이너. 인테리어 디자이너 경험을 거쳐 현재는 움직이는 배경 일러스트 제작을 주로 하고 있다. Live2D Creative Awards 2021 아트상을 수상했다.

주요 작업으로는 「니지산지 / 후와 미나토 / 올리버 에반스」(にじさんじ / 不破湊 / オリバー·エバンス)(ANYCOLOR 주식회사), 「홀로라이브 / 오마루 폴카 / 이치조 리리카」(ホロライブ / 尾丸ポルカ / 一条莉々華)(커버 주식회사), 「Live2D 모쿠모쿠회」(Live2Dもくもく会)(주식회사 Live2D) 등이 있으며, 그 외에도 다양한 스트리밍용 배경을 제작하고 있다.

X(Twitter): https://x.com/karaagemaru0002
웹사이트: https://oooniworks.com/
YouTube: https://www.youtube.com/@karaagemaru0002

칸부츠히모노
(かんぶつひもの)

Live2D 모델러 및 VTuber. 자신의 YouTube 채널에서 Live2D 강좌를 발신하는 한편, 다양한 Live2D 모델을 만들었다.

제작한 모델로는 「홀로라이브 ID / 아윤다 리스」(ホロライブ ID / アユンダリス), 「노리프로 / 이누야마 타마키」(のりプロ / 犬山たまき), 「kson」, 「우타이 메이카」(歌衣メイカ), 「킬슈토르테」(キルシュトルテ) 등이 있다.

X(Twitter): https://x.com/himono_vtuber
YouTube: https://www.youtube.com/@himono_vtuber
pixivFANBOX: https://himonovtuber.fanbox.cc/
웹사이트: https://himononiconico615.wixsite.com/himonovtuber

노논 .
(ののん。)

Live2D 모델러 & 모션 디자이너. 현재 VTuber 모델 제작을 중심으로 「Live2D 모델러」로 활동 중이다. 700개 이상의 모델을 제작했고 X나 YouTube에서 Live2D 강좌도 스트리밍하고 있다.

X(Twitter): https://x.com/nonon_yuno
웹사이트: https://yunostudio.wixsite.com/ynst
YouTube: https://www.youtube.com/@nonon_yuno

후미
(ふみ)

게임 회사에서 Live2D 사용 게임을 만들고 어드바이저와 모델 작성 경험을 거쳐 현재 프리랜서로 활동 중이다. VTuber 캐릭터 디자인이나 1장 일러스트를 담당한다.

주요 작업으로는 「배틀걸 하이스쿨」(バトルガールハイスクール)(코로플라(コロプラ)) Live2D 메인 디자이너, 「니지산지 / 하야마 마린」(にじさんじ / 葉山舞鈴)(ANYCOLOR 주식회사) 캐릭터 디자인, 제작 모델로는 「홀로라이브 Live2D / 미나토 아쿠아 / 아카이 하아토」(ホロライブLive2D / 湊あくあ / 赤井はあと)(커버 주식회사), 개인 Live2D 모델로는 「96네코(96猫) / 후쿠마키 유카」(服巻有香) 등 다수가 있다.

X(Twitter): https://twitter.com/fumi_411
웹사이트: https://www.fumi-xyz.com/live2d
Coloso: https://coloso.jp/products/live2ddesigner-fumi-jp
YouTube: https://www.youtube.com/@fumidao/streams

Live2D 모델링 & 애니메이션 팁

초판 1쇄 인쇄 2025년 08월 10일
초판 1쇄 발행 2025년 08월 15일

저자: 카라아게마루, 칸부츠히모노, 노논., 후미 | 번역: 김모세 | 펴낸이 : 이동섭
책임편집 : 송정환 | 본문 디자인: 강민철 | 표지 디자인: 조세연
기획편집 : 이민규, 박소진 | 영업·마케팅 : 조정훈, 곽혜연
e-BOOK : 홍인표, 김은혜, 정희철, 황진영, 장화진
라이츠: 서찬웅 | 관리 : 이윤미

㈜에이케이커뮤니케이션즈
등록 1996년 7월 9일(제302-1996-00026호)
주소 : 08513 서울특별시 금천구 디지털로 178, 1805호
TEL : 02-702-7963~5 FAX : 0303-3440-2024
홈페이지 : https://ak-it.tistory.com
　　　　　http://www.amusementkorea.co.kr |
원고투고 : tugo@amusementkorea.co.kr

ISBN 979-11-274-6241-3 13000

LIVE2D MODELING & ANIMATION TIPS
Written by Karaagemaru, Kanbutsu Himono, nonon., fumi
Supported by Live2D Inc.
Copyright © 2024 Karaagemaru, Kanbutsu Himono, nonon., fumi
All rights reserved.
Original Japanese edition published by Gijutsu-Hyoron Co., Ltd., Tokyo
This Korean language edition published by arrangement with Gijutsu-Hyoron Co., Ltd., Tokyo in care of
Tuttle-Mori Agency, Inc., Tokyo.
Korean translation rights ©2025 by AK Communications, Inc.